大 学 问

始 于 问 而 终 于 明

守望学术的视界

中华帝国晚期的
性、法律与社会

SEX, LAW, AND SOCIETY
IN LATE IMPERIAL CHINA

〔美〕苏成捷—著

谢美裕　尤陈俊—译

GUANGXI NORMAL UNIVERSITY PRES
广西师范大学出版社
·桂林·

中华帝国晚期的性、法律与社会
ZHONGHUA DIGUO WANQI DE XING FALÜ YU SHEHUI

Sex, Law, and Society in Late Imperial China, by Matthew H. Sommer, published in English by Stanford University Press.
Copyright © 2000 by the Board of Trustees of the Leland Stanford Jr. University. All rights reserved. This translation is published by arrangement with Stanford University Press, www.sup.org.
著作权合同登记号桂图登字：20-2023-020 号

图书在版编目（CIP）数据

中华帝国晚期的性、法律与社会 / （美）苏成捷著；谢美裕，尤陈俊译. --桂林：广西师范大学出版社，2023.5（2024.3 重印）
（实践社会科学系列 / 黄宗智主编）
书名原文：Sex, Law, and Society in Late Imperial China
ISBN 978-7-5598-5669-2

Ⅰ．①中… Ⅱ．①苏… ②谢… ③尤… Ⅲ．①法制史－研究－中国－清代 Ⅳ．①D929.49

中国版本图书馆 CIP 数据核字（2022）第 250980 号

广西师范大学出版社出版发行

（广西桂林市五里店路 9 号　邮政编码：541004）
（网址：http://www.bbtpress.com）
出版人：黄轩庄
全国新华书店经销
广西广大印务有限责任公司印刷
（桂林市临桂区秧塘工业园西城大道北侧广西师范大学出版社集团有限公司创意产业园内　邮政编码：541199）
开本：880 mm ×1 240 mm　1/32
印张：19　字数：406 千
2023 年 5 月第 1 版　2024 年 3 月第 6 次印刷
印数：31 021~35 021 册　定价：98.00 元

如发现印装质量问题，影响阅读，请与出版社发行部门联系调换。

"实践社会科学系列"总序

　　中国和美国的社会科学近年来多偏重脱离现实的抽象理论建构,而本系列丛书所强调的则是实践中的经济、法律、社会与历史,以及由此呈现的理论逻辑。本丛书所收入的理论作品不是由理论出发去裁剪实践,而是从实践出发去建构理论;所收入的经验研究则是那些具有重要理论含义的著作。

　　我们拟在如下三个子系列中收入精选后的重要作品,将同时推出中文版和英文版;如果相关作品已有英文版或中文版,则将其翻译出版。三个子系列分别是"实践法史与法理""实践经济史与经济学""中国乡村:实践历史、现实与理论"。

　　现今的社会科学研究通常由某一特定的理论立场出发,提出一项由该理论视角所生发出的研究问题,目标则是证明(有时候是否证)所设定的"假说"。这种研究方法可以是被明确说明的,也可以是未经明言的,但总是带有一系列不言而喻的预设,甚或是无意识的预设。

因为当下的社会科学理论基本上发端于西方,这种认识论的进路经常伴随着西方的经验(诸如资本主义、自由市场、形式主义法律等),以及其理论抽象乃是普适真理的信仰。而在适用于发展中的非西方世界时,社会科学的研究基本上变成一种探索研究对象国家或地区的不足的工作,经常隐含或者公开倡导在西方"模式"道路上的发展。在经济学和法学领域内,它表现得最为明显,这是因为它们是当前最形式主义化和意识形态化的学科。而中国乡村的历史与现实则是最明显与主流西方理论不相符的经验实际。

我们的"实践社会科学系列"倡导把上述的认知过程颠倒过来,不是从源自西方的理论及由此得出的理论假说出发,而是从研究对象国家的实践历史与现实出发,而后进入理论建构。近代以来,面对西方在经济、军事及文化学理上的扩张,非西方国家无可避免地被卷入充满冲突性斗争的历史情境中——传统与西方"现代性"、本土与引进、东方与西方的矛盾。若从西方理论的视野去观察,在发展中国家的历史社会实践中所发生的现象几乎是悖论式的。

我们从实践出发,是因为不同于理论,实践是生成于研究对象国家自身的历史、社会、经济与政治的情境、视域和话语内的。而且由实践（而非理论）出发所发现的问题，更有可能是所研究国家自身的内生要求，而不是源自西方理论/认知所关切的问题。

实践所展示的首先是悖论现象的共存——那些看起来自相矛盾且相互排斥的二元现实，却既真实又真切地共存着。例如，没有（社会）发展的（全球化的）商业化、没有民主的资本主义，或者没有相应司法实践的西化形式主义法律。其挑战着那些在它们之间预设因果关系的主流西方理论的有效性，因此呼吁新理论的构建。此外，理论往往由源自西方的形式演绎逻辑所主导，坚持逻辑上的前后一贯，而实践则不同于理论，惯常地容纳着看起来是自相矛盾的现象。从实践出发的认知要求的是，根据实践自身逻辑的概念化来建构理论——比如中国的"摸着石头过河"。

从实践出发的视野要求将历史过程作为出发点，要求由此出发的理论建构。但是，这样的实践和理论关怀并不意味着简单地拒斥或盲目地无视西方的社会科学理论，而是要与现有理论进行自觉的对话，同时自觉地借鉴和推进西方内部多样的非主流理论传统。此类研究还可以表现在实际层面上，在西方主流的形式主义理论以外，有必要结合西方主流以外的理论传统去理解西方自身的经验——例如，结合法律实用主义（以及马克思主义和后现代主义）和主流的"古典正统"法学传统，去理解美国法律实践的过去和现在，或者结合马克思主义、实体主义和主流的亚当·斯密古典自由主义经济学传统，去理解西方的实践经济史。更重要的还在于，要去揭示这些存在于实践中的结合的运转理论逻辑，在这些看起来相互排斥的二元对立之间，去寻找超越"非此即彼"之逻辑的道路。

我们的丛书拟收入在实践法史与法理、实践经济史与经济学，以及中国乡村的实践历史、现实与理论研究领域内的此类著作，也包括讨论中国创新的著作，这些创新已经发生在实践内，却尚未得到充分的理论关注和表述。我们的目标是要形成一系列具有比主流形式主义研究更适合中国历史、现实的问题意识和理论观念的著作。

黄宗智

犯姦

犯姦計一十條

凡和姦杖八十有夫杖九十刁姦杖一百○
強姦者絞未成者杖一百流三千里○姦
幼女十二歲以下者雖和同強論○其和
姦刁姦者男女同罪姦生男女責付姦夫
收養姦婦從夫嫁賣其夫願留者聽若嫁
賣與姦夫者姦夫本夫各杖八十婦人雖
賣歸宗附物入官○強姦者婦女不坐○
若媒合容止通姦者各減犯人罪一等私
和姦事者減二等○其非姦所捕獲及指
姦者勿論若姦婦有孕罪坐本婦
集解得招引是有引出外者姦所捕獲是有捉
別無証蹤若姦婦自告及有捉告佐
乃以姦論

大誥武臣
錦衣衛千戶王成他作為缺火軍人發去遼
東出征去了幾年在那裏生受可憐他箇

《大明律附例》，明嘉靖刻本，卷二十五，"刑律八·犯奸"，首頁。

《大清律集解附例》，清雍正內府刻本，卷二十五，"刑律·犯奸"，目錄。

（清）黄六鸿：《福惠全书》，清康熙三十八年（1699）金陵濂溪书屋刊本，卷十九，"刑名部·奸情·鞫奸"。

《福惠全书》是清代康熙年间先后任山东郯城知县、直隶东光知县、礼科给事中、工科掌印给事中等官职的黄六鸿（1630—1717）撰写的一部官箴书。上图为该书卷十九所载的《鞫奸》一文，讲述在审理奸案时如何判断究系强奸抑或和奸，并在该文文末处告诫审案官员说："审奸狱，最宜持重。不得以狱涉风流，遂以戏谑之语、亵狎之态临之。公堂之上，为阖州县士民观瞻所系，奸情又民间风化所关，断宜庄词肃容，推情研讯。稍涉轻浮，是主持风化者适所以败坏风化也，可不慎哉！"

論犯姦及因姦致命案

和姦者乃姦夫與姦婦兩人苟合成姦本夫與父母不
知情也若一知情而不加以防閑則為
縱容通姦或本夫與父母知先有姦而後受姦夫之
賄任其入亦曰縱姦或夫與父母希圖姦受姦夫先
不願與人姦夫賣女從者則曰賣姦若妻女賣助
商諸妻賣姦而妻女樂從者因而抑勒姦夫先
則為抑勒通姦而姦夫往來人多肆無忌憚者則為
通娼土妓如攔帶宣淫者則為刁姦均當分辨

強姦者律註戴明須有強暴之狀婦人不能掙脫之
情亦須有人知聞及損傷膚體毀裂衣服之屬方坐
姦罪若以強合以和成猶非強姦情最易坐
淫婦若非貞節烈女往來不審辨察分晰清楚則
強真和罪名輕重懸殊矣
有本係和姦姦因人窺破而諱和以強掩飾
者有已自愧悔拒絕而姦夫仍圖積奸
用強逼勒者有本夫先已縱姦商謀訛詐而指
為強姦者有木夫婦愿恨告強
有僅以讒言調戲手足勾引而本夫婦愿恨告強

者有因瓜李未避嫌疑其圖姦者并有污婦貪色被男
子拒而絕惱羞恐其洩露先以強姦調姦逼指者亦
有姦夫懼罹重罪而誣強姦和者此皆告姦案中變
態不可不察
白晝一人行淫雖在曠野幽僻人迹罕到之處姦多
不成若告成姦後以和成也或僅調戲而成
姦者有之
白日圖姦多在瓜村曠野邂逅相遇淫念頓起其事
和為強也抑或有田舍婦女獨處偶爾失依遇
多係一人十五歲以下之幼女或可強合十六歲以
上之少婦難成但因貪財給費孤行無伴多非貞節
洩露者非因許給貲財即思嚇詐誣譁
年少惡徒結伴同行見而強合成姦者若一老一少
同行則無足事
兩人行姦自必輪姦如有一人尚未成姦必係四人

撞退挺獲若云因有別姦多不可信
黑夜一人行強而成姦者果係貞烈過後本婦姦夫
渠強藝然當時必不肯忍垢蒙玷過後本婦羞夫
身上定受有傷旁人得以聞知若以刀鎗禁嚇手
架壓肢而不言忍而成姦膚體毫無拍傷過後不聲

（清）王又槐：《办案要略》，清光绪入幕须知五种本，不分卷。

《办案要略》是清代乾隆朝中期刑名幕友王又槐所撰的一部专门讲述如何办理刑名案件的法律书籍。据当代学者研究，该书内容实际上几乎逐字逐句抄录自另一位刑名幕友白如珍的乾隆四十九年（1784）序刊本《刑名一得》（滇南桌署刊本）。上图中的这篇《论犯奸及因奸致命案》也不例外。该文讲述了办理奸案时的诸多注意事项，并认为"妇人因奸自尽，于实系强奸图奸威逼者恒少，而因和奸纵奸败露者居多。尸属因碍颜面，每多讳和为强，叠控不已。此等案件，全在审详之初把握折服，俾刁徒无所施其伎矣"。

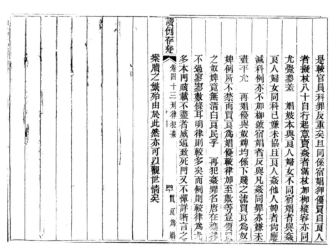

（清）薛允升：《读例存疑》，清光绪刊本，卷四十三，"刑律·犯奸"。

上图为薛允升针对"买良为娼"律文后附的最后一条例文所写的评语，其中感慨称："犯奸罪名，唐在杂律不过寥寥数条耳，明律则较多矣。而例则较律为尤多，本门赅载不尽者，'威逼致死'门又不惮详晰言之。案牍之繁，殆由于此，然亦可以观世情矣。"

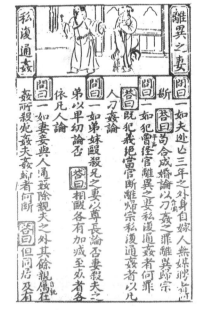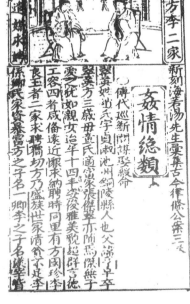

　　明代万历刻本公案小说《古今律条公案》，全称《新刻海若汤先生汇集古今律条公案》，现藏日本内阁文库。该书卷一的首页题"金陵陈玉秀选校，书林师俭堂梓行"，卷七的末尾镌有"书林萧少衢梓行"字样的牌记，书名中所称的"海若汤先生"，系伪托明代著名戏曲家汤显祖之号。全书凡八卷，除首卷，正文共七卷，分为谋害类、强奸类、奸情类、强盗类、窃盗类、淫僧类、除精类、除害类、婚姻类、妒杀类、谋产类、混争类、拐带类、节孝类 14 大类，其中卷二强奸类有目无文。

　　左图为《古今律条公案》首卷所载"拟律问答"部分的一页，其中提及两种应以"刁奸"论罪的情形。右图为《古今律条公案》卷三的首页，该卷收录了"傅代巡断问谋娶杀命""吴代巡断问娘女争锋""周县尹断翁奸媳死"三则奸情类故事。

《逼孀为妾》，载《点石斋画报》第 48 号第 7 页，清光绪十一年七月初六日（1885 年 8 月 15 日）印行，画师为金桂。

该图内所配文字为："宝坻张某，述其县民有卖寡媳于富室为妾者。妇不从，翁姑以红巾反接其手，促拥登车，疾驰而去。妇虑不可免，呼天叫苦。车驴闻妇声，若知妇冤者，直趋县署门。县官提讯，笞妇族，而罚富室多金，以赡妇身而完妇节。说者曰：'此其中盖有天焉！'（何无骨肉情）"

《捉奸割耳》，载《点石斋画报》第 523 号第 8 页，具体印行日期不详，画师为周权。

该图内所配文字为："奸夫捉奸，本奇闻也。至捉奸而割耳，则奇而又奇矣。镇江西城外王家巷后铜匠店主某甲，登徒子一流人也。有弟妇，虽小家碧玉，而丰致嫣然。甲垂涎良久，以弟出外贸易，乘机调戏，遂相好合，情如胶漆。讵氏水性杨花，喜新厌旧，又与成衣匠某乙有染，双宿双飞，匪伊朝夕。久之，为甲所知，潜于某日清晨，破扉直入，双双获住。愤无所泄，将乙左耳操刀一割，势如破竹，登时血流如注。氏则与己有私，恐被说出，暗纵之去。乙至此大呼曰：'捉奸捉双，今奸妇何在，而令属垣者含冤抱屈若此乎？'汹汹之势，佯欲禀官究办。旋经人劝，甲给予养伤费，并俟伤痊，备筵服礼，其事始寝。然乙之奸，与耳何干？乃适罹其厄，损上益下，毋乃甚乎？（痛切）（剥肤）"

《当当头》,载《点石斋画报》第85号第2页,清光绪十二年七月十六日(1886年8月15日)印行,画师为符节。

该图内所配文字为:"石某,京师人,住西四牌楼护国寺左近。妻某氏,有外好,被石侦知,托故他出,将以探其寔也。越日潜归,伏暗瞰伺之。果见外好掩入,久不出。石曰:'是不冤矣!'挟白刃踰垣,达寝所,侧耳听,声狎亵。怒发上指,抽刃拟两人头颈并斩之。割取首级,用帕裹就,将首之官。私念乏钞使用,必吃苦。天方曙,入某典,启帕提头,求纳质。典伙知其意,且惧贻累,亟出百千缗以与石。石得钱,迳奔官署,自首求办。理官按得确系奸所杀死,例不偿命,仅杖四十板,以儆擅杀之罪。《水浒传》载,杨雄妻潘巧云私通和尚,为石秀杀死,因邀杨雄诱妻登翠屏山,令供招,然后就戮。石秀不耐杨雄之污辱,故下此辣手。矧躬逢其事者乎!家学渊源,其祖述有由来矣。(如可赎兮)"上述文字中所称的"理官按得确系奸所杀死,例不偿命",是指按照《大清律例》"刑律·人命"门当中的律文规定,"凡妻妾与人奸通,而(本夫)于奸所亲获奸夫、奸妇,登时杀死者,勿论"。清律中的此条规定,系沿用自明律。

8

《疑奸酿命》,载《点石斋画报》第 507 号第 9 页,具体印行时间不详,画师为何元俊。

该图内所配文字为:"榕垣南关外成衣匠某甲,为子纳一童养媳,年已渐长,因子不肖,遣嫁邻乡某乙为妻。其子思之,时往窥探。媳纳之。尝为乙所见,询知底蕴,防范綦严,并托邻妪代为伺察焉。乙之对门有某丙者,瞰氏韶秀,久思染指,常藉(借)访乙为名,时至乙家。一日,乙赴宴外出。子复至,未几即去。丙即继往。邻妪疑子在内,俟乙回以告。乙怒,叩门甚厉。女启键后,丙尾之而出。乙黑暗中不辨谁何,抽刃便刺,丙负伤而逸。事后查知其误,则丙业已倒毙。知酿人命,遂弃家而逃。然如丙之贪色亡身,亦可为登徒子警矣!(好色)(亡身)"

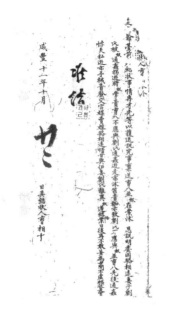

上图为清代咸丰十一年(1861)十月廿二日曹相为遵断不应与骆刘氏通奸日后再不妄为事结状,载四川省档案局编:《清代四川咸丰朝巴县衙门档案选编》(第13册),上海古籍出版社,2011年,第312页。

根据巴县档案中的现存相关文书,该案缘起于咸丰十一年九月间巴县当地百姓骆相远之妻骆刘氏与人通奸并卷物私逃,骆相远的母亲骆余氏(45岁)一边请人帮忙寻找骆刘氏,一边知会骆刘氏的父亲刘泰文此事。不料骆刘氏之父刘泰文得知后,反向骆家寻凶滋闹。骆相远之母余氏于是到巴县衙门具状禀存。帮忙寻找骆刘氏的周小甲等人,去找同年三月曾与骆刘氏通奸并出逃的曹相盘问。曹相称骆刘氏此次系被曹八拐逃。曹相之父曹自鸣得知自家儿子被盘问后,不依,到巴县衙门捏控周小甲等人意欲借此讹诈。曹八、骆刘氏后被周小甲等人寻获。冉才山、曹隆先等同团之人协助周小甲等,将曹八、骆刘氏二人连同曹相一起禀送巴县衙门,请知县讯究。知县审理后,将先后与骆刘氏通奸的曹相、曹八两人分别处以掌责和笞责后枷示一个月,责令其立下承诺日后再不妄为的结状,并断令骆相远与骆刘氏离异,下令将骆刘氏械责后发交官媒嫁卖。

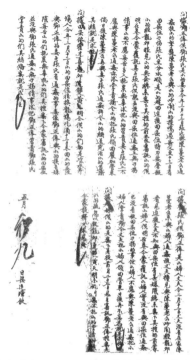

上图为清代咸丰元年(1851)五月初十巴县衙门为邓正俸之妻邓张氏与陈蔓老幺通奸事录状,载四川省档案局编:《清代四川咸丰朝巴县衙门档案选编》(第12册),上海古籍出版社,2011年,第104页。

根据巴县档案中的现存相关文书,咸丰元年(1851)二月十七日,邓正俸来到巴县衙门递状,以"恶痞欺奸"为事由,控告田宗位、陈蔓老幺两人与他的妻子邓张氏通奸。田宗位于四月初九到巴县衙门递交诉状,以"挟忿串诬"为事由反控邓正俸。知县受理后,派出差役传唤原被告双方及证人到衙门候审,其中陈蔓老幺在差役上门票传之前便已逃往贵州。该案在四月廿七日、五月初九日两次堂审。经知县审理查明,二月十二日,邓张氏趁其夫邓正俸不在家而与陈蔓老幺通奸,结果被邓正俸回来时撞见,邓正俸先前因贩卖私盐之事而与田宗位素有嫌隙,于是借机捏控田宗位不仅与自己的妻子邓张氏通奸,而且还将她刁拐。

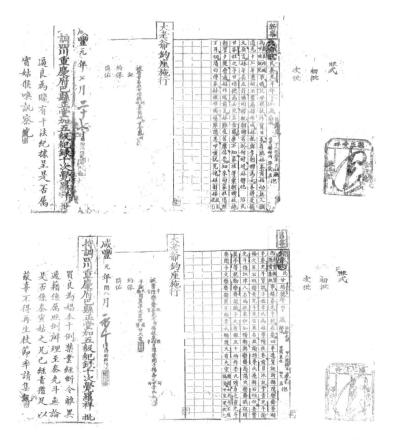

上图为清代咸丰元年(1851)七月廿七日秦光斗为秦寅姑被甘家桂之子甘培德套抢逼贱事告状,下图为咸丰元年闰八月初十日甘培德为秦光斗名为冯启泉实系伪冒甘李氏之兄事禀状,分别载四川省档案局编:《清代四川咸丰朝巴县衙门档案选编》(第12册),上海古籍出版社,2011年,第156—158、226—228页。巴县知县在写于这两份状纸之上的批词中,分别明确强调"逼良为贱,有干法纪"和"买良为娼,本干例禁"。

本书第456—457页中对此案有专门讨论,可资对照参看。

上图为清代咸丰十一年(1861)九月初三日巴县县衙为秦万发告刘娼妇等抱良女作娼案录状,载四川省档案局编:《清代四川咸丰朝巴县衙门档案选编》(第13册),上海古籍出版社,2011年,第292页。

根据巴县档案中的现存相关文书,秦万发(24岁)于咸丰十一年九月初三日到衙门状告刘娼妇(又被唤作刘争争、刘曾氏,37岁),声称刘娼妇名义上将他的胞妹秦幺姑抱作养女,实则让她为娼,并将刘娼妇夫妻二人扭送至巴县衙门。知县在当天便审理了此案。刘娼妇供认自己确实抱养良民女子秦幺姑为娼。知县于是命秦万发、刘娼妇皆立下结状,让秦万发将其胞妹秦幺姑领回家去另行择配他人,斥责刘娼妇不应将秦幺姑"套抱为娼",但却对刘娼妇"从宽免究"。

《大清律例》中"刑律·犯奸·买良为娼"的律文明确规定,"凡娼优、乐人买良人子女为娼优,及娶为妻妾,或乞养为子女者,杖一百;知情嫁卖者,同罪;媒合人减一等;财礼入官,子女归宗"(此律文沿袭自明律),并在附于该律文之后的一条例文中专门规定,"若有私买良家之女为娼,及设计诱买良家之子为优者,俱枷号三个月,杖一百,徒三年;知情卖者,与同罪;媒合人及串通说合之中保减一等"(此条沿袭自明代的《问刑条例》,乾隆五年、嘉庆十四年修改,咸丰二年改定)。上述案件秦万发的告状、巴县衙门的口供录状及双方的结状中,都将被告刘曾氏写为"刘娼妇",这说明刘曾氏经营娼业之事恐怕在当地人所周知。刘娼妇抱养良民女子秦幺姑为娼之事,在知县那里却得以"从宽免究",这说明《大清律例》中的上述规定在当地司法实践中并没有被严格执行。

《驳案新编》一书汇集了清代乾隆年间三百余宗经刑部驳议后督抚改拟，以及部分仍照督抚原议拟请的案件，其主要编纂者全士潮曾在乾隆年间任刑部司务厅司务、陕西司主事等职。参加编纂此书的，还有张道源、李大瀚、怀谦、周元良、金德舆五位刑部属官。

上图为该书清光绪七年(1881)刻本的卷四中收录的一则驳案。此案中，安徽歙县已故民人黄金宝之妻黄吴氏被其婆婆黄江氏逼嫁，前往其夫坟前哭别后，投塘自尽。安徽巡抚将黄江氏按照"夫丧服满，妻妾情愿守志，而夫家之父母强嫁"律处以杖八十、收赎，并为黄吴氏题请旌表。刑部认为安徽巡抚所奏原拟援引律例有误，指出上述律文只适用于夫家父母强为孀妇主婚而该孀妇并未自尽的情况，在本案中，黄吴氏遭贪图财礼的婆婆逼嫁，不甘失节，投塘身死，故不应适用此律，而应改照"孀妇自愿守志，而夫家抢夺强嫁因而自尽者，照威逼例发近边充军"处置。

姦婦各杖一百

一凡有輪姦之案審實貫俱照光棍例分別首從定
擬

一惡徒夥衆將良人子弟搶去強行雞姦者無論
曾否殺人仍照光棍例為首者擬斬立決為從
若同姦者俱擬絞監候問擬發遣其雖未
夥衆因姦將良人子弟殺死及將未至十歲之
幼童誘去強行雞姦者亦照光棍例斬決

如強姦十二歲以下十歲以上幼童者擬斬監
候和姦者照姦幼女雖和同強論律擬絞監
候若止一人強行雞姦並和同強人擬絞監候如傷
人未死擬斬監候其強姦未成者杖一百流三
千里如和同雞姦者照軍民相姦例枷號一箇
月杖一百倘有指稱雞姦誣害等事審實依所
誣之罪反坐至死減一等罪至斬決者照惡徒
生事行兇例發遣

《大清律例》，清文渊阁四库全书本，卷三十三，"刑律·犯奸"，例文。

据清代乾隆年间历任刑部主事、郎中、侍郎等职的吴坛在其所著《大清律例通考》一书中介绍，康熙十八年（1679）议准："凡恶徒伙众将良家子弟抢去强行鸡奸，为首者立斩，为从者俱拟绞监候。若系和同者，照律治罪。"雍正十二年（1734）二月，经刑部议覆安徽巡抚徐本所呈奏奏，详定例款。乾隆五年（1740）馆修时，删去了原议内的部分文字，改为上图所载的例文内容，添入《大清律例》之中。据薛允升在其《读例存疑》一书中的介绍，该条例文后来在嘉庆二十四年（1819）修改，咸丰十年（1860）改定。

本书第196—203页对该条例文在清代康雍年间的沿革及其重要含义有专门讨论，可资对照参看。

山将年甫十岁之幼徒何招见雞奸伊于上年五月欵已被人诱奸据雞奸何招
见供称先於上年五月欵已被人雞奸属实雞百先
蒿奸之巧件姓名住址何招见年幼糊涂不能记
悬而先轻被奸之虚已据供称雞和同强奸律拟以绞
奸之人尚属可信似未便照雞和同强奸例加等拟
徒此等雞奸刻意淫荡非常便傅伊愆俱犯例收往
从未免情事法釐应图问将俙幅山除旧例收往
及殴殴何招兄整罪不诬外应勒令违俗於奸十二
本妪例一律分明
料嘉庆九年何
福签未成刃俱
侯应比照囫圇
微伤难俙例分
提督 咨送僧人幅山雞奸伊何招见一案查幅

和同鸡奸案已
犯奸十岁幼徒

从奸智愿犯奸
之男子

岁以下幼童照和同强奸绞监候律上量减一等枷
一百流三千里仍照旧例犯奸绞本法止于寺门枷责
两个月何招见年未及岁合圆食物被诱雞奸例
晋谳道光四年奉天司现案案
题李楞三强奸污雞扳自认不讳与良人
郭争气子先被赵学子奸污自认不讳与良人
有问应将李楞三照强行雞奸并未伤人拟绞例上
甚减一等杖一百流三千里郭争气子依和同雞奸
例枷杖赵学子早经物故勿议(嘉庆二十年案)

卷五十二 刑律犯奸

(清)祝庆祺:《刑案汇览》,清道光棠樾慎思堂刻本,卷五十二。

《刑案汇览》一书采辑了乾隆元年至道光十四年(1736—1834)的5600余件案例。上图所载嘉庆二十年(1816)的李楞三鸡奸郭争气子一案中,郭争气子先前曾自愿被赵学子鸡奸,后来又被李楞三强行鸡奸。审理此案的山西巡抚认为,郭争气子先前自愿被赵学子"奸污"之举(和同鸡奸),已经造成他在法律上的身份"与良人有间",故而对于此次李楞三将已非"良人"的郭争气子强行鸡奸之罪行,应将他照"强行鸡奸并未伤人"拟绞例上量减一等,杖一百、流三千里。

本书第210页对此案有专门讨论,可资对照参看。

16

議政大臣刑部等衙門尚書加一級紀錄七次臣德明等謹

題為打死男命等事該臣會看得海陽縣民余子岱強行雞奸致死陳阿邁一案據廣東總督管廣東巡撫印務孔毓珣疏稱其少艾欲圖雞奸已非一日雍正五年十二月初七日晚適於路上撞遇陳阿邁誘至園內夤夜欲將陳阿邁強行雞奸陳阿邁不肯余子岱慾心頓起將陳阿邁強拉雞奸陳阿邁叫罵不止余子岱即起毆搕先以拳毆陳阿邁肋脇領仍復叫罵余子岱愈怒越時難命屋審認已具腹用手扠其胸致陳阿邁立時殞命例斷立決照例刺字等因具抱告伊父余子岱擬斬立決照例刺字余子岱合依將良人子弟強行雞奸為首者斬例擬斬立決臣等未敢擅便謹

題請
旨

上圖為清代雍正六年（1728）十一月二十五日刑部尚書德明上奏的一起雞奸致死人命情真擬斬立決案的題本之貼黃部分，載張偉仁主編：《“中研院”歷史語言研究所現存清代內閣大庫原藏明清檔案》（第 41 冊），第 23030 頁。

廣東海陽縣民余子岱（57 歲）覬覦住在自家附近的少男陳阿邁（16 歲）已非一日。雍正五年十二月初七日晚，余子岱在路上碰到陳阿邁，于是將陳阿邁誘至甘蔗園中，意圖將其雞奸。在遭到陳阿邁抵抗後，余子岱將其毆打致死。審理此案的廣東巡撫認為，應將余子岱依照將良人子弟強行雞奸為首例擬處斬立決，並照例刺字。刑部尚書復審此案後，同意廣東巡撫的上述處刑方案，並上奏皇帝定奪。

本書第 197 頁對此案有專門討論，可資對照參看。

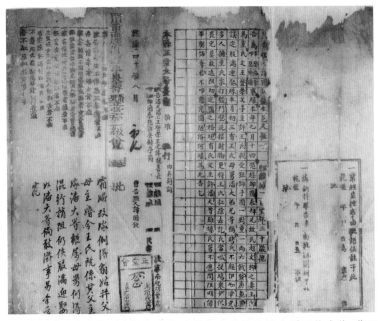

上图为清代乾隆四十年（1775）八月初七日巴县民人谭国钦告状，载四川省档案馆编：《清代巴县档案整理初编·司法卷·乾隆朝（二）》，西南交通大学出版社，2015 年，第 43 页。

告状人谭国钦（30 岁）声称，寡妇王氏业已凭媒许与自己为妻，他只待王氏丧服期满后迎娶，不料王氏的母舅潘大等人以此事未曾得其同意为由，带人将王氏扛抢而去。巴县知县在该状纸上写有批词："孀妇改嫁，例得翁姑并父母主婚。今王氏既系其父主嫁，潘大等虽属母舅，何得混行掯阻！仍俟服满迎娶。如潘大等倘敢滋事，另案重究。"

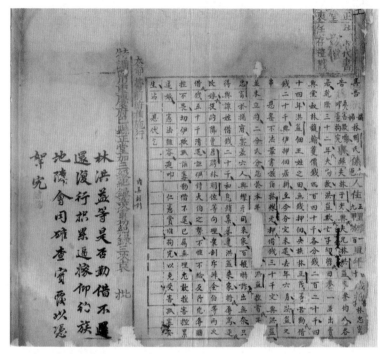

上图为清代乾隆五十二年（1787）四月初五日巴县妇人林刘氏告状（局部），载四川省档案馆编：《清代巴县档案整理初编·司法卷·乾隆朝（二）》，西南交通大学出版社，2015年，第69页。

林刘氏在这份告状中声称，自己屡遭亡夫兄长林洪益来家辱骂，逼其改嫁。

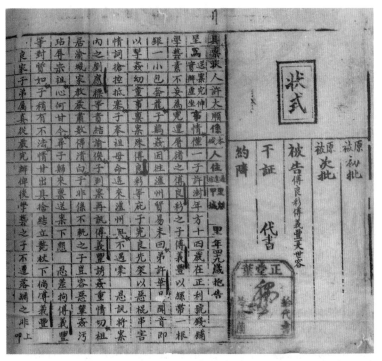

上图为清代嘉庆十五年（1810）九月初十日巴县民人许大顺禀状（局部），载四川省档案馆编：《清代巴县档案整理初编·司法卷·嘉庆朝》，西南交通大学出版社，2018年，第139页。

具禀状人许大顺（49岁）在这份告状中声称，傅良彩之子傅义丰以丝带一根、银一小包为诱，企图将他那位在正利号钱铺做学徒的儿子许澍（14岁）鸡奸。许大顺在该禀状中还强调，其子许澍"非系不轨之子，岂容恶辈奸污，玷污宗祖"，并恳请知县派出差役拘传傅义丰到堂对质，若审出傅义丰企图鸡奸"良家子弟"许澍属实，应从严究办。

简体字版中译本序

我非常欢欣地看到,自己这本最初于 2000 年由斯坦福大学出版社出版的英文专著,如今终于有了简体字版中译本。在本书英文原版付梓后迄今的这二十多年间,有许多关于中国历史上的性(sex)、社会性别(gender)和法律的学术研究新成果陆续问世。但是,我并不打算试着对本书的内容做那种无止境的更新,而是决定让其保持英文原版问世时的原貌。我希望中国的读者会发现这本书依然有其学术价值。

我对本书简体字版中译本的译文准确性充满信心。不过,倘若读者对我在书中表达的意思或意图有任何疑惑,则可参看本书的英文原版(我对英文原书中的表述独立承担文责)。

我想对所有为本书的中文翻译提供过帮助的人致以诚挚的谢意。我攻读博士学位时的指导教授黄宗智(Philip C. C. Huang)先生,多次鼓励我将本书的英文原著译为中文出版,并最终促成这一想法如今变为现实。若没有他的帮助,本书的这个中译本将不会存在。本书实际的翻译工作，首先要归功于我曾指导的学生谢美裕（Meiyu Hiseh），不过杨柳也对最初的那一版译稿付出了心力，尤陈俊教授则对照英文原书，在之前那版中译稿的基础上，逐字逐句地进行了最终的校译、修改和润色。我自己在此过程中所扮演的角色，只是为几位译者提供英文原书中引用的那些中文史料原文。本书的翻译工作，得到了来自加利福尼亚大学洛杉矶分校（UCLA）中国研究中心（该中心由黄宗智教授倡议成立，后来他出任创所主任）、斯坦福大学人文与科学学院（School of Humanities and Sciences）的经费支持。我也要对让本书简体字版中译本得以在广西师范大学出版社出版的刘隆进编辑表示感谢。

本书的英文原版是献给我的双亲唐纳·M. 萨默（Donna M. Sommer）和约翰·L. 萨默（John L. Sommer）。我想在此再次感谢他们为我所付出的一切。同时，也要感谢拙荆张梨惠（Ih-hae Chang）一直以来对我的支持。

我想把本书的简体字版中译本献给我攻读博士学位时的导师黄宗智教授。当初正是黄宗智教授向我介绍了清代司法档案，指导我进行研究和撰写博士学位论文。自研究生阶段算起的这数十年里面，他一直是我所熟悉的孜孜不倦的导师。对于他为了促进我的职业生涯发展和丰富我的生活所做的一切，我铭感五内。

苏成捷（Matthew H. Sommer）

2022 年 10 月 6 日

于美国加利福尼亚州斯坦福大学

英文版序

我一直在期盼着这一天的到来,如今终于可以将曾给予我帮助的许多人的名字写下来以致谢忱。首先,黄宗智(Philip C. C. Huang)是研究生所可能遇到的最好的指导教授,他让我完全自由地找寻适合自己的学术发展道路,又在我需要他的帮助时伸出援手。在我获得博士学位后的那些年里,他一如既往地给予我鼓励和灵感。此外,白凯(Kathryn Bernhart)和裴宜理(Elizabeth Perry)分别作为我的正式导师和良师益友,在我攻读博士学位期间也给予了至关重要的帮助,她们阅读了我的博士学位论文各章节内容的前后数稿,并反馈了非常有价值的建议。我还要感谢我在加利福尼亚大学洛杉矶分校(UCLA)求学时的其他几位授业恩师:白馥兰(Francesca Bray)、赫尔曼·奥姆斯(Herman Ooms)、宋格文(Hugh Scogin)、万志英(Richard von Glahn)、斯科特·沃夫(Scott Waugh)。在我的博士学位论文到了评审答辩的最后关头时,苏源熙(Haun Saussy)非常谦和地应允担任外审读者(outside reader)。

他那些精辟的评语，除了给予我以其他许多方面的启发，还帮助我更好地理解了不能因为清代的那些法律专家未能成为女性主义者便将他们视作假道学。

我还要对其他老师给予我的帮助致以深深的谢意。已故的莫林·马佐内（Maureen Mazzone）激发了我对历史学的最初兴趣。李明珠（Lillian M. Li）是我在斯沃斯莫尔学院（Swarthmore College）念大学本科时和蔼可亲的指导老师，我之所以对中国历史特别着迷，要归功于她。两位老师给予我的信心，对我后来所取得的任何成就均有重要的影响。盖博坚（Kent Guy）指导我对清代文书进行研究，将这种如今业已成为我的研究习惯的基本方法传授给我。经君健为我打开了中国帝制时期法典及其注解文字的世界，教给我清代司法制度的基本原理；任何一位目光敏锐的本书读者，皆会清晰地觉察到他对我的学术影响，甚至在那些我并不赞同他的看法的地方，我也是出自一种深深的敬意。我的语言老师有很多位，无法在此——列举，但其中有三位总是在我心中占据特殊的位置：米德伯理学院（Middlebury College）中文系的袁乃瑛和台湾大学的陈舜政教我如何阅读文言文；斯坦福大学横滨中心的立松幾久子指导我如何阅读中国法律史方面的日文著作。

在攻读研究生期间，我从同窗们那里所学到的东西，较之于从教授们那里所学到的毫不逊色。白德瑞（Bradly Reed）对我研究生学习的每一阶段均有重要的影响。作为一位值得信赖的朋友和学术上的净友，十余年来，他一如既往地支持着我。本书中的许多想法，源于我与他的讨论，我永远珍视我们在西雅图、洛杉矶和成都共同度过的那些日子。艾仁民（Chris Isett）和唐泽靖彦同样影响到我对许多重要问题的看法,他们给予我的友情,让在洛杉矶共同求学的那段时光成为我的一份真正财富。魏达维(David Wakefield)帮助我开始了在加利福尼亚大学洛杉矶分校的求学生涯。正是他说服了我,让我相信自己能够写出一篇关于"性"(sex)的博士学位论文;而且,他与癌症做斗争的那种不服输的精神,在我很多次信心发生动摇、认为一切似乎皆无可能时,激励我坚持了下来。在加利福尼亚大学洛杉矶分校时给予我友情的其他朋友,还有程洪、杜克雷(Clayton Dube)、林郁沁(Eugenia Lean)、刘昶、卢汉超、陆钟琦、詹妮弗·麦克法兰(Jennifer MacFarlane)、孟悦、卜国群和周广远。

在我撰写博士学位论文的不同阶段,其他几位学者也提供了非常有价值的批评性建议,他们是艾尔曼(Benjamin Elman)、周锡瑞(Joseph Esherick)、康无为(Harold Kahn)、罗伯特·克莱德(Robert Kreider)、李中清(James Lee)、李林德(Lindy Li Mark)、欧中坦(Jonathan Ocko)、邵式柏(John Shepherd)、魏浊安(Giovanni Vitiello)和叶文心(Wen-hsin Yeh)。理查德·冈德(Richard Gunde)非常坦诚地告诉我博士学位论文第一章的初稿看起来有多么稚嫩,并在其他很多方面给我提供了帮助,我对此深怀感激。在我后来将博士学位论文修改成现在这本专著的过程中,我有幸得到下述学人针对全书内容或其中部分章节的评论。他们是费侠莉(Charlotte Furth)、贺萧(Gail Hershatter)、岸本美绪、高彦颐(Dorothy Ko)、曼素恩(Susan Mann)、宝拉·帕德尼(Paola Paderni)、罗威廉(William Rowe)、滋贺秀三、寺田浩明、袁书菲(Sophie Volpp)和蔡九迪(Judith Zeitlin)。我还要感谢在宾夕法尼亚一起参加读书会的朋友柯胡（Hugh Clark）、玛丽斯·吉莱特（Maris Gilette）、李明珠（LiLlian Li）和保罗·史密斯（Paul Smith），谢谢他们在共享晚餐时针对本书最终稿所做的热烈讨论。张哲嘉、张梨惠（Ih－hae Chang）、郑炯文（James Cheng，当时供职于加利福尼亚大学洛杉矶分校东亚图书馆）、卡尔·卡勒（Karl Kahler，当时供职于宾夕法尼亚大学东亚图书馆）、唐泽靖彦、高彦颐、梁敏敏、刘昶、寺田浩明和周广远帮助我搜集了许多重要的文献资料，以及将一些难懂的文言文译为英文。我要特别向两位朋友致谢：我的同事金鹏程（Paul Goldin）帮助我翻译了本书第二章中所引用的那些中国古代早期的史料原文，而李惠仪（Wai－yee Li）则核校了我对本书第六章中引用的那些明代史料的英文翻译。应斯坦福大学出版社之邀审读本书稿的韩森（Valerie Hansen）和另一位匿名专家，提供了很有价值的评审意见，尤其是他们以罕见的速度很快就审读完这部书稿，我在此表示由衷的感谢。

我还要提及我在宾夕法尼亚大学的同事们和学生们。布鲁斯·库克利克（Bruce Kuklick）、林恩·利斯（Lynn Lees）和马克·特里奇腾伯格（Marc Trachtenberg）让我在初到宾夕法尼亚大学工作的头两年里得以避开了许多麻烦事。沃伦·布雷克曼（Warren Breckman）、凯思林·布朗（Kathleen Brown）和德鲁·福斯特（Drew Faust）的建议，帮助我对书稿进行完善。当我不止一次地和他详细讨论整个写作计划时，杰夫·费厄（Jeff Fear）总是愿意再来一杯啤酒，听我侃侃而谈。还有至为重要的，林·亨特（Lynn Hunt）向我提供了如何将博士学位论文修改成一本专著的睿智建议，在和她共同开设面向研究生的席明纳（seminar）的那个令人难忘的学期中,她非常慷慨的分享,促进了我在学识上的增长。

我要由衷地感谢位于成都的四川省档案馆和位于北京的中国第一历史档案馆在我搜集本研究所需的清代案件资料时所提供的便利。在我前往上述两家档案馆查阅资料期间,以下人士为我提供了非常友好和高效的协助:成都的杨俭和文精明,北京的秦国经、尹淑梅和朱淑媛。就像美中学术交流委员会(Committee on Scholarly Communication with the People's Republic of China)的基思·克莱蒙格(Keith Clemenger)为我所做的那样,当时我在四川大学和中国人民大学的房东们也为我提供了很好的支持,尤其是当我在成都遭遇一场自行车事故而碰上荒诞的后续事宜之时。

我很荣幸曾有机会将这份研究的一部分初稿提交给如下场合供学术讨论:加利福尼亚大学洛杉矶分校的中国研究中心;加利福尼亚大学伯克利分校的中国研究中心;约翰斯·霍普金斯大学历史系的教员席明纳;纽约大学法学院举办的东亚法律研讨会;宾夕法尼亚大学的东亚研究中心;美国亚洲研究协会举办的年度学术会议(美国夏威夷州檀香山,1996);"中华帝国晚期的法律、社会与文化:美日学者之间的对话"学术研讨会(日本镰仓市,1996)。在此谨向上述学术讨论的组织者们,以及所有针对我的会议论文进行评论和提问的学者们,表示感谢。

倘若没有下列机构和人员慷慨给予我的经费资助,上述指导老师、朋友和同事们为我提供的帮助将不会见到成效。这些机构和人员分别是:美中学术交流委员会;加利福尼亚大学洛杉矶分校的历史系和中国研究中心;美国哲学学会(American Philosophical Society);宾夕法尼亚大学的历史系和教员研究经费基金会(the

Faculty Research Foundation）；我的父母唐娜·M. 萨默（Donna M. Sommer）和约翰·L. 萨默（John L. Sommer），他们都是医学博士；陆康（Luca Gabbiani）。

我的妻子张梨惠（Ih－hae Chang）以她一贯的信任在支持着我，我们之间那些关于这个或那个案件的日常对话，帮助我将这份研究向前推进。我对她的感情和谢意之深，难以言表，倘若我试着在此表达，恐怕会让我们两人都感到尴尬。我的孩子 Anne 和 Joseph 对本书完全没有贡献；相反，他们还使本书的写作速度减慢了不少。但他们给了我在书本之外的另一种生活，使我的生命变得更为丰富多彩。同样的话，也可用在我的兄弟 Andy 身上，他通过提醒我绝大多数人们并不会将他们的时间耗费在诸如 18 世纪的中国法律之类的艰深知识之上，来帮助我客观地看待事物。

我想把本书献给我的父母，深切地感谢他们在过去的岁月中给予我的那些精神支持和物质帮助。我的父母很早便培养了我对不同语言和文化的强烈兴趣。他们为我提供的难得机会之一是 1978 年时的中国之行。当时我才 17 岁，而那场旅行改变了我的人生。此外，我确信还应归功于我的父亲。他从事泌尿外科的工作 30 余年，在谈到性和人体时不会显得拘谨。他总是乐于和我讨论他所碰到的病例，我们常在饭桌上谈论这些不同寻常的话题。我依然记得高中上生理学课程时发生的一段小插曲。当时班上每位同学均被要求做一个关于某种疾病的口头报告，而我选择了梅毒和淋病作为自己报告的内容。我至今还能记起班上那些比我在社交方面更活跃的同学们看到我父亲提供给我的那些幻灯片时的反应。

最后但绝非最不重要的,我要向穆里尔·贝尔(Muriel Bell)、内森·麦克布莱恩(Nathan MacBrien)、莎莉·塞拉菲姆(Sally Serafim),以及他们在斯坦福大学出版社工作的其他同事致以诚挚的谢意,感谢他们以从容不迫的安抚能力盯着我写完这本专著,直至最终付梓下印。

补记:

有两篇重要的学术论文与本书讨论的主题有关,但由于我很晚才注意到,已然来不及将其吸收进现在的这份研究当中。宝拉·帕德尼(Paola Paderni)是最早利用大样本量的清代内阁题本研究法律问题的学者之一,她以意大利语(我不懂意大利语)撰写并发表了一篇以数起清代鸡奸案件为讨论对象的论文——"Alcuni Casi di Omosessualità nella Cina del XVIII Secolo"(《18 世纪中国的一些同性恋案例》,载 *Studi in Onore di Lionello Lanciotti*,Naples:Istituto Universitario Orientale,Dipartimento di Studi Asiatici,1996,pp.961—987)。当时她和我并不知晓对方也正在研究相同的主题。她后来告诉我,她的研究结论,确证了我在博士学位论文中提出的一些观点。更近些时候,宋怡明(Michael Szonyi)发表了"The Cult of Hu Tianbao and Eighteenth‐Century Discourse of Homoseuality"(《胡天保崇拜与 18 世纪的同性恋话语》,载 *Late Imperial China*,Vol.19,No.1[1998],pp. 1—25)一文。管见所及,这篇论文首次富有说服力地证明了,在清代的福建曾存在着一种鸡奸的亚文化,而这种亚文化所迷信的对象,与该省那种广为人知的宗教崇拜原型如出一辙。读者们若想进一步追踪本书第四章中所讨论的那些问题,则应当参考上述两篇很有学术价值的论文。

在停笔之前,容我再提醒一句。本书描述了很多耸人听闻的罪行,尽管已经过去几百年,但这些罪行的恐怖性未见丝毫的消退。我没有对这些罪行的诸多细节加以掩饰,也未就其采用委婉的说法。我的这种处理方式,即使不被当作冷酷无情,恐怕也会被视为铁石心肠。我之所以将这些令人感到难过的细节包含在对案情的介绍当中,乃是基于如下两个理由:首先,在这些案件中,有很多问题都取决于发生在受害者身上的那些细节;其次,对我来说,避而不谈此类罪行的受害者们当时所遭受的暴行,并不会因此就使得我们对这些死者的敬意多增加一分。

目　录

第一章　导论

第一节　论题

在 1644 年打败明帝国并使大清王朝定鼎中原的满人,常常受到形形色色的诋毁。其中最令人感到新奇的抨击之一,兴许是那种认为满人将"性"(sex)变得索然无味并进而把中国人变成一群假道学的指控。高罗佩(R. H. Van Gulik)便写道:"随着明朝的覆亡,朝气蓬勃的男女们之间那种精力充沛的享乐逐渐褪色,无拘无束的精神不复存在,性成为一种负担,而不再是一种生活享受。"①高罗佩十分推崇的那些活色生香的春宫画,此时被禁欲清教徒式的儒家教条所取代。另有一些学者主张,怀有"同性恋憎恶"

---

① R. H. Van Gulik, *Sexual Life in Ancient China: A Preliminary Survey of Chinese Sex and Society from Ca. 1500 B.C. till 1644 A.D*, Leiden: E. J. Brill, 1974, p.333.

的清朝,摧毁了那种宽容同性之爱的古老文化;修订了针对强奸的法律,以便能更有效地压制女性;造成那种精致的名妓艺术走向没落;颇为成功地以崇尚女性贞节的国家意识形态,取代了"那个讲求实用、对性享受之风的追求大行其道的世界"。①

我一直对上述这种关于清朝的形象刻画心存怀疑,特别是其中将极具成效的性压抑归咎于少数民族建立的这一政权的那部分内容。鉴于大清王朝的统治疆域如此之辽阔,以及所有前现代的政权在科技与通信方式方面的局限,清帝国须得是一个多么了不起的压制性机器,方有可能超越其时代限制,取得上述那些如此显著的成就。我也相当怀疑被征服的明朝是否真的是一个"充满活力的"、讲求性享乐与性开放的社会,毕竟明代社会中的绝大多数人均是仰赖家庭耕作维生的贫苦农民。对某些汉学家而言,17世纪的中国,犹如布莱船长(Captain Bligh)手下那些孤寂的船员眼中

---

① 参见 Bret Hinsch, *Passions of the Cut Sleeve: The Male Homosexual Tradition in China*, Berkeley: University of California Press, 1990; Vivien W. Ng, "Ideology and Sexuality: Rape Laws in Qing China", *The Journal of Asian Studies*, Vol. 46, No. 1(1987); Vivien W. Ng, "Homosexuality and the State in Late Imperial China", in Martin Duberman et al., eds., *Hidden from History: Reclaiming the Gay and Lesbian Past*, New York: Meridian Press, 1989。此处所直接引用的那句原文,出自 Mark Elvin, "Female Virtue and the State in China", *Past and Present*, No.104(1984), pp.112—114。关于名妓艺术的没落,参见严明:《中国名妓艺术史》,文津出版社,1992年; Susan Mann, *Precious Records: Women in China's Long Eighteenth Century*, Stanford, Calif.: Stanford University Press, 1997。关于女子贞节"宗教化",参见刘纪华:《中国贞节观念的历史演变》,载《社会学界》第8期(1934),后收入高洪兴等主编:《妇女风俗考》,上海文艺出版社,1991年。从中国传统医学的角度对高罗佩这一观点的批评,参见 Charlotte Furth, "Rethinking Van Gulik: Sexuality and Reproduction in Traditional Chinese Medicine", in C. Gilmartin et al., eds., *Engendering China: Women, Culture, and the State*, Cambridge, Mass.: Harvard University Press, 1994。

充满异域风情的塔希提岛。① 然而,随着清代司法档案开放给学者们研究利用,如今是时候进一步考察清代对性(sexuality)②所做的规制,以及那些被规制的性。

刚开始阅读清代司法案例时,我主要着眼于这类史料在社会史研究方面的学术价值。但是后来我发现,若要看透那些与"性"

---

① 译者注:布莱船长因 1789 年英国皇家海军武装运输船 HMS Bounty 号的船员反抗船长这一暴动事件而闻名。此事件后来曾多次被改编为小说和电影。HMS Bounty 号运输船于 1787 年底从英国出发,在经历了约十个月的海上航行后,抵达塔希提岛,收集将被作为西印度群岛奴隶们的食物的面包果树标本。由于之前数月海上航行的生活枯燥无比,多名船员在停留塔希提岛期间,与岛上的女子婚配,过着乐不思蜀的生活。1789 年 4 月,HMS Bounty 号运输船因执行运输面包果的任务而离开塔希提岛,部分船员在航行至靠近东加海域时发起暴动,将布莱船长及其跟随者丢到一条小艇上,任其在海上自生自灭,发起暴动的船员们则回航至塔希提岛。一部分人在此定居下来,另一部分则携其那些塔希提岛的眷属移居皮特肯岛(Pitcairn Island)。布莱船长及其跟随者们凭着丰富的航海经验,最终在荷属东印度群岛帝汶获救上岸,并将此次船员暴动事件公诸于世。关于此事件的简介,可参考大英百科全书网络版 Bligh. William 条。

② 译者注:本书作者在英文原书中此处使用的"sexuality"一词,乃是西方性学界如今常用的一个专门概念。据介绍,"sexuality"一词在西方最早出现于 19 世纪末,但其作为一个概念真正流行开来,则是在 20 世纪六七十年代,并由此带动了性学研究从以性科学为主导的 sexology 范式向 sexuality 范式转变。在当下英语世界的性学研究当中,"sexuality"与"sex"是两个彼此之间有着密切联系但又存在许多重要不同的概念,二者的主要区别在于,"sex"通常是指生物学、行为学意义上的"性",而"sexuality"的范围则更为丰富,它同时具有生理、心理、社会、文化等多方面的内涵。有学者认为,"sexuality"一词"涵盖生物学、行为学意义上的性(sex),但绝不仅于此,还包括性认同、性关系、性观念、性语言、性仪式、性欲望、性幻想等内容";也有学者指出,"sexuality"的内部结构,至少由生物存在(特定的构造、机能及其实现过程)、心理存在(主体对于生物存在的感受与认知)、社会存在(前两种存在在特定社会环境中的实际表现形态)等三部分构成。参见黄盈盈:《性/别、身体与故事社会学》,社会科学文献出版社,2018 年,第 7 页;潘绥铭:《当前中国的性存在》,载《社会学研究》1993 年第 2 期。

有关的社会问题,则需要先厘清涉及"性"的法律问题。于是,这项前置性作业就成了我的研究重心。随后,我决定采用类似"快照摄像"(snapshot)的手法,来呈现乾隆朝时期(1736—1795)那些对"性"(sexuality)所做的规制。乾隆朝是清朝统治的巅峰期,该时期以来的现存史料也最为丰富。但我很快便发现,18世纪是一个在对性的规制方面发生了巨大变化的时期,对这种处于变化当中的体制进行"快照摄像",其结果很可能是影像模糊不清。因此我意识到,若要弄清楚我在乾隆朝的司法案例中看到的那些内容,则必须将此项研究涵盖的时间段往前延伸。

我的基本目标是实证性的(empirical),亦即厘清明清时期那些对性所做的规制,特别是清代关于此方面的立法,以及中央司法机构在此方面的实际做法。我提出的问题包括:这一时期的司法审判体现了哪些原则,以及是如何做到此点的?哪些发生了变化,以及为什么会发生变化?我希望从更广阔的历史变迁视角,就清代对性所做的规制加以理解,同时将这种对"性"(sexuality)的规制放置于更宽阔的社会情境当中进行审视,例如这种对性的规制跟当时社会各阶层(不限于官员或社会精英,更不用说只是满人)的心态与实践之间是如何发生关联的。

(续)————————

　　但是,"sexuality"一词的中文对译迄今莫衷一是,并没有一个令人完全满意的中文译词,将其翻译成"性态""性征""性存在""全性""性性"者皆有之。有鉴于此,我们在翻译本书作者所使用的"sexuality"一词时,采取折中的做法,亦即将其翻译成"性",并在有必要时将英文原词"sexuality"附于其后。此外,我们将本书作者使用的"sex"一词通常也翻译成"性",且在有必要时同样将英文原词"sex"附于其后。我们希望能够通过这种方式,帮助读者更好地理解本书作者在英文原著中不同地方分别使用"sexuality"和"sex"这两个词时意图侧重强调的各自含义。

一、西方的法律发展模式

许多学术著作都主张中国帝制时期的法律基本上停滞不变。这种观点背后所隐含的对比标准,乃是西方在法律方面的历史发展模式。后者强调,过去数个世纪以来,西方在个人权利、契约义务和对政府权力的宪法性限制诸方面均取得了长足的进展。这种法律发展模式是关于现代性的"元叙事"(metanarrative)的组成部分之一,它将启蒙运动时期以来的历史视作朝向一个更美好、更自由、更科学的未来不断发展的单一的线性进程。①许多西方学者看起来都认定,个人自由的扩张构成了法律和政治领域中的历史变迁之基本要素,而人权和民主未来在全球范围的传播势不可当。

这种模式把握住了近代西方历史的重要维度之一,故而不能被轻率地置之不理,对于那些信奉启蒙运动之基本价值观的人来说尤其如此。但是,清代法律是否受到与此发展过程相类似的某些因素的影响?与这一话题最相近的情况,或许是雍正皇帝对若干法定的世袭贱民身份的废除。从雍正元年(1723)开始,首先被废除的是与性工作及其他不光彩的娱乐行业相联系的"乐户"身

3

---

① 探讨西方法律"从身份到契约"(from status to contract)的转变这一发展模式的权威著作,是梅因爵士所著的《古代法》(Sir Henry S. Maine, *Ancient Law*, Tucson: University of Arizona Press, 1986 [1864])一书。有关现代性的元叙事(metanarrative of modernity)的探讨,特别是涉及性别史的部分,参见 Lynn A. Hunt, "The Challenge of Gender: Deconstruction of Categories and Reconstruction of Narrative in Gender History", in H. Medick and A. Trapp, eds., *Geschlechtergeschichte und Allgemeine Geschichte: Herausforderungen und Perspektiven*, Göttingen: Wallstein Verlag, 1998。

份。中国历史文献中通常将这项改革视为"开豁贱籍",然而其实质性含义至今尚未得到厘清。有学者认为这种"开豁贱籍"确实使相关人等获得了某种程度的自由;①也有学者推崇此一"善政"所蕴含的"进步精神",但又认为其并无任何具体成效;②更有学者斥其为毫无意义之举。③ 这些研究背后未被言明的一个共同预设是,对其成败的评价,端视雍正朝的这一改革是否促进了个人的自由与机会的拓展而定。这些学者所持的主要判断标准,乃是那些被"开豁贱籍"的人是否获得了参加科举考试的资格,应举资格被他们认为是"良民"身份者才能拥有的一种"权利"。④ 学术界目前的整体印象是雍正朝的这一改革可能具有某种重要性,但并不清楚这一改革为何重要(雍正朝的这一改革,被认为或许仅具有象征意义层面的重要性,代表着中国在迈向鸦片战争的那个关键世纪里

---

① See Anders Hansson, *Chinese Outcasts*: *Discrimination and Emancipation in Late Imperial China*, Leiden: E. J. Brill, 1996.

② 参见寺田隆信:"雍正帝の賤民開放令について",《東洋史研究》第 18 卷第 3 号(1959)。

③ 参见 Ch'ü, T'ung‑tsu, *Law and Society in Traditional China*, Paris: Mouton and Co., 1965;经君健:《清代社会的贱民等级》,浙江人民出版社,1993 年。

④ 例如 Ch'ü T'ung‑tsu, *Law and Society in Traditional China*, Paris: Mouton and Co., 1965, p.282;经君健:《清代社会的贱民等级》,浙江人民出版社,1993 年,第 235 页。尽管贱民身份者被禁止参加科举考试,但倘若据此便认为良民身份者皆拥有参加科举考试的"权利"(right),则属于误解。科举考试乃是专制权力的工具之一,哪些人能参加科举考试,无一例外地仰赖统治者的意愿。虽然清代法律在实践中也保障有关财产和人身的权利,但这些"权利"仅在身份平等者之间施行,且并非绝对的"权利",参见 Philip C. C. Huang, *Civil Justice in China*: *Representation and Practice in the Qing*, Stanford, Calif.: Stanford University Press, 1996, pp. 7—8, 108, 236。在中国帝制时期,没有任何"权利"能与国家相抗衡,且国家从未宣称界定犯罪的标准在于个人的人身自由与意志自由受到了侵犯。在中国帝制时期的法律话语中,并无任何在内涵上可与西方意义上的"权利"(right)相等同的词语。

面不幸错过了的一个走上现代化之路的契机)。

　　另一种更深思熟虑的见解,是将雍正朝的上述政策视为象征着由社会经济变迁推动的"身份藩篱逐渐消除"。① 这种解释无疑是对的,雍正朝颁发的某些谕旨确实符合 18 世纪的整体大趋势,即以商业化、契约化的生产关系取代残存的农奴制度。② 然而我们仍不清楚上述政策的目的及其具体成效如何。特别是,那种强调借此解放劳动力的学术分析方式,无法解释为何雍正皇帝会优先处理娼妓和乐户的问题。从清代的司法档案来看,雍正朝上述政策的显著特征是卖娼入罪化(criminalization of prostitution),而以往的研究全然忽略了这一事实。

　　西方的那种法律发展模式,对于理解中国法律的发展历史而

---

① See Susan Mann, *Precious Records*: *Women in China's Long Eighteenth Century*, Stanford, Calif.: Stanford University Press, 1997, p.43.

② See Philip C. C. Huang, *The Peasant Economy and Social Change in North China*, Stanford, Calif.: Stanford University Press, 1985; Philip A. Kuhn, *Soulstealers*: *The Chinese Sorcery Scare of 1768*, Cambridge, Mass.: Harvard University Press, 1990, pp. 34—36.

言看起来并无特别的帮助。①正如关于"开豁贱籍"的学术论辩模糊了问题的焦点那样,西方的法律发展模式可能导致我们对中国帝制时期实际发生的其他变化视而不见。例如,在瞿同祖以英文出版的经典名著《传统中国的法律与社会》当中,②他为了证明中

———————————

① 越来越多的学术论著对采用西方模式来理解中国历史的做法是否富有成效进行质疑。柯文(Paul A. Cohen)就此所做的综述值得参考,参见 Paul A. Cohen, *Discovering History in China: American Historical Writing on the Recent Chinese Past*, New York: Columbia University Press, 1984。关于"市民社会"/"公共领域"(civil society/public sphere)之争,参见 *Modern China* 杂志在 1993 年出版的"'Public Sphere'/'Civil Society' in China?"专号。从妇女史角度对"市民社会"模式的批判,参见 Susan Mann, *Precious Records: Women in China's Long Eighteenth Century*, Stanford, Calif.: Stanford University Press, 1997, p. 223。关于技术发展的问题,参见 Francesca Bray, *Technology and Gender: Fabrics of Power in Late Imperial China*, Berkeley: University of California Press, 1997, 导论部分。黄宗智对西方的理论模式(马克思主义、新古典主义及马克斯·韦伯的理论)是否适用于分析中国社会经济史和法律史所做的批评最为全面,特别是 Philip C. C. Huang, *The Peasant Family and Economic Development in the Yangzi Delta, 1350—1988*, Stanford, Calif.: Stanford University Press, 1990; Philip C. C. Huang, "The Paradigmatic Crisis in Chinese Studies: Paradoxes in Social and Economic History", *Modern China*, Vol. 17, No. 3 (1991); Philip C. C. Huang, *Civil Justice in China: Representation and Practice in the Qing*, Stanford, Calif.: Stanford University Press, 1996。白德瑞(Bradly Reed)根据清代的行政实践,对韦伯的理论做出了重要的新评价,参见 Bradly Reed, *Talons and Teeth: County Clerks and Runners in the Qing Dynasty*, Stanford, Calif.: Stanford University Press, 2000。

② 译者注:在 1945 年至 1953 年于美国哥伦比亚大学的中国历史研究室从事研究工作期间,瞿同祖利用业余时间,将自己先前出版的《中国法律与中国社会》(上海商务印书馆,1947 年)一书译成英文。在自己翻译的过程中,瞿同祖补充参考了当初写作中文原著时未能利用的《宋刑统》,并以 *Law and Society in Traditional China*(《传统中国的法律与社会》)作为英文书名。该书的英文版,后来被作为法国巴黎大学高等研究实用学院经济与社会科学部"海外世界:过去与现在"丛书之一,于 1961 年由巴黎和海牙的穆东书店出版,成为西方学术界研究中国古代法律和社会时耳熟能详的名著。本书作者引用的是该英文学术名著的 1965 年重印版。

国在晚清变法之前未曾发生类似西方模式的那种"法制现代化"的
观点,对于晚清之前的任何变化皆仅予轻描淡写。在瞿同祖看来,
西方的法律发展模式代表了唯一可借鉴的典范,若中国的法律制
度未经历过这种特定的发展过程,则表示其从未发生过任何重大
的变化。①

　　西方的这种法律发展模式在对"性"(sexuality)的规制方面尤
为重要,因为权利、隐私等概念的出现意味着个人对其身体拥有自
主权。在 20 世纪当中,西方许多国家开始对个人决定自己的性
(sex)、婚姻与生育的自由加以大幅扩展。在《性史》的第一卷当
中,福柯(Michel Foucault)针对那种认为 20 世纪见证了从"维多利
亚时代的压抑"中解放出来的观点进行了大力抨击。② 但福柯本人
那种特立独行的生活方式,却有力地证明了情欲解放确已发生。
这种情欲解放的理想,影响到某些研究中国历史上的"性"(sex)的
学术作品。这些学术作品看上去认为,唯一具有重要性的议题,便
是研究个人自由与偏执压抑这两者之间的各种争斗。由于官方大
力鼓吹女子应当专心于家内生活(cults of domesticity)和崇奉女性
贞节,清朝被视为对先前那种情欲开放的文化加以压抑的一种中

---

① 和瞿同祖一样对中国法律史研究做出重大学术贡献的经君健,采用了另一种来自
西方的理论模式——马克思主义的社会发展阶段理论。这种理论同样使他忽略
了那些未能导向成熟资本主义的变化。参见经君健:《清代社会的贱民等级》,浙
江人民出版社,1993 年,结论部分;Jing Junjian, "Legislation Related to the Civil
Economy in the Qing Dynasty", trans. by M. Sommer, in Kathryn Bernhardt and
Philip C. C. Huang, eds., *Civil Law in Qing and Republican China*, Stanford, Calif.:
Stanford University Press, 1994。

② See Michel Foucault, *The History of Sexuality: An Introduction*, New York: Random
House, Inc., 1978, pp.3—12.

国版的"维多利亚时代"体制。

但是,上述叙述并非故事的全部。若要探讨故事的其他方面,福柯针对维多利亚时代的种种刻板印象所做的批判便显得非常重要。福柯认为,那些实际发生的现象,与其说是"压抑",不如说是在"权力—知识"(power‐knowledge)的构造上发生了本质性转变:不再是被迫对"性"(sex)保持缄默,而是发生了一种围绕其的新的话语"增殖","性"(sexuality)由此开始成为现代性认同的一大关键。具体来说,对此方面问题加以界定和进行裁判的权威,由原先的教会转移至那些新出现的职业化的医疗机构和精神疾病治疗机构,以往被视为罪孽(sin)的行为,如今被"医疗化"(medicalized)为病理症状。例如在欧洲,鸡奸者过去是向教士告解其罪行以求获得宽恕,如今这些人则成为须将其症状告知医生以获得诊疗的同性恋者。① 在此过程中,新的社会"另类"被创造出来,成为引发焦虑和需加规制的对象,例如性欲倒错者、沉溺于手淫的孩童、犯有癔病的妇女以及节制生育的夫妇。②

我没有像福柯那样的雄心去分析"性"(sexuality)在中国的情况,且清代中国与福柯所描述的欧洲亦大不相同。特别是,中国直到 20 世纪初,方才由于当时正处于现代化进程中的城市文化与新的传播媒介深受西方的影响,开始出现福柯所谓"医疗化"

---

① See Michel Foucault, *The History of Sexuality*: *An Introduction*, New York: Random House, Inc., 1978, pp.42—43, 66—68.

② See Michel Foucault, *The History of Sexuality*: *An Introduction*, New York: Random House, Inc., 1978, pp.104—105.

(medicalization)现象。① 不过,两者之间仍有相似之处。就算中国法律的历史不涉及个体自由逐渐扩展的过程,清代的情况也并不是一种对个体的简单压抑。相反,清代的改革(特别是 18 世纪的那些改革),显示出在用于对"性"(sexuality)加以规制的组织原则上发生了本质性转变,亦即由身份地位展演(status performance)转变为社会性别展演(gender performance)。易言之,原先是人们根据其身份等级而相应遵循不同的家庭道德标准与性道德标准,此后则是相同的性道德标准和刑责标准越过旧有的身份等级藩篱,要求所有人均须按照依婚姻关系所严格界定的社会性别角色进行展演。这种优先次序的重组,导致了监督机制的强化,其目的在于将性交行为引导用来推行并捍卫整齐划一的婚姻秩序,以避免来自内部的颠覆和外来的侵犯。这种重组也造成了类似福柯所探讨的那种"话语增殖"(proliferation of discourse),包括新的罪名被发明出来,旧的罪行类别被重做解释和扩展,同时还出现了一批被当作拘捕、监管对象的新的人物角色。②

---

① See Frank Dikötter, *Sex*, *Culture*, *and Modernity in China*: *Medical Science and the Construction of Sexual Identities in the Early Republican Period*, Honolulu: University of Hawai'i Press, 1995.

② 关于此观点的初步论述,参见 Matthew H. Sommer, "Sex, Law, and Society in Late Imperial China", Ph.D. dissertation, University of California, Los Angeles, 1994;マシュー・H・ソマー(Matthew H. Sommer):"晚期帝制中国法における売春——18 世紀における身分パフォーマンスからの離脱",寺田浩明译,《中国:社会と文化》第 12 号(1997 年),第 294—328 页。曼素恩(Susan Mann)是首位将那些日益模糊的旧的身份界限(这反映于雍正朝的"开豁贱籍"谕旨之中)与 18 世纪新出现的社会性别话语明确联系起来加以讨论的学者,她特别着重江南地区的精英阶层关于婚姻和女子读写能力的新争论。参见 Susan Mann, "Grooming a Daughter for Marriage: Brides and Wives in the Mid - Qing Period", in R. Watson and P. Ebrey, eds., *Marriage and Inequality in Chinese Society*, Berkeley: University of California Press, 1991。

二、身份地位展演的旧模式

在整个帝制中国时期,法定义务和特权因人而异,取决于个人在家庭与身份等级中所处的不同位置。瞿同祖指出,官吏、良民和贱民这三大身份等级构成了法律的框架,一直持续到帝制中国末期。[1] 但在这一整体性架构之下,无论是社会结构,还是法定身份等级,均发生了相当大的变化。在帝制时期的后几个世纪里,伴随着皇权专制的出现,中国社会逐渐变得更为"平等主义"(egalitarian)。[2] 魏晋南北朝时期与唐代的特点在于,相对弱小的皇室被等级繁复的世家大族所包围。这些世家大族凭借其与生俱来的法律特权,占据着各种待遇优渥的官职,使其财富和地位能够代代相袭,并享受着由各类身份世袭的劳动者(奴隶、农奴和奴仆)所提供的服侍。那些世袭的劳动者因其不自由的身份,在法律上被归入"贱民"一类。身份自由的"良民"当时在总人口数中所占的比例相对不大,他们大多是向对土地拥有最终所有权的朝廷直接交纳税赋的农人(就此而言,皇室可说是最大的世家大族,而所谓"自由"农人即其农奴)。大多数人都被固定在其相应的位置上面,无论从地理意义还是社会意义来讲均是如此,并以众人皆知的各种方式依其不同的身份相应行事。

---

[1] See Ch'ü T'ung - tsu, *Law and Society in Traditional China*, Paris: Mouton and Co., 1965.

[2] 对这一历史趋势的概述,参见 Charles O. Hucker, *China's Imperial Past: An Introduction to Chinese History and Culture*, Stanford, Calif.: Stanford University Press, 1975, 第 7 章,第 12 章。

不同身份地位的人们,受到不同的性道德标准与家庭道德标准的约束。事实上,至少自唐代以来,一直到清代早期,①那种对"性"(sexuality)加以规制的指导性原则,可被称为"身份地位展演",亦即个人须依照其在法律上特定的身份等级所赋予的角色进行展演。身份地位展演的形式甚多。例如,那些禁止在衣饰方面僭越其身份的法令,要求不同身份等级的群体须穿戴各自特定的服饰,若服饰穿戴僭越其身份,则构成犯罪。对于不同身份等级的人们所施行的暴力行为,在确定其刑罚时,依其不同的身份加以区别酌量,这也进一步强化了这种等级制度。但性道德标准亦为一个极为重要的因素。特别值得注意的是,贱民身份等级之所以被贴上污名的标签,很大程度上是由于这样一种观念,即认为此类人在生活中未能遵照儒家礼制中那套针对两性关系的规范行事。性道德低下,可谓贱民身份之所以被贴上污名标签的根源所在。

最能明显体现这项原则的议题是女性贞节。自古以来,性犯罪的基本定义是异性间的婚外性关系。② 但身份地位展演的原则,向来比这一基本定义更具重要性。从根本上来说,贱民身份意味

---

① 由于清代以前的绝大部分司法档案都未能保存至今,我无意宣称有能力解释清代以前的司法实践。对于清代之前的情况,我所探讨的是那些可从法律及其官方律注中考察的司法理念。本书第六章是个例外,我在该章中使用了公开出版的案例摘要,来讨论晚明时期的地方政府如何处置卖娼。我之所以相信这种做法可行,是因为晚明时期的司法实践与清初的情况非常相似,而清初的司法实践则有档案记录可资研究之用。

② 详见本书第二章。

着不自由的身份,而这种不自由是指他们负有服劳役的义务。① 对于女性而言,这种义务具有性方面的含义。良民和精英阶层的女子须保持绝对的贞节,良民身份的女子若与丈夫之外的其他男子发生性关系,这历来都被视为严重的罪行。贱民则并不被期望须遵从此一标准。更准确地说,贱民没有资格遵从此一标准。主人有权享用其女性奴仆的性服务,而无论该女子是否已婚。这是法律明确予以认可的事实。在此领域中,唯一会被视为犯罪的,乃是与他人所拥有的女性奴仆发生性关系。这项罪行所冒犯的,并非该女性奴仆本身,而是她的主人。尽管如此,这种罪行所受的惩处也相当轻微。贱民男女之间虽同样禁止私通,但相应的惩处较之于良民间的通奸要轻。②

此外,某些贱民群体(较具代表性者为"乐户")须提供性服务及其他娱乐服务。但这种服务并不能被等同于"性交易"("性交易"意味着存在一个商业化的性市场),而应被视为向朝廷服世袭徒刑或劳役的一种方式。无论该女子是否已婚,良民身份的男子若与此种身份的女子发生性关系,不会被视为犯罪。更有甚者,自宋代至清代的法律皆规定,良民身份的丈夫为其妻卖娼充当皮条客(或默许其妻的这种不贞行为)乃属犯罪,应处杖刑并强制离异。作为对比的是,在乐户和其他涉及性工作的贱民等级群体当中,不少出卖肉体的女子乃是由其丈夫或父亲招揽嫖客,而官方视此为

---

① 参见[日]仁井田陞:《支那身分法史》,東京:座右寶刊行會,1943 年,第 959、963—
　　964 頁;[日]仁井田陞:《中国法制史研究:奴隸農奴法・家族村落法》,東京:東京
　　大學出版會,1962 年,第 16 頁。
② 参见本书第一章和第二章。

正常现象,并不加以干涉。① 若某位男性奴仆的妻子被其主人所"幸",则他无须像良民身份的丈夫那样承担维护妻子贞节的责任。

女性贞节以及相伴其而生的那些婚姻规范,因此被设定为"良民"身份所具有的特征。那些"贱民"身份的丈夫无法独占其妻子的性服务,自然也就无须像"良民"身份的丈夫那样捍卫对这种性服务的独占。但是,当贱民身份的男子"犯上"而与比其身份等级要高的女子发生性关系(特别是当这名女子是其主人家中的成员)时,他所应受到的惩罚,要远比良民之间犯奸(更加不用说是贱民之间非法的性关系)所受的惩罚更为严厉。

在某些方面,官吏(及其家人)须遵守相较于良民而言更为严格的性道德标准和家庭道德标准。至迟自宋代开始,便已禁止官吏与娼妓婚配或宿娼。官吏若与其辖境内的女子发生非法的性关系,则将会被褫夺官爵与功名,然后被依照惩治一般良民身份者的规定处以杖刑。良民身份的寡妇在为其夫服丧三年期满后,可再嫁他人。但自元代以来,法律便禁止"命妇"在其夫死后再醮。元代的法律规定,命妇若与其家仆私奔,则处死刑。

综上所述,"性"(sex)充当着展示身份等级差别的一种关键性标识,对性行为的规制,等于是对身份地位展演的规制。也就是说,这种规制确保人们依照其各自不同的社会地位相应行事。不同的性道德标准之间的差异(尤其是关于可与哪些女子发生性关系的那部分差异),对于标明不同身份等级之间的高低差别相当重要。事实上,"良"字向来带有某种道德含义。将"性道德有失"这

---

① 详见本书第六章。

种评断加于贱民身份者的身上,有助于对比界定"良民"之所以为
"良"的理由。

三、社会性别展演的新模式

除了少部分例外,至 18 世纪时,绝大部分清朝民众都已成为
自由良民。① 与此同时,除了极少数的满人皇族宗室,贵族阶层已
彻底消失,取而代之的社会统治阶层是地主士绅。地主士绅没有
与生俱来的权力,故而会担心因其财产不断分割而导致地位下降。
皇帝为了瓦解贵族权力而强化中央集权,将科考功名作为获得官
职的必要条件,士绅阶层通过科举考试的激烈竞争来追逐财富和
名望。在法律上,除了缙绅及拥有功名的上层士绅,其他的地方绅
衿均被视为普通的良民,并无任何法定特权。即使是拥有官职及
功名的上层士绅,其后代除非通过科考取得功名,否则也无法继续
享有其先辈在法律上的那些特权。正如白馥兰(Francesca Bray)
所言:

在宋代之前,中国的贵族精英借助一些排他性手段,来维
护其身份地位与社会等级秩序。这些排他性手段包括,身份

---

① 经君健已经对清代法律所清晰规定的身份等级体系加以描述:皇帝、宗室贵族、官
僚缙绅、绅衿、凡人("良民")、贱民,以及身份模糊但类似于贱民的"雇工人"。雇
工人的身份后来日渐提高,至 18 世纪晚期,已多被视同于一般良民。到了此时
期,绝大多数人口均属于良民这一类别。参见经君健:《试论清代等级制度》,载
《中国社会科学》1980 年第 6 期;经君健:《清代社会的贱民等级》,浙江人民出版
社,1993 年。

地位世代相袭,禁止平民僭用贵族的婚仪、家礼和其他象征其身份的仪式。然而自宋代以降,新的政治精英群体是那些在兼容并蓄的用人策略中脱颖而出的英才。他们致力于建立一种虽有等级之分但对所有人开放的有机社会秩序,使所有人均受一种由正统的信仰、价值观与习俗所构成的共享文化的约束。①

此时期在人口总数中占绝大多数的是自由小农,他们只受契约性义务的约束。尽管当时仍有一小部分贱民(包括家奴)存在,但商业化与社会流动逐渐模糊了传统上法定身份与营生方式之间那种既定的相互关联。此现象在性工作领域表现得尤为明显,亦即一种无所不在的商业化性交易市场的兴起,改变了古老体制下的那种官府劳役刑罚。② 缺乏人身独立性的被奴役劳动者不再在 9 农业经济里扮演重要的角色;贱民身份与仆役身份本身之间的关联渐趋松弛,转而与某些不光彩的营生方式或区域性亚族群(subethnic groups)相勾连,后者仍世袭其贱民等级的法定身份,但已非奴隶。与之相应,良贱之分的含义,也从最初的自由与不自由之区分,转变为一种有着微妙差别的道德评判,那些既定的世袭身份标签变得更多是作为一种法律拟制(legal fiction),而非对社会实

---

① Francesca Bray, *Technology and Gender: Fabrics of Power in Late Imperial China*, Berkeley: University of California Press, 1997, p.42.
② 参见本书第六章;王书奴:《中国娼妓史》,上海三联书店,1988 年。

况的确切表述。①

有清一代,尤其是雍正朝,可谓在对"性"(sexuality)加以规制方面的一个转折点。在此期间,社会性别展演模式逐渐取代了以往的那种身份地位展演模式。这种新模式是雍正朝一连串的修订法律之举不断累积形成的综合效应,并通过乾隆朝的法律条文增订得到进一步的巩固。其特征可被概括如下:

第一,全面禁止卖娼,并废除过去官方所默许的那些与性工作有关的贱民身份类别(例如"乐户"),这些人此后须适用良民女子的贞节标准与刑责标准。娼妓、为娼妓招揽嫖客之人(通常是娼妓的丈夫),以及那些先前因其身份地位而得以享受娼妓之性服务的良民男子,自此以后全被视为罪犯。②

第二,主人能够享用的其女性奴仆的性服务,在范围上被大幅缩减,同时法律规定主人有义务为其女性奴仆适时安排婚配。相关的法令暗示,若主人想与其女性奴仆发生性关系,则须纳她为妾。这些法令与禁娼政策并行,使良民阶层的婚姻规范和贞节规范在适用范围上延伸至女性奴仆,将禁止婚外性关系的法律之适

---

① 梁其姿关于清代慈善事业的研究,探讨了"贫民"这一新概念如何对照于"贱民"这一旧概念而出现。社会精英开始区分法律意义上的"贱民"和道德意义上的"贱民",慈善家们歧视后者(例如娼妓),但愿意施惠于那些他们认为真正值得帮助的有"操守"的贫民(例如节妇)。梁其姿的研究,强调了"贱"在法律含义和道德含义这两方面的关键区别:随着固定不变的身份类别已变得不合时宜,"贱"字开始代表不光彩的或应受非难指责的,而不再是贱民身份的那种在传统法律意义上的含义。参见梁其姿:《"贫穷"与"穷人"观念在中国俗世社会中的历史变迁》,载黄应贵主编:《人观、意义与社会》,中国台湾地区"中研院"民族学研究所,1993年。
② 参见本书第七章。

用范围扩展至所有女性。①

第三,清代的立法者加重了针对"和奸"的基本刑罚,②但同时放宽了丈夫因发现其妻子有奸情而杀死奸妇(或奸夫)的免责条件。③ 清代的司法官员均将卖妻视为通奸行为的一种(构成"买休、卖休"罪),即便在这种交易发生以前男女双方之间并不存在奸情。④

第四,清代的立法者对许多不同形式的"强奸"行为科以严厉的新刑罚。此方面被认为最严重的犯罪情形,不再是那种僭越旧有的身份等级界限的性侵犯(例如唐律中规定的男奴对其主人家中的女子进行性侵犯),而是变为来自家庭秩序之外的无赖汉对升斗小民家中的守贞妻女的玷污。大量的新措施,均被用于压制这些如今被预设为性侵犯者的"光棍"。⑤

第五,明代便已开始禁止男子之间自愿发生的肛交行为,清代则通过进一步的立法,将同性强奸首度明确规定为犯罪("强行鸡奸"罪),并处以严刑。通过建构一种与异性之间发生的性犯罪相一致的新罪行及其刑罚等级体系,男性之间的肛交行为,被纳入"奸"这一类别当中,而"奸"以往仅被用于指称异性之间发生的非法的性关系。"强行鸡奸"行为的施暴者被预设为那些同样会对守

10

---

① 参见本书第二章。

② 参见本书附录 A.2 和附录 A.3。

③ See Marinus J. Meijer, *Murder and Adultery in Late Imperial China: A Study of Law and Morality*, Leiden: E. J. Brill, 1991.

④ 参见本书第二章;Matthew H. Sommer, "Sex, Law, and Society in Late Imperial China", Ph.D. dissertation, University of California, Los Angeles, 1994。

⑤ 参见本书第三章。

贞女子构成威胁的"光棍",而此种暴行的男性受害者则被想象为"良家子弟"。乾隆朝时甚至颁布了前所未见的法令,使得那种男子为了抗拒被同性强奸而自卫杀人的行为构成从宽量刑的情节。① 相应于对女性贞节的焦虑,这些法令意味着对男性阳刚气概易受折损所产生的新焦虑,以及要求男女双方必须按其各自作为丈夫/父亲和妻子/母亲的相应角色行事。②

第六,相较于明代和清初的那些前例,官方对贞节的崇拜在此时期可谓急遽膨胀。雍正皇帝特意将旌表对象从精英阶层的女性转向贫寒人家的良民女性,着重表彰那些努力抚养其子女的贫穷的守贞孀妇。③ 立法者和宣教者们创造出节妇烈女的新类型和侵犯女性贞节的新罪名;与此同时,用以惩治那些侵犯女性贞节的罪行的刑罚也大幅增多。但是,法律举措方面的上述增殖所代表的,并非角色的多样化,反而是将各种女性角色压缩至仅剩"妻子"这一种,严格要求所有女性皆须扮演好守贞妻子的角色,无论她是处于其生命历程当中的哪一阶段。④

这一连串的改革,旨在将划一的性道德标准和刑责标准扩展

① 参见本书附录 B.2。

② 参见本书第四章。

③ See Mark Elvin, "Female Virtue and the State in China", *Past and Present*, Vol. 104 (1984), pp. 111—152; Susan Mann, "Widows in the Kinship, Class, and Community Structures of Qing Dynasty China", *Journal of Asian Studies*, Vol.46, No. 1 (1987), pp.37—56.

④ 参见本书第五章。曼素恩指出,在精英文化中也有类似的转变,而女性作者在其中扮演着关键的角色,亦即名妓(她们在晚明时期被某些人士理想化为忠诚且具文化素养的典范)被边缘化,关注的焦点转移至那些教养良好的妻子们所拥有的道德权威。参见 Susan Mann, *Precious Records*: *Women in China's Long Eighteenth Century*, Stanford, Calif.: Stanford University Press, 1997, pp.121—122。

适用于所有人身上。这种统一化的标准,是建立在对"良民"阶层应当遵循的那些标准婚姻角色所做的严格解释之上,因而较之以往少了许多容许变体和例外存在的空间。过去为官方所默许的那些婚外性关系,此时被从法律中移除,朝廷要求地方官加强对性行为和社会性别角色的管制(例如,规定地方官员若对其治下的买娼活动"失察"而未予铲除,则须受到行政上的处分)。虽然过去那些基于身份等级差别而制定的法令此时仍有很多内容被保留在法律文本的表述当中,但其在实践中已经被新的措施所取代。在乾隆四十五年(1780)颁布的与性犯罪相关的 56 条新例文中,仅有 3 条与身份地位区分有直接关联,且这 3 条新例文均起到了削减身份等级特权的效果。① 这种重心转移,在清代的司法档案中同样体现得非常明显。在顺治朝那些经中央司法机构审理的案件当中,有相当数量的涉及僭越身份等级的案件,乃是根据明代旧律的内容来进行裁决的。而到了乾隆朝及以后,这类案件就已相当罕见。并且,在我所读过的每一起由县级衙门审理的性犯罪案件中(其中最早的相关案例可溯至乾隆二十三年[1758]),均有涉及发生于法律地位平等的当事人之间的罪行。即便是 18 世纪晚期到 19 世纪早期那些在经中央司法机构审理的案件中相当常见的农村雇工,他们在法律地位上也几乎都被与其雇主同等对待。②

① 参见本书第二章和第三章。此处所提及的例文,系基于吴坛在乾隆四十五年编纂出版的清律文本,参见(清)吴坛编纂,马建石、杨育棠校注:《大清律例通考校注》,中国政法大学出版社,1992 年。

② 关于"雇工人"之法律地位的变化,参见经君健:《清代社会的贱民等级》,浙江人民出版社,1993 年;Philip C. C. Huang, *The Peasant Economy and Social Change in North China*, Stanford, Calif.:Stanford University Press, 1985。

为了强化此种模式化的社会性别角色，人们被要求在行为上进行相应的展演，有时衙门公堂即为呈现此种展演的舞台。这种要求，在女性贞节议题方面表现得尤为明显。[1] 在对强奸罪行加以问罪之前，必须先仔细盘查女性受害者在事发全过程中的行为举止，以证明受害者本身无须为此承担责任。寡妇若想保持其自主性及对财产和子女的掌控权，便须依照法律上所明确期许的"节妇"角色进行公开展演。不过，从"鸡奸""买休卖休""纵奸"及其他类似罪行的案件中可以看到，男性亦须按照其相应的社会性别角色进行展演。[2]

随着前述这种模式的转变，新的危险取代了旧的危险。人们担忧的不再是孳奴对其主人的妻子进行性侵犯，而是惧怕那些来自家庭秩序之外的无赖汉觊觎"良家妇女"和"良家子弟"。一批需要被压制的新角色，开始出现在法律话语当中，例如"光棍"、同性强奸犯、为娼妓招揽嫖客之人、道德沦丧的丈夫。升斗小民家中的年少子弟及守贞妻女这类角色，则成为需特别加以保护的对象，甚至被半宗教性地加以敬慕。此外，诸如淫荡的寡妇、守节的寡妇、贪婪的夫家亲戚这类原本就耳熟能详的角色，其含义也得到进一

---

[1] 参见本书第三章和第五章。

[2] 我对"社会性别展演"这一概念的用法，在某种程度上近似于朱迪斯·巴特勒（Judith Butler）所称的一个概念——社会性别作为"展演方式"（performativity），意即借由重复扮演某种角色以符合（或违背）社会期待而形成的性别，而并非在性质（nature）上固定不变。参见 Judith Butler, *Gender Trouble: Feminism and the Subversion of Identity*, New York: Routledge, 1990。但我特别关注清代立法者为了在平民当中推行典范性的社会性别展演所做的那些努力。此外，对于朱迪斯·巴特勒拒斥"前话语主体"（prediscursive subject）的那种后现代主义立场，我抱持着怀疑的态度，因为此立场削弱了她所说的个体能动作用的可能性。

步强化。另外一些熟悉的角色,例如接受被人"鸡奸"的男子,合法　12
的娼妓以及掌控她的丈夫或为其招揽嫖客之人,还有那些凭借身
份特权享受她们的性服务的良民男性,则注定得被消除。

四、社会性别焦虑及对无赖汉的恐惧

还有哪些 18 世纪的现象能有助于理解上述有关"性"
(sexuality)的规制方面的转变?① 至雍正朝时,那种世袭不变的法
定身份,在很大程度上已成为过去式。而在对"性"(sexuality)的规
制方面发生的上述转变,某种意义上代表了一种对法律适时加以
革新以使其适应已然发生变化的社会实际状况的举措。随着具有
良民身份之人实际上不断增多,良民的道德标准和刑责标准之适
用范围也在逐渐扩展,尽管这一步调稍嫌迟缓。而且,18 世纪中国
在法律理论方面发生了一个关键变化,那就是将行为举止视作基
于法律上的目的而对不同人群加以区分的最有效方式。有人或许

---

① 对 18 世纪清代之国家与社会的概括性描述,参见 Susan Naquin and Evelyn S.
Rawski, *Chinese Society in the Eighteenth Century*, New Haven: Yale University Press
Naquin, 1987。曼素恩的一本著作研究了此时期的女性(着重讨论江南地区的精
英阶层女性),并就学术界晚近以来有关当时人口和社会性别问题的研究成果做
了很好的综述,参见 Susan Mann, *Precious Records*: *Women in China's Long Eighteenth
Century*, Stanford, Calif.: Stanford University Press, 1997。关于雍正朝和乾隆朝政
府的讨论,参见 Beatrice S. Bartlett, *Monarchs and Ministers*: *The Grand Council in Mid -
Ch'ing China*, *1723—1820*, Berkeley: University of California Press, 1991; Philip A.
Kuhn, *Soulstealers*: *The Chinese Sorcery Scare of 1768*, Cambridge, Mass.: Harvard
University Press, 1990; Madeleine Zelin, *The Magistrate's Tael*: *Rationalizing Fiscal
Reform in Eighteenth - Century Ch'ing China*, Berkeley: University of California Press,
1985。

会将此与西方现代早期的如下情况进行对比："在从身份到契约的发展过程中，人们的义务与责任逐渐变为更多的是取决于自主意志下的行为，而非那种由法律认可的获得社会地位的机遇。"①然而这只是故事内容的一部分，且难以解释清廷为何此时开始执着于对以家庭为基础的各种社会性别角色进行加固和整顿，以及为何对那些游离于家庭秩序之外的"光棍"日渐感到焦虑。在清代的司法系统中，"光棍"是一种令人忧惧的新的人物类型。

从长时期来看，清末民初发生动乱的一个历史背景是，某种程度上受人口过密化和农业内卷化的驱动，很多小农的生存危机日益加重。缺乏娶妻生子所需的物质条件的男子在社会总人口中所占的比例大幅提升，并因此在社会的不断分裂中向下沉沦。至 19世纪，不断增多的过剩男性人口，在贫困地区频繁引发各种小规模的暴力活动。裴宜理（Elizabeth J. Perry）指出，在淮北农村（当时这里可能有将近五分之一的成年男子终生未能娶妻），表现为诸如"掠夺""防卫"等形式的暴力活动，在当地农民的生存策略中扮演着相当重要的角色，这些暴力活动有时甚至会升级为针对朝廷的公然叛乱。② 对于这类男子而言，"解放"意味着拥有自己的妻子和耕地。不过早在 18 世纪，由过剩男性人口所组成的危险的社会

---

① Roscoe Pound, *An Introduction to the Philosophy of Law*, New Haven：Yale University Press，1954（1922），p.150.

② See Elizabeth J. Perry, *Rebels and Revolutionaries in North China*，*1845—1945*，Stanford，Calif.：Stanford University Press，1980.

底层,显然已成了一个问题。①

　　对中国在现代以前的人口数进行统计,这是一个公认的难题。 13
除了几个孤例,根本就没有 20 世纪 50 年代以前中国人口统计的精
确数据可加以利用。但学者们对一些基本状况仍有共识。在 1700
年至 1850 年之间,中国的人口总数大致增长至原来的三倍,即由一
亿五千万增至四亿三千万,而同时期耕地面积仅增长至原来的两
倍。② 因此,当时劳动力在本已是劳动密集型的农业当中更加聚

---

① 关于清代中国社会民众当中在 18 世纪中叶发生的"向下沉沦"(downward
migration)问题,参见 Philip A. Kuhn, *Soulstealers: The Chinese Sorcery Scare of 1768*,
Cambridge, Mass.: Harvard University Press, 1990。关于这一生存危机背后的经济
逻辑,参见 Philip C. C. Huang, *The Peasant Economy and Social Change in North China*,
Stanford, Calif.: Stanford University Press, 1985; Philip C. C. Huang, *The Peasant
Family and Economic Development in the Yangzi Delta, 1350—1988*, Stanford, Calif.:
Stanford University Press, 1990。关于中国某一特定地区在 18 世纪至 20 世纪初长
期衰退的进程的个案研究,参见 Edward Friedmanet al., *Chinese Village, Socialist State*,
New Haven: Yale University Press, 1991。大量研究表明,大约在 1750 年之后,中国
男性的预期寿命缩短而实际结婚年龄上升,而女性早婚和普遍成婚的现象则保持
稳定,参见 Stevan Harrell, ed., *Chinese Historical Microdemography*, Berkeley: University
of California Press, 1995; Ted A. Telford, "Family and State in Qing China: Marriage
in the Tongcheng Lineages, 1650—1880",载《近世家族与政治比较历史论文集》
(下册),中国台湾地区"中研院"近代史研究所,1992 年。凯·安·约翰逊(Kay
Ann Johnson)就 20 世纪初中国小农阶层的"家庭危机"做了很有帮助的概述,参见
Kay Ann Johnson, *Women, the Family, and Peasant Revolution in China*, Chicago:
University of Chicago Press, 1983。

② See Ho Ping‐ti, *Studies in the Population of China*, Cambridge, Mass.: Harvard
University Press, 1959; Dwight Perkins, *Agricultural Development in China, 1368—
1968*, Chicago: Aldine, 1969.

集,导致劳动投入的报酬率递减(黄宗智提出的"内卷化"恶性循环①)。这种现象所导致的后果之一,套用人口史学家泰德·泰尔福德(Ted Telford)的话来说,便是"适婚女性长期短缺,处于较低社会阶层的男性常常特别深切地感受到'娶妻危机'(marriage crunch)"。②尽管妻子短缺的确切程度及其原因尚有待进一步讨论,但当时应对上述生存危机的那些常见策略包括了杀死女婴、出卖妻女(她们由此成为娼妓、奴仆、妾等)。这些生存策略造成两性比例的失衡,并使得不计其数的女性被排除在成为贫穷男性之妻的可能人选范围之外。有证据显示,杀死女婴导致性别比例失衡的现象,至迟可上溯至宋代。就算没有杀死女婴这种做法,长久以来精英阶层的纳妾习俗,也可能导致一些穷人难以娶到妻子(因为妾多来自比其丈夫更贫困的阶层)。到了清代,这种情况进一步恶化。至18世纪时,终生未能娶妻的男性人口比例开始显著上升。退一步来说,即便这些过剩男性在总人口数中所占的相对比例或许并未上升,但随着人口总数在19世纪中叶之前持续地稳定增

---

① See Philip C. C. Huang, *The Peasant Economy and Social Change in North China*, Stanford, Calif.: Stanford University Press, 1985; Philip C. C. Huang, *The Peasant Family and Economic Development in the Yangzi Delta*, *1350—1988*, Stanford, Calif.: Stanford University Press, 1990.

② Ted A. Telford, "Family and State in Qing China: Marriage in the Tongcheng Lineages, 1650—1880",载《近世家族与政治比较历史论文集》(下册),中国台湾地区"中研院"近代史研究所,1992年,第924页。

长,其绝对数目肯定大有增加。[1]

孔飞力(Philip Kuhn)富有说服力地指出,18 世纪是一个既繁荣又充满焦虑的矛盾时代。在这一时期,清帝国正处于其政权统治的巅峰期,无论是经济还是人口均有空前的增长,但它也开始逐渐意识到某些根深蒂固的问题,其中最具代表性的,是朝廷与那些居有定所的群体均对社会底层的流浪汉们日益感到忧惧。在特定的时间节点上,这种忧惧具体显现为对一场席卷数个当时最繁荣区域的神秘妖术的大恐慌。孔飞力还指出,早在 18 世纪中期,在当时那些最繁华的区域里,就已有总人数庞大的社会底层流民存

---

[1] 在安徽省桐城县,终生未能娶妻的男子比例,以及经由寡妇再醮的形式而得到"重复使用"的女子比例,在 18 世纪均高于 17 世纪,直到 19 世纪仍然居高不下,参见 Ted A. Telford, " Family and State in Qing China: Marriage in the Tongcheng Lineages, 1650—1880",载《近世家族与政治比较历史论文集》(下册),中国台湾地区"中研院"近代史研究所,1992 年。在 18 世纪晚期的辽宁省道义村,由于可作为妻子的女性数量相当匮乏,"几乎所有 30 岁以上的女子均是已婚或成为寡妇,而多达 20% 的成年男子却终生未婚",参见 James Leeand Robert Y. Eng, " Population and Family History in Eighteenth‐Century Manchuria: Preliminary Results from Daoyi, 1774—1798", *Ch'ing‐shih wen‐t'i*, Vol. 5, No. 1(1984), pp.33—34。曼素恩认为,18 世纪中国婚姻市场上日益加剧的竞争,影响到所有的社会阶层,进而导致精英阶层关于性别的话语发生变化,参见 Susan Mann, " Grooming a Daughter for Marriage: Brides and Wives in the Mid‐Qing Period", in R. Watson and P. Ebrey, eds., *Marriage and Inequality in Chinese Society*, Berkeley: University of California Press, 1991; Susan Mann, *Precious Records: Women in China's Long Eighteenth Century*, Stanford, Calif.: Stanford University Press, 1997。关于将杀婴作为饥荒时期的生存策略之一的讨论,参见 Lillian Li, " Life and Death in a Chinese Famine: Infanticide as a Demographic Consequence of the 1935 Yellow River Flood", *Comparative Studies in Society and History*, Vol. 33, No. 3(1991), pp.466—510。

在,官员们将这些流浪汉视为对社会安全的严重威胁。① 这些论
据,非常有助于我们理解对"性"(sexuality)进行规制的模式在此期
间所发生的那些转变。在清代于 18 世纪出台的那些例文的预设
当中,关于性侵犯者的刻板印象乃是"光棍",而这具体是指那些对
他人家庭秩序构成威胁的外来无赖汉。"光棍"一词,在 17 世纪晚
期首度出现在法律话语当中,而 18 世纪那些接二连三颁行的新法
令和例文(其中包括很多与性犯罪有关的例文),开始明确地将光
棍作为镇压对象。②

　　18 世纪清代的人口增长趋势,不仅意味着婚姻市场上的竞争
加剧,同时也意味着无妻、无家、无财产的无赖汉群体在总人数上
日趋扩大。这群人被排除在婚姻家庭的主流模式之外,也无法从
规范性的道德秩序和社会秩序中获得显著利益,难怪清廷对这类
人既惧又恨。事实上,正如孔飞力所强调的,对这一由流民所构成
的社会底层感到焦虑的,并不限于官员群体;孔飞力所探讨过的那
场妖术大恐慌,同样折磨着那些居有定所的普通百姓,体现出平民
们对无赖汉们所造成的外来威胁亦深感忧惧。③

　　白凯(Kathryn Bernhardt)对婚姻和妇女财产权的研究显示,在
唐宋和明清之间,成文法的重点关注对象,逐渐由贵族阶层转变为
那些有着良民身份的普通小农。她将这一变化过程称为"法律的

---

① See Philip A. Kuhn, *Soulstealers*: *The Chinese Sorcery Scare of 1768*, Cambridge, Mass.:
　Harvard University Press, 1990.
② 关于光棍在清代的刻板印象,参见陈宝良:《中国流氓史》,中国社会科学出版社,
　1993 年,第 272—276 页。
③ See Philip A. Kuhn, *Soulstealers*: *The Chinese Sorcery Scare of 1768*, Cambridge, Mass.:
　Harvard University Press, 1990.

小农化"(peasantization of the law)。① 在刑法方面,至少是其中那部分与性犯罪有关的内容,看起来也经历了类似的发展。而在唐律当中,涉及身份与财产继承权的贵族标准,并不适用于非自由身份者;基于同样的逻辑,女性贞节也与非自由身份者无甚关联。这些民事法律方面的"小农化"趋势,与良民的性道德标准和刑责标准在适用范围上的扩展并行不悖。

基于上述观点,清代在对"性"(sexuality)加以规制方面的诸多变革,可被解释为对一种规范性的家庭秩序的捍卫,以避免其受到那些游离于此种家庭秩序之外的男性的侵犯。这种新的考虑,反映出当时的社会结构已开始走向齐平化。除此之外,这或许还反映了那些居有定所的小农家庭心中的忧惧。诸如"光棍"和"鸡奸"之类的新词语,可能是从俗语进入法律话语当中的,因为这类词语并未出现在清代以前的法律文本里面,但却可见于明代的白话小说之中。在对社会性别角色加以巩固这方面进一步施压(尤其是在那些有着良民身份的普通百姓当中),意味着对家庭的防卫正在被强化,而站在维护前述规范性家庭秩序的第一道防线上的,正是那些守贞的妻子们。贫穷女性在性方面的抉择和体验,也因此成为清帝国无数奏折和法令当中的主题。

18 世纪和 19 世纪那种热衷鼓吹女性贞节的程度,显示出道德秩序和社会秩序当时在社会经济现实的压力之下行将崩溃。对女性贞节的大力宣扬,以及旨在强化这种宣扬的相应立法,隐含着征

---

① See Kathryn Bernhardt, "A Ming-Qing Transition in Chinese Women's History? The Perspective from Law", in G. Hershatter et al., eds., *Remapping China: Fissures in Historical Terrain*, Stanford, Calif.: Stanford University Press, 1996, pp.56—58.

召女性充当"道德警察"的意图，借以捍卫那种规范性家庭秩序的脆弱防线，避免受到来自清代社会底层当中人数日益增多的无赖汉们的攻击。

五、社会中的另一半人如何生活

学术界晚近以来探讨明清时期女性的最具代表性的论著，均是聚焦研究江南地区的精英阶层，因为只有在这一精英阶层当中，才有一部分的女性享有从事写作与出版其作品所需的各种资源。这些研究有其学术上的重大贡献（本书对它们的频繁征引，即可证明此点），然而它们也只能够帮助我们以试探性的间接方式，理解当时在社会总人口中占绝大多数的穷人们的生活。① 与之相反，清代的诉讼案件很少告诉我们关于精英阶层的信息，其原因或许在于精英阶层可以采取比对簿公堂更好的其他方式来解决问题。但司法档案提供了得以一窥社会底层的前所未有的良机，让我们能够越过官方和精英阶层，直接了解（或迫近）农民和社会边缘人的生活。

举例来说，大多数关于明清娼妓的研究均聚焦于当时的那些名妓，但她们之所以能够吸引来自上流阶层的主顾，更多在于风雅

---

① 白凯对高彦颐（Dorothy Ko）和曼素恩近期此方面研究的评论，参见 Kathryn Bernhardt, "A Ming‐Qing Transition in Chinese Women's History? The Perspective from Law", in G. Hershatter et al., eds., *Remapping China: Fissures in Historical Terrain*, Stanford, Calif.: Stanford University Press, 1996。

而非肉体。① 我尚未发现有哪位名妓的身影出现在司法档案当中。相反，我们在司法案例中所看到的，是那些由其丈夫拉客卖娼或在城中窑子里面操皮肉生意的农村女子；又或者是在清初司法案件中看到的那些提供与音乐无关的服务的"乐户"。同性之间的结合亦是如此。我们在司法案例中所看到的，并非那些观戏捧角儿举止优雅的男子或者以侍童为娈童的纨绔子弟，而是乞丐、四处化缘的和尚、苦力之流间的同性性关系；后者很可能纯粹只是出于生存之需，而并非为了享受乐趣本身。

下文中我将专设一节，讨论利用清代司法案例当中的"民族志证据"（ethnographic evidence）②时所面对的各种挑战。在此我想先予以强调的一点是，这类资料提供了目前所知最佳的视角，使我们得以探讨清代小农和社会边缘人的实际生活，以及他们对性、社会性别、婚姻和家庭的看法。这类资料同时也提供了目前所见最为坚实的基础，使我们得以评判朝廷颁布的法律和广泛存在的社会

16

---

① See Dorothy Ko, *Teachers of the Inner Chambers*: *Women and Culture in Seventeenth -
Century China*, Stanford, Calif.: Stanford University Press, 1994; Susan Mann, *Precious
Records*: *Women in China's Long Eighteenth Century*, Stanford, Calif.: Stanford University
Press, 1997; Ellen Widmer and Kang - I Sun Chang, eds., *Writing Women in Late Imperial
China*, Stanford, Calif.: Stanford University Press, 1997.

② 译者注：本书作者所称的"民族志证据"（ethnographic evidence），其大意是指：通过
实地观察，对作为观察对象的人本身及影响其行为的生活环境、文化风俗、社会信
仰、行为等信息进行收集记录所形成的书面总结与描述。美国著名的法律史学家
劳伦斯·弗里德曼（Lawrence M. Friedman）专门讨论过，基于司法档案的研究，在
根本上具有一种民族志的倾向，并指出"从某种程度上讲，档案研究、历史研究、司
法档案的解读分析，归根结底都是民族志研究"。参见［美］劳伦斯·M. 弗里德
曼：《关于民族志、历史及法律的几点思考》，王伟臣、吴婷译，载《法律史评论》
（2021 年第 2 卷），社会科学文献出版社，2021 年，第 181—186 页。

实践及观念之间的互动关系。

举例来说,许多学者都一直在思考,雍正、乾隆两朝在平民当中大力推广贞节崇拜的做法,是否真的对那些被其视作目标群体的普通百姓产生了影响?平民百姓对此是否知晓或在乎?贞节崇拜是否反映或影响了平民百姓的道德观?这种推广是否取得了某种实质意义上的成功?另一个与此类似的众说纷纭的议题,则是关于清朝对男子之间的"鸡奸"行为加以禁止的立法。伍慧英(Vivien Ng)和韩献博(Bret Hinsch)所说的那种清帝国的"同性恋憎恶"(homophobia) ,①是否与当时普遍存在的某些观念有关?又或者说,这种立法,只不过是被一个独裁的征服者政权强加在先前那种对同性之爱保持宽容的流传甚广的文化之上?18 世纪的普通小农是如何看待男子之间的同性结合?清代司法案件中的民族志证据,让我们首度能够以一种令人满意的方式回答上述这些问题。

最重要的一点是,这类资料提供了借以探讨"性"(sex)在穷人和社会边缘人的生存策略中所扮演之角色的新视角。本书的次要目的之一,便在于研究那些由于贫困等诸多因素而被排除于公认的婚姻家庭模式之外的人群,是如何借由非正统的方式彼此结合,以满足各种基本的生活需求。司法案件记录展示了各种情形,其中包括:处于社会边缘的男性之间的同性结合;寡妇与其雇工之间

---

① See Vivien W. Ng, "Ideology and Sexuality: Rape Laws in Qing China", *The Journal of Asian Studies*, Vol. 46, No. 1(1987) ; Vivien W. Ng, "Homosexuality and the State in Late Imperial China", in Martin Duberman et al. , eds. , *Hidden from History: Reclaiming the Gay and Lesbian Past*, New York: Meridian Press, 1989; Bret Hinsch, *Passions of the Cut Sleeve: The Male Homosexual Tradition in China*, Berkeley: University of California Press, 1990.

不可告人的关系；某男子搬到某对贫苦夫妻的家中居住，以养活这对夫妻为代价，来获取该名妇人的性服务，从而形成"招夫养夫"的三角型性关系；一名或数名女子，在四处流浪的乞丐团伙中，与该群男子结成的搭伙关系。对这些人而言，上述各种被官方视为非法的性关系，囊括了构成非主流家庭模式之基础的共同居住、资源共享、情感纽带等因素，有时还包含拟制的血缘关系。在这些情形中，我们看到的是，在一个对自力更生者相当残酷的弱肉强食的世界里，性结合在社会边缘人的生存策略中所扮演的角色。这些非正统的做法，虽然在许多方面均模仿那些规范性的婚姻和家庭，但仍然彻底受到蔑视并被视为非法。类似情形在刑案记录中出现得如此频繁，更显示出此种性结合的脆弱和不稳定。

　　这类资料展现了清代社会实践中以往无由得见的另一面。此种实践所涉及的群体人数庞大且在不断增长，并被既存的规范性秩序中的既得利益者视为构成一种威胁。司法档案再现了清代官员在地方和中央的司法审判过程中介入现实社会时所见到的景象。清代官方对社会发展趋势的理解，也许并不完全准确，但仍有其重要性。18 世纪在对"性"（sexuality）进行规制方面的变革，主要源自省级官员们提出的建议；在他们看来，审判过程中遇到的那些问题，需要通过颁行新法令来加以调整。①

17

---

① 更早之前的情况亦复如是。例如，元代禁止平民丈夫为自己的妻子招揽嫖客的立法，乃是由省级官员们的奏报所促成出台的。当时省级官员们的这些奏报认为，上述风气正在逐渐蔓延开来，并威胁到不同身份之间的界限。参见本书第六章。

第二节　资料

本研究所利用的主要史料为清代的司法案件记录。直到 20世纪八九十年代,随着中国大陆将不少档案向社会大众开放,以及中国台湾地区的"中研院"将其所藏的史料整理出版,这些司法案件记录终于变得可供学人们研究利用。本书所引用的大多数案件材料,系我在 1991 年至 1992 年间、1996 年和 1997 年前往中国搜集资料时所得。这些司法案件既体现了清代最基层的司法机关(县级衙门)的审理情况,也体现了省级司法机关和中央司法机关的裁判结果。

一、县级衙门审理的案件之记录

在清代的司法审级中,县、州、厅衙门是初审机关。目前所知现存数量最为丰富的清代县级衙门案件记录,系来自巴县档案。该档案现藏在位于成都的四川省档案馆,其中包括超过十万卷的司法案件记录,最早的案例可上溯至 18 世纪中期。巴县县衙位于重庆城内,与重庆府衙门和川东兵备道衙门同处一城。现藏于中国第一历史档案馆的顺天府档案,以及其微卷可供方便利用的清代台湾淡水厅—新竹县档案,在规模上均相对较小,两者加起来也仅有数千卷,且绝大多数为晚清时期五十年间的资料。中国的许多地方档案馆或多或少都藏有一些清代档案,但这些零散分布收藏的史料,尚待历史学家们系统地进行调研。清代县级衙门档案数量如此之少,证明了自太平天国至"文化大革命"这段时间里面,一波又一波的动荡在中国各地造成的破坏程度。例如我曾听人说道,太平天国的军队每占领一座县城,便会焚毁当地的衙门。前述现存三大档案的所在地均位于太平天国的军队未至之处,恐怕并非巧合。

　　县级衙门审理的案件之记录,通常包括告状、诉状、知县的批词、传票和拘票、衙役呈交的报告、堂讯笔录、契约和其他由诉讼当事人呈交的文书、知县的最终裁决等。① 尽管很多案件的档案并不完整,但借助这些案件记录,我们得以理解从案件发生伊始至审讯各阶段的情况。本书对县级衙门审理的案件的取样,包括来自巴县的从乾隆二十三年至咸丰二年(1758—1852)的约 500 起案件,② 以及 160 起来自顺天府的案件(其中有多半来自 19 世纪上半

18

---

① See Philip C. C. Huang, *Civil Justice in China：Representation and Practice in the Qing*, Stanford, Calif.：Stanford University Press, 1996; Mark A. Allee, *Law and Local Society in Late Imperial China：Northern Taiwan in the Nineteenth Century*, Stanford, Calif.：Stanford University Press, 1994.

② 本书所利用的巴县案例,包括我自己查阅搜集的 151 起乾隆朝案件、138 起嘉庆朝案件、137 起道光朝案件,以及 74 起咸丰朝案件。另外还有少量已由四川省档案馆整理出版的乾隆朝案例。

叶的宝坻县)。①

二、经中央司法机构审理的案件之记录

本书所称的"经中央司法机构审理的案件之记录",是指以下两类文献:其一,各省例行奏报死刑案件后由内阁呈送皇帝御览的题本,即内阁刑科题本;其二,发生于京城之内及基于治安方面的考虑而由刑部"现审"的刑案之记录。

刑科题本大致可被分为两大类:其一,各省巡抚奏报的重大刑

---

① 来自清代台湾北部的淡水厅—新竹县档案(学界通常称之为"淡新档案"),并非本书主要利用的资料。利用淡新档案所做的研究,参见 David C. Buxbaum, "Some Aspects of Civil Procedure and Practice at the Trial Level in Tanshui and Hsinchu from 1789 to 1895", *Journal of Asian Studies*, Vol. 30, No. 2.(1971); Mark A. Allee, *Law and Local Society in Late Imperial China: Northern Taiwan in the Nineteenth Century*, Stanford, Calif.: Stanford University Press, 1994。关于巴县档案,参见四川省档案馆编:《四川省档案馆馆藏档案概述》,四川省社会科学院出版社,1988 年;Bradly W. Reed, "Scoundrels and Civil Servants: Clerks, Runners, and County Administration in Late Imperial China", Ph.D. diss., University of California, Los Angeles, 1994; Bradly W. Reed, "Money and Justice: Clerks, Runners, and the Magistrate's Court in Late Imperial Sichuan", *Modern China*, Vol. 21, No. 3(1995), pp. 45—82; Bradly W. Reed, *Talons and Teeth: County Clerks and Runners in the Qing Dynasty*, Stanford, Calif.: Stanford University Press, 2000。利用上述档案和顺天府档案所做的研究,参见 Philip C. C. Huang, "County Archives and the Study of Local Social History: Report on a Year's Research in China", *Modern China*, Vol. 8, No. 1(1982); Philip C. C. Huang, *Civil Justice in China: Representation and Practice in the Qing*, Stanford, Calif.: Stanford University Press, 1996。

案题本,被交由三法司处理;①其二,三法司同意或驳回地方巡抚所拟判决建议的题本。尽管这两类题本在名义上均是呈给皇帝御览,但实际上乃是交由内阁处理。每份题本均记录了自州县官开始调查以来的案件处理全过程。里面包括一份州县官初审报告的誊本,州县官会在其中详陈他对案情的看法,引述供词和证词,并提出对罪犯的判决建议。那些逐级审转复核的记录,则展现了知府、按察使等各级复核官员层层所写的意见,有时也会添入新的证据。巡抚(有时还包括总督)会添上自己所写的摘要和建议,然后呈送给皇帝御览。三法司的题本,只是扼要地对巡抚的题本内容加以重述,并加入他们自己的见解。题本封面上均有号称是皇帝本人所写的朱批,但实际上是由某些高层官员代为工整地写就。就我所见的题本而言,朱批的文字内容,或是指示将案件移交三法司(偶尔是六部之一)处理,或是直接同意三法司的建议。即使精力充沛者如乾隆皇帝,也很少亲自介入这一例行的司法文书处理过程。②

　　中国第一历史档案馆现藏有数量庞大的涉及死刑的刑科题本,在时间段上涵盖了整个清代,但绝大部分是自乾隆元年(1736)

19

---

① 关于三法司,参见 Derk Bodde and Clarence Morris, *Law in Imperial China*, *Exemplified by 190 Ch'ing Dynasty Cases*, Cambridge, Mass.: Harvard University Press, 1967, pp. 116—117, 132—142。

② 这类例行的题本不同于朱批奏折,后者是由皇帝本人御览并签批,参见 Silas H. L. Wu, *Communication and Imperial Control in China*: *Evolution of the Palace Memorial System*, *1693—1735*, Cambridge, Mass.: Harvard University Press, 1970。关于清代的逐级审转复核制度,参见 Derk Bodde and Clarence Morris, *Law in Imperial China*, *Exemplified by 190 Ch'ing Dynasty Cases*, Cambridge, Mass.: Harvard University Press, 1967, pp.113—120, 130—142。

以来的案件。中国台湾地区"中研院"所藏的相关题本(已被编入《"中研院"历史语言研究所现存清代内阁大库原藏明清档案》)在数量上虽然相对较少,但仍颇为可观,其中尤以顺治朝至雍正朝的案件题本最具学术研究价值,因为这一时期的题本即便在北京的中国第一历史档案馆也仅存有数百件。上述两处机构所藏的康熙朝刑科题本均非常少。我在中国第一历史档案馆复制了大约 600 件刑科题本(多为顺治、乾隆和嘉庆等朝的刑科题本),全部取自档案编目中的"婚姻、奸情、家庭纠纷"类。另外,在中国台湾地区"中研院"已经出版的资料当中,我也找到了不少其他的有用案例。

在 1992 年首次前往北京搜集资料以做研究之用时,我将目标锁定在乾隆朝的刑科题本上面。后来,我意识到雍正朝才是对"性"(sexuality)的规制发生变化的关键分水岭,故而此后的研究便转为侧重于 17 世纪,收集了足以展示雍正朝变革以前之状况的丰富的清初资料。正如读者们将在本书第六章中看到的,清初的那些案件记录,对于理解官方的娼妓政策变迁相当重要。

刑部"现审"案件来自北京,现存的案件记录也均收藏于中国第一历史档案馆。任何发生于京城或京畿范围内的严重事件,均由五城御史或步军统领直接呈报给刑部处置,无须经过常规的层层审转复核。刑部实际上是这类案件的初审机构,具体分别是由刑部内设的各司负责处理。① 至于刑部"现审"案件的范围,从相当琐细的案件,到最严重的死刑犯罪,在档案里面均可见到。在这类案件的档案中,通常收录有那些在县级衙门审理的案件之记录

---

① 参见那思陆:《清代中央司法审判制度》,文史哲出版社,1992 年。

同样可以看到的证据类型。我复制了 80 卷刑部"现审"案件档案（大部分是从 19 世纪初到 19 世纪中期的案件），全部取自档案编目中的"婚姻、奸情、家庭纠纷"类。

20

三、县级衙门审理的案件之记录和经中央司法机构审理的案件之记录的比较

县级衙门审理的案件和经中央司法机构审理的案件之主要区别，在于它们展示了运用法律的不同方式。县级衙门所做的大部分裁决都以不拘泥于形式为其特点。在这里，解决实际问题的考虑，要优先于对法律条文的严格适用。地方衙门受理的绝大多数诉讼，通常都只涉及相对轻微的罪行，在州县一级即可结案，无须逐级审转复核。在这些案件的记录中，知县通常不会费心解释其判决是根据哪一条律例，而是基于每起案件的具体情况加以量刑（或不予处刑），并不直接诉诸法典。

但这并不代表地方衙门的审判因此就很武断，或者与成文法所体现的那些原则无关。① 知县对那些于法不容的行为一贯加以谴责，即使他们未必都按照成文法中详细的要求加以惩处。我们同样也不应预设，知县在处理日常案件时会通过权宜之策违反法律的规定。以巴县为例，对知县所做判决不满的当事人，可以向重

① 可参见黄宗智对民事法律领域中这一问题的讨论，Philip C. C. Huang, "Codified Law and Magisterial Adjudication in the Qing", in K. Bernhardt and Philip C. C. Huang, eds., *Civil Law in Qing and Republican China*, Stanford, Calif.: Stanford University Press, 1994; Philip C. C. Huang, *Civil Justice in China: Representation and Practice in the Qing*, Stanford, Calif.: Stanford University Press, 1996。

庆府衙门或川东兵备道衙门提起上控。这两处衙门均紧邻巴县衙门,且有许多通过上控而成功改变了巴县衙门原判的例子。因此我们可以设想,没有哪位巴县知县会长期置法定诉讼程序于不顾。较恰当的理解方式是,日常案件的琐细特性,使得知县在将大原则适用于司法实践时颇有回旋余地。这种务实的弹性做法,有助于解释清代的司法制度何以能成功地持久维系。本书第七章将探讨巴县知县怎样执行禁娼法令,而这是地方官员如何灵活有效地执行中央政府命令的绝佳例证。

若从经中央司法机构审理的案件之记录特别是内阁刑科题本来看,人们将会对清代的司法审判产生与上述相比截然不同的印象。当知县审理日常案件时,他所面对的是其辖下那些社会地位比自己低的人。然而在审理死刑案件时,他却是从帝国官僚体制的最底层向上面对位于最顶层的京师朝廷。因此,知县在审理那些日后将由中央司法机构复核的死刑案件时,会巨细靡遗地将调查过程中自己发现的所有的可能罪行,与法律当中相关的律文或例文逐一加以对应,据此对每位罪犯拟处准确的刑罚。① 就算是案中最无足轻重的罪行,也须"抱令守律",逐一进行审理并拟写裁决建议。知县本人的报告,会被附于该案供各上级衙门复核的文书

21

---

① 清代法典中的"律"几乎均沿袭自明律,其中的一些条文虽然已被废弃不用,但字面上仍保留不变。法律上的内容更新,主要是借助于增纂新"例"或修改旧"例"。司法官员在审理案件时,多会引用那些与时俱进的例文,而非已经过时的律文,尽管那些律文在形式上仍为法典的一部分,参见 Derk Bodde and Clarence Morris, *Law in Imperial China*, *Exemplified by 190 Ch'ing Dynasty Cases*, Cambridge, Mass.: Harvard University Press, 1967, pp.63—68。关于这些特定的例文在清代的发展,可参见《(光绪朝)清会典事例》,中华书局,1991 年。

之内,而后者当中还包括巡抚呈报给皇帝的题本。这些文书对案件细节加以描述的细腻程度,有时甚至显得超乎必要。例如有一份题本郑重其事地报告,该案中被那位杀害乞丐之人所偷走的脏袜子现已寻获,并已经依照律典当中关于赃物须物归原主的规定,将该袜子移交给了乞丐的家人。在那些由刑部"现审"的案件当中,最严重的罪行,通常不过是买娼或通奸,但仍须一丝不苟地依照法条办理。

经中央司法机构审理的那些案件的上述包装方式,看起来具有象征性和意识形态层面的含义。无论多么轻微的罪行,均须依照清代律典中那些严密的刑等分级加以量刑。审判程序的最终结果须毫无疑义,亦即要求案件真相大白,绝无漏网之鱼,天理重获昭彰。这套程序向司法体制自身证明了其整体系统的运作确有成效,其目的可能更多在于维护朝廷对自身形象的认知,而非公开地教谕普罗大众。这种将罪行和法条加以精确对应的仪式性工作,具有一种对司法官员进行规训的效果,它要求每位司法官员都必须在中央指定的仪轨上行事。官员们的表现,会在该案逐级审转复核的过程中受到其上级乃至皇帝本人的审视。而在法家设定的那种模式当中,皇帝就是将法律当作借以更好地驾驭和震慑其手下官员们的缰绳。

由于经中央司法机构审理的案件须严丝合缝地将罪行与法条相对应,当它们被用于检视国家对主流正统的建构之时,相较于县级衙门审理的案件会更有用处。本书的基本方法之一,便是通过那些经中央司法机构审理的案件(有时还包括官方案例汇编)探讨如何"抱令守律"而将律文或例文适用于具体的案情。中国帝制时期的历代法典规定了相当严密的刑等分级来调节量刑轻重,以反映罪犯和受害者之间的身份差别。其中包括,若涉案者彼此之间存在亲属关系,则须反映出他们在家族内部相对的不同辈分。① 在"奸"罪方面,量刑的轻重也显示出贞节和性道德的程度差异。因此,经中央司法机构审理的案件这种须明确援引成文法的要求,有助于我们从细节上弄清楚,司法上的正统观念是如何通过权衡优先考虑的要点,来界定和推广理想中的那种社会秩序的。相对而言,县级衙门审理的案件则展现了知县所面对的实际问题,以及在那些较少拘泥于形式的日常诉讼中,普通百姓与官方权威互动时所采取的诸多策略。

当然,本书并未逐一援引我所收集到的每一起案件的材料,无论是县级衙门审理的案件还是经中央司法机构审理的案件。我也无意于对所有样本进行量化研究(我并不相信这些材料在大多数情况下适合做量化分析)。我基本上主要是凭借阅读所有案件材料而获得的那些体认写作本书。若想有效地利用这些档案,我认为最关键的是要在阅读它们时尽可能地保持视野开阔。唯有如此,历史学家才能从中分辨出"公式化格套"和未经修饰的证言之间的差别。历史学家还须体悟整体背景脉络的质感变化,如此方能注意到那些被湮没的重要事物,从看似无关紧要的细节当中发现其重要含义,并领会哪些是特定领域中的"典型"案例。唯有通过视野开阔的阅读,才能细致地理解当时的法律推理方式,乃至对

---

① See Derk Bodde and Clarence Morris, *Law in Imperial China*, *Exemplified by 190 Ch'ing Dynasty Cases*, Cambridge, Mass.: Harvard University Press, 1967, Chapter 1 and Chapter 3.

于此类案例当初被记录下来之时那些被时人视为常识而忽略不计的内容,也能心领神会。

四、明清时期的注律传统

本书的研究也参考了历代的法典,其中包括明清时期多位资深的法律专家对明清律典的重要注释。清代档案中的案件记录,让我们得以从全新的视角,对照检视这些早已能够方便利用的文献资料。

明清时期的注律传统,重在通过将当时的现行法律与之前的那些法典进行比较,来追溯其历史变迁。这种比较通常以唐律作为基准,因为唐律是中国古代完整保留下来的历代法典之中年代最早者,且其术语、概念和刑等为后世的那些法典所沿用。明代著名的法律注疏者有嘉靖朝的雷梦麟和万历朝的王肯堂,清代的则有康熙朝的沈之奇、乾隆朝的吴坛和光绪朝的薛允升。他们都是当时思想活跃的资深法律专家,借由历史分析探讨他们所处时代的那些司法议题。这些法律注疏家在写作其著述时,对自己所处时代的法律趋势进行"快照摄像",同时回顾这些法律是从何处演变而来的。例如,现行法律中的整体性逻辑是什么? 随着时间的推移,不同条文之间是否开始互相抵触或彼此矛盾? 若情势发生 23 了变化,则旧的规定是否仍然适用? 这类分析的真正目的,有时在于隐讳地批评当时的法律变革。①

在这种法律注疏传统当中，最具代表性的学者之一是薛允升。薛允升撰写其著述的年代是 19 世纪末。身为一名积极的复古主义者，他提倡应回归到唐律中的那些基本原则。在《读例存疑》一书中，薛允升对 18 世纪很多照搬自顺治三年（1646）的清律（顺治三年的清律又几乎全盘照搬了明律的条文）的例文的价值表示怀疑。而在《唐明律合编》一书中，他将这一看法推至更远的朝代。薛允升将唐律的简明清晰特点与明律两相对照，认为明律因为受到元朝这一非汉族政权的影响，相较于唐律而言已被大幅扭曲。薛允升的这种复古主张并不成功。在他去世后，其门生沈家本所设计的司法改革采用了西方的模式，放弃了中国自身的许多传统。然而薛允升的法律注疏，对法律史研究而言仍有重大价值。②

很多知名的中国法律史学者，都在有意无意地沿用明清时期那些法律注疏家的研究方法。③ 这种做法有其合理性，因为所有研究中国法律史的人均在一定程度上仰赖这些重要史料。我自己在探索法典层面的那些司法概念时，便以唐律为基准，基本上也是依

① 关于私家注律传统，以及沈之奇的律注对清代司法的影响，参见 Chen Chang Fu - mei，"The Influence of Shen Chih – ch'i's Chi – Chu Commentary Upon Ch'ing Judicial Decisions"，in J. Cohen et al., eds., *Essays on China's Legal Tradition*，Princeton，N.J.：Princeton University Press，1980。

② 参见黄静嘉为薛允升所做的人物小传，载（清）薛允升：《读例存疑》（重刊本），黄静嘉点校，成文出版社，1970 年，第 1 册。

③ 例如经君健：《清代社会的贱民等级》，浙江人民出版社，1993 年；Jing Junjian，"Legislation Related to the Civil Economy in the Qing Dynasty"，trans. by M. Sommer，in K. Bernhardt and Philip C. C. Huang，eds.，*Civil Law in Qing and Republican China*，Stanford，Calif.：Stanford University Press，1994。

循明清时期那些法律注疏家所使用的方法。但是,清代的法律专家们在撰写此类著述时,其所设定的读者是同时代的其他法律专家,因此他们在写作时将当时实际运用的法律视为彼此皆熟知的知识。同时,由于这些法律注疏家本身也是审理案件的官员,因此他们预设其读者很清楚法律在实际情况中的运用方式。他们之所以无意于对许多情况加以解释,是因为预设了其读者均已对此心知肚明。但随着相关的背景知识逐渐在历史长河中湮没,以及实际的案件记录在当下之前数十年里难以被现代的研究者们所接触利用,法律史学者如今已无法对这些背景知识加以全部复原。

学者们曾不断尝试着对先前那种缺乏大量案件记录可供研究之用的遗憾加以弥补。日本学者,例如滋贺秀三,利用那些刊刻出版的州县官判决文集所做的研究便贡献良多。[①] 西方学者,例如卜德(Derk Bodde)、莫里斯(Clarence Morris)、梅杰(Marinus Meijer)和伍慧英,根据那些对由官方审定案例所汇编而成的案例集所做的各种探讨,亦在学术界影响深远。[②] 但无论是判决文集还是官方案例汇编,均有其局限性。

判决文集通常是由州县官本人或其孝子门生刊布,而这难免

24

---

① 参见滋贺秀三:《中国家族法の原理》,東京:創文社,1967;滋贺秀三:《清代中国の法と裁判》,東京:創文社,1984。

② See Derk Bodde and Clarence Morris, *Law in Imperial China, Exemplified by 190 Ch'ing Dynasty Cases*, Cambridge, Mass.: Harvard University Press, 1967; Marinus J. Meijer, "The Price of a P'ai‐Lou", *T'oung Pao*, Vol. 67 (1981); Marinus J. Meijer, "Homosexual Offenses in Ch'ing Law", *T'oung Pao*, Vol. 71 (1985); Marinus J. Meijer, *Murder and Adultery in Late Imperial China: A Study of Law and Morality*, Leiden: E. J. Brill, 1991; Vivien W. Ng, "Ideology and Sexuality: Rape Laws in Qing China", *The Journal of Asian Studies*, Vol. 46, No. 1(1987).

会让人怀疑他们摘编的那些案件业已经过筛选和修饰,以彰显判决撰写者的仁德睿智。诚如黄宗智所言,①这类史料可能使我们误将清代官方理想化的自我表达当成实际事实。

诸如《刑案汇览》之类的官方案例汇编亦有其局限性。这类官方案例汇编的成书目的是供现任官员参考之用,因此其内容多撷选自资深的中央司法官员据法裁决那些棘手或非比寻常的案件时所写的判决文书(有些类似于今天美国法学院所用的判例教材)。此类案例汇编的最有用之处在于提供了众多案例,而这些案例展现了吹毛求疵的逻辑推理过程,或是对各种相互竞争的原则加以权衡,或是通过类推将法律适用于立法者最初意料之外的各种情形。许多案例均属罕见的情形,而这也正是它们会被收入案例汇编的原因。在关于这些案件的摘要中,没有各起案件最初在县级衙门审理时的证词,连证据也很少能被看到。此外,这些案例汇编中收录的主要内容,都是那些可供作为前例的近期判决文书,因此只呈现了某个特定时期中央司法官员的推理方式。例如在道光十四年(1834)刊行的《刑案汇览》里,几乎所有收录的案例均发生于此书出版前的那二三十年间,故而从中很难看到 17 世纪或 18 世纪的司法审判实况。

五、清代司法档案带来的契机

随着原始案件记录可供利用,我们深入了解清代法律与社会

---

① See Philip C. C. Huang, *Civil Justice in China*: *Representation and Practice in the Qing*, Stanford, Calif.: Stanford University Press, 1996, p.17.

的希望大增。尽管学者们才刚开始发掘这些案件记录的潜在价值，但已涌现出相当可观的研究成果。黄宗智近期的著作非常重要。他借由对县级衙门所审理的案件的探讨，改变了我们之前对清代民事诉讼的理解，并阐明了清代官方那种"表达"与"实践"两者悖论性相结合的特征。①

　　清代律典主要关注的是罪行及其刑罚，而民事案件则主要交由县级衙门审理，故而县级衙门审理的案件之记录对于真正理解清代"民法"（civil law）不可或缺。② 但我们不应预设清代律典乃是明确直接地指引刑法实践的准绳。为了表达对清朝开国者的孝心，一些旧的律文尽管已因变得不合时宜而不再被援引，或实际上已完全被新的例文取代，但仍被保留在清代律典里面。过时的律文内容和法律术语通常在字面上相沿未改，但被采用全新的方式加以诠释和运用。这种在文字上看似一成不变的表象，常常使一些粗心大意的现代读者忽略了清代法律的真实变迁，特别是 18 世纪时发生的那些变化。因此，简单的问题也可能变得令人感到十分费解。

25

---

① 参见 Philip C. C. Huang, *Civil Justice in China: Representation and Practice in the Qing*, Stanford, Calif.: Stanford University Press, 1996。大量运用清代案例研究法律问题的学者还包括：艾马克（Mark Allee），白凯（Kathryn Bernhardt），步德茂（Thomas Buoye），阿德里安·戴维斯（Adrian Davis），唐泽靖彦（Yasuhiko Karasawa），麦柯丽（Melissa Macauley），宝拉·帕德尼（Paola Paderni），朴兰诗（Nancy Park），白德瑞（Bradly Reed），戴真兰（Janet Theiss），以及魏达维（David Wakefield）。

② 包恒（David C. Buxbaum）利用淡新档案所做的研究，最早指出了此点，参见 David C. Buxbaum, "Some Aspects of Civil Procedure and Practice at the Trial Level in Tanshui and Hsinchu from 1789 to 1895", *Journal of Asian Studies*, Vol. 30, No. 2 (1971)。

清代法律是如何惩处"和奸"的,可用作展示此点的一个例证。顺治三年(1646)的大清律,简单沿用了 14 世纪明律中的相关规定,声明"凡和奸,杖八十;有夫者,杖九十",若与人和奸的女子先前已成婚,则其夫可依自己的意愿决定继续维持婚姻关系或者将奸妇"嫁卖"。① 这条律文始终保留在清代律典中关于"犯奸"的诸条规定的开篇之处,以至于连一些有真才实学的学者也误以为清朝自始至终均按此律文施行。然而,雍正三年(1725)增补了一条新的例文,规定对"军民相奸"者处杖刑一百,并枷号一个月。此条例文的名称很容易引起误解,因为从字面上看,这似乎专指军人和普通百姓之间发生性关系的情况。但实际上,这条新的例文被适用于所有的"和奸"罪行,其中只有少数案件涉及军人。自雍正三年开始,那种源自明律的刑罚,以及根据婚姻状态不同而有区别地适用不同刑罚的方式,便已不再适用,尽管奸妇之夫仍有权嫁卖奸妇。若只看律文本身,则很难注意到上述变化。唯有阅读雍正三年以后经中央司法机构审理的通奸案件,才能发现这一变化,而且必须是经中央司法机构审理的案件,因为知县在审理日常案件时很少援引具体的律例条文。

某个看似无关紧要的细小变化,实际上也可能相当重要。其他经中央司法机构审理的案件显示,自雍正朝开始,对卖娼也适用上述同一条例文,依与此完全相同的方式加以惩处。雍正十二年(1734)颁行的另一条新例文,进一步将与此相同惩处方式的适用范围扩展至"和同鸡奸"罪。换言之,雍正朝的高层司法官员开始

---

① 参见本书附录 A.2。

将卖娼和鸡奸等同于一般的通奸罪行,此政策一直被沿用至 20 世纪初。这种做法前所未见。事实上,通奸、卖娼、鸡奸以往向来被视为三种完全不同的情形。留意到此时这种将上述三种情形同样处置的新做法,对于从整体上理解雍正朝的那些法律变革至关重要。但若没有实际的案件记录显示这些罪行在司法实践中具体如何受到惩处,便无法发现上述那些关联。 26

　　上述例证点出了对清代律典进行解读时容易出错的一个大问题。此领域中一些极具代表性的著作,都倾向于将清代法律视为一个停滞的系统。然而实际上,这一系统在 18 世纪发生了重大变化。在对"性"(sexuality)进行规制方面,这种变化尤为关键。通过展示那些 18 世纪颁行的例文如何在事实上构成了清代的活法(living law),法律案件记录呈现了这种变迁过程。黄宗智指出,民事审判中关键性的操作原则,通常体现于那些附于律文之后的例文里面,而非体现于律文本身,因此,若不借助关于州县官在司法实践中如何审判的史料,便难以判断这些例文的重要性。在黄宗智看来,律文通常体现恒久不变的道德理想,而例文则提供司法实践中的实用原则。[1] 在刑事法律方面,这种情况更为明显,亦即新例文的颁行经常使得相关的律文(以及所涉事项方面的那些旧例文)被搁置不用。故而,薛允升将他注疏《大清律例》的著作定名为《读例存疑》,因为例文才是清代律典中真正的关键所在。

---

[1] 参见 Philip C. C. Huang, *Civil Justice in China：Representation and Practice in the Qing*, Stanford, Calif.：Stanford University Press, 1996, pp.104—107。明太祖朱元璋强调他所制订的律须永世垂行,他曾评论说:"有经有权,律者,常经也,条例乃一时权宜也。"转引自黄静嘉为《读例存疑》(重校本)所写的导言,载(清)薛允升:《读例存疑》(重刊本)(第 1 册),黄静嘉点校,成文出版社,1970 年,第 3 页。

总而言之,案件记录为我们提供了理解清代司法实践和法律变迁的重要渠道。它们使我们在一定程度上得以对清代的法律注疏家们预设其读者知悉的那些实践性知识加以重构。

六、司法案件中的"民族志证据"

撇开其中存在的官方建构暂且不谈,中央司法机构或县级衙门所审理的案件之记录中均包含有许多民族志意义上的有用资料,让我们可以看到目不识丁的底层百姓的生活中那些以往被忽视的方面,进而对其展开社会史研究。例如,为了能准确无误地对杀人犯进行判决,知县必须查清谋杀之所以会发生的确切情境和动机。此类社会背景资料,常常为我们提供了较之于知县应援引哪些法条更多的信息。

无论是在县级衙门审理的案件或经中央司法机构审理的案件当中,大多数的民族志证据,都可以在案件堂审时的证言记录和罪犯供词中找到。这类记录让我们得以听到清代那些目不识丁之人所发出的"声音"。但这些记录通常并非对证人们所说原话的逐字笔录,而是对案件审理过程中证人们所做的那些回答进行精心加工后所形成的证言摘要。知县的提问通常不会被加以记录,而证人们对这些问题的回答,则被以独白的形式勾连起来作为他们的"声音"。这些陈述乃是根据知县重点关心的那些问题加以组织,因而不应被视为证人们纯粹自发的陈述。

另一方面,对证人们所做回答的笔录,经常要经过一定程度的转译,因为这类文书在全国各地皆采用标准化的官话加以书写。

官话是一种以中国北方方言为基础而创造出来的书面语言。在那些日常使用官话的某种次方言的区域,这些书面记录可能很接近证人们的实际用语,但在中国东南部的那些方言区,则可能需要经过相当程度的转译。

在对这些回答进行转写以使其形成独白的过程中,证人们的陈述或多或少都被编辑加工过,特别是在那些需要上级审转复核的严重刑案的报告当中。这种编辑加工的目的是提高叙述的内在连贯性,以加强罪行已然真相大白的印象。另一个与此相关的目的,是让罪犯自己说出所犯的罪行是什么,以凸显罪犯所供罪行与司法官员所引法律条文之间相互吻合的那种精确度。例如本书引用的那些证供,在提及非法的性行为时,几乎毫无例外地使用了"奸"这一法律术语作为名词或及物动词。我们无从得知证人们本身是否确实使用"奸"这一术语,但至少他们在上公堂作证时的遣词用字理应会更加口语化。此术语也可被当作一种委婉的说法加以使用,因为执笔的刑名幕友们被教导在记录涉及性事的证词时,应当避免使用"下流"的词语或记录得巨细靡遗。而通过使用"奸"这一术语,就已经可以构建起案犯确实犯下此罪行且已招供的事实。①

但是,倘若因此就将这些记录斥为伪造或欺骗而弃之不用,那也并不妥当。这类记录实际上代表了证人证言当中那些知县认为

① See Yasuhiko Karasawa, "Between Speech and Writing: Textuality of the Written Record of Oral Testimony in Qing Legal Cases", unpublished seminar paper, 1992; Zhou Guangyuan, "'Legal Justice' of the Qing: A Study of Case Reports and Reviews in the Criminal Process", presented at the Conference on Code and Practice in Qing and Republican Law, University of California, Los Angeles, 1993.

与审判目标相关的准确陈述。证言摘要会被在证人们的面前宣读，以确认其内容无误。幕友手册也殷殷告诫应避免证人证言记录失实，并警告说，那些失实的记录很可能会在后续的逐级审转复核过程中露出马脚。实际上，逐级审转复核制度的实际作用就在于查明此类渎职和疏失。严重的刑案会由知府复核，主犯（有时还包括主要证人）会被随案移送至省城，并在逐级审转复核的每个阶段反复接受讯问。这种程序同样可以防止任意的严刑逼供。① 如果案犯在案件审转复核时翻供，那么案件将会被交由另一个下级衙门重审。若重审结果与原审结果不同，则必须就这两次审理结果的分歧之处加以解释。上级复审者若发现下级官员建议的判决不足以令人信服，则会将案件发回原审衙门要求重新调查。逐级审转复核程序是专制集权的工具，其主要功能是为了确保官员或衙门胥吏未滥用职权或越矩擅权。②

如果我们明白这些记录是如何在审判过程中被制作出来的，那么将会比只阅读官方所制定的那些法律类别获得更为深入的理解。若能对知县诱导证供的那些目的了然于胸，则我们便可从不

---

① 孔飞力所描述的恣意刑讯是极少数的例外，那应该是源于叫魂案调查的政治色彩，参见 Philip A. Kuhn, *Soulstealers: The Chinese Sorcery Scare of 1768*, Cambridge, Mass.: Harvard University Press, 1990。我个人的印象是，刑讯多被用于试图从那些已供认死罪者处获取更多口供之时，其主要目的在于威吓，而非实际执行刑讯措施。

② 我对这类议题的理解，得益于与唐泽靖彦的讨论。唐泽靖彦对这一议题的相关研究正在进行当中。参见 Yasuhiko Karasawa, "Between Speech and Writing: Textuality of the Written Record of Oral Testimony in Qing Legal Cases", unpublished seminar paper, 1992; Yasuhiko Karasawa, "Composing the Narrative: A Preliminary Study of Plaints in Qing Legal Cases", presented at the Conference on Code and Practice in Qing and Republican Law, University of California, Los Angeles, 1993。

同角度重新理解这些指向其他目的的证言。

本书第四章将清楚展示,这种通过研究此类民族志证据以超越官方建构的做法之难点所在及其价值。在此类案件记录里面所发现的那些对同性结合的描述中,很少见到有提及情感内容或此类性行为的变体,这是因为司法官员考虑的首要问题是如何证明"鸡奸"罪成立。因此,这种案件的调查过程,倾向于将整个关系简化为"肛交"这一特定的行为,而对这种关系对于涉案者而言所具有的深层含义不予理会。但是,这类案件记录同时也显示,对阴茎插入对方体内这一行为的司法建构,源自那些关于社会性别等级关系的普遍观念,甚至连那些发生鸡奸行为的男子们也抱持着同样的看法。

研究近现代欧洲历史的学者们,例如卡洛·金茨堡(Carlo Ginzburg)和娜塔莉·戴维斯(Natalie Davis),开创了利用案件记录中那些看似无关紧要的细节来重建大众观念的研究方法。① 在本书第四章中,读者将能看到使用这种研究方法的一个例证。我在研究"鸡奸"案件时,经由比对那些口供,注意到鸡奸者均比被鸡奸者年纪要大。但相关的案件记录并未将这种现象单独挑出来予以解释,且由于所搜集到的案例样本数量有限,我起初无法断定,究竟是自己发现了一种具有重要含义的模式,抑或这种情况纯属巧合。

---

① See Carlo Ginzburg, *The Night Battles: Witchcraft and Agrarian Cults in the Sixteenth and Seventeenth Centuries*, Baltimore: Johns Hopkins University Press, 1983; Natalie Z. Davis, *Fiction in the Archives: Pardon Tales and Their Tellers in Sixteenth-Century France*, Stanford, Calif.: Stanford University Press, 1987.

但随后我发现了鸡奸者比被其鸡奸的男子更为年轻的一个案例。在此案中,知县在被鸡奸者的口供当中特意追问了其性伴侣的年龄问题。(在案件的书面报告中,这类追问有时会被附在口供之后,以使上级复核者相信没有遗漏任何疑点。)知县并不相信,一位年龄较长的男子,会愿意让一位比其年轻的男子鸡奸自己。随后知县得到的回话是,那位年轻男子恐吓这名年长男子,声称该年长男子若不顺从,则会把他在与另一名男子发生的性关系中扮演"被鸡奸者"角色的事情公之于众。其中被提及的第三位男子的岁数,相较这两人均更年长。这种解释才终于让知县满意。

这番审问有助于知县理解该案中的杀人动机,从而做出相应的裁决。同时它也有助于我们认识到,无论是涉案者本身、知县抑或上级复审者,均认为年岁高低应与鸡奸行为中的那种角色等级相对应。只有不符合这种一致性时,才需要被挑出来特意加以解释。那位年轻男子的恐吓能够得逞,这一点也暗示了被人鸡奸者将会因此蒙受一种强大的污名,故而此案中的那位当事人宁可私底下屈从于那名较自己年轻的男子,也不愿让自己曾遭他人鸡奸的事情被公之于众。

这一例子表明,从清代的那些案件记录中,可以发掘出处于纯粹的司法建构之外的大众观念和实践。在写作本书英文原版之时,我着重考虑的问题之一是,为了能让这些资料尽可能地自己发声,将来自衙门审理证词和审判摘要的大篇幅文字段落译成英文。除了特定的研究议题,我希望能和读者们分享这些资料所展现出来的日常生活方面某些无法予以量化的丰富质感。

第二章　一种关于性秩序的愿景

第一节　"奸"的概念界定及其涵盖范围

　　本章首先将对中国帝制晚期的那些法典中用于描述性犯罪的一个基本术语——"奸"的定义加以概述。"奸"字可被作为名词、及物动词或形容词使用,在英语当中没有可与之完全对译的相应词语。"不当的性交"(sexual intercourse out of place)或"非法的性交"(illicit sexual intercourse)这些表述最接近"奸"字之意,但皆显得既别扭又不精确。并且,"性"这一维度,仅仅是"奸"字所具有的那些宽广含义中的一部分,这就好比对于不当的性关系的焦虑,只是那种关于道德失序和政治失序的更普遍忧惧当中的一部分而已。

　　在整个中国帝制时期,关于"性"方面的正统观念的准则,乃是一种将人际关系当中的得体举止与政治秩序相关联的关于社会控制的意识形态。这种关联是儒家学说的核心要旨所在。就像许多道德学说体系那样,儒家学说认为父权家庭的等级体系是合法的政治权威所应遵循的典范。《论语》在其第一篇中便写道:"其为人也孝悌,而好犯上者,鲜矣;不好犯上,而好作乱者,未之有也。"正如上述引文所言,儒家学说将子女向其父母、祖先尽孝道视同于臣民向统治者表达忠诚。"性"(sex)作为传宗接代的一部分,在孝道中扮演着相当重要的角色,恰如孟子的那句名言所说的,"不孝有

31 三,无后为大"。瞿同祖对此的解释是:"我们或可说为了使祖先能永享血食,故必使家族永久延续不辍。祖先崇拜可说是第一目的,或最终的目的。我们因此不难明了为什么独身或无嗣被认为是一种愧对祖先的不孝行为。"①将传宗接代纳入孝道之中,意味着须对与女性发生性关系的渠道加以控制,以确保血统的纯正。因此,妻子应当为其丈夫保持的贞节,被视作与孝道和政治忠诚并立的第三种纽带。中国帝制晚期所推行的程朱理学,②极力强调这第三种纽带。在盛清时期,官方对此的大规模宣扬,更是将女性贞节政治化至前所未有的程度。那些采用了足以成为典范的牺牲方式以保全自身贞节的女子,成为朝廷的政治宣教与仪典崇拜之对象,借以特意强调政治忠诚、孝道和性忠诚三者之间的一致性。

---

① Ch'ü T'ung‑tsu, *Law and Society in Traditional China*, Paris: Mouton and Co., 1965, p.91.

② 译者注:英文原书中此处所使用的"Neo‑Confucianism"一词,最初乃是源于来华的耶稣会士对宋代以降那种占主导地位的儒家哲学思想体系分支的描述,可被直译为"新儒学"。但结合中国的语境,更合适的固有用语为"宋明理学""程朱理学"或"道学"。正如刘子健所言,这些"不同名称之间的差别无关宏旨,一般可以通用"。参见[美]刘子健:《中国转向内在:两宋之际的文化内向》,赵冬梅译,江苏人民出版社,2002年,第120—121页。因此,此处采用"程朱理学"的译法。

一、性事失序与政治失序

从正统观点的角度来看,不当的性交意味着各个相互关联着的不同层面的失序。传统中国时期的法律专家和道德家们自古以来用于称呼性犯罪的那些关键词,均与政治方面的危害有着微妙的关联。比方说,"奸"字既可用来指"非法的性交",也可用来指政治意义上的背叛,正如明清时期法典中那些禁止朝中"奸党"的律文对"奸"字的使用那样。背叛其丈夫的妻子被称为"奸妇",而背叛君主的臣子则被视作"奸臣"。

《说文解字》将"奸"释作"私"。[①]"私"之字义为何? 在 20 世纪时,中国人开始使用"私"字来对译"private"这一外来的概念。这是对"private"一词的最早译法,但在传统的中文语汇里面,并无可用来对译英文"private"所具有的那种褒义或中性含义的词语。"私"字在中文当中具有强烈的贬义色彩。在中国古代的绝大部分文献中,此字的确切含义为"非法的""未经认可的"或"自私的",是"公"(现今被用于对译英文中的"public"一词)的反义词,而"公"字则意指那些符合公众利益或公共秩序的行为。尽管是非标准因人而异,但中国古代的道德话语均认为"私道"盛行将导致社会与政治方面发生各种"乱"。因此,个人在其行为方面应遵循"公道"。

和"奸"字一样,"私"字也同时具有性方面的含义与政治方面

32

---

① (东汉)许慎:《说文解字》,中华书局,1994 年,第 265 页。

的含义。比如"私通"既可指通敌,亦可指通奸。在中国帝制晚期的法律文本中,"私"与"奸"这两个字常常同时出现,以强调某行为非法或有罪。例如在明代,某些卖娼活动属于合法,甚至是在官方支持下进行的,然而平民"私自卖奸",即未经官方许可而从事性交易,则属于犯罪。①

与此相类似的,"乱"字意指对性秩序、家庭秩序与政治秩序的颠覆,它可与其他字组成复合词,例如"乱伦"或"叛乱"。自唐代以降,各朝律典开篇处列举的"十恶"之中便包括"内乱",意即内部失序。在法律的语境当中,"内乱"是指乱伦,但在其他语境中也可用来指称叛乱或内战。日本导演黑泽明参考《李尔王》的故事架构拍摄而成并于 1985 年上映的电影《乱》,便掌握了个中三昧。在这部电影中,儿子僭越父亲,封建秩序崩解,从此陷入噩梦般的手足相残、弑父、乱伦、妻子背叛丈夫之中,最后以自相残杀的内战告终。②

性事失序与政治失序之间的这种关联,并不只是一个语义学方面或儒家学者抽象概括出来的问题。中国帝制晚期的官员们显然认为,不当的性关系和不当的社会性别关系,此二者与大众文化中那些可疑的政治倾向息息相关。比方说,明清两代均屡屡试图禁止宗教性集会时的男女杂处,并查禁"淫书",即针对那些带有明显的性含义,以及看上去以其他方式不尊重传统道德和权威象征

---

① 参见本书第六章。

② 如白馥兰(Francesca Bray)所言,用来描述政治秩序或政治失序的许多经典词语,均以织物作为隐喻。"乱"字的含义之一便是解开一团线,参见 Francesca Bray, *Technology and Gender: Fabrics of Power in Late Imperial China*, Berkeley: University of California Press, 1997, pp. 190—191。

的戏曲和白话小说采取相应的查禁措施。① 但我们不应将官方的这些怀疑斥为过度审慎或偏执。挑战朝廷的各种千年末世运动,②多以某些另类的性关系和社会性别关系为其基本特征。这种异端传统,可上溯至汉代黄巾之乱的信徒们所共同奉行的那些道教的性规范。③ 明清时期也有不少广为人知的例子。比如,曾发动数次重大叛乱活动的白莲教便信奉无生老母,且其活动通常是由

33

---

① 此类禁书包括《牡丹亭》《水浒传》《金瓶梅》《红楼梦》等经典作品,参见李梦生:《中国禁毁小说百话》,上海古籍出版社,1994 年;王利器辑录:《元明清三代禁毁小说戏曲史料》,上海古籍出版社,1981 年。关于清代查禁"淫书""淫词"的各条法令,参见《(光绪朝)清会典事例》,中华书局,1991 年,卷 112,第 440—441 页。有关清代的"文字狱",参见 R. Kent Guy, *The Emperor's Four Treasuries: Scholars and the State in the Late Ch'ien‑lung Era*, Cambridge, Mass.: Council on East Asian Studies, Harvard University, 1987。

② 译者注:英文原书中此处所用的"millenarian movements",直译为"千禧年运动"。"千禧年运动"这一概念源于"千禧年主义"(millennialism 或 chiliasm)。后者是指某些基督教教派的一种正式的或民间的信仰,其思想渊源可追溯至《圣经·启示录》第 20 章。基督教的历法以一千年为单位,这种信仰认为千禧年乃是世界末日来临前的最后一个世代,相信在千禧年结束和世界末日到来之前,整个人类的处境将有一次末世救赎的转化。这是一种包含着被压迫者之怨恨的革命神意论。美国和日本的一些汉学家套用基督教文献中使用的这一概念,将其用于描述中国古代历史上的各种民间"起义",例如张角领导的黄巾起义(184 年)、洪秀全领导的太平天国运动(1851—1864 年)便被一些学者认为也属于"千禧年运动",参见[日]三石善吉:《中国的千年王国》,李遇玫译,上海三联书店,1997。又如,韩书瑞(Susan Naquin)那本研究清代八卦教起义的英文名著 *Millenarian Rebellion in China: The Eight Trigrams Uprising of 1813*(New Haven: Yale University Press, 1976),便将 19 世纪上半叶发生的这场民间起义称为"千禧年叛乱"。鉴于"千禧年运动"这一表述有着明显的基督教用语色彩,并不符合中国古代的历史语境,本书不采用这种直译,而是将"millenarian movements"译为"千年末世运动"。

③ See R. H. Van Gulik, *Sexual Life in Ancient China: A Preliminary Survey of Chinese Sex and Society from Ca. 1500 B.C. till 1644 A.D.*, Leiden: E. J. Brill, 1974, pp.84—90.

女子领导;白莲教的某些堂口甚至鼓励其成员间自由发生性关系。① 19 世纪中期那场造成两三千万人丧生的太平天国运动,发布法令禁止缠足、卖娼和蓄妾,将家庭拆解为依生理性别区隔开来的各个军事单位,誓言在最后胜利到来之前戒绝任何性交行为,并提拔女性担任将领。一些史籍记载还提及,太平军开设了被时人认为离经叛道的"女科",使女子得以参加科考。这些违反传统的性秩序和社会性别秩序的惊世骇俗之举,尤为清朝官员们所严词谴责。②

二、对"性犯罪"之内涵的界定

但是,中国古代的法律专家们对性犯罪的准确定义究竟是什么? 中国帝制时期历朝的律典,并未像西方法律传统中所常见的那般按照身体姿势和性爱动作的不同对此加以分门别类。在西方法律传统中,即使是夫妻之间,采用某些特定的性行为方式,例如口交、肛交或股交,一般也受到禁止。③ 与之构成对比的是,在中国古代的法律传统当中,一种性行为的合法与否,主要取决于发生性

---

① See Susan Naquin, *Millenarian Rebellion in China: The Eight Trigrams Uprising of 1813*, New Haven: Yale University Press, 1976.

② See Franz Michael, *The Taiping Rebellion: History and Documents*, Seattle: University of Washington Press, 1966; Ono Kazuko, *Chinese Women in a Century of Revolution*, *1850—1950*, trans. by J. Fogel et al., Stanford, Calif.: Stanford University Press, 1989.

③ See James A. Brundage, *Law, Sex, and Christian Society in Medieval Europe*, Chicago: University of Chicago Press, 1987; Guido Ruggiero, *The Boundaries of Eros: Sex Crime and Sexuality in Renaissance Venice*, New York: Oxford University Press, 1985.

关系者之间的具体关系，而非该性行为方式本身所具有的那种特征。

明清时期的法律专家们在考虑此类问题时，常常援引中国古代的儒家典籍，包括其中那些就性犯罪所作的界定。其中一条常被引用的重要资料来自《尚书大传》。此书是西汉初的儒者伏胜对《尚书》所做的注释。该书中与性犯罪有关的那段文字，所探讨的是古代肉刑中的"宫刑"。宫刑的确切性质，视具体罪犯的生理性别而定：对男性犯人来说，它意味着阉割，而对女性犯人来说，则意味着幽闭，永不可出。伏胜在其注释中阐述宫刑被用来惩治何种罪行时，提供了儒家典籍中关于性犯罪的一种经典定义："男女不以义交者，其刑宫。"①

此处首先应注意的是，伏胜的这段话，是在异性恋的语境中展开讨论的。他所讨论的这种性犯罪，专指发生于男女之间的性交行为。（事实上，据我所知，中国古代在 16 世纪以前未明令禁止男子之间的同性性行为，直到清代才将此类行为纳入"奸"罪的类别当中。②）但是，法律专家们又是如何解读"不以义交"的呢？ 34

一条重要的线索是，后世的文献在转引伏胜的上述注疏时，常以"礼"取代"义"。例如，北魏昭成建国二年（339）颁布的一条法

①　参见刘殿爵（D. C. Lau）主编：《尚书大传逐字索引》，香港商务印书馆，1994 年，5. 22/22/22。伏胜此处所言，并非专就"奸"字下一定义，但中国帝制晚期的法律专家们往往引用其说来界定"奸"这一概念，例如（清）薛允升：《唐明律合编》（影印版），中国书店，1990 年，卷 26，第 14 页 b。此外，汉代以后关于宫刑的讨论，也频频引用或转述伏胜（有时未注明出处）的这一说法，例如那些对《周礼·司刑》篇和《孝经·五刑》篇的注解，还有某些现代的古汉语辞典也是如此。

②　详见本书第四章。承蒙正在研究中国帝制早期的性风俗的保罗·戈尔丁（Paul Goldin）告知，他目前尚未发现该时期有任何针对男子同性性行为的禁令。

令规定,"男女不以礼交,皆死"。① "礼"字可用来指礼典或礼仪,从广义上讲,它是儒家用来指称那些借以规制特定人际关系中应有的行为举止的道德规范的一个概念。在被用来评判性交行为时,"义"和"礼"之间有何关联?据唐代学者贾公彦所言:"'以义交'谓依六礼而婚者。"②"六礼"为君子之婚姻的基石,表示该婚姻既合法也合乎礼教。"六礼"的基本要素(《周礼》描述了其要点)包括:纳采、问名、纳吉、纳征、请期、亲迎。直至 20 世纪,这些仍是中国习俗中娶妻步骤的基本要素,只不过因时地差异而略有变化。这些步骤在中国帝制早期界定了贵族阶层中合法的婚姻类型,在中国帝制晚期则被扩展成一种指涉更广的、儒家关于家庭的正统观念的组成部分之一。③

简言之,合乎道德的异性性关系,只能发生在获得相应仪式之认可的合法婚姻当中;若是在合法婚姻之外发生性关系,则会被视为犯罪。清代的法律专家们在考虑此类问题时,均将这条古已有之的基本原则视为天经地义。实际上,"奸"罪最简单明了的定义,正是指那些在婚姻关系之外发生的异性性交行为。但是,至少在 18 世纪之前,中国古代的法律专家们都默认,在这项一般性的大原

---

① 《魏书》,第 2873 页。

② (唐)贾公彦:《周礼注疏》,台北中华书局,1966 年,卷 36,第 1 页 a。

③ 参见高潮、马建石主编:《中国古代法学辞典》,南开大学出版社,1989 年,第 209 页。"六礼"这一专门概念,据说可追溯至汉代,参见 Jack L. Dull, "Marriage and Divorce in Han China: A Glimpse at 'Pre‐Confucian' Society", in David. Buxbaum, ed., *Chinese Family Law and Social Change in Historical and Comparative Perspective*, Seattle: University of Washington Press, 1978。因此,贾公彦对伏胜所做注疏的这种理解,或多或少受到时代差异的影响。但是,贾公彦认为伏胜以此意指那些发生在合法婚姻之外的性行为,这种看法无疑是正确的。

则下,仍允许存在一些基于身份等级差异的例外情形。读者们将
会在下文中看到,清代的法律专家们是如何通过更为严格地按照
其字面意思对这条古老原则进行解释,并相较于以往更为彻底地
予以全面施行,从而消除那些基于身份等级差别的例外情形。

在先秦时期和中国帝制初期,"淫"字常被用于指称那些被视
为"不以义交"的罪行。例如,《小尔雅·广义》中提到:"男女不以
礼交,谓之淫。"①在包括秦汉时期的法律在内的一些早期文献中,
"奸"字虽指那些明确带有性含义的犯罪,但这一名词往往还带有
邪恶、恶行或有罪的等含义。在对"奸"字的使用上,自唐代以来的
律典则采取更加特定且精确的方式,以"奸"字专指那些非法的性
交行为或政治叛乱。但清代的法律文本有时仍以"淫"作为"奸"字
在性含义方面的同义字,清代的一些案件记录便主张正是"淫心"
使人犯"奸"。此外,清代还查禁"淫词"和"淫书"。中国古代的儒
家话语也对"淫乐"所带来的政治性危险加以警告,而雍正朝开豁
"乐户"这一贱籍身份群体的出发点之一,便是为了整肃这种具有
道德污点的帝国音乐建制。②

为何异性间的婚外性交行为应被视为犯罪?中国古代早期的
相关解释,可见于针对公元前 2 世纪时司马迁所撰的《史记·孝文
本纪》的一段评论文字。据称,汉文帝废除了宫刑以外其他所有的
古代肉刑。关于汉文帝为何不废除宫刑,西晋时的官员张斐对此
的解释是"以淫乱人族序,故不易之也"。易言之,之所以用宫刑对
罪犯进行惩罚,是因为此类罪行在本质上紊乱了其他男子的血统

---

① 《小尔雅》,台北艺文印书馆,1965 年,《广义》(四),第 4 页 a。
② 参见本书第七章。

并因而导致"乱"。此种罪行构成了一种特殊的威胁,使得即便像汉文帝这般仁慈的君主也认为应当继续保留宫刑这一肉刑。①

概括来说,明清时期的法律专家们所引用的那些中国早期的典籍,指出了用以界定性犯罪的三大基本要素。第一,性犯罪是发生在异性之间的性交行为。第二,性犯罪是发生在为法律所认可的正统婚姻形式之外的性交行为。第三,性犯罪意味着外来男子对另一男子的血统的紊乱,并因此给整个社会秩序带来了威胁。尽管随着时代的更易而略有变化,后世对性犯罪的讨论,均以这三大要素为本。例如,薛允升在清代介绍唐律和明律是如何惩处此类犯罪时,便直接引用了前述伏胜和张斐的说法,并总结道,"即后世之所谓奸也"。② 另一位清代的学者也以与之相类似的方式讨论了"奸"所造成的危害:"[奸夫]淫人妇女,坏人闺门。"③在这里,女性的社会身份是由她与其丈夫或父亲的关系来加以界定的,而禁止非法的性交行为之举,正是这些男性的利益(从更大的方面来说,还有朝廷的利益)之所在。

第二节　父亲和丈夫所享有的特权

接续前述关于"奸"字之基本内涵的讨论,下文将通过对一些具体情形的检视,以了解明清时期的法律专家们在司法实践中是

---

① [日]泷川龟太郎:《史记会注考证》,台北洪氏出版社,1983年,卷10,第29页。
② (清)薛允升:《唐明律合编》(影印版),中国书店,1990年,卷26,第14页。
③ (清)姚润等编:《大清律例增修统纂集成》,卷33,第1页b,注解部分。

如何界定此种罪行的。以下所述的情形并非全属犯罪行为,而且,即便其中的某些行为构成犯罪,也并不一定就属于"奸"罪的范畴。当中国古代的法律专家们对某一种罪行进行界定时,他们会划出何为合法、何为非法的各种界限。从该种罪行本身的涵盖范围之外,对那些与其存在某些联系但仍属合法的行为加以审视,应能对我们的认知有所裨益。本书此部分的写作目的,就在于更为深入地理解明清时期国家通过对"奸"罪进行惩治所旨在维系的那些利益与权威。

一、一种被视为构成不孝的婚内性交行为

有没有一些在婚姻关系内发生的性交行为会被当作性犯罪,从而受到法律的惩处?以往的研究似乎认为无此种可能性。但是,唐律将男子在为其父母服丧期间使妻子受孕的行为视为一种犯罪,规定须对其处徒刑一年。①《元典章》记载了一起发生于大德二年(1298)的案例。在该案中,一名千户在为其父服丧期间成亲,结果被以"不孝"罪罢职,并被强制与其妻离异。② 明清两代的法律也禁止居丧期间娶妻或纳妾,并对那些在居丧期间发生的犯奸罪行加重惩处。③ 明代的一些法律注疏者还力主,应对那些在发生时机上有违孝道的婚内性交行为加以惩处(尽管明清两代的法

37

---

① 《唐律疏议》(影印版),中国书店,1990 年,卷 12,第 7 页 a。

② 《元典章》(影印版),中国书店,1990 年,卷 41,第 2 页 a。在元代的法律中,被归为"不孝"的另一种情形为"服内宿娼"。

③ (清)薛允升:《读例存疑》(重刊本),黄静嘉点校,成文出版社,1970 年,律 105-00,律 372-00。

律中均无相关条文)。例如生活在 16 世纪的明代官员王肯堂便主张,在为父母服丧期间生子者,应比照"不应重"律处以杖刑。①

与王肯堂同时代的另一位法律注疏者甚至走得更远,他主张应当恢复唐律所采用的那种严惩方式。上面所引的文献,均未将夫妻之间那种在发生时机上有违孝道的性交行为视为"奸",然而这位法律注疏者却提出一种貌似自相矛盾的见解——"夫奸妻有罪"。夫妻之间的性交行为是如何构成"奸"的呢?

> 奸者,婚不以礼曰奸。谓居父母丧内,其妻有孕,则是忘亲贪淫,故所得孕,合得杖六十,徒一年也,故谓夫奸妻有罪。②

"婚不以礼"一句,呼应了前述伏胜和贾公彦所言。明代的这位法律注疏者此处对"奸"字的使用,或许显得有些具有反讽的意味,然而他所要强调的是,性关系的基础应是"礼"而非情欲。他所谓"礼",并不仅限于形式意义上的礼仪,更是指借以管理人际关系的道德标准。在儒家所建构的家庭体制中,孝道是至高无上的"礼"。孝道甚至被认为应支配夫妻间的性关系,特别是当确保父系血统和延续祖先香火被当作此种性关系所宣称的目的之时,更是如此。一旦发生有损孝道的淫行,就算是夫妻间的性关系,也可能会被视为不道德的和有罪的。唯有恪守儒家尊奉的那种道德,

---

① 参见(清)薛允升:《唐明律合编》(影印版),中国书店,1990 年,卷 26,第 24 页 a。
② 《刑台法律》(影印版),中国书店,1990 年,"名例副卷",第 12 页 b—13 页 a。

而不是仅仅采用那些外在的礼仪,才能使性关系具有正当性。①

在明清时期的法律中,最能体现上述思维的,恐怕当属已订婚的男女在举行婚礼之前能否发生性关系的问题。清代援用了明代的一条"比附律条",②规定"男女订婚未曾过门,私下通奸,比依子孙违犯教令律,杖一百"。③ 在这一法律规定中,上述那种过早发生的性交行为之所以被界定为"奸",并不只是因为此行为是发生在婚姻关系之外,而且还因为此行为无视男女双方家长的权威。在中国古代,婚姻的正当性正是取决于男女双方家长的同意。

下述这一可补充说明此点的例证,源自清代对贞节的崇拜。

38

---

① 上述这段引文,是该法律注疏者为了阐明法律的深层含义而提出的几种悖论之一。例如紧接此句的另一话题是"子杀父无刑",而对这种看似荒谬的行为所做的解释是,普通的"五刑"皆不足以惩罚子杀父这类骇人听闻的罪行,因此应处以"凌迟"极刑,参见《刑台法律》(影印版),中国书店,1990 年,"名例副卷",第 13 页 a—13 页 b。

② "比附律条"是指将既有的法律条文通过比附扩展适用于律典所未能涵盖的某些罪行,参见黄彰健编著:《明代律例汇编》,中国台湾地区"中研院"历史语言研究所,1979 年,第 1027—1069 页。"比附律条"的另一个例子,是本书第四章中所讨论的明代关于男子间发生性行为在法律上如何处置的问题。关于通过比附进行判决的一般性讨论,参见 Derk Bodde and Clarence Morris, *Law in Imperial China, Exemplified by 190 Ch'ing Dynasty Cases*, Cambridge, Mass.: Harvard University Press, 1967, pp.32, 175—178, 518—530。

③ 参见黄彰健编著:《明代律例汇编》,中国台湾地区"中研院"历史语言研究所,1979 年,第 1042 页;(清)薛允升:《读例存疑》(重刊本),黄静嘉点校,成文出版社,1970 年,第 5 册,第 1311 页。

乾隆七年(1742),一名童养媳被旌表为守贞烈女。① 该女子的未婚夫企图提早与她圆房,但她奋力抵抗,并因此丧命。由于男方父母尚未正式同意,这种提前要求圆房的做法,就越过了女性贞节的严格界限。朝廷在旌表该女子的圣旨中,对她在拒绝"夫之私欲"方面所表现出来的"以礼自持"加以赞扬。这种措辞,呼应了那些对清代处理性犯罪的态度有着深远影响的儒家经典文献。后者强调,赋予性交行为以正当性的原则是"礼",亦即子女对父母权威的顺从。这种对父母权威的顺从,甚至要优先于即将成婚的女子对其未来夫婿的顺从。②

二、合法婚姻之内强迫发生的性交行为

在理想状态中,即使是夫妻间的床笫之欢,也应当要受到儒家道德的内化支配。若果真如此,则丈夫违背妻子的意愿而强迫与其性交时,他在法律上的地位又是什么? 这种强迫发生的性交行为是否违反了"义"或"礼"(此二者界定了何谓正当的性关系)?

实际上,中国帝制时期的法律并不对那些强迫其妻子与自己

① 童养媳自幼便由其未来夫婿的家庭抚养,当她和其未婚夫达到适当年龄时即可成婚。这种做法可以给男方省掉一大笔结婚开支。近代中国台湾地区存在的这种习俗,已经得到了详细的记载,参见 Margery Wolf, *Women and the Family in Rural Taiwan*, Stanford, Calif.: Stanford University Press, 1972; Arthur P. Wolf and Chieh-shan Huang, *Marriage and Adoption in China*, *1845—1945*, Stanford, Calif.: Stanford University Press, 1980。清代的案件记录也显示,这种习俗在清朝统治的汉人地区普遍存在。

② 参见《(光绪朝)清会典事例》,中华书局,1991 年,卷 403,第 508 页。

性交的丈夫们进行惩罚。西方的法律制度也采取了相同的立场,直到晚近才有所改变。将中国古代的情况与西方关于强奸的法律当中的"婚内豁免权"(marital exemption)做一个简单的对比,或可有助于厘清这种在中国古代更为普遍的模式有何特殊之处。从古罗马时期开始,西方的法律传统便主张新郎新娘双方的"自主同意"(free consent)是正当婚姻的最基本前提。欧洲中世纪的教会法庭大幅强化了此项基本信条,将婚姻界定为两个平等的灵魂基于其各自的自由意志在上帝面前自愿结合而举行的圣礼。无论其家长是否满意,即使是男女双方个人的口头承诺,也可构成具有约束力的婚姻契约。通过这种方式,教会的婚姻法将缔约双方的"自主同意"确立为现代契约法的必要条件(*sine qua non*)。①

39

　　具有讽刺意味的是,女性有权自主决定结婚这一信条,后来引出了西方关于强奸的法律规范中所称的"婚内豁免权"。依据教会法,女性对婚姻的同意必须出于其自愿,但一旦她作出承诺,便无法撤回。此外,夫妻双方一旦结合,就相互负有为对方提供性服务的"婚姻义务",对此双方均不能拒绝履行。在理论上讲,这种义务对夫妻双方具有同等的约束力,但目前尚未见到有任何关于为何妻子不能因强奸其夫而被治罪这一问题的学术性讨论。直至相当晚近,西方的法学家们始终坚持丈夫不可能"强奸"其妻,因为他们认为妻子不能撤回结婚时依照自己意志所作出的那种承诺。妻子

---

① See Harold J. Berman, *Law and Revolution: The Formation of the Western Legal Tradition*, Cambridge, Mass.: Harvard University Press, 1983, pp. 226—230; James A. Brundage, *Law, Sex, and Christian Society in Medieval Europe*, Chicago: University of Chicago Press, 1987; Martin Ingram, *Church Courts, Sex and Marriage in England, 1570—1640*, Cambridge: Cambridge University Press, 1987.

这一在法律上相对应于丈夫的身份,致使她无法主张那种成立强奸罪时所必须具备的"未表示同意"。①

中国帝制时期的法律在实践中产生了同样的效果,但却是建立在一种与西方截然不同的意识形态之上。在中国古代,无论是在法律上还是风俗习惯当中,缔结婚约的双方是新郎新娘各自的父亲(或代行家长之责的其他人士)。婚约的缔结,无须征得男女双方当事人的同意。中国古代和西方在婚姻传统方面的这种差异,在其各自采用的婚姻仪式上有所体现。从古罗马时代开始,新婚夫妇双方公开互换誓约就成了一种习惯性做法;而在中国古代,婚姻方面最典型的风俗则是将新娘送至新郎家中,新婚夫妇在男方家族的祖先牌位前面肃穆地行叩拜之礼。② 中国古代的婚姻仪式所象征的,并非个体灵魂在全知全能的上帝面前行使其自由意志,而是成年子女服从其家庭角色和孝道义务。因此,中国帝制时期的律学家们无须假称妻子的同意在婚内性交行为中占有一席之地。事实上,女性的"和"是使"和奸"这种罪行在法律上得以成立的专门要件。中国古代的法律专家们看起来无人认为有必要考虑"婚内强奸"这样的概念,甚至不认为这能够构成一种需加驳斥的谬论。

乾隆十二年(1747)奏报的一起发生于山西马邑县的案件显

---

① See James A. Brundage, *Law*, *Sex*, *and Christian Society in Medieval Europe*, Chicago: University of Chicago Press, 1987; Jennifer Temkin, "Women, Rape, and Law Reform", in S. Tomaselli and R. Porter, eds., *Rape*: *An Historical and Cultural Enquiry*, Oxford: Basil Blackwell, 1986.

② See James A. Brundage, *Law*, *Sex*, *and Christian Society in Medieval Europe*, Chicago: University of Chicago Press, 1987, p.88.

示,合法的丈夫强迫其妻子和他性交的那种行为,与法律无关。在
该案中,一位被称作王氏的农家女孩(13 岁)嫁给了任顺之子任天
福为妻。据该案的案情摘要中所言,王氏"每和衣而睡",如此这般 40
四个月后的某天夜里,"任天福欲令王氏脱衣睡寝,王氏弗从,任天
福忿(愤)怒,即持柴条殴伤王氏"。任天福此举导致王氏身体左侧
自肩膀以下至腿部多处受伤。翌日,该女孩之母黄氏前来邀其女
回娘家村中看戏。黄氏来到任家时,任家之中除了王氏,并无其他
人在家。眼见自己的女儿看起来很沮丧,黄氏便向她追问原委。
该案的案情摘要中写道,黄氏"询知情由,将王氏引领归家,王氏因
左胯被殴步履维艰……回至家内解衣验看,见有多伤,气忿(愤)莫
释,欲将天福殴打泄忿(愤)"。于是她带着女儿王氏和侄子王昌返
回任家质问。双方为此发生斗殴,王昌将任顺殴打至死。

　　从法律上讲,这是一起杀人案件。王昌被依照"斗杀"律判处
绞监候。审理此案的知县认为,黄氏虽未参与杀人,但她"唤同王
昌前往肇衅",行为失当,故而应被依照"不应重"律处杖八
十。① 至于其女婿"任天福所殴伊妻王氏,伤痕并非折伤,照律勿
论"。任天福无须为其与黄氏的殴斗承担法律责任。黄氏之女王
氏则因"年幼,且被殴伤,应免置议",即获得宽宥。

　　在该案的案卷记录中,从头到尾皆未出现"奸"字,更遑论那个
代表强行发生非法的性交行为的法律术语——"强奸"。由于王氏
与任天福之间的婚姻是经过双方父亲同意的合法关系(该案的案

---

① 除犯奸、不孝和偷盗等罪行,明清两代的法律允许女子以赎金代替笞杖刑。参见
　(清)薛允升:《读例存疑》(重刊本),黄静嘉点校,成文出版社,1970 年,例 001-
　14,例 001-15,律 020-00。

情摘要在开篇之处便明确指出了此点),因此是否属于"奸"并非该案要考虑的重点。王氏的上述经历,只是为了说明这起命案的发生背景才被记录在案卷之中。任天福的上述行为,完全是在丈夫对其妻所拥有的法律特权范围之内。相反,王氏的反抗才属不当之举,因为其母为此受到牵连,并间接导致上述命案的发生。①

但是,即使妻子违抗其夫,关于丈夫加于其妻身上的何种程度的暴力行为可以得到豁免,法律上对此有所限制。正如上述案件的题本所暗示的,丈夫有权殴打其妻子,但仅限于未造成"折伤"的情形("折伤"是指骨骼或牙齿被打断,或造成其他更严重的身体伤害)。在大多数的情形中,若丈夫杀死其妻,则其本刑为绞刑,并须经过秋审的复核。在朝廷举行的一年一度的秋审大典中,大多数的死刑罪名,皆会被按照一种延后行刑或减刑的原则重新酌情量刑(通常是减为某一等级的流刑)。清代的秋审条例规定,若丈夫杀死的是"不顺"或"不孝"的妻子,则可被大幅减刑。② "不顺"当然包括拒绝与其夫性交,但这并不意味着丈夫那些恣意针对其妻的性虐待亦属正当。只有当丈夫的暴力行为多少尚符合规范性的婚姻基础时,他才会被改判缓决。

乾隆四十九年(1784)时,皇帝将秋审时遇到的两起丈夫被判

---

① 参见《"中研院"历史语言研究所现存清代内阁大库原藏明清档案》(第 150 册),档案号:150-106。

② 参见(清)刚毅:《秋谳辑要》(影印版),台北文海出版社,1968 年,卷 2,第 58 页 a—61 页 b;(清)林恩绥等编:《秋审实缓比较成案》,清光绪二年(1876)刊本,卷 4,第 6 页 a—25 页 a;(清)薛允升:《读例存疑》(重刊本),黄静嘉点校,成文出版社,1970 年,例 411-7,按语部分;Derk Bodde and Clarence Morris, *Law in Imperial China*, *Exemplified by 190 Ch'ing Dynasty Cases*, Cambridge, Mass.: Harvard University Press, 1967, p.138。

以"故杀"其妻的罪名的案件进行对比,通过这种方式谈及上述问题。在第一起案件中,陈明贵之妻林氏嫌弃其夫贫穷,而与陈明贵之母发生争吵,还多次表示想离开陈明贵。当陈明贵斥责林氏时,她便转而谩骂陈明贵之母。于是陈明贵将林氏勒死。乾隆皇帝就此案朱批道:

> 如此悖伦逆理之妇,实为法所不容……是陈明贵之杀妻实由伊妻忤逆,与逞凶故杀有间。娶妻本为养亲,而明刑即以弼教。陈明贵一犯将来秋审时,即该部按例入情实,亦不予勾也。

在第二起案件中,王添富因其妻于氏拒绝与他性交,于是不仅对她拳打脚踢,而且还残忍地用火钳炙烧其外阴,导致于氏当即殒命。乾隆皇帝在朱批中写道:

> 该犯年已三十余,于氏年甫十七,乃以不肯与伊同寝,顿起杀机,殴烙并施,残忍已极。……将来秋审时,自当情实予勾,以儆凶残。

乾隆皇帝对比上述两案后下结论称,"一由义忿(愤),一逞淫凶,其间权衡轻重分别办理"。

42

前述由皇帝亲自所做的案情对比相当重要。第一起案件中的妻子严重蔑视那些支配婚姻的道德标准,尤其是孝道。这种蔑视本身即应被视为犯罪,故而其夫感到愤怒乃至采取暴力行为完全正当,尽管将她杀死算是反应过度。乾隆皇帝将该男子的这种愤怒称为"义忿",而"义"正是那种借以界定正当的性交行为的本质之所在。但在第二起案件中,那名丈夫的唯一动机是淫欲,而这一理由为婚姻关系所不容。于氏的确拒绝与其丈夫性交,但案情记录中并没有提及她有其他不顺的行为(若于氏还有其他不顺的行为,则理当会被详细记录在案)。还有,由于这一事件是发生在新婚之夜,于氏拒绝行房之举,或可更多地归因于其端庄矜持而非蓄意不顺。王添富这名成年男子在惩戒他的年轻新娘时应有所节制;他可以教导她如何履行妇道,而非将她折磨至死。我们应注意的是,乾隆皇帝的愤慨,与这起案件中丈夫违背其妻子本人的意愿或同意完全无关;激起皇帝心中怒火的,乃是妻子的过错和丈夫的暴行之间的那种极度失衡。①

　　道德方面的权衡,对杀妻案的判决影响甚大。明清时期的法律皆规定,若丈夫将正在与人私通的妻子捉奸在场,则可将她和奸夫杀死而无罪,但条件是须"登时杀死"。易言之,只要丈夫是出于"义忿(愤)"而杀死威胁到自己家庭和家族血统之根本完整的妻子,那么他杀妻的行为就有可能无罪。② 这是极少数允许皇帝以外的人有权合法剥夺他人性命的特殊情形。明清时期法律上的这种规定,让人回想起西汉时汉文帝虽然废除了那些可怕的肉刑,但仍保留了宫刑,因为他相信有必要以此来震慑那些紊乱他人血统的

---

① 参见(清)刚毅:《秋谳辑要》(影印版),台北文海出版社,1968 年,卷 1,第 51 页 a—51 页 b。

② 对此条律文的详细讨论,参见 Marinus J. Meijer, *Murder and Adultery in Late Imperial China: A Study of Law and Morality*, Leiden: E. J. Brill, 1991。

淫徒。

总而言之,妻子的同意并不是正当的性交行为的前提。事实上,支配婚姻的那些规范要求妻子须顺从其夫,正如同它们要求丈夫须在道德上对妻子加以教导。因此,若丈夫强迫其妻与自己性交,则此行为并不属于"奸"的范围。毋庸赘言,真正对那些既包括性也包含暴力的婚姻关系加以支配的,不应该是情欲或其他以自我为中心的冲动,而应当是在更大的家庭秩序中依照自己相应的角色位置行事。只有在与对这种秩序的维护相一致的时候,丈夫方可使用暴力。

43

三、抢亲:"成亲"抑或"奸"?

通常情况下,某起婚姻是否成立这一点相当清楚,故而此种情境中发生的性交行为是否属于正当,亦毋庸置疑。但如果婚姻本身便存在争议,比如男子宣称受迫与自己性交的那名女子乃是他合法娶进门的妻子,那么情况又将如何呢?

乾隆五年(1740)奏报的一起发生于四川泸州的案件,可用来说明此问题。吴英称其女吴大女(15岁)被一伙男子绑走,并被那伙男子中的首领杨登高"强奸"(吴英的告状中使用的是"强行奸污"这一法律用语)。杨登高在辩解中坚称吴大女乃是他的合法妻子。因此,审理此案的官员的调查重点,并非杨登高是否与吴大女发生过性关系(此点已无争议),亦非杨登高在与吴大女发生性关系时是否采取了强迫的手段,而是杨登高在与吴大女性交之前是否已取得合法丈夫的身份。

该案的调查结果显示,杨登高曾托吴英的岳父马锡祚做媒,为他物色妻室人选。马锡祚又转托刘士学安排后者亲戚之女嫁给杨登高。杨登高经由马锡祚和吴英之手,转交了十两银子的"聘金"给刘士学。但刘士学在花光了这笔钱之后便不知所踪。而事实上,女方的父亲从一开始就从未同意过这门亲事。杨登高试图向刘士学之父讨回上述那笔"聘金",但徒劳无功。最后由吴英出面担保会还钱给他。

然而三年过后,杨登高仍未讨回这笔钱,也未娶到妻子。杨登高供称,其表叔告诉他说:"吴英有个女儿差不多年纪,如今向人传说定的是他女儿,等他告状再买几个硬干证与他打官司,不怕他的女儿不与你。"杨登高于是试着散播这一谣言,但吴英对他不予理会。杨登高于是"与表叔商量,[表叔]叫去抢吴英的女儿"。杨登高采纳了其表叔的这一主意。为了找帮手,他请了十五位朋友喝酒,并对这些人"只说是小的聘定的婚姻,女家不肯叫娶,请他们同去接来"。

杨登高的这些朋友同意照其吩咐行事,并陪同杨登高抬着花轿,在某日黎明前来到吴家。吴英去了成都经商,留下其妻女在家。吴大女后来指证说:

> 黑早小女子才起来,被杨登高抱去绑在椅子上,抬到他家,有两个妇人拉住小女子与杨登高拜堂,关在房里,当夜就被杨登高强奸了。

在该案第二次开堂审理时,她就此详述道:"那夜杨登高就拉破小女子的衣服,强逼成奸,日里仍把小女子关在房里。"

在这些供词中,吴大女使用了符合强奸之法律定义的措辞(当然,其证词可能稍经衙门剪裁,以强化案件书面报告前后内容的一贯性)。然而,即使是在其最后一次的供述中,杨登高也坚持采用与吴大女所言截然不同的另一种说法,来描述整起事件的经过。他承认自己强行绑走了这名女孩,但坚称在回到自己家中后,"小的祖母胡氏同弟妇温氏拉住大女拜堂,那晚成亲的"。

不过,审理此案的官员认为,尽管杨登高也举行了抬花轿迎亲、在祖宗牌位前叩拜等类似正当婚姻的仪式,但仍不具有对吴大女的法定权利。杨登高显然是想让吴家面对"生米已成熟饭"这一既成事实,故而在吴家告官之前先发制人。杨登高看起来认定吴英将宁可接受这桩"婚姻",也不愿因控告他将其女绑走并强奸,而在众人面前蒙羞并使事情更加恶化。

此案后来在秋审时,杨登高最终被依"强夺良家妻女奸占为妻妾"律拟处以绞监候。此一刑罚与对强奸罪的惩处方式相同,并获得皇帝的勾决同意。"强夺良家妻女奸占为妻妾"律中所用的措辞相当关键。该律文以"强"这一法律用语,来强调罪犯获得女子的那种行为之非法性,即该女子并非经由其父同意的正当婚姻仪式而被娶进家门。"奸"这一术语更进一步重申了此要点,无论此类罪犯是怎样"如同"对待其妻或妾那样对待该女子。①

在此案中,法律所关心的焦点是婚姻本身的正当性,而这正是"强"如何与此相关的原因所在。在欧洲中世纪的教会法中,对与

---

① 参见《内阁刑科题本》,68/乾隆 5.10.27。

此类似的案件的判决,乃是取决于发生性交行为之前女方是否依照她自己的意愿而同意结婚。① 而在中国古代,最重要的问题则是女方的父亲是否同意缔结一个具有法律约束力的婚约。只有女方父亲的同意,才能赋予那名丈夫以权利。但是,在中西这两种不同的法律传统中,婚姻的正当性皆决定了性交行为的正当性。女性本身对性交行为的感受,在法律上并无意义。

第三节　主人与其女性奴仆发生的性关系

我们是否可以据上所述而得出结论说,合法婚姻之外发生的所有性交行为,皆会被作为性犯罪加以惩处? 关于此点,有两种基于身份等级的重要例外情形。一种是与贱民身份的娼妓发生的性关系,本书的第六章将会对此详加讨论。此处将先检视主人与其女性奴婢发生的性关系在法律上的立足点。

适用于这种关系的法律原则有二,瞿同祖称之为标志着传统中国法律之特征的两种特殊主义。其一为法律身份等级上的差别,即所有良民在法律身份上均高于奴隶和其他有着贱民身份之人;其二为家庭内部的等级体系,即主人与奴仆间的关系被视作以家庭为基础的特殊主义之延伸。② 中国帝制时期的法律,赋予一家

---

① See James A. Brundage, *Law, Sex, and Christian Society in Medieval Europe*, Chicago: University of Chicago Press, 1987, pp. 470—471.

② See Ch'ü T'ung‐tsu, *Law and Society in Traditional China*, Paris: Mouton and Co., 1965.

之长以相对于家中其他从属成员(例如丈夫或父亲对其妻子或子女)的特权。若这些从属成员正好是奴隶、奴仆或"雇工人",则上述两种等级体系便相互重叠,这些人在法律上的人身附属性也因此更为强烈。

中国古代的法律专家们认为,所有的性交行为均带有等级与支配的含义,其基本模式为社会性别等级关系(男性在交媾过程中用阴茎插入女性的阴道,并借由此举征服女性)。因此,中国古代历朝的法律都对男奴向上僭越身份界限而与其主人家中女性成员成奸的行为严加重惩。早在公元 3 世纪时,便有对此加重处刑的案例。① 与同等级法律身份的非亲属之间发生的犯奸罪行相比,对此种僭越身份的犯奸之举的处刑尤为严厉。唐代至清代的律典均规定,若女性当事人为家长的妻女、妾或其他期亲时,即使是男女双方自愿发生的性行为,男奴也应被判处死刑。② 此类行为是由低身份等级的男奴针对高身份等级的主人家中的女性成员所为,违反了身份等级制度,因此这种性行为和社会性别方面的支配关系,乃是与"主流"的身份支配关系背道而驰。

一、主人的特权

若主人向下跨越身份界限而与自家的女性奴仆发生性关系,

① 参见张晋藩、王志刚、林中:《中国刑法史新论》,人民法院出版社,1992 年,第424 页。
② 例如(清)薛允升:《读例存疑》(重刊本),黄静嘉点校,成文出版社,1970 年,律370-00,例 370-01,例 370-02,例 370-03;律 373-00。

则又将如何处理? 在很长的一段时间里,一种类似"婚内豁免权"的制度,保障了主人的此种性特权。① 然而,那种关于主人与其家中女性奴仆所发生的性关系的法律观念,后来随着时间的推移而发生了变化。

唐律中有针对"奸"婢女之举的刑罚,但唯有当该婢女系他人所拥有时,此罪名方才成立。"奸"这一术语并不被用来指称主人与自家婢女发生性关系的情形:"即奸官私婢者,杖九十……奸他人部曲妻、杂户、官户妇女者,杖一百。"② 相较于同等级身份者之间犯"奸"会被处以徒一年半的刑罚,上述刑罚显然较轻。根据《唐律疏议》中的律疏,"明奸己家部曲妻及客女各不坐"。③ 此外,清代的律学专家薛允升注意到,无论是唐律的律文本身还是其律疏,皆

---

① 瞿同祖对中国古代主人享有的这种性特权有很好的分析,但他忽略了历史变迁,其原因在于他那本专著的主要论点是认为中国帝制时期的法律始终处于一种基本停滞不前的状态。参见 Ch'ü T'ung-tsu, *Law and Society in Traditional China*, Paris: Mouton and Co., 1965, pp. 198—199。

② 唐律这一律文的全文,详见本书附录 A.1。在唐代,部曲、杂户、官户和奴婢构成了有着贱民身份的被奴役劳动者中的不同类别,类似奴隶和农奴。官户、杂户和官奴婢属于官府所有,其人身自由的程度依次递减。部曲是私家所有的男性"半奴隶",其身份地位仅略高于一般的奴婢,主人只能将他们"转让"给其他人,而不能将其彻底售卖。奴婢则被完全视为其主人的财产。参见 Ch'ü T'ung-tsu, *Law and Society in Traditional China*, Paris: Mouton and Co., 1965, pp. 158—160。

③ 《唐律疏议》(影印版),中国书店,1990 年,卷 26,第 15 页 a—15 页 b。

未提及主人与自家婢女发生性关系的问题,①这表明唐代的法律专家们从未考虑过将那些惩处"奸"的法律用于处置主人与其婢女之间发生的性关系。② 实际上,唐律的律文在言及主人与其家中女性奴仆发生的性关系时,所使用的字眼是听起来非常正面的"幸"字。例如,唐律中有一条律文明确规定:"即奸父祖所幸婢,减二等。"③此律当中所用的"奸"与"幸"这两字的对比,凸显了前一种性关系的非正当性和后一种性关系的正当性。

47

二、展现法律观念变迁的证据

我们可以在从唐代至元代的法律话语中发现这种微妙的变化。《元典章》中规定:"主奸奴妻,难议坐罪。"④元代法律与唐律的不同之处在于,尽管同样不对此种行为加以惩处,但此种性关系

---

① 关于宋代的婢女,参见 Patricia B. Ebrey, *The Inner Quarters*: *Marriage and the Lives of Chinese Women in the Sung Period*, Berkeley: University of California Press, 1993, pp. 218—219(宋代关于此议题的法律源自唐律)。关于 20 世纪初香港地区的婢女,参见 Maria Jaschok, *Concubines and Bondservants*: *A Social History*, London: Zed Books Ltd., 1988;Rubie S. Watson, "Wives, Concubines, and Maids: Servitude and Kinship in the Hong Kong Region, 1900—1940", in R. Watson and P. Ebrey, eds., *Marriage and Inequality in Chinese Society*, Berkeley: University of California Press, 1991。白馥兰 (Francesca Bray)对拥有妻、妾与婢的精英家庭中围绕生育子嗣与母亲身份所发生的家庭政治问题有过分析,参见 Francesca Bray, *Technology and Gender*: *Fabrics of Power in Late Imperial China*, Berkeley: University of California Press, 1997, pp. 351—368。
② 参见(清)薛允升:《读例存疑》(重刊本),黄静嘉点校,成文出版社,1970 年,例 370-01,按语部分。
③ 亦即比照奸已生子之父祖妾所应受的绞刑减二等处刑。
④ 《元典章》(影印版),中国书店,1990 年,卷 45,第 1 页 b。

在元代的法律中被称为"奸"。元代的法律明确规定,若奴仆之女已与良民订婚,则她本身便应被视为良民。因此,法律禁止其父的主人对她"欺奸",那样做的主人将被处以杖一百零七,即强奸未婚良民女子的良民男子所应承受的那种刑罚。① 当然,这一规定也暗示,那些尚未与良民男子订婚的奴仆之女,仍是其主人合法的玩物,"欺奸"她们并不算强奸。和唐律一样,元代的法律亦未提及主人与其家中奴婢间发生的性关系。不过,元代的法律明令禁止主人强迫其婢女为娼,受其主人如此逼迫的婢女,将会被官府"放从良"。因此,尽管良民女性的贞节标准并不适用于婢女,但唯有其主人才有权要求她们为自己提供性服务,且不能强迫她们沦为同属贱民且身份世袭的娼户。②

明律也未提及主人与其女性奴仆之间发生的"奸"。据薛允升所言:"盖无罪可科,故不言也。"③16 世纪的明朝司法官员雷梦麟对此有更详尽的解说:

> 不言家长奸奴雇工之妻者,岂律故遗之哉?盖家长之于奴雇,本无伦理,徒以良贱尊卑相事。

48

易言之,"奸"违反了那些构成良民间关系之规范性基础的"伦理",但"奸"字并不适用于主人与自己家中那些地位卑贱的奴婢之

---

① 参见(明)宋濂:《元史》,第 2655 页。
② 参见(清)薛允升:《唐明律合编》(影印版),中国书店,1990 年,卷 26,第 25 页 a。
③ (清)薛允升:《读例存疑》(重刊本),黄静嘉点校,成文出版社,1970 年,例 370-01,按语部分。

间发生的性关系。事实上，雷梦麟非常明确地指出，婢女的奴仆身份，使得她们不具备为法律所承认的那种贞节："在婢，又服役家长之人，势有所制，情非得已。故律不著罪。"

不过，雷梦麟相当鄙视那些自贬身份行此举的一家之长。他说道："使若家长等奸奴雇之妻者，是尊者降而自卑，良者降而自贱，其辱身已甚矣。"雷梦麟在这里所表露出来的那种鄙夷之情，并非由于此类行为侵犯了女性的贞节或该女子丈夫的特权，而是因为主人身为一家之长却缺乏自制力，这会显得很不体面。雷梦麟对此相当反感，故而建议应对这种性关系加以处罚："……各问不应，杖罪为当。"①他的这种否定态度，与唐律及其律疏中的相关规定形成了鲜明的对比，后者并不质疑身份等级制度赋予主人的那种特权。

三、清代对主人之性特权的褫夺

清代的立法者或许受到雷梦麟上述律注的影响。清朝立国伊始，刑部便出台规定："凡奸有夫之仆妇者，责二十七鞭。"②在迭经数次修订之后，这项法令演变为下述的例文，并于雍正三年（1725）被纂入律典当中：

①　转引自（清）薛允升：《读例存疑》（重刊本），黄静嘉点校，成文出版社，1970年，例370-01，按语部分。
②　《（光绪朝）清会典事例》，中华书局，1991年，卷825，第994页。

49　　　　若家长奸家下人有夫之妇者,笞四十;系官,交部议处。①

　　与那些针对奸罪所采取的处置措施之标准模式的不同之处在于,此条例文并未区分"和奸"与"强奸"。这或许是由于考虑到此类情形所涉及的那些权力关系,故而认为进行上述那种区分并无太大的意义。而且,针对此类行为的惩罚是如此轻微(属于清代法律中最轻的刑罚之一),这一点显示出此类性犯罪在严重程度上被认为要远轻于同等级身份者间发生的性犯罪(对强奸与其同等级身份之女性的罪犯的处刑为绞监候),更不用说相较于向上僭越身份界限的那种性犯罪所应受到的惩罚。不过,清代的这一规定应当被看作大幅度偏离了此前的成文立法传统,因为从唐律到明律皆完全不对此类性关系加以处刑。

　　这条例文仅适用于已婚妇女。乾隆三年(1738)颁行的另一条例文亦复如此:

　　　　凡家主将奴仆之妻妄行占夺,或图奸不遂,因将奴仆毒殴,或将其妻致死,审明确有实据,及本主自认不讳者,即将伊主不分官员平人,发黑龙江当差。②

————————

① 参见(清)薛允升:《读例存疑》(重刊本),黄静嘉点校,成文出版社,1970年,例370-01;《(光绪朝)清会典事例》,中华书局,1991年,卷825,第993—994页。
② 《(光绪朝)清会典事例》,中华书局,1991年,卷810,第845页。这一例文于乾隆四年(1739)时在一起案件的判决中得到援引,该案的审判官员引用此例文对一名现居京城的满洲旗人加以惩处,因为后者为了能恣意占有自家一名男仆的年少孙女而杀死了该男仆,参见《内阁刑科题本》,70/乾隆4.9.12。

上述这些例文暗示,即使丈夫的身份为奴仆,他也至少在名义上享有对其妻子的性独占权。

但是,我们能否据此推断,那些奴仆身份的未婚女性此时仍是其主人的合法玩物?婢女的法律地位在清代有些模棱两可,但可以肯定的是,其主人仍能享有她们的性服务。不过依照清代法律的规定,婢女一旦与其主人发生性关系,她便不再被视为一般的奴仆,而是主人的次等配偶,无论其主人本身对此承认与否。但在唐代,只有在禁止乱伦的严格意义上(禁止婢女与她主人的其他男性亲属发生性关系),才会如此。唐律对奴婢的身份地位所采取的态度相当明确。在通常情况下,唐律甚至禁止主人将其婢女正式提升为自己的妾。若婢女为其主人所"幸"并生下子女,则"听为妾"。但婢女即使为其主人诞下子女,也不能保证她的身份会自动地发生改变。唐律在法律上将这种选择权赋予主人,只要主人愿意将他所"幸"的婢女提升为妾,他便可提升该婢女的身份,不过得先正式解除她的奴籍。①

然而,到了清代,顺治十二年(1655)一起经中央司法机构审理的案件显示,和其主人发生了性关系的婢女此时在法律地位上有了一些变化。一名驻守江宁(今南京)的满人官员在福建作战时买了一名汉人婢女。当这名汉人婢女得知其主人已有妻室时,她十分妒忌,于是企图以巫术使其主人的原配妻子生病,以及设法让其主人更宠爱自己。但这位满人官员发现了该婢女的所作所为,于是将她交给官府惩处,并表示不再要她。按照清代的法律,以巫术

_____

① 参见《唐律疏议》(影印版),中国书店,1990年,卷13,第14页a。

50

害人的行为应当比附"谋杀"律论处。① 官府对此案的初拟判决认为，该婢女企图伤害其主人之妻，依律当斩。但三法司复审此案后，将该婢女的刑罚减为杖流。三法司改判的理由是，"此妇明与其主亲厚，即不可以奴婢论矣"，故而应依"谋杀缌麻以上尊长已行"律处刑。② 换言之，由于主人与这名婢女发生了性关系，她便在法律地位上被自动提升为其主人家庭中的成员，无论其主人承认与否。那么她变成了哪一类家庭成员呢？ 这名婢女并不能被算作妾，因为妾与正妻的关系属于五服制度中的第二等，即齐衰，企图谋杀正妻的妾应被处以死刑。③ 尽管存在上述模棱两可之处，但三法司的裁决显示，在清代的法律专家们看来，主人一旦与其婢女发生了性关系，便意味着两者之间构成某种次等的配偶关系。④

　　清代在此方面的另一项变革，见于雍正十三年(1735)颁行的一条例文。这条新出台的例文对婢女的主人增加了新的责任：

　　　　凡绅衿庶民之家，如有将婢女不行婚配，致令孤寡者，照

---

① 关于运用比附的方法来审判案件，参见 Derk Bodde and Clarence Morris, *Law in Imperial China, Exemplified by 190 Ch'ing Dynasty Cases*, Cambridge, Mass.: Harvard University Press, 1967, pp.175—178, pp.518—530。

② (清)薛允升:《读例存疑》(重刊本)，黄静嘉点校，成文出版社，1970 年，律 284-00。

③ 事实上，该案中的这名女子既未被视为奴，也未被视为妾，否则她将受到更严厉的惩罚。对五服制度的介绍和解释，参见 Derk Bodde and Clarence Morris, *Law in Imperial China, Exemplified by 190 Ch'ing Dynasty Cases*, Cambridge, Mass.: Harvard University Press, 1967, pp.35—38。关于妾与正妻之间的服制关系，参见(清)吴坛编纂，马建石、杨育棠校注:《大清律例通考校注》，中国政法大学出版社，1992 年，第 84—85 页，第 125 页。

④ 参见《内阁刑科题本》，1007/顺治 12.4.13。

不应重律杖八十；系民的决，绅衿依律纳赎，令其择配。①   51

这一法律规定毫无疑问曾得到实施，至少当此类违法行为引起高层司法官员的注意时如此。例如，在乾隆三年（1738）上报至中央司法机构的一起来自贵州贵筑县的案件中，某位主人便因为没有将自家的一名婢女（25 岁）婚配他人而受到处罚。这名婢女与两名男子私通，其中的一名男子出于嫉妒而谋杀了另一名男子。主审此案的官员及其上司均认为，该婢女的主人对上述罪行负有间接责任，因为该主人若能适时将其婢女婚配，便可避免她与那两名男子私通及接下来发生的命案。②

于是，至雍正朝晚期，当时法律便规定主人应当为自家那些已成年的婢女安排婚配，并禁止主人与任何附属于其家的已婚女性发生性关系。此外，若主人和他家中的某位未婚婢女发生了性关系，则该婢女便自动成为他的家庭成员，至少在法律上被视为某种次等的妾。总而言之，这些清代的法令暗示，主人应尽可能避免与其婢女发生性关系，且要为她们安排适当的婚姻，除非主人自己打算纳她为妾。借由此种方式，那种"凡女必归于男为妇"的要求，在适用范围上被扩展至前所未有的程度。

此外，在 18 世纪，当国家对贞节的崇拜被大幅扩展适用于那些身份低微的女性时，婢女、仆妇、"雇工人"之妻均获得了可被旌表为贞洁烈女的资格。旌表这些婢女、仆妇、"雇工人"之妻出身的

---

① （清）薛允升：《读例存疑》（重刊本），黄静嘉点校，成文出版社，1970 年，例 117-01。
② 参见《内阁刑科题本》，155/乾隆 3.3.27。

贞洁烈女的方式,是专门拨款为其建造贞节牌坊,但并不在当地的节孝祠中立牌位将其供奉。在当地的节孝祠中立牌位加以供奉,乃是旌表贞洁烈女的通常做法。而婢女、仆妇、"雇工人"之妻被排除于节孝祠之外,显示了其卑微的身份在某种程度上仍是污点(与之相比,妾则拥有获得上述完整荣誉的资格)。然而,无论如何,女性奴仆得以被旌表为贞洁烈女这一事实,显示了她们被相信也能拥有类似于良民妻子的贞节。①

在乾隆四十九年(1784)上报至中央司法机构的一起来自福建隆溪县的案件中,上述判断获得了进一步的确证。在该案中,一位名叫春梅的婢女(11 岁)被其主人之家的某位邻居强奸。② 在公堂审讯时,春梅的主人出示了她的卖身契以证明其年龄。③ 而春梅则在证词中自称"小婢",而不是使用良民女子在此情况下所用的那种典型称谓(例如"小女子")。这里的关键之处在于,春梅的婢女身份丝毫未使那名强奸犯的刑罚有所减轻,后者被依照强奸一般良民女子的那条律文判处绞刑。④

52

---

① 参见《(光绪朝)清会典事例》,中华书局,1991 年,卷 403,第 508、513—516 页。例如在乾隆十年(1745)发生于河南扶沟县的一起案件中,"雇工人"之妻陈氏因抗拒其主人之弟的强奸而被杀死。她获得了官府的旌表(尽管人们不得在当地节孝祠中为其立牌位),杀害她的凶手也被处以绞监候,参见《内阁刑科题本》,123/乾隆 10.6.10。

② 明代白话小说《金瓶梅》中的女主角之一、西门庆家中的那个丫环也叫"春梅"(译者注:英文原书此处误将潘金莲的闺名写为"春梅",现予更正)。本案中的这位主人也许是一位白话小说爱好者。

③ 严格来讲,此女"同意"与那名男子发生性行为,但如果她未满 12 岁,那么该男子的这种行为将会被视同"强迫"加以惩处,参见本书第三章。

④ 参见《"中研院"历史语言研究所现存清代内阁大库原藏明清档案》(第 154 册),档案号:154-19。

从律典的文字表述来看,此时仍保留了源于一条明代旧律的内容,即"良人奸他人婢者,减凡奸一等"。然而到乾隆五年(1740)时,这条律文已被如下新添加入内的小注做了修正:"如强者,仍按凡论,拟绞监候。"①易言之,若强奸他人的婢女,则应受到与强奸良民妻子同等严厉的惩罚。这意味着贞节标准被统一适用于不同身份等级的女性。

在清代精英阶层的日常生活中,主仆间的等级关系仍然相当重要。无论正式的法律规定发生了怎样的变化,主人们拥有的特权在实践中看上去并未被大幅削减。乾隆三年(1738)发生于直隶的一起案件,提醒我们应对此点加以注意。某天夜里,一位名叫黄选的富翁吩咐其仆人之妻卢氏到他房里陪酒。过了一会儿,黄选抓住卢氏,企图将她强奸,但遭到卢氏的反抗。卢氏"挣扎跌地,黄选就势扑在氏身,卢氏喊叫,家众惊起,疑为被贼,持械俱至"。卢氏的小叔赵隆首先赶到现场。甫一进屋,赵隆便看到主人与自己的兄嫂在地上扭打。赵隆"一时羞忿(愤),用棍击黄选额颅一下,经伊父赵如贵吆喝而止"。黄选的伤势并无大碍,但他仍到官府控告赵隆,结果赵隆被依"奴婢殴家长"律判处斩立决。

但是此案后来在审转复核时,赵隆的刑罚被减为斩监候,而这也就有了免处死刑的可能性。原拟刑罚之所以被改判,是因为复审官员认为赵隆的动机可被谅解,尽管他持械击伤其主人头部的这种胆大妄为之举不能被完全宽宥。于是,当该案被提交秋审时,皇帝怜悯赵隆救嫂的动机,下旨对其进一步减刑。然而刑部提出

---

① 《(光绪朝)清会典事例》,中华书局,1991年,卷825,第994页。

53

异议称："赵隆虽因见亲嫂被主强奸,气忿(愤)棍殴一下,但系以仆击主,名分攸关,应改缓决。"赵隆可能最终被判处流刑而非死刑。① 尽管刑部的题本将黄选的性侵之举描述为"强奸",且被他性侵的是已婚女子,但可能是由于强奸未能得逞,黄选看起来并未被以任何罪名治罪。②

或许有人会据此得出结论认为,归根究底,朝廷终归还是在支持统治阶层所拥有的那种性特权。然而,从长时段历史的角度来看,此案的显著特点在于,高层的法律专家们(包括乾隆皇帝本人在内)力图在下列两者之间寻求平衡点,亦即奴仆捍卫其兄嫂之贞节所做的正当防卫,与主人在其家中所拥有的身份地位和权威应受保护的那条古老原则。黄选主动兴讼这一事实,显示出他对自己拥有的性特权信心满满。但是官府的反应则表明,自唐代以来,在此问题上的司法观念已然变化甚大。在唐代,很难想象皇帝会关心奴仆的贞节。

概括来说,唐律基本上是将主人要求自家的女性奴仆提供性服务视为主人因其地位而享有的特权,这种性关系不属于"奸"的范围,即便在对其加以称述时,也不使用"奸"字。然而随着时间的推移,这种性关系的法律地位发生了变化。到了明代,这种性关系已成为一种灰色地带,尽管正式的法律并未规定须对此加以处刑,但诸如雷梦麟那样具有影响力的法律专家皆力倡须同样对这种性

---

① 关于清代的刑罚等级,参见 Derk Bodde and Clarence Morris, *Law in Imperial China, Exemplified by 190 Ch'ing Dynasty Cases*, Cambridge, Mass.: Harvard University Press, 1967, chapter 2。

② 转引自韦庆远、吴奇衍、鲁素编著:《清代奴婢制度》,中国人民大学出版社,1982年,第133—134页。

关系加以惩处。清代的立法者则开始将主人与自家那些已婚的女性奴仆发生性关系的行为视为犯罪，其后又规定主人应当为其所拥有的未婚女性奴仆适时安排婚姻。清代的立法者还进一步认为，主人与其婢女间发生性关系，意味着二者构成了一种准配偶关系。尽管她确切的身份依然模糊，但那些与主人发生性关系的婢女，已不再是主人家中成员以外的奴仆。此外，关于强奸的法律和 54
18 世纪对贞洁烈女的旌表均认为，婢女也应当有着近似于良民妻子的贞节标准。

　　整体而言，中国帝制晚期法律的一个明显趋势，是将适用于良民的婚姻家庭规范（特别是女性贞节）大幅扩展至将女性奴仆也包括在内，进而缩小并最终消弭了那些发生在主流婚姻之外但却为法律所允许的性关系得以存在的空间。借助于雍正朝和乾隆朝早期所颁布的那些重要法令，这一过程在清代得到了加速。尽管此类法令的实际影响仍有待考察，但它们显然是将性道德标准和刑责标准扩展适用于所有人这种大趋势当中的组成部分之一。①

---

① 根据华若璧（Rubie Watson）的研究，在 20 世纪初的香港地区，婢女（译者注：广东话中称作"妹仔"）虽被视为其主人的财产，但主人有为她们适时安排婚姻的明确义务，这些女子通常在 18 岁左右脱离被主人奴役的状态。还有，"像主人的女儿那样"，妹仔"应当离开其主人家庭后才可开始生儿育女"。参见 Rubie S. Watson, "Wives, Concubines, and Maids: Servitude and Kinship in the Hong Kong Region, 1900—1940", in R. Watson and P. Ebrey, eds., *Marriage and Inequality in Chinese Society*, Berkeley: University of California Press, 1991, p.240. 这类要求与明代及之前各朝律典中的规定大不相同，可能反映出清代那种司法干预所造成的影响。

第四节　义绝:夫妻间道德纽带的断绝

前已述及,丈夫对其妻子所拥有的包括使用暴力的权力在内的合法权威,并非绝对,也不能恣意妄为。丈夫对其妻子行使其权威,必须符合儒家所预设的那种家庭秩序的利益。妻子的顺从以及在性方面服从其丈夫的义务,也取决于这项根本原则。如下两种被中国帝制晚期的律典纳入"奸"罪的情形,有助于我们进一步厘清丈夫能够享有对其妻子的"性独占"的先决条件。这种性独占只能由丈夫本人享有,而不可与他人分享。

一、获得丈夫同意的非法的性交行为

倘若丈夫允许自己的妻子与其他男子发生性关系,则法律上将如何处置?本书中关于卖娼的那两章将详细讨论此问题,不过在这里可以先对我的主要观点做一概述。直到 18 世纪,法律上仍然容许卖娼,不过仅限于那些世袭贱民身份的女性,特别是乐户。清初的案件记录和其他史料表明,这些女子均有丈夫,并由其夫为她们招揽嫖客。针对奸罪的相关法律,并不适用于这些被认为不配由法律来加以约束的女子,良民男性享用此类女子的性服务,也不构成犯罪。

与此构成对比的是,若与良民女性发生任何形式的婚外性交行为,则会被作为奸罪论处。此外,若良民丈夫为自己妻妾的卖娼

招揽嫖客,则无论是否征得其妻妾的同意或强迫她们如此行事,均
被视为彻底背叛了他们之间的婚姻道德基础。易言之,这种行为
将被纳入"不以义/礼交"的类别。早在 12 世纪的南宋时期,当时
的一道法令便规定,犯有上述罪行的良民夫妇须强制离异。① 直至
清朝结束,强制离异始终是对此种犯罪的惩罚之一。在元代,良民
身份的丈夫若"纵妻为娼",则会被视作一般的通奸加以惩处:丈
夫、妻子和嫖客均将被依照已婚妇女"和奸"的法律规定处以相同
的刑罚,即杖八十七,并强制这对夫妻离异,女方须被遣返娘家改
嫁他人。② 明清时期的律典对这种犯罪的处刑规定与元代相同,只
不过将杖刑数增加至九十下。③ 那种支付报酬以从某位女子那里
获得性服务的行为,并没有被处以任何额外的刑罚;被惩罚的乃是
那种与不特定对象发生性关系的淫行,而非这种用金钱购买性服
务的行为。

　　要知道,强制离异是一种严重的惩罚,至少对丈夫来说如此。
在中国社会里面,结婚以往(可能现在仍然如此)被认为是真正成
年的标志。而在贫苦农民当中,婚姻对男子而言是一种重要的身
份地位象征,其象征意义随着妻子来源短缺这种状况的加剧而递
增(因此,在不少卖妻案件中,是妻子更希望被卖掉,而非丈夫迫切

---

① 参见《庆元条法事类》(影印版),中国书店,1990 年,卷 80,第 24 页 b。
② 参见《元典章》(影印版),中国书店,1990 年,卷 45,第 8 页 a—9 页 b。亦可参见
　(明)宋濂:《元史》,第 2644 页。
③ 参见《大明律集解》,中华书局,1991 年,卷 25,第 1 页 a;(清)薛允升:《读例存疑》
　(重刊本),黄静嘉点校,成文出版社,1970 年,律 367-00。

地想卖掉其妻子①）。受到此类法律影响的群体,是那些已濒临绝望而不得不考虑卖掉自己妻子的男子。一旦离婚,他们当中还有多少人能重新获得那些可供再婚的必需资源?

当时的法律是基于何种理由禁止这种性关系,进而强制存在这种情形的夫妇离异? 元代的司法官员在此问题上的看法,可被视作代表了他们的后世同行们就此所持的基本立场。元代大德七年(1303),一位资深的官员称"夫纵妻奸"乃是"良为贱",即良民身份之人在行事上却犹如贱民身份的娼妓那般。同年,刑部研议后认为:"人伦之始,夫妇为重,纵妻为娼,大伤风化……亲夫受钱,令妻与人通奸,已是义绝。"②刑部将这种行为称为"义绝"(夫妻之间的道德义务纽带断绝),而这是自唐代至清代的历代律典中所规定的强制离异的法定条件。在人与人之间的关系方面,传统中国的法律专家们将其分为"天合"关系(例如父子关系)与"人合"关系(例如婚姻和收养关系)。这两种关系皆被认为以"义"为其本质。"义"是一种将不同的义务赋予人际关系双方的道德纽带。而根据前述伏胜对性犯罪所下的那个经典定义,"义"当然也是使性交行为得以正当化的条件。人们可能在一种"天合"关系中违反了道德义务(例如不孝的行为),但在法律上,这种道德纽带无法改变,故而无法被割断("绝")。因此,就像清代的一些案件记录所表明的,如果良民身份的父亲为其女儿卖娼招揽嫖客,那么他将被惩

---

① See Matthew H. Sommer, "Sex, Law, and Society in Late Imperial China", Ph.D. dissertation, University of California, Los Angeles, 1994, pp. 379—385.
② 《元典章》(影印版),中国书店,1990 年,卷 45,第 9 页 a—9 页 b。

处,不过其女最终仍将归他监护。① 然而在"人合"关系中,道德纽带可被割断。因此,若丈夫纵容或强迫妻子犯奸,则这对夫妇就应当被强制离异。②

元明清三代的法律均使用"纵"这一术语来称呼丈夫纵容其妻犯奸的行为,这暗示夫妻双方均被视为主动行事的共犯。"纵"的字面含义是"放纵"或"放任",它也可被用来表示"纵容"。按照儒家所设计的蓝图,丈夫的职责是训教其妻,给她提供道德指引,并为她的行事划定界限。于是,上述律文所用措辞反映出来的图景便是,若丈夫纵容其妻在性关系方面滥交,则他便是失责。正是由于这种失责,该名丈夫丧失了继续拥有其妻子的权利。

倘若丈夫并非"纵"妻与人通奸,而是强迫其妻与其他男子发生性关系,则上述原则仍然适用,只不过在这种情况下对妻子的惩罚会有所不同。按照元代法律的规定,被丈夫"逼勒"为娼的妻子是否应受惩处,需"临事量情科断"。③ 明律(清代沿用了其中相关的规定)对这种犯罪的处置是,被丈夫"抑勒"与人通奸的妻子不受任何处罚,仅是离异归宗,其丈夫应被杖一百,而与她发生性关系的另外那名男子则须被杖八十。④ 在这里,由于丈夫的允许和强迫 57

---

① 参见《内阁刑科题本》,194/道光 5.10.23。

② 关于唐宋法律中的义绝和强制离异,参见[日]仁井田陞:《支那身分法史》,東京:座右寶刊行会,1943 年,第 64—65、683—685 页。性犯罪并非导致夫妻之间"义绝"的唯一理由,还有一种典型的情况是夫妻一方殴打或杀死对方的父母。

③ 参见《元典章》(影印版),中国书店,1990 年,卷 45,第 9 页 a—9 页 b;(明)宋濂:《元史》,第 2644 页。

④ 《大明律集解》,中华书局,1991 年,卷 25,第 3 页 a—3 页 b;(清)薛允升:《读例存疑》(重刊本),黄静嘉点校,成文出版社,1970 年,律 367—00。

才是决定性因素,故而主要责任在于丈夫,而不是像在纵容妻子与人通奸的案件中那样三方均承担相同的罪责。不过即便如此,此处对本夫、奸夫的惩罚,仍远轻于对强奸同等身份地位女性之罪犯的法定处刑(绞监候)。事实上,元明清三代针对丈夫强迫其妻与其他男子犯奸的律文规定,均刻意避免使用"强"这一专门用以界定强奸罪名的字眼。这种"抑勒"与人通奸之罪名与强奸罪名的区别在于,该女子的丈夫允许另一名男子对她行奸。正如康熙五十四年(1715)沈之奇在对相关律文的注释中所指出的,"凡抑勒妻妾……与人通奸,若妇女不从,奸夫因而强奸者,似难即坐以强奸之罪"。① 这种罪行有着违背女性意愿而发生非法的性关系的表象,但被强奸女子之夫的授意,使得此种罪行大异于"强奸之罪",其严重程度也被认为远较后者为低。

二、被视为奸罪的卖妻行为

另一种导致夫妻义绝的罪行是"卖休",即丈夫将其妻子嫁卖给另一名男子。管见所及,最早言及"卖休"之罪名的是元代的法律。元代的法律显然是将这种罪行区分为两种不同的形式,不过有些模棱两可。元代的法律在"户婚"门中规定:"诸夫妇不相睦,卖休买休者禁之,违者罪之。"这条法令并未明确指明惩处的具体方式,不过它接着补充规定称:"和离者,不坐。"② 此类犯罪的第二

---

① 转引自(清)姚润等编:《大清律例增修统纂集成》,卷33,第7页 a。
② (清)薛允升:《唐明律合编》(影印版),中国书店,1990年,卷26,第17页 b—18页 a;《元典章》(影印版),中国书店,1990年,卷18,第29页 a。

种形式,见于元代的法律的"奸匪"门之规定:"诸和奸,同谋以财买休,却娶为妻者,各杖九十七,奸妇归其夫。"①

上述第一条法令仅禁止与其妻子相处不睦的丈夫将她卖给另一名男子,而并未提及"奸"。第二条法令则明确对因通奸而引起的卖妻行为加以禁止,即禁止男子将与他私通的奸妇从其本夫之处买来。在第二条法令中,法律上的重心在于通奸而非卖妻行为本身,故而只有通奸的双方受到惩处,其中女方则应被交还给之前将她卖掉的本夫。

然而,元代大德五年(1301)的一条法令规定,若丈夫将其妻子"卖休"给另一名男子,则属于"已是义绝",该名妻子应"离异归宗"。促成这条法令出台的那起案件,看起来在卖妻行为之前并没有发生任何通奸的情形。除了规定没收卖妻所得的钱财,这条法令未规定其他任何刑罚。② 该法令虽然并未指明所针对的究竟是"义绝"的哪一种情形,不过看起来是认为前述两种情形当中的任何一种均将导致夫妻之间义绝,因此强制要求该女子须离开其本夫和买休的男子。

如同在其他许多方面一样,元明两代的法律在对卖妻行为的司法处置上有着很强的延续性。明律中有下述规定:

> 若用财买休卖休,和娶人妻者,本夫本妇及买休人各杖一百。妇人离异归宗,财礼入官。若买休人与妇人用计逼勒本

---

① (明)宋濂:《元史》,第 2655 页;(清)薛允升:《唐明律合编》(影印版),中国书店,1990 年,卷 26,第 18 页 a。

② 参见《元典章》(影印版),中国书店,1990 年,卷 18,第 30 页 a。

夫休弃,其夫别无卖休之情者,不坐。买休人及妇人,各杖六十,徒一年。妇人余罪收赎,给付本夫,从其嫁卖。妾减一等。媒合人各减犯人罪一等。①

这条法律看起来包含了前述元代大德五年法令中的那种逻辑,将本夫、买休的男子和妇人三方均同等处刑,并强制女方离开其本夫和买休的男子。该律文的后半部分则明确规定了何种情况下本夫无罪,即如果他是其妻与买休者之共谋的受害者。

这条律文乃是出现在明律的"刑律·犯奸"门当中。事实上,它是一条用以禁止丈夫纵容或抑勒其妻与人通奸的单独条款。与元代的法律不同,明律的"户律·婚姻"门当中并无使用"买休卖休"这一术语的规定。明律将该条款置于"刑律·犯奸"门之中,这显示了其试图将那种由妻子和买休的男子事先通奸所引发的卖妻行为纳入涵盖的范围。该律文后半部分的措辞便是在强调此点。然而,"奸"字完全没有出现在此律文的文字表述之中。到了16世纪,上述这种模棱两可(这也许是沿袭了元代法律中的那种模棱两可)的情况,在明代的司法官员中引发了一场关于此类罪行的确切性质究竟为何,以及其与"奸"这一更大的罪行类别之间是何关系的争论。其中尤其存在争议的是,那种事前并不涉及通奸情形的卖妻行为是否应当被问罪。

有一派司法官员主张应当对此律文采取广义解释,即主张禁

---

① 黄彰健编著:《明代律例汇编》,中国台湾地区"中研院"历史语言研究所,1979年,卷25,第934页;(清)薛允升:《读例存疑》(重刊本),黄静嘉点校,成文出版社,1970年,律367-00。

止擅自卖妻的一切行为，而无须考虑其原初的动机。例如雷梦麟便如此认为：

> 律本奸条，不言奸夫而言买休人，不言奸妇而言本妇，则其买休卖休固不全因于奸者，但非嫁娶之正，凡苟合皆为奸也，故载于奸律。①

也就是说，从本夫处买来一名女子为妻的行为，并不能构成正当的婚姻，因此，借由这种交易而发生的性结合，应被视为通奸。买休的男子在买来这名女子之前是否曾与她通奸，这并不是司法上要考虑的重点。从道德角度来看，无论是否存在上述所说的事先通奸情形，均应按照相同的方式治罪。② 这种对"买休卖休"律文的扩大解释，看上去相当契合那个将此类性犯罪概括为"不以义/礼交"的经典定义。而且，按照当时的一般观念，这种解释也很合乎情理。据小川阳一所言，在明代的白话小说中，"奸通"一词仅用于指称"非法的婚姻"（顾名思义，那种缺乏正当婚姻仪式的男女结合）。③

不过另一派司法官员则主张应当对此律文采取狭义解释。例如明代隆庆二年（1568），大理寺少卿在上奏当中对适用此律文时普遍存在的混淆加以抱怨：

---

① （清）薛允升：《唐明律合编》（影印版），中国书店，1990年，卷26，第17页b。
② 对于卖妻和主婢间关系等问题，雷梦麟始终抱持从严处置的态度。这种态度看起来对盛清时期的正统思想影响颇大，因为他的观点常被清代学者所引用。
③ 参见[日]小川阳一："姦通は存ぜ罪悪か：三言二拍のばあい"，载《集刊東洋學》第29号（1973），第148页。

　　　　至若夫妇不合者,律应离异;妇人犯奸者,律从嫁卖;则后
　　夫凭媒用财娶以为妻者,原非奸情,律所不禁。今则概引买休
　　卖休和娶之律矣。

　　简言之,大理寺少卿认为,当时的法律允许在特定情形下可以
离婚、再婚和卖妻,但这些正当的行为却常被与"买休卖休"相混
淆;只有那种由事先便已发生的通奸行为直接推动的卖妻行为,才
应当受到惩处。

　　皇帝对上述抱怨的响应,乃是下旨认可应当对该律文采取狭
义解释。然而争议仍未平息。次年,都察院重申应当对此律文采
取狭义解释,并提出了具体的方案:

　　　　看得买休卖休一律……今查本条……原文委无奸字,故
　　议论不同,合无今后图财嫁卖者,问以不应,量追财入官。其
　　贫病嫁卖,及后夫用财买①娶,别无买休卖休奸情者,俱不
　　坐罪。②

　　也就是说,都察院认为,纯粹基于钱财考虑的卖妻行为是另一
回事,即便要对这种行为加以惩罚,也应从轻处置。只有当买妻者
61　事前与女方有通奸情形时,才应对卖妻行为加以惩处。

----

① 译者注:该则史料此部分的原字为"卖",但文意不通,故改为"买"字。
② (清)薛允升:《唐明律合编》(影印版),中国书店,1990年,卷26,第18页a—18页b。

100

这份奏折给出的上述方案,后来得到皇帝的允准。[①]

尽管朝廷就此做出了上述明确声明,但倡导应当对上述律文采取广义解释者,在明代仍不乏其人。而正是这种针对该律文的广义解释,后来在清代成为主流。

清代律典的最初版本保留了明代的"买休卖休"律,但在该律文行间添入如下小注文字:"其因奸不陈告,而嫁卖与奸夫者,本夫杖一百,奸夫奸妇各尽本法。"[②]这种将上引小注文字添入该律文之中的做法,无疑表明事前存在通奸只是适用此律文的诸多情形之一。如此一来,所有擅自卖妻的行为,均应被按照"买休卖休"律论处,因为此类行为被认为从本质上讲皆构成通奸。康熙五十四年(1715)时,律学家沈之奇就其中的关联做出如下解释:

> 盖卖休者自弃其妻,既失夫妇之伦;买休者谋娶人妻,亦失婚姻之正。有类于奸,故不入婚姻律而载于此。[③]

清代18世纪经中央司法机构审理的案件之记录表明,"买休卖休"律被从严适用于各种卖妻行为,其中包括那些与事先通奸无涉的卖妻行为。实际上,贫穷显然是这种卖妻交易背后的主要动因。然而,至少一直到嘉庆朝晚期,刑部都始终极其严格地将卖妻

---

① 参见(清)薛允升:《唐明律合编》(影印版),中国书店,1990年,卷26,第18页a——18页b;(清)张廷玉等:《明史》,第2290—2291页。

② (清)薛允升:《读例存疑》(重刊本),黄静嘉点校,成文出版社,1970年,律367-00。

③ 转引自(清)姚润等编:《大清律例增修统纂集成》,卷33,第7页a。

行为视作"奸"的具体形式之一。①

三、合法的卖妻行为和被当作奸妇卖掉的妻子

撇开各种意见分歧不谈,明代16世纪时参与这场争论的双方均同意,"买休卖休"行为的犯罪性,取决于此举与"奸"在本质上的关联。而正是这种关联导致该类买卖为那些关于正当婚姻的规范所不容。换言之,问题在于通奸,而非卖妻行为本身。

事实上,如前引明代隆庆二年(1568)大理寺少卿的那份奏折所指出的,在某些情形当中,法律允许丈夫将其妻嫁卖给另一名男子,而"买休卖休"律并不适用于此类情形。明律至少规定了妻子可被"从夫嫁卖"的三种情形:通奸,②私奔,③以及密谋迫使丈夫将她"卖休"给另一名男子。④ 上述三种情形中的任何一种,皆被视为背叛其丈夫的罪行,因此法律允许丈夫在向州县官呈控后卖掉其妻;不过,若丈夫愿意,亦可将其妻留下。丈夫那种遭到其妻背叛的"义",是区分被官方允许的卖妻行为和"卖休"的关键所在。

据我所知,卖妻之举正式被官方允许,主要是明代的一项革新。现存的元代案例中有少量证据显示,若丈夫不想继续保有自己那位与其他男子通奸的妻子,则应与她离异,并将其遣返娘家。

---

① See Matthew H. Sommer, "Sex, Law, and Society in Late Imperial China", Ph.D. dissertation, University of California, Los Angeles, 1994, pp.377—394.

② 参见(清)薛允升:《读例存疑》(重刊本),黄静嘉点校,成文出版社,1970年,律366-00。

③ 参见(清)薛允升:《读例存疑》(重刊本),黄静嘉点校,成文出版社,1970年,律116-00。

④ 参见(清)薛允升:《读例存疑》(重刊本),黄静嘉点校,成文出版社,1970年,律367-00。

只有在妻子多次与人通奸的情况下,丈夫才能将她嫁卖给他人。① 而明律则在用于惩处那些与人通奸的妻子的刑罚,即杖一百之外,又新加了"嫁卖"这项惩罚。

清代的立法者保留了明律中允许卖妻的规定,并加上一条限制,即倘若本夫将其妻和奸夫捉奸在场,但当场只杀死了奸夫,则其妻"当官嫁卖,身价入官"。② 在上述那种情形中,本夫杀死奸夫无罪,但他会丧失将其妻子或卖或留的选择权;此外,嫁卖这名女子所得的钱财,归官府所有。③ 清代针对此律文的上述修订,看起来旨在防止有人以此设陷阱来制造杀人的借口。

明清两代的法律关于被允许的卖妻行为的基本要求是,遭到妻子背叛的丈夫不能将她卖给奸夫。明代关于"和奸"的律文规定:"若嫁卖与奸夫者,奸夫、本夫各杖八十;妇人离异归宗,财物入官。"④这条法律适用于本夫先将其妻与奸夫告官问罪,随后又将妻子嫁卖给奸夫的情形。⑤ 若丈夫未经报官便将其妻嫁卖给奸夫,则属于"卖休",将以"卖休"之罪论处。清初在该律文的行间添入的那些小注文字,就此说得非常明确。

---

① 参见《元典章》(影印版),中国书店,1990 年,卷 45,第 15 页 a,卷 18,第 31 页 a—32 页 a;(明)宋濂:《元史》,第 2654 页。

② 明律允许丈夫自行卖妻。顺治三年(1646)的大清律中规定,这类妻子应被"入官为奴",至乾隆五年(1740)时被改为"当官嫁卖"。参见《(光绪朝)清会典事例》,中华书局,1991 年,卷 801,第 762 页;(清)吴坛编纂,马建石、杨育棠校注:《大清律例通考校注》,中国政法大学出版社,1992 年,第 780 页。

③ 参见(清)薛允升:《读例存疑》(重刊本),黄静嘉点校,成文出版社,1970 年,律285-00。

④ (清)薛允升:《读例存疑》(重刊本),黄静嘉点校,成文出版社,1970 年,律 366-00。

⑤ 参见(清)姚润等编:《大清律例增修统纂集成》,卷 33,第 1 页 a。

丈夫被允许可以在某些情形下卖妻,这显示出明代关于"买休卖休"之争议背后的共识,即问题的症结并不在于这种买卖本身,而是在于"不以义/礼交"(这是本书后面关于卖娼的那两章中将再次讨论的主题)。因此,法律之所以规定遭到其妻背叛的丈夫不能将她嫁卖给奸夫,其目的在于对通奸进行惩罚,而不至于助长了通奸。丈夫拥有卖妻的权力,仅限于他对自己的道德权威加以维护的那些特定情形。若丈夫事后默许其妻子与人通奸,他便丧失了这种权威,进而丧失了决定其妻子命运的所有发言权。

允许遭到背叛的丈夫卖掉他那位与人通奸的妻子,这种做法符合如下两种考虑:一方面,这使得丈夫能够收回其家庭当初为娶这名女子花费掉的一部分投资(原先支付的聘礼),以用于再婚和过上新的生活;[①]另一方面,这也能让那名女子在另一个家庭中找到适当的位置(明清两代相当戒惧那些处于家庭体系之外的个体)。

然而从更根本的层面上讲,被允许的卖妻行为,看起来是建立在这样一种逻辑之上,即不贞的妻子可被当作奴隶或娼妓那般的商品合法售卖。实际上,尽管法律明确规定与人通奸的妻子应被"嫁卖"(这意味着她有再度嫁人的机会),但是这类女子被卖为奴

---

① 在贫民之间的婚姻当中,除了少量用以维持颜面的简单物品,极少有嫁妆,故而女方家庭嫁女常常等于是为了彩礼而卖女,参见[日]夫马进:"中国明清時代における寡婦の地位と強制再婚の風習",收入前川和也编:《家族、世代、家門工業化以前の世界から》,京都:ミネルバ書房,1993;Matthew H. Sommer,"Sex, Law, and Society in Late Imperial China",Ph. D. dissertation, University of California, Los Angeles, 1994, pp.391—394。这也是为何出得起嫁妆会成为社会地位获得提升和精英群体之重要身份象征的原因,也就是说,出得起嫁妆,证明该男子的家庭有经济能力,而无须像大多数贫民那样为了彩礼而卖女(寡妇守贞体现了同样的逻辑)。

的情形亦时有发生,而州县官同样接受后一种处置方式。① 与此相类似的逻辑,也体现于元代法律中所规定的"良家妇犯奸,为夫所弃,或娼优亲属,愿为娼者,听"。而这实际上是撤销了她的良民身份,以及与该身份相应的那种保持贞节的强制性义务。良民阶层所应奉守的那些道德规范,亦不再适用于这些如此自甘堕落的女子。② 这种逻辑,源自那种认为性道德和法律身份之间在本质上存在关联的古老模式。

明清时期的"买休卖休"律规定,被嫁卖之妻应杖一百。③ 这种处刑方式背后的理由是什么?清代的司法官员始终认为被嫁卖之妻在本质上乃是奸妇。正如沈之奇所解释的,妻子同意被嫁卖("和娶"),与奸妇同意与人通奸("和奸")在本质上如出一辙:

> "和娶人妻"之义是买休人先与本妇和同,本妇已有悦从之意,"和娶"之"和"犹"和奸"之"和",须在本妇身上重看。

沈之奇在这里着重突出的是妻子本人"已有悦从之意",以强调她应对此负刑责。这是因为在明清时期的法律中,女子对性行

① 这也是明代白话小说《金瓶梅》中西门庆之妾孙雪娥的命运。孙雪娥犯了通奸罪后,西门庆的遗孀吴月娘拒绝让她回到西门家,于是孙雪娥被"当官嫁卖"成了厨娘,后又被转卖到妓院为娼。参见《金瓶梅词话》(万历年间版),香港太平书局,1988年,第90回。乾隆四十一年(1776)发生在四川巴县的一个案例也与此相似,参见《巴县档案》,档案号:1-1705。
② 参见(清)薛允升:《唐明律合编》(影印版),中国书店,1990年,卷26,第25页a。
③ 在司法实践中,州县官有时会免除被嫁卖之妻的杖刑,有时则处以杖刑。根据经中央司法机构审理的案件之记录,这两种方式均为上级复审官员所默许,而这意味着州县官有权就此自行裁量。

为做出同意（"和同"）这种概念，只存在于与强奸相对的"和奸"罪行当中。此外（下一章将对此详加探讨），清代的州县官们将妻子未积极强烈反抗的一切行为均视为她默许同意。从这个意义上讲，沈之奇的上述分析暗示，那个将此类妻子卖掉的提议，包含着一种对她本应积极予以捍卫的贞节的威胁，而消极配合相较于积极同意并未好多少。他的结论是："买休者贪色，卖休者贪财，本妇若非先与和同，何辜而与同罪乎？"简言之，沈之奇认为，妻子"先与和同"是后来之所以发生这种买卖的先决条件，否则任何卖妻之举均不可能获得成功。① 正如刑部在道光八年（1828）所声明的那样，"查妇女首重名节，既肯甘心卖休，有夫更嫁，即与犯奸无异"。②

因此我们看到，无论是在非法的卖妻交易里面，还是在经过州县官允准的卖妻行为当中，被卖的妻子皆被视为不贞。妻子事前的不贞行为，使其丈夫有权将她卖掉。即便是在非法的卖妻交易当中，妻子同意自己被其丈夫卖掉，这也表明她在维护贞节的妇德方面有失。她随后与其他男子的性结合，只不过是再次肯定了这一点。

第五节 "凡女必归于男为妇"

本节将概括"奸"在明清时期法律中的大致含义，以作为对本

---

① 参见（清）姚润等编：《大清律例增修统纂集成》，卷33，第7页a。
② （清）祝庆祺、鲍书芸编：《刑案汇览》，卷8，第7页b—8页a。对此更详尽的讨论，参见 Matthew H. Sommer, "Sex, Law, and Society in Late Imperial China", Ph.D. dissertation, University of California, Los Angeles, 1994, pp.370—377。

章内容的总结。那些被明清时期的律学权威(如薛允升等人)引用 65
的中国古代早期文献,特别挑出了三种重要的原理加以阐述:异性
间的性行为是须重点监督的问题;在正当婚姻之外发生的性交行
为属于犯罪,而用以界定正当婚姻的根据,并不仅仅是适当的婚礼
仪式,还包含那些已被内化了的儒家道德伦理;"奸"罪的危险性,
在于它象征着一种侵犯,即一名男子的血统被另一名来自其家庭
之外的男子所紊乱。易言之,"奸"罪威胁到更高层面的家庭秩序
乃至政治秩序。不当的性关系,对于父系家族及将自身视为家之
扩大的国家而言都是一种危险。

个体的意愿在这当中又扮演了何种角色?由于女性凭其自我
意愿所做的同意并不会使性交行为正当化,"奸"并不包括那种如
今被我们称为"婚内强奸"的行为。但女子之父的同意是使婚姻正
当化的必要条件,因此借由有争议的或非法的婚姻而完成的性结
合便构成"奸"。此外,在丈夫合法享用妻子的性服务方面也有一
定的限制。中国古代很多朝代的法律专家均将那些有违孝道原则
而发生的婚内性行为视为犯罪。还有,"奸"包含经丈夫同意但导
致夫妻之间义绝的那些行为,例如丈夫纵容或强迫其妻子与他人
通奸,或者将妻子嫁卖给另一名男子。将此类行为视作犯罪的做
法,让人们回想起伏胜对性犯罪所下的那个经典定义——"男女不
以义交"。

非法的性行为之界限曾历经了多次变迁。我们至少在两个例
子中看到了"奸"罪的适用范围是如何被加以扩展的,特别是在清
代。将某些情形中的卖妻行为纳入"奸"这一类别,看起来是元代
的创举;明代对明律相关律文所做的广义解释,在清代被全面加以

采纳。由此带来的结果是,即便是那些由于贫穷而卖妻的行为,也被纳入作为通奸的一种具体形式。与此相类似的变化,也发生在主人与其女性奴婢间发生性关系这一行为在法律中的立足点上面。到了乾隆朝时,随着良民阶层关于婚姻与贞节的标准被扩展适用于女性奴仆身上,主人先前那种基于其身份等级而享有的主要特权,或多或少地在法律上被加以取消。我们将在本书的后几章中看到,雍正朝时的司法官员还取消了另一种基于身份等级的例外情形(卖娼),以禁止婚外性关系的发生。"凡女必归于男为妇"可以说是清代司法实践当中的口号,而这导致"良民"的家庭道德标准与性道德标准被扩展适用于所有人身上。

第三章　强奸罪相关法律的演变：女性贞节与外来男子的威胁

第一节　对强奸罪受害者的资格审查

"强奸"这一法律术语的意思是指"被强迫发生的非法的性交行为"，与其非常相似的另一个法律术语是"和奸"，亦即"双方自愿发生的非法的性交行为"。首先需要强调的是，依照明清时期的法律，特定的行为若要构成"强奸"，必须先构成"奸"。而正如我们在前面所看到的，这一构成"强奸"之先决条件的"奸"本身，并不包括许多在当代西方法律中会被视为"强奸"的行为。其次须注意的是，"和"字在此处的用法并不具有正面的含义：女方的同意意味着她是共犯，因此须同受惩处。

倘若某种性行为正当与否并不取决于女性的同意或自愿参

与,抑或她的同意本身实际上便构成犯罪,那么司法官员是如何界定"强奸"的呢? 刚开始研究这一问题时,我的直觉反应,是对自己关于女性权利的观念与中国帝制晚期的司法官员在判决强奸案件时所采用的那些标准之间的巨大反差深感义愤填膺。伍慧英出于同样的愤慨,在 1987 年发表了那篇探讨清代关于强奸的法律的重要论文。今天的人们普遍认为,强奸及其他暴行之所以被界定为犯罪,是因为此类行为侵犯了个人的权利。但是,这种释义方式预设了,此类犯罪行为所侵犯的,乃是个人拥有的自主支配其身体的自由意志。在西方,女性解放运动(包括关于强奸罪的法律变革在内)的诸多成效,都取决于其活跃分子对先前那种司法制度中存在的虚伪加以揭示的能力;先前的那种司法制度号称保障个体的权利,但实际上却未将这种保障扩展至女性身上。不过我们没有理由去指责清代的法律专家们虚伪,因为他们并非伪君子;他们从未佯称刑法的目的是保障个体的权利,更遑论保障女性的身体自主权。事实上,如果劝说清代的法律专家们去理解上述那种"异端邪说",那么可能还会将他们吓坏。

中国帝制晚期的法律专家们从"玷污"的角度来对强奸加以理解,从而将强奸罪行视为对血统、良民身份特别是女性贞节的玷污。但双方同意而发生的"和奸",难道不算玷污吗? 将强迫与自愿加以区分的做法,虽然暗示女性本身的态度并非完全无关紧要,但在明清时期以前,这种区分看起来相对而言并不那么重要。在唐律关于奸罪的律文当中,首先考虑的显然是此类行为对身份地位秩序和家庭秩序的侵犯,至于该行为是否出于强迫,这几乎只是被补充提及。强迫与自愿之间的主要差别在于,被强迫的女子可不受惩处，而强迫行奸的男子则须比和奸的男子加重一等处刑。对和奸罪犯的惩处方式是，若女方未婚，则对犯案男子处以徒一年半；若女方已婚，则对犯案男子处以徒二年。故而，强奸相较于和奸加重一等处刑，意味着前者须多加半年徒刑。①

唐律对强奸的处刑，只比对和奸的处刑多上半年徒刑，二者的处刑轻重看上去差别并不大，尤其是将其与明清两代的相应法律规定进行比较时，更加显得如此。在明清时期，强奸之人会被处以绞刑，而和奸之人则只是被处以杖刑。从这种对比可知，在唐代之后，对强奸与和奸加以区分的必要性大增，并在 18 世纪的盛清时期臻至巅峰。事实上，到了 18 世纪，男方强迫行奸这一情节，从对强奸罪行的背景性描述中脱离出来，不再被放置在决定如何处刑时的重点考虑事项之列，而女方对这种性交行为的态度，则开始在法律上具有了全新的含义。中国帝制晚期的法律专家们此时为何如此重视女方的态度？

一、女性贞节逐渐被优先加以考虑

在明清时期关于"犯奸"本律的官方注解中，有如下这段文字："……[奸夫]淫人妇女，必奸妇淫邪无耻，有以致之，故……男女并坐也。"男女双方自愿成奸，意味着无耻的妻子伙同来自其家庭之外的男子背叛了她的丈夫，而这属于内部破坏与外来侵害这两者的相互结合。与和奸不同，强奸则是来自其家庭之外的男子性侵

68

---

① 参见《唐律疏议》（影印版），中国书店，1990 年，卷 26，第 15 页 a。

某位守贞的妇女。因此,明清时期的法律规定,"若妇女本守贞洁,而人用强奸之,肆己淫恶,污人节操,其情至重,已成者绞"。① 在成书于康熙三十三年(1694)的《福惠全书》中,黄六鸿对此也有类似的看法:

> 何以于强奸独重? 盖奸而云强,以贞洁自守之女忽为强暴所污,其予以死刑者,正以励贞洁之操,亦以愧邪淫之妇。②

对强奸者处以绞刑的前提条件是受害者"本守贞洁"。强奸行为的本质性危害,被认为是玷污了受害女子的贞节,故而受害女子必须原本守贞,那样才有可能会因此被玷污,强奸也才会造成重大伤害。

明清时期之前的司法官员们可能均预设认为,强奸所造成的伤害大小,主要取决于受害女子以往的守贞记录。事实上,这种预设看起来是父权制法律制度一以贯之的本质特征。但到了中国帝制晚期,女性贞节在意识形态中的重要性被大幅提升,关于强奸的法律话语亦随之发生变化。

在这里,我基本上赞同伍慧英的观点。她认为,清代关于强奸的法律"是为了进一步提升贞节崇拜",以实现"道学家们所憧憬的那种社会秩序"。③ 但伍慧英错误地认为,上述现象反映了对以往

---

① (清)姚润等编:《大清律例增修统纂集成》,卷33,第1页b,注解部分。

② (清)黄六鸿:《福惠全书》,小畑行简训点,山根幸夫解题索引,东京汲古书院,1973年,卷19,第21页b。

③ Vivien W. Ng, "Ideology and Sexuality: Rape Laws in Qing China", *The Journal of Asian Studies*, Vol. 46, No. 1(1987), p.69.

司法实践的一种急遽且突然的背离，而后者是由清朝在开国初期希望在保守的汉人精英阶层中树立威信的那种期许所推动的。[1] 关于强奸罪的法律话语之变迁，与自元代至清代的贞节崇拜之发展如影随形。在元代的贞节崇拜中，为朝廷所推崇的典型对象是"节妇"，即那些在其夫亡故之后既没有改嫁也未与人通奸的妻子。[2] 明代的贞节崇拜受到元代的影响。至 16 世纪早期，大明朝廷也开始对那些因反抗强奸而被杀或自杀的"贞烈妇女"加以旌表，由官方为她们立牌坊，并由官府出资安葬。[3] 清代延续了明代的这种贞节崇拜，并将其大幅提升，尤其是在 18 世纪之时。[4] 明清时期的贞节崇拜树立了最高的贞节标准，即女子宁死也不愿和其丈夫之外的其他男子发生性关系而受到玷污。

　　这种贞节话语的一大特征，乃是开始出现一种将所有女性皆纳入"人妻"这一类别当中的发展趋势。历史学家们发现，从宋代至清代的一种明显趋势是再醮的寡妇被日益污名化。[5] 到了 18 世

69

① See Vivien W. Ng, "Ideology and Sexuality：Rape Laws in Qing China", *The Journal of Asian Studies*, Vol. 46, No. 1(1987), p.57—59.

② 参见《元典章》(影印版)，中国书店，1990 年，卷 33，第 17 页 a；Mark Elvin, "Female Virtue and the State in China", *Past and Present*, Vol. 104(1984), pp. 111—152。

③ 参见《明会典》，中华书局，1988 年，卷 79，第 457 页。

④ 参见《(光绪朝)清会典事例》，中华书局，1991 年，卷 404；刘纪华：《中国贞节观念的历史演变》，载《社会学界》第 8 期(1934)，后被收入高洪兴等主编：《妇女风俗考》，上海文艺出版社，1991 年。

⑤ See Patricia B. Ebrey, ed., *Chinese Civilization：A Sourcebook*, New York：Free Press, 1993；Susan Mann, "Widows in the Kinship, Class, and Community Structures of Qing Dynasty China", *Journal of Asian Studies*, Vol.46, No. 1(1987), pp.37—56；T'ien Ju‐k'ang, *Male Anxiety and Female Chastity：A Comparative Study of Chinese Ethical Values in Ming‐Ch'ing Times*, Leiden：E. J. Brill, 1988.

纪,甚至连那些尚未完婚就为其过世的未婚夫殉情的年轻女孩,也变得具有被旌表为节烈的资格。如果一名年轻女孩在其未婚夫过世后没有殉情,但像节妇那般坚持侍奉其未婚夫的父母,那么她亦可获得与那些已然成婚的节妇同样的荣誉。① 换言之,即便是寡妇与未婚女子,也日益受制于单一位丈夫(无论是她未来的、现在的或过去的丈夫)对其的性独占。

在上述几个朝代关于性犯罪的刑责方面,我们也可以发现同样的发展趋势。从唐代至元代,倘若强奸罪的受害女子已婚,则强奸者受到的刑罚要较之于受害女子系未婚时重上一等。而在明清时期的法律中,随着上述两种情形在刑责方面的差别变小,对受害女子已婚与否的区分也相应地不再出现。对和奸的量刑亦复如是。从清朝初期开始,法律上始终坚持,在惩治和奸时,若女方已婚,则对强奸者加重一等处刑。② 但到了雍正三年(1725)时,这种在惩治和奸时区分女方已婚与否的做法,最终消失不见。该年新颁行的一条例文,规定对和奸处以更为严厉的单一种刑罚,而不管女方此前是否已经婚配。在上述两个例子当中,对女方的婚姻状态不再进行区分的结果是,那种对未婚女子进行的性侵犯,将被视同于对已婚女子进行的性侵犯,处以同等严厉的刑罚。

70

① 参见《(光绪朝)清会典事例》,中华书局,1991年,卷404;刘纪华:《中国贞节观念的历史演变》,载《社会学界》第8期(1934),后被收入高洪兴等主编:《妇女风俗考》,上海文艺出版社,1991年。
② 参见《唐律疏议》(影印版),中国书店,1990年,卷26,第15页a;《宋刑统》(影印版),中国书店,1990年,卷26,第18页a;《元典章》(影印版),中国书店,1990年,卷45,第1页a;(清)薛允升:《读例存疑》(重刊本),黄静嘉点校,成文出版社,1970年,律366-00。

能够说明关于强奸罪的法律日益看重贞节的最明显证据,是对强奸罪的处刑被予以系统化地加重。在唐宋时期,强奸与自己同等身份地位的女性的男子,将被处以徒刑。① 北宋以后则加重了针对强奸罪的刑罚,最高可处死刑。② 在元代,强奸已婚女子或 10 岁以下的幼女,处绞刑(若受害者是 10 岁以上的未婚女子,则处杖刑及徒刑③),若三名(或三名以上)男子轮奸一名女子,则处死刑。④ 明律不再将受害者的年龄和婚姻状态作为量刑时的考虑因素,而是对所有强奸罪行皆处绞监候。⑤ 清代的立法者沿用了明律中的相应条文,将绞刑作为强奸罪的本刑,但在 18 世纪时又颁行了许多新的例文,对某些特定类型的强奸罪行处以更严厉的刑罚。例如,雍正朝的法律援引"光棍例",来对轮奸或强奸 10 岁以下的幼女的单人犯罪行为加以重惩,这些罪行均被处以斩立决,在某些情形中甚至会被枭首示众。另一条雍正时期新增的例文则规定,若强奸 10 岁至 12 岁之间的女童,或者强奸时以利器伤害受害者,则处斩监候,若强奸未成,或者调戏妇人致其"羞忿(愤)"自尽,则

---

① 参见《唐律疏议》(影印版),中国书店,1990 年,卷 26,第 15 页 a;《宋刑统》(影印版),中国书店,1990 年,卷 26,第 18 页 a;《庆元条法事类》(影印版),中国书店,1990 年,卷 80,第 21 页 a。

② 《宋刑统》中记载了短命的后周王朝在广顺三年(953)颁行的一道法令,该法令规定对强奸已婚女子者处以死刑,但到了宋代,这一法令似乎未见继续施行。参见《宋刑统》(影印版),中国书店,1990 年,卷 26,第 22 页 a。南宋庆元年间颁布的一道法令规定,犯强奸罪者处以流三千里,并不因受害者已婚与否而在对加害者的处刑上有所差别。参见《庆元条法事类》(影印版),中国书店,1990 年,卷 80,第 21 页 a。

③ 参见《元典章》(影印版),中国书店,1990 年,卷 45,第 1 页 a—5 页 a。

④ 参见(明)宋濂:《元史》,第 2654 页。

⑤ 参见(清)薛允升:《读例存疑》(重刊本),黄静嘉点校,成文出版社,1970 年,律 366-00。

处绞刑。上述这些,还只是清代后来新颁的法律在明律的原有基础上,对强奸罪加重处刑的诸多情形中的一部分内容而已。①

因此,到了明清时期,随着贞节在意识形态中的重要性被不断提升,在针对强奸罪的处刑方面,被侵犯的贞节也变得更被看重。对受害者而言,那种极受推崇的贞节成了界定受害者之价值的一大关键;受害者的守贞记录,成为对强奸者量刑时攸关其生死的问题。受害者的贞节遭到玷污,被明确作为处死强奸者的正当理由。明代的一位法律注疏者便对这种关联性加以直陈:"妇人本守贞,而人用强奸之者,奸夫处绞。"②但明清时期的司法官员在审理刑事案件时极为谨慎,要求依照严格的标准搜集相关证据(包括犯人的招供),并须经过逐级审转复核。③ 正如黄六鸿在康熙三十三年(1694)写成的一本官箴书中所言:"奸情中惟强拟辟,而鞫强尤宜慎,不则入人于死也。"④故而,对强奸罪行的处刑,变成了针对受害女性之守贞记录的详细审查(此类守贞记录被看作这些受害女性的品格证明),以决定受害女性的贞节是否达到足以能将对其强奸者处死的程度。黄六鸿便声称,"已系犯奸之妇,亦不得以强

---

① 参见(清)薛允升:《读例存疑》(重刊本),黄静嘉点校,成文出版社,1970 年,例299-14,例366-02,例366-04,例366-05,例366-08。

② 《刑台法律》(影印版),中国书店,1990 年,卷 13,第 16 页 a。

③ 参见 Derk Bodde and Clarence Morris, *Law in Imperial China*, *Exemplified by 190 Ch'ing Dynasty Cases*, Cambridge, Mass.: Harvard University Press, 1967, pp. 131—143; Alison W. Conner, "The Law of Evidence During the Qing Dynasty", Ph.D. diss., Cornell University, 1979;滋贺秀三:《清代中国の法と裁判》,東京:創文社,1984 年。

④ (清)黄六鸿:《福惠全书》,小畑行简训点,山根幸夫解题索引,东京汲古书院,1973 年,卷 19,第 18 页 a。

论也"。[1]

司法实践中这种做法所导致的结果,便是如同伍慧英已经指出的那样,"受害者的贞节须接受审判"。[2] 从大体上来看,的确如此。不过,这种在对强奸者量刑时,将受害者的守贞记录及她在遭强奸时的反应作为关注焦点的做法,在明代达到了为之痴迷的程度。那些历史记录中真正引人注目的是,与之前的律典中针对强奸罪的那些言简意赅的阐述相比,在明清时期的法律中,关于强奸罪的话语变得不仅非常复杂,而且清晰明确。

二、贞节作为良民身份的一种功能

随着女性贞节越来越被重点加以对待,先前法律当中那种泾渭分明的身份等级之重要性逐渐下降。这两种发展趋势之间的关联是什么？探讨此问题的途径之一,是考察"良"这一法律用语在含义上的变化。作为形容词,"良"的字面含义是"好的"或"值得尊敬的"。不过,"良"字的含义很难被精确地加以解说,因为当在性犯罪的情境中使用这一字眼时,它兼具法律身份与道德评判这两种含义。让这一问题变得更加复杂的是,上述两种含义间的平衡,会随着时间的推移而有所变化。

在中国帝制早期,"良"字被用来指称平民及比其身份等级更

---

[1] （清）黄六鸿:《福惠全书》,小畑行简训点,山根幸夫解题索引,东京汲古书院,1973年,卷19,第19页a。

[2] Vivien W. Ng, "Ideology and Sexuality：Rape Laws in Qing China", *The Journal of Asian Studies*, Vol. 46, No. 1(1987), p.63.

高者所拥有的那种自由身份,从而与奴隶、奴仆和乐户等贱民等级者的那种不自由身份相对应。[①] 奉行婚姻家庭方面的那些道德规范,尤其是女性的贞节,这被视为"良"民在身份上的特征。更确切地说,良民身份甚至是女性立志守贞这项资格的先决条件。如前所述,女性奴仆即便已婚,也不具备法律所承认的贞节,因为无论她们是否愿意,其主人都有权享用她们的性服务。贞节对乐户之类的世袭贱民而言更是毫不相关,因为乐户须受朝廷役使,为其提供性服务及其他娱乐服务。在士绅阶层与大批的自由农民崛起之前,中国历朝历代的人口中,均有相当比例的人们属于身份不自由的劳动者或其他贱民群体。前述良民身份应具备的各种美德,基本上与他们无涉。

72

因此,就唐代关于奸罪的法律而言,唯有当此类罪行涉及良民女子之时,那些法律才会发挥作用。尤其是当男性罪犯出身于那些不自由且身份低贱的群体,而受害女性则是其主人家中的成员时(这意味着女方属于精英阶层中的一员,因为农民不会拥有自己的奴隶和奴仆),这些法律会被更严格地加以适用。当时的法律所强调的是泾渭分明的身份等级而非个人品德,对不同人们的道德期待,完全是以该人相应的法律身份作为基础。因此,主人享用自家女性奴仆的性服务,并不构成奸罪。并且,若两名奴仆之间或良民男子与他人拥有的女性奴仆之间犯下奸罪,相较于那些涉及良民女子的奸罪,其量刑也要轻得多。唐代关于奸罪的法律,全然没有明确提及贞节。例如唐律中对强奸的讨论极为简略,且并不区

---

① 参见[日]仁井田陞:《支那身分法史》,东京:座右宝刊行会,1943 年,第 959、963—964 页。

分女性受害人是否守贞。

在清代的法律当中，我们仍然可以看到这种古老秩序的遗存，亦即将强奸罪的受害者视作"良人妇女"或"良家妇女"（顾名思义，"良民的妻女"或"良民家庭中的妻女"），但这种措辞在盛清时期的实质含义是指那些守贞的妻女。清代律典中那些关于强奸罪的例文，其最为引人注目的特征之一在于，它们相当一致地使用上述两组词语来称呼那些强奸罪的受害者，尽管强奸犯也显然被视为"良民"。（以往历朝的立法者在讨论同等身份等级者之间发生的性犯罪时，并不认为有必要一再重复使用"良"字。）此外，清代律典中的那些例文告诉我们，"犯奸妇女"或"犯奸之妇"并不具备作为立法者心目中的强奸罪受害者的资格。这些称呼从未出现在之前各朝代关于强奸的法律当中。换言之，到了盛清时期，强奸罪受害者的身份被建构为"良"，主要是为了与那些不贞女子相区别（这两类女子在法律上的身份都被预设为属于有着自由身份的平民）。

综上所述，到了18世纪中期，在清代关于奸罪的法律中，"良"这一法律用语几乎总是意味着贞节，其与作为法律上正式身份地位之等差间的关联，逐渐变得不那么紧密。清王朝治下的每一个人，此时在法律面前实际上均被视为平民；中古时期那种以繁复的贵族等级体系、各类身份不自由的世袭劳动力和人数相对较少的自由平民作为其特点的社会结构，此时已成为模糊的记忆。故而，"良"这一法律用语若被继续沿用，它终究会变为主要用来指称那种具有自由平民身份之人所应当具备的道德品格。

73

三、强奸不贞的民妇

依据明清时期的法律,就算受害女子能证明强奸者使用了强迫手段而她本人当时也曾做过反抗,但如果她的贞节记录欠佳,那么即使控告成立,加害者也不会被处以法律中所规定的那种最重的刑罚——死刑。当时的许多著述均提及此项原则,明代的律学家王肯堂在《律例笺释》一书中所做的注释便是其中之一。清律沿用了明代的"犯奸"本律,并将王肯堂的这段话作为小注文字添加到律文当中:

> 如见妇人与人通奸,见者因而用强奸之,已系犯奸之妇,难以强论,依刁奸律。

上述情形的相应刑罚是对男方杖一百,对女方的惩处很可能也是如此,因为"刁奸妇女"被认为是自愿受之。这种刑罚比一般"和奸"的本刑稍重,但比"强奸"的本刑(绞刑)要轻上数等。[①] 此条法律的适用情形,是强奸犯在对受害女子进行性侵犯之前,目睹过她与他人有奸情。19世纪晚期,薛允升注意到清律当中并无专门针对强奸"犯奸妇女"的律文规定,但他认为此类罪行"……向俱

---

① 参见本书附录 A.2。

减等拟流"。只有当受害者是"良人妇女"时,强奸犯才会被处以绞刑。①

　　此种司法实践后来成为清代律典中数条新例文的内容。雍正三年(1725)新增的那条用于惩治轮奸行为的例文,便是其中之一。此条例文将受害者视作"良家妇女",按照其规定,对于那些参与轮奸的罪犯,为首者应被判处斩立决且枭首示众,其余从犯则须处以绞监候。② 然而在单人作案的强奸案件中,只有当受害者是守贞女子时,才会适用这类死刑。在嘉庆六年(1801)增补的一条例文当中,上述原则得到了更为明确的展现。嘉庆六年颁行的这一例文,重申了针对轮奸行为的刑罚,但补充规定称,若受害者是"犯奸妇女",则施暴者的刑罚可减数等,即主犯发往烟瘴之地充军,而从犯则流三千里。③ 这些刑罚在某种程度上都相当严厉,其目的之一无疑是惩治此类集体暴行对公共秩序所造成的危害,但它们也再度确证了上述原则——即便是对于轮奸犯,也只有在其受害者守贞的那种情形中才能被处以死刑。基于同样的原则,嘉庆十年(1805)增补的一条新例文规定,若遭"强夺"的受害者系"犯奸妇

74

---

① 参见(清)薛允升:《读例存疑》(重刊本),黄静嘉点校,成文出版社,1970年,例366-12,注释部分。关于如何减刑的具体例子,参见(清)祝庆祺、鲍书芸编:《刑案汇览》,卷52,第1页b—2页a;Vivien W. Ng, "Ideology and Sexuality:Rape Laws in Qing China", *The Journal of Asian Studies*, Vol. 46, No. 1(1987), pp. 61—63.

② 参见(清)薛允升:《读例存疑》(重刊本),黄静嘉点校,成文出版社,1970年,例366-02。

③ 参见(清)薛允升:《读例存疑》(重刊本),黄静嘉点校,成文出版社,1970年,例366-12。

女",则对她施暴的罪犯可被减轻处刑。① (为此,被丈夫卖掉的那些妻子也被算作"犯奸妇女"。)实际上,嘉庆六年和嘉庆十年颁行的上述新例文之目的,乃是确保即使受害者是不贞女子,轮奸与诱拐等行为也会被严加法办。因此我推测,在这些新的例文出台之前,若此类犯罪的受害者是不贞女子,则加害者将不会被处以死刑。

在乾隆四十年(1775)增补的一条例文中,我们可以从另一个角度来理解受害者的贞节问题。该例文规定,若罪犯在杀害受害女子时企图将她强奸,则除了处以杀人罪的本刑,还应加重惩处,不过以下情形则属例外——若"……其有先经和奸,后因别故拒绝,致将被奸之人杀死者,俱仍照谋故斗殴本律定拟"。这段例文的重点,是要将此种情形与奸杀守贞女子的情形加以区分(奸杀守贞女子者,除了应处以杀人罪的本刑,还须进一步加重惩处)。但若被杀的女子先前就与将她奸杀的罪犯有过"和奸"关系,则只对杀人行为而不对强奸行为加以惩处。② 易言之,就此处谈及的法律规定而言,男性被认为不可能强奸过去曾与他"和同"发生性关系的女子,女方一旦做出同意的表示,便再也无法撤回。这种规定,与西方法律传统中旨在保护丈夫的"婚内豁免权"的背后理由颇为相似。

总而言之,明清时期的法律对强奸罪的处刑标准,取决于受害者之贞节被玷污的程度。这种预设认为,女性本身的不贞行为,在某种程度上类似于强奸罪行所造成的玷污。那些不贞女子若遭到

75

---

① 参见(清)薛允升:《读例存疑》(重刊本),黄静嘉点校,成文出版社,1970 年,例 112-06。

② 参见(清)薛允升:《读例存疑》(重刊本),黄静嘉点校,成文出版社,1970 年,例 366-10。

强奸,则很可能将会被视为不符合强奸罪中的受害者资格,因为对不贞女子的强奸并不会被官府认真对待。在实际案件的档案记录当中,我尚未发现这些例文被援引用于惩治那种强奸或诱拐不贞女子的情形。明清时期针对强奸罪的法律更关心的问题是：一名被假设并无性犯罪记录的平民女子,在自己的贞节面临强奸行为之威胁时是如何反应的？她对这种威胁做出的反应符合多高的标准？她是否使用了典型的反抗方式以证明自己守贞？下文中探讨审判官员在司法实践中是如何区分强奸与和奸的时候,我们将会再次回到这些问题。

四、强奸贱民身份的守贞女子

"良"字在法律身份方面所具有的那种微妙含义,从未完全消失,而这也是此字的确切含义为何很难厘清的原因之一。当贞节在绝大多数的性犯罪案件中变得相较于身份等级差异更具重要性时,"良"字含义的重心也随之发生变化。在清代社会当中,仍有一些奴隶存在,此外还有以伶人和娼妓为业者,一直到清王朝末年,这类人都为司法官员们所歧视。[1] 事实上,鉴于"良"字所具有的双重含义,相较于身份等级差异,贞节在受重视程度方面的日渐提升,引出了一个从未被唐代的法律专家们考虑过的假设性问题——当身份低贱(非"良")的强奸罪受害者碰巧又是守贞的("良")女子时,司法官员应如何对她加以处置？幸运的是,《刑案

---

[1] 参见经君健:《清代社会的贱民等级》,浙江人民出版社,1993 年。

汇览续编》中就有这样一起道光二十九年(1849)时发生在北京并由刑部"现审"的案件。此案相当罕见,但其案情本身并无争议,那就是一名被唤作刘氏的女子遭三名旗人轮奸。[1] 问题在于:鉴于刘氏的特殊身份,应当对那三位强奸者处以何种严厉程度的刑罚?刘氏在其养母的训教下,以卖唱为生,后来嫁给了一名伶人。因此,作为伶人,她是这种操持被人鄙视的营生方式的群体中的一员,但她并非娼妓,也无任何迹象显示她曾与他人有奸情。

如前所述,雍正三年(1725)颁行的那条例文对轮奸"良人妇女"暴行的为首者处以斩立决,而"良人妇女"则在字面上被理解为守贞女子。嘉庆六年(1801)颁行的那条例文则减轻了对轮奸"犯奸妇女"之男子的处刑。但这两条例文均不完全适用于上述刘氏的情形。(源自明律的关于"良贱相奸"的旧律,[2]虽然业已过时,但仍被保留于清律的文字规定当中,不过本案的判决并未提及此律。)刑部就此案解释道:

> 今被奸之刘氏,演唱歌曲,等于优伶,难以良人妇女论。唯并未身犯邪淫,又未便遽照轮奸犯奸妇女科断。例无治罪专条,亦无办过似此成案。臣等公同商酌,王二一犯,于辇毂之下,纠约多人,�夜恃强,轮奸妇女,纠党纵淫,自难贷其一死。若竟立置重刑,而被奸之妇,究异良人,又无以示等差。

刑部于是采取折中的处置方式,将为首的轮奸主犯处以绞监

---

① 在司法审判中,旗人多被视为平民。

② 参见(清)薛允升:《读例存疑》(重刊本),黄静嘉点校,成文出版社,1970年,律373-00。

候,两名从犯则被判处流放新疆充当军奴。此案中的上述处刑,较之若被轮奸的受害者系"犯奸妇女"时的处刑要重得多,但稍轻于若被轮奸的受害者系"良人妇女"时的处刑。这种讲究细微等差的处置方式,既达到了让"轮奸"这一令人发指的罪行受到相应惩处的目的,同时也遵循了对"良贱相奸"的处刑轻于对涉及平民女子的奸罪之处刑这项古老原则。很显然,身份低贱的守贞女子在被强奸时所遭受的玷污,被认为比不贞的平民女子被强奸时所遭受的更多,但比守贞的平民女子被强奸时所遭受的要少。

　　从历史角度来看,此案引人注意的地方在于,我们从中可以看出司法官员是如何对"良"字分别在道德和身份等级这两方面的不同含义加以权衡的,将二者视为各自独立的变项,而非假定它们必然紧密相关。同时,上述判决对具有平民身份的强奸犯如何处刑 77 的问题也进行了校准,借此赋予那些身份低贱的守贞女子以相应的荣誉。而这些考虑在此前的各朝代肯定都是无法想象的。①

第二节　是否被男性性器官侵入下体至为关键

　　如前所述,来自受害者家庭之外的男子所造成的玷污威胁,对于理解"奸"(无论是强奸还是和奸)这一概念的定义非常重要。明

_____

① 参见(清)吴潮、何锡俨汇纂:《刑案汇览续编》,台北文海出版社,1970 年,卷 28,第 14 页 a—15 页 b。伍慧英对此案的解读与我稍有不同,参见 Vivien W. Ng, "Ideology and Sexuality: Rape Laws in Qing China", *The Journal of Asian Studies*, Vol. 46, No. 1(1987), pp.61—63。

清时期的法律均规定，"奸生子"的抚养责任全归其生父，即性犯罪的男方。作为外人通过性侵玷污了他人家庭之行径的产物，此类子女应被从其生母之夫所属的血统中剔除出去。同理，若妻子与人通奸或私奔，则其夫有权将她休退或嫁卖，而该女子也将丧失对其夫财产和子女的所有权利。若寡妇与人通奸，则夫家亲属可代表其亡夫行使同样的权力。① 若妻子在与人通奸时被其夫捉奸在场，则她的丈夫可当场杀死通奸双方而不受任何惩处。这些法律均是为了保护夫家的血统与宗桃，以避免受到来自其家庭之外的男子的玷污。

一、女性下体被男性性器官侵入在刑罚与旌表方面导致的后果

据上所述，可知中国帝制晚期的法律为何要将犯奸行为区分为"成"与"未成"两类。作为动词，"成"在这里带有"完成"或"成功"的含义；它在"成奸"一词中所起的功能，相当于在用以表示"通过性交使婚姻关系圆满"之意的那些现代词语——"成婚"和"成亲"——中所起的作用。

在中国帝制晚期，一条相沿不改的基本原则是，强奸"未成"者所受的刑罚，较之强奸"已成"者要轻一等。管见所及，最早明确言及此原则的，是12世纪南宋时期的一道法令："诸奸未成者，减已成者一等。"② 这道法令原指所有的奸罪，但后来的法律文本通常只

---

① 详见本书第五章。
② 《庆元条法事类》（影印版），中国书店，1990年，卷80，第22页a。

在处置强奸罪行时参酌这种对已成与否的区分。除了这道南宋时期的法令，我尚未找到可以说明以下问题的其他证据，即在元代开始对强奸罪犯处以死刑之前，对强奸已成与否的区分，在司法审判中到底具有何种重要性。不过可以肯定的一点是，对强奸罪犯适用死刑的做法，就像它强化了强奸罪受害女子以往贞节记录的重要性那样，亦大幅强化了关于强奸罪行已成与否之区分在法律上的重要性。因为对于罪犯来说，比死刑减轻一等处刑，首先意味着攸关他的生死。事实上，元代的法律规定，强奸未成者，参照强奸已成者减一等处刑。更具体的相关条文表述则是，"诸翁欺奸男妇，已成者处死，未成者杖一百七［并处徒刑］……"，即强奸未成者减刑一等处置。① 在宋代，这种减等处刑只是表现为轻重等级方面的差别，而到了元代，则成为对于强奸犯而言事关其生死的大事。

明律中针对奸罪的主要律文规定是，"强奸者，绞；未成者，杖一百，流三千里"，即强奸未成者减一等处刑。清律原封不动地保留了明律的这一规定，仅在其中添入"监候"一词，以明确绞刑须在秋审勾决后方可实际执行。② 强奸未成者可减刑至死刑以下的这项规定，也适用于（明清时期律典中其他条文所规定的）其他类型的强奸罪行，例如，强奸那些尚未达到可以表达自己意愿的法定年龄的幼女，轮奸，等等。明代的一条律注就此解释道，若强奸未成，则"女节犹幸其未污也，罪姑减等"。③ 换言之，只有当强奸已成时，女子的贞节才算受到玷污。而如前所述，强奸犯之所以应被处

① （明）宋濂：《元史》，第2653页。
② 参见本书附录A.2。
③ 《刑台法律》（影印版），中国书店，1990年，卷13，第17页a。

死,正是因为他造成了这种玷污。

在明清时期,强奸已成与否的区分,除了对量刑产生影响,还新获得了一种正式的重要位置。对于殉节者是否有资格获得旌表而言,这种区分有着非常关键的影响。当明朝政府在 16 世纪初开始旌表那些"殉节"的强奸罪受害女子时,规定唯有"不受贼污"的女子才有资格享此殊荣。① 从康熙十一年(1672)起,清朝政府也开始旌表因反抗强奸而殉节的受害女子,并使用专门的法律术语就此设定条件,规定只有被强奸未成的受害女子才有资格获得旌表。② 18 世纪关于强奸案件的题本显示,那些为了将强奸犯绳之以法而搜集的证据,同时也是司法官员审查那些已然身故的受害女子是否有资格获得旌表的证据,而其中的关键问题便在于强奸已成与否。由此造成的结果是,对强奸犯的判决,决定了对受害女子是否被强奸已成的判断,反之亦然。在这些题本中,紧接着那些关于如何处置强奸犯的建议之后出现的,便是举荐旌表已故受害女性的文字。

从国家旌表仪典的角度来说,贞节是一个绝对且客观的条件,而非对受害女子之主观意志的微妙估量。一旦强奸的行为跨过"已成"的界线,那么无论该名受害女子以往的贞节记录如何清白,她的反抗之举如何激烈,或者强奸犯的暴行如何残酷,有多少名男子参与行奸而导致她被制服,这位女性受害者都无可挽回地被玷污了。这便是自 16 世纪初至 19 世纪初的明清政府用于决定可被

---

① 参见《明会典》,中华书局,1988 年,卷 79,第 457 页。
② 参见《(光绪朝)清会典事例》,中华书局,1991 年,卷 404。

旌表之资格的政策。①

二、强奸"已成"的证据标准

清代的案件记录显示,强奸"已成"的含义相当具体,即强奸犯的阴茎插进了女性受害者的阴道。这种界定并不令人感到惊讶。使用这些词对强奸进行定义(将其与其他类型的性侵犯区分开来),显然是各种父权制法律制度(例如英美不成文法的传统②)的常见特征。与涉及受害者之贞节的情形一样,阴道被阴茎插入与否,在中国古代关于强奸的法律中无疑向来都扮演着某种角色。不过这一状态的重要性,随着贞节崇拜的兴起和对强奸罪适用死刑而被逐渐提升。自元代以来,特别是从 18 世纪开始,法律文本中的规定显示,强奸"已成"与否,以及司法机关审查证据与划定界线的精确度,变得极为关键。

在乾隆五十八年(1793)发生于直隶蔚州的一起强奸案中,一个名叫苏旺(22 岁)的男子平日里在寺庙中以编蒲团为生,他答应了一名 8 岁的女孩李舍儿为她编个小蒲团当玩具,条件是她要与他"顽一顽[玩一玩]"。苏旺的供述如下:"叫他[她]把裤子褪下来着他[她]爬下,他[她]就依了,自己褪裤爬着,小的也拉开自己裤子跪在地下,从后边奸他[她]……他[她]害疼哭起来,没有奸完,小的就歇手了,替他[她]穿上裤子。"女孩的父亲听到哭声后赶

---

① 此种旌表的先决条件,自嘉庆八年(1803)以后略有放宽。参见本章的结语部分。

② See Neil C. Blond, et al., *Blond's Criminal Law*, New York: Sulzburger and Graham Publishing Ltd., 1991, p.121.

80 至现场,结果看到女儿的裤子上染有血迹。女孩将事情的经过告诉了她的父亲。于是女孩的父亲将苏旺扭送至当地官府。稳婆在检查了李舍儿的下体后,向知县报告说:"验得李舍儿阴户血污肿胀,内有破伤……实系被人奸污。"知县据此断定强奸"已成",并依据"引诱并强行奸污不满十岁女孩"的法律规定(该女孩当时不满10岁的年龄,使得这种行为自动构成强奸),判处苏旺斩立决。从这一案例中,我们可以推断,"已成"的强奸须是将阴茎插入阴道,但不必然要求强奸犯插入后射精。①

但是,若是以阴茎以外的其他身体部位插入阴道,则不算强奸"已成"。例如,嘉庆十七年(1812),直隶总督将一起强奸未成案件的拟判上报给了刑部,刑部的复文如下:

> 查范有全欲将年甫十四岁之李二姐强奸,因见其年小身矮,恐难行奸,先用手指抠试,将其阴户抠破流血。查阅李二姐及其父李德义等供词,俱称未被奸污,并据稳婆验称李二姐委系处女,未曾破身。该省将范有全依强奸未成律拟流,尚属允协。②

此案的判决显示,用手指插入女子的阴道,并不被视为强奸"已成"。尽管受害者的身体已为手指所"破",但只要未被阴茎所"破",则该女孩仍被视为处女。"破"字有戳、分开或撕开的意思。值得注意的是,此处所用的"身"字隐含贞节之意,正如法律文本中

---

① 参见《内阁刑科题本》,71/乾隆 4.7.11。
② (清)祝庆祺、鲍书芸编:《刑案汇览》,卷 52,第 5 页 b—6 页 a。

常以"失身"来表示"失贞"。无论用手指插入阴道的行为如何暴力，这种行为被认为均不可能"奸污"女子的贞节。此案也显示了童贞具有相当程度的社会重要性，更不用说贞节在朝廷的旌表和法律当中所具有的那种意义。对于此案中那位女孩的父亲而言，证明自己的未婚女儿并未因为这次性侵事件而被玷污，显然是一件极为重要的事情。

　　判断强奸是否"已成"时，对强奸过程中所使用的不同身体部位的区分，在之前的那些朝代中似乎并不那么绝对。在《元典章》所记载的大德元年（1297）发生于江西的一起案件中，审理该案的那位司法官员显然是将用手指插入幼女阴道的行为解释为强奸"已成"。元代的法律规定，强奸 10 岁以下女孩者处以绞刑，但当行奸男子系"年老者"时则有所例外，后者的处刑为杖一百零七并处以徒刑（不准收赎）。① 在该案中，一个名叫李桂的男子企图"奸污"9 岁的女孩潘茂娘，以报复自己与她父亲之间的旧怨。李桂先是"用右手第二指插入潘茂娘阴门内剜破血出"，女孩因疼痛而尖叫出声，李桂于是将她放开。女孩跑回自己家中哭诉，其父于是到官府提起控告。审理此案的官员做出如下判决："议得李桂所招年七十五岁，虽是用手损坏潘茂娘九岁身，难同强奸科罪，拟将李桂决杖一百七下［并处徒刑］。"此判决获得刑部的认可。

　　倘若李桂侵犯幼女潘茂娘的行为不被当作强奸"已成"，那么他本应减刑一等，而不是被处以那种针对年老强奸犯的刑罚——刑杖一百零七并处徒刑。故而，元代的司法官员看起来是将这种

81

---

① 参见（明）宋濂：《元史》，第 2654 页。

侵犯视同为强奸"已成"。此案之摘要的标题"年老奸污幼女"，①亦可佐证这一结论。但清代的刑部在处理同类型的案件时，则与上述判决中所做的恰恰相反。这显示了随着对强奸罪的处刑逐渐加重，判断强奸是否"已成"的标准也在日趋严格。明清时期的法律，还取消了前述那种因强奸罪犯年迈而不对其处以死刑的例外规定。

阴茎对阴道的插入，界定了性侵犯中的"性"成分。这种行为在清代法律中的重要性，在乾隆四年（1739）发生于广西迁江县的一起案件中被加以强调。在该案中，吴茂德伙同其堂兄弟吴茂爵及家仆卢特喜，杀害了弟媳黄氏与另一名家仆陈特陋（此二人之间被怀疑有奸情）。根据官方对该案案情的记录，吴茂德三人以石头砸烂了陈特陋的下体，然后将一块大岩石绑在他的胸前将他沉塘。随后，吴茂爵和卢特喜"将黄氏裤子扯下捆缚，吴茂爵恶其奸淫，令吴茂德按住，吴茂爵用棍连裙戳入黄氏粪门"。接着将黄氏也沉塘。

吴茂德和吴茂爵这两位堂兄弟，被按照"期亲以下尊长故杀卑幼之妇至死者"律判处绞监候。卢特喜逃脱，未被捉拿归案。官府的判决对几位行凶者的残忍手段加以谴责。不过，尽管凶手们专门针对受害者身体某个部位所做的攻击可算是性虐待行为，但他们未受到任何性犯罪的指控。此案的题本中自始至终均未提及"强奸"的问题；"奸"字在其中仅被用于描述那两位遇害者之间被讹传的关系（后来证实这是谣言）。

---

① 参见《元典章》（影印版），中国书店，1990年，卷45，第2页b。

在清代的律典当中，包含了许多对涉及"犯奸"（特别是强奸）的杀人罪行在本刑之外另加刑罚的详细规定。在上述这起案件中，若凶手们是用自己的阴茎插入黄氏的身体，那么判决中肯定会特意提及此情节，也会援引另外的法律条文处以更严厉的刑罚。然而，正因为此案中并不存在加害者用自己的阴茎插入受害者阴道的情节，前述那名妇人在被沉塘之前所遭受的性虐待，只是被简单地解读成将她杀死的一种方式，而未被视为另一种特定的"犯奸"罪行。①

只要阴道未被阴茎插入，即使女子在反抗过程中触碰到强奸犯的阴茎，也未必导致其贞节受到玷污。事实上，为了对烈女加以旌表，女子在反抗强奸的过程中与行奸者的阴茎有过触碰，甚至也可被解读为贞烈的证据。在一起发生于广东潮阳县并于乾隆四年（1739）上报至中央司法机构的案件中，谢氏因为害怕自己与林启茂私通的事情被儿媳刘氏揭发，于是与林启茂合谋，让他去强奸刘氏，以使刘氏对他们之间的奸情羞于启齿。于是，在刘氏的婆婆谢氏协助下，林启茂企图强奸刘氏。林启茂携刀溜进刘氏的房间。据他供述：

> 小的就上床去摸刘氏，刘氏惊醒叫喊有贼，谢氏就把被压盖刘氏口面，小的骑压刘氏身上，用手扯开刘氏的袴，正欲行奸，刘氏就把左手搂住小的茎物，小的负痛用拳打他［她］脐肚一下，他［她］总不放手，小的就伸手摸取菜刀先割他［她］手上

---

① 参见《内阁刑科题本》，68/乾隆 4.4.11。

83　　　　一下,他[她]仍不放,又复割他[她]一下,他[她]又不放,小的着急,用力再割一刀,刘氏松手(已死亡)。

　　林启茂因在行奸过程中杀害女方,被处以斩立决。谢氏则被处以杖一百,流三千里。上述所处的刑罚,乃是"一人强捉,一人奸之"律规定的本刑。后来谢氏遇到了大赦而得免服刑。由于谢氏与林启茂通奸,她的丈夫有权决定将她留下或嫁卖。①

　　刘氏被视为一名值得旌表的守贞烈女,其激烈反抗的行为,被解读为宁死也不愿受到玷污的决定性证据。不过,如果林启茂成功地将其阴茎插入刘氏的阴道,那么尽管她顽强地反抗,但不会具备获得旌表的资格。讽刺的是,如同其他强奸案件中的情形那样,受害女子的贞节问题,须取决于强奸犯所做的供词。②

　　倘若被行奸者插入的并非阴道而是人体的其他孔道,那么情况又将如何?在雍正十三年(1735)发生于直隶涿州的一起案件中,行奸者将其阴茎插入一名8岁女孩的肛门。该案的案卷记录中将此种行为称作"鸡奸",这是清代法律通常用来指称男子同性之间的肛交行为的一个用语。③ 正如该案的题本中所提到的,"律例内并无鸡奸幼女依何治罪之条"。换言之,在清代律典有关强奸罪行的条文中,"强奸"的定义只涵盖了那种阴道被阴茎插入的情形。因此,审理此案的司法官员在对行奸者加以处刑时,比照强奸幼女例进行处置,即"将未至十岁幼女诱去强行奸污者,照'光棍'

---

① 参见本书附录 A.2。
② 参见《内阁刑科题本》,72/乾隆 4.?。
③ 详见本书第四章。

例拟斩立决"。① 由于该案中的受害者未遭杀害,司法官员无须思考肛门被阴茎插入是否会影响到殉节者的受旌表资格这一假设性难题。②

　　该案中有一个细节很值得探讨,即审理该案的知县只命令稳婆检查那名未婚受害女子的下体。正如沈之奇在康熙五十四年(1715)时所言,(被强奸的)"幼女须令稳婆验明实曾破身"。③ 若是尼姑被人强奸,则只要她在遭受性侵犯前处于独身状态,也须接受对其下体的检查。④ 如果已婚女子在遭强奸的过程中被杀害,那么一般来说,官府不会令人检查她的下体;在这种情况下,审判官员会指示仵作不要暴露被杀害者的"下身",以示对死者家属的体恤。若已婚女子遭到强奸后侥幸保得一命,则关于强奸已成与否的判断,将取决于强奸犯和受害者各自所做的口供。易言之,强奸暴行给女性的下体造成的创伤,如果不与该女子的婚姻状态联系起来被加以看待的话,那么在法律上便不具有重要性。因为已婚女子的下体创伤也可能是由她与丈夫的合法交媾所造成的,所以这并不能被作为遭到强奸的证据。只有当受害者未婚且被相信是处女时,这种创伤才足以成为公堂上的证据;在这种情形中,其阴道曾被阴茎插入的证据,构成了她在成婚之前遭到"破身"的证据,即发生了非法的性交。

84

---

① （清）薛允升：《读例存疑》（重刊本）,黄静嘉点校,成文出版社,1970年,例366-04。
② 参见《"中研院"历史语言研究所现存清代内阁大库原藏明清档案》（第61册）,档案号：61-23。
③ 转引自（清）姚润等编：《大清律例增修统纂集成》,1878年,卷33,第1页a。
④ 参见《内阁刑科题本》,119/乾隆10.12.10。

总而言之，阴茎必须插入阴道，才足以构成强奸"已成"，至于射精与否，则并非关键。阴茎插入阴道的那一瞬间，可以说是跨越了一道无法回头的界线。故而，对于明清两代高调举行的那些旌表仪式来说，这种阴茎插入阴道的行为，意味着受害女子的贞节业已遭到无可挽回的玷污。即使她在被性侵犯的过程中死去，也不可能被旌表为守贞烈女。而对于据以惩处此类罪行的刑事法律规定来说，那些造成此种无法弥补的伤害的罪犯，应被处以死刑。不过，至少在清代，以手指或物体插入女性阴道的行为，并不被视作强奸"已成"。

丈夫以外的其他男子的阴茎被认为会造成某种特定的污染，足以毁坏女性阴道所具有的某种特定价值。对这种阴茎插入阴道之行为的焦虑，在中国古代无疑由来已久，并非明清两代的特有现象。在中国古代社会当中，很早之前便已存在对来自其家庭之外的男子紊乱自家父系血统的担忧，而女性的阴道被丈夫以外的其他男子的阴茎插入，将会造成受孕的危险。在中国帝制晚期，对女子贞节的强大执念，使得这种阴茎插入阴道的问题成为道德要求和政治要求所面临的攸关生死的危机。

第三节　强奸与和奸的对比

"强"与"和"这种奸罪基本的二分法由来已久，在秦汉时期的法律当中便已是如此使用。所有的奸罪皆被纳入二者当中的某一类。西晋时期的律学家张斐在注释汉律时就解释称，"强"与"和"

乃是相互定义的，即"不和谓之强"。① 其中的关键在于，女性如何回应那种对其贞节的挑战？是她自己同意与对方交合，还是男方必须采取强迫手段？

一、和奸的刑事责任年龄

只有在作为一种犯罪形式时，"和"才会具有法律上的意义。不过，一名女性必须有着背叛其夫的能力，她的"和"才会具有犯罪的分量。南宋时期的一道法令规定，在犯奸案件中，"女十岁以下，虽和亦同［强］"。② 元代法律的规定与此相同。③ 明律则将和奸的刑事责任年龄提高了两岁，并为清律所沿用，即规定"奸幼女十二岁以下者，虽和，同强论"。④ 借由提高和奸的刑事责任年龄，明清时期的法律专家们实际上扩大了可被处以死刑的奸罪范围。

关于和奸之法定刑事责任年龄的立法理由，明代的一则律注做出了说明："十二岁以下幼女未有欲心。"⑤此种说法也为清代的一位律学家所赞同："幼女十二岁以下，情窦未开，本无淫心。"⑥正是这种"淫心"或"欲心"，才使和奸得以成立。换言之，性意识的觉醒带来了女子自毁贞洁的可能性，这是女性的性意识与法律有关

---

① 参见张晋藩、王志刚、林中：《中国刑法史新论》，人民法院出版社，1992年，第424、444页。

② 《庆元条法事类》（影印版），中国书店，1990年，卷80，第21页a。

③ 参见《元典章》（影印版），中国书店，1990年，卷45，第1页a、2页a。

④ （清）薛允升：《读例存疑》（重刊本），黄静嘉点校，成文出版社，1970年，律366-00。

⑤ 《大明律集解》，中华书局，1991年，卷25，第2页a。

⑥ 转引自（清）姚润等编：《大清律例增修统纂集成》，1878年，卷33，第2页a，注解部分。

的唯一原因。

二、显示历史变迁的相关史料

如前所述,在中国帝制晚期,对强奸罪的处刑逐渐加重,与此同时,在司法审判过程中,对强奸罪受害者以往的贞节记录及阴道被阴茎插入这一行为的看重程度,同样明显加剧。强奸罪的证明标准也日趋严格,致使女性受害者须承担较之以往更为沉重的举证责任。而她在被强奸过程中及其后的行为表现,亦受到更加严格的检视。这种变化的核心,在于"强奸"与"和奸"之间的关系。事实上,两者之间的平衡此时发生了变化。

中国古代早期的那些文献看起来认为,只有主动自愿的参与,才会构成"和奸"。前引张斐的言论所隐含之意是,若女方未主动表示同意,则此行为便会被视为"强奸"。唐律在其律疏中使用了表示积极、互惠之意的术语来定义"和奸":"和奸为彼此和同者。"①实际上,对此类性犯罪的男女当事人处以同等的刑罚,其根本理由正是男女之间这种相互性或对等性的同意。但到了明清时期,上述这种平衡发生了变化,法律专家们主要采用反向定义的方式来界定"和奸",也就是说,如果不符合关于强奸的那套极为严格的证据标准,那么就会被视作和奸。在明清时期的法律中,女方唯有被证明没有同意和奸,男方的行为才会被认定是强奸。

最能印证上述变化的,是"先强后和"这一概念。"先强后和"

---

① 《唐律疏议》(影印版),中国书店,1990 年,卷 26,第 18 页 a。

既能够出现于单次的性交行为之中，也可出现于同一对男女间多次发生性交行为的过程之中。在明清时期以前的中国古代史料当中，我只发现了一些非常零星的证据有涉及此概念。其中内容最为完整的是南宋时期的一道法令。该法令规定："先强后和，男从强法，妇女减和一等。"①换言之，无论其后的情形如何，最初的强奸行为，就足以让罪犯被处以针对性犯罪的最重刑罚。女方虽被依和奸论处，但其最初是被加害者强奸这一情节，可使她被酌情减刑。唐律是宋代法律思想的基础，故而南宋时期的这一法令与《唐律疏议》中的相关律疏相同。它们皆认为应当区分女方究竟是主动自愿地参与，还是在别无选择的情况下不得不屈从。若女方系主动自愿地参与，则对她处以和奸罪的本刑。

元代针对强奸罪行的法律规定，看起来处于承上启下的位置。它对女性受害者的惩处，较之南宋时期的上述法令略严，但比明清时期的法律规定要宽松。此时期的相关史料同样零散，但颇具启发性。《元典章》中记载了一起大德八年（1304）发生于今天的河北省境内的案件。在该案中，一位名叫高哇头的已婚女子控告艾文义将她强奸，但艾文义对此指控予以否认。官府的调查显示，艾文义和高哇头曾有多次奸情："高哇头所招艾文义将伊先次强奸，在后又行奸，本妇随顺。"故而审理此案的官员推论说："难同强奸科罪，然是和奸。"但倘若如此判决的话，则看上去仍不甚妥当，因为"本妇却曾告"（对于审理此案的官员来说，这意味着高哇头的"随顺"并非主动参与）。审判此案的官员最后决定采取折中的方案，

①《庆元条法事类》（影印版），中国书店，1990年，卷80，第21页a。

亦即只判处女方杖五十七,而不是按照元代法律中针对已婚女子与人和奸的那种刑罚规定处以杖八十七。他还判决高哇头的丈夫"听离归宗"(有权选择休妻)。由于艾文义在官府做出判决前便已去世,故而我们无法得知他原本应受的刑罚是什么。但从审判官员所做的上述判决可以看出,这名女子被强奸后的"随顺"之举,可使艾文义不至于被处以元代法律用来惩处强奸已婚女子之人的那种最重刑——绞刑。不过即便如此,上述对高哇头的处刑,看起来遵循了前文所引南宋时期那道法令背后的原则,即如果男女双方的性关系始于强奸,只是后来变成和奸,那么女方的刑罚可获减轻。①

有哪几类证据可被用来证明系属强奸?唐宋时期的律典均未对此进行说明,但从元代开始的将强奸犯处以死刑的做法,无疑要求有一种更为严格的证据标准。《元典章》中摘录了至元六年(1269)的一起由刑部拟判后获准执行的强奸已婚女子的案例。此案发生于今天的河南省境内,②其判决中对强奸犯处以死刑。据称,强奸者在行奸过程中撕扯受害者的头发,对其拳打脚踢,并"以言唬吓"。上述案情简述暗示,若想证明强奸罪成立,则需要有相当多的暴力行径作为证据,至少当对性侵者的处刑关系到他能否留得一命时是如此。③

---

① 参见《元典章》(影印版),中国书店,1990年,卷45,第15页a。

② 译者注:《元典章》原文中记载的此案发生地为"卫辉路"。卫辉路的建置,肇始于金代末年,至元代初期才完全稳定下来,其管辖范围包括今天河南省的卫辉市及其周边的新乡市和辉县、延津、淇县等县的全部或部分地区。参见张岱玉:《元朝卫辉路建置考》,载《内蒙古大学学报》(哲学社会科学版)2015年第3期。

③ 参见《元典章》(影印版),中国书店,1990年,卷45,第2页a。

在强奸罪的证明标准方面，明代制定了非常严格的具体规定。万历十五年（1587）时，刑部鉴于对强奸与和奸的处刑差异甚大，于是上奏说："律称和奸者杖，强奸者绞。轻重悬绝，最宜分别。"同时，为了避免将两者混淆，刑部建议在对行奸者判处绞刑时必须满足非常精确的判断标准："今后审究强奸人犯，果以凶器恐吓而成，威力制缚而成，虽欲挣脱而不可得，及本妇曾有叫骂之声，裂衣破肤之迹者，方坐以绞。"刑部接着还列举了几种模棱两可的情形。这些情形可能存在某种程度的强迫性质，但在法律上并不算强奸："其或强来和应；或始强而终和；或因人见而反和为强；或惧事露而诈强以饰和；及获非奸所；奸由指摘者，无得坐以强。"①刑部的上述提议，后来获得皇帝的允准。尤其是上面引用的第三段文字，与前述南宋时期的那道法令形成了强烈的对比，亦即在明代的法律中，后续发生的和奸之举，会使得最初的强奸行为并不构成强奸罪。从上面所引用的阐述成立强奸罪时所需具备的证据类型的第二段文字当中，我们虽然无法确切得知这是否代表此时的做法已与以往的司法实践大不相同，但看起来隐隐有此趋势，因为明代之前的立法者显然不认为有必要如此巨细靡遗地针对其判断标准进行说明。在证明强奸罪成立的证据方面，以往的各朝代并不像元明清时期（尤其是明清两代）那般执着。而且，以往各朝代的立法者，看起来并没有将是否遭到强奸作为女子贞节全无或全有的检断标准，而从元代开始，这被在法律当中加以规定。

上述万历十五年的奏折，使这种据以判决强奸案件的标准正

①　（清）薛允升：《唐明律合编》（影印版），中国书店，1990年，卷26，第14页a—14页b。

式成为明律中的规定。在对明律的权威注释中，我们也可看到类似的表述。[1] 清代的司法官员援用了明代的上述标准，并将其添入89那条源自明代的犯奸本律之内，作为该条律文中的小注部分。这条律注出现于清代律典的最早版本即顺治三年（1646）的大清律[2]之中，其内容如下：

> 凡问强奸，须有强暴之状，妇人不能挣脱之情，亦须有人知闻，及损伤肤体、毁裂衣服之属，方坐绞罪。若以强合，以和成，犹非强也。[3]

---

[1] 参见《刑台法律》（影印版），中国书店，1990年，卷13，第16页a。也可见于（清）薛允升：《唐明律合编》（影印版），中国书店，1990年，卷26，第14页a；（清）吴坛编纂，马建石、杨育棠校注：《大清律例通考校注》，中国政法大学出版社，1992年，第950页。

[2] 译者注：大清律的最早版本颁布于清世祖顺治年间，其律书的正式题名为《大清律集解附例》，学界如今通常称之为"顺治律"，但关于其具体的制定颁布时间，在学术界尚存争议，有顺治二年说、顺治三年说、顺治四年说、顺治五年说等不同观点。其中，顺治二年说和顺治五年说如今往往被认为不足采信；顺治三年说目前虽然仍是学界通说，但顺治四年说有力地指出，"顺治律"卷首的御制序中落款时间虽然是"顺治三年五月"，但其定稿颁行的时间是在顺治四年三月二十四日。参见郑秦：《顺治三年律考》，载《法学研究》1996年第1期；苏亦工：《明清律典与条例》，中国政法大学出版社，2000年，第110—115页。

[3] 参见本书附录A.2。此处所用的专门措辞，系援引自明代律学家王肯堂所著的《律例笺释》一书。参见（清）吴坛编纂，马建石、杨育棠校注：《大清律例通考校注》，中国政法大学出版社，1992年，第950页；高潮、马建石主编：《中国古代法学辞典》，南开大学出版社，1989年，第348页。伍慧英误以为这种"关于强奸的严苛定义"是清代时才发生的一种急遽变革，参见 Vivien W. Ng, "Ideology and Sexuality: Rape Laws in Qing China", *The Journal of Asian Studies*, Vol. 46, No. 1(1987), pp. 57—58。

于是,在明清时期的法律中,只要不符合强奸罪的证据标准,那么任何奸罪便会自动地被视为和奸。就当时的法律规定而言,从主动享受,到因受恐吓而屈从,上述任一形式皆可能属于和奸的范围。女性必须主动甚至激烈地进行反抗,才能使对其性侵者的行为被视为强奸。明清两代在此方面所采用的衡量标准,看上去是将西晋时张斐提出的那套方案颠倒了过来。张斐提出的那套方案暗示,只要女方未主动同意,那么对她加以性侵的行为就会被视为强奸。

这种变化的最终结果,是使得强奸罪的涵盖范围有所缩小,变得仅包括那种针对其贞节完美无瑕的女子进行性侵犯的行为(被性侵的女子之贞节是否完美无瑕,端视她在被强奸时的行为反应及其先前的贞节记录而定)。在明清时期的法律中,强奸行为造成的伤害之大小,取决于受害女子的守贞状况。审理案件的官员对受害女子之贞节的判断,最终决定了对强奸犯的处刑。

三、清代司法实践中对强奸与和奸的区分

《续增刑案汇览》收录的一起道光八年(1828)的案件显示,[①]将复杂的人际关系套用到和奸与强奸这种僵化呆板的二分法上来并不容易。广西总督向刑部上报称,此案并非"始以强合,继以和成"(按照清代律典的律中小注文字,这种情形会被视同和奸),而是反过来的"始以和合,继以强成"。由于法律当中看起来

---

① 参见(清)祝庆祺、鲍书芸编:《续增刑案汇览》,台北文海出版社,1970年,卷14,第5页 a—5 页 b。

对这种情况并无明文规定,广西总督于是请刑部指示应如何判决此案。

刑部则在复文中予以驳斥。首先,刑部摘录了与此案相关的几条法律原则:

90

> 是强奸之案,始终有强暴之状者,律应拟以缳首;若始以强合,继以和成,仍应以和奸论。至始以和合,继以强成,情理所无,是以律无明文。其是强是和,惟在承审官推鞫实情,按律定谳,岂得游移两可之词,遽定爰书。

接着,刑部对广西总督所上报的案情加以概括:

> 此案邓长陇年十七岁,与同姓不宗年甫十三岁之邓娘妹同村居住。邓长陇见邓娘妹一人在家,哄诱行奸玩耍,邓娘妹允从。邓长陇代邓娘妹脱裤,抱放草堆正要行奸,邓娘妹害怕,不肯。邓长陇用手揿按强行成奸,邓娘妹疼痛哭喊,邓长陇畏惧,当即逃出。

刑部并不认可广西总督关于该案案情的上述这番陈述,而是强调称"何以邓娘妹于脱裤后,尚未行奸,忽又害怕不允。原审情节已属支离"。在刑部看来,在那名女孩允许邓长陇脱掉她的裤子并抱起她之后,就算她改变了起初的想法,这在法律上也不具有任何意义,无须加以考虑。

基于和奸与强奸这种"一刀切"的二分法,刑部只考虑下述两

种可能的情况:

91

> 该犯邓长陇年已十七岁,不为幼稚无知。虽邓娘妹年已
> 十三岁,与十二岁以下幼女不同(引者注:她已经达到了和奸
> 的法定责任年龄)。……且邓娘妹若果年幼,并不知行奸系为
> 何事,该犯欺其无知,哄诱脱裤强奸,则该犯始而计诱,继复强
> 行成奸,即应将该犯以强奸律拟绞,不得以和合强成曲为开
> 脱。若邓娘妹先已允从行奸,则疼痛时即属和奸已成。虽邓
> 娘妹因负痛哭喊,该犯仍恣意行奸,亦未便遽照强奸定拟。

最后,刑部以下述告诫之语作为复文的结尾:

> 该省果能研究确实,律例俱有明文,何难援引定谳。乃承
> 审官并不悉心研究,任凭该犯游移供词。

对刑部来说,唯一能将此案定为强奸的可能性是这名女孩十
分年幼,尚未有能力做出有效的同意表示。但是,既然这名女孩已
达到和奸的法定刑事责任年龄,那么将此案定为强奸的话,便会显
得有些牵强。此外,由于邓娘妹显然在刚开始时并未反抗,此案不
可能被视为强奸。既然她允许邓长陇脱掉她的裤子并将其抱至草
堆上面,则造成她后来反对的唯一可能的理由,只能是她感到自己
的下体疼痛。但当她感到下体疼痛时,可谓为时已晚。此时邓长
陇的行奸之举已经完成,邓娘妹已失去贞节,她后来对此事的感觉
也与法律无关了。从法律上看,先强后和的情况确有可能发生,此

种情形下，后续的和奸情形将使最初的强奸行为不构成强奸罪。但是，先和后强这种相反的情况，则有违法理。因为倘若后续的强奸行为可使最初的和奸不成立的话，那么这就意味着女性对自己身体的自主权和自由意志才是界定强奸的标准。①

正如和奸并不必然意味着女性是主动自愿地参与，强奸罪的判决，也主要取决于女性是如何对此暴行做出反应，而非强奸犯的所作所为。这种对强奸罪的判决及随之而来的极刑，均可说是用来衡量女性是否已尽全力捍卫其丈夫对她的性独占权的措施。从某种重要意义来说，这些措施是对那些贞节已然通过严苛考验的女性受害者的奖赏。

一起发生在河南太康县并于乾隆四年（1739）上报至中央司法机构的案件，展示了清代的司法官员是如何处理"先强后和"的罪92 行的（回想一下，宋代的立法者曾将此类罪行视为强奸，至少从其对行奸者的惩处方面来看是如此）。在该案中，丁大、其妻马氏和其女丁大姐（18 岁）以四处行乞为生，而丁二是丁大的结拜兄弟，与这家人一起流浪，搭伙度日。丁二与马氏瞒着眼瞎的丁大私通。不久后，另一名乞丐王五加入这伙人，并且也开始和马氏发生性关系。

某日，这伙人中剩下王五和丁大姐单独相处。根据丁大姐的口供："王五硬把小的奸了，小的告诉小的娘，没说甚么，小的因老子是个瞎子，原没告诉老子，后来王五常与小的同睡。"值得注意的是，这段供词并未使用"强"这一法律术语。倘若丁大姐的口供是

---

① 参见（清）祝庆祺、鲍书芸编：《续增刑案汇览》，台北文海出版社，1970 年，卷 14，第 5 页 a—5 页 b。

被用来证实王五的强奸罪名成立，那么在这份已被衙门书吏修饰过的供词中，必定会加入"强"这一法律术语。丁二发现后妒火中烧，据他供称，"因小的自己也与马氏有奸，恐吵嚷起来丁大知觉，大家不便"。于是他将王五杀死，并秘密处理了其尸体，然后告诉大家王五自己离开了。十四天后，这伙人住进一间破庙里。据丁大姐的口供，"丁二才把小的奸了，后对小的娘说知，他［她］并没说甚么，丁二奸过小的有四五次"。

最后，这伙人被官府逮捕，丁二被判杀人罪。马氏和其女丁大姐未卷入谋杀，但她们与丁二、王五发生的性关系皆被视为"和奸"，因此也受到了惩处。根据"军民相奸"例（到 18 世纪时，清朝改用此条例文惩处和奸，而不再援用沿自明代的那条旧律），母女两人均被处以杖一百，并枷号一个月。

对于马氏与丁二、王五之间发生的性关系，清代律典当中并未言及此种情形，这仍算是"和奸"吗？由于其丈夫是一名"瞎子"，马氏必须依赖丁二、王五两人过活，除了和他们发生性关系，她可能也没有其他可行的选择。但丁大姐显然并不愿接受这两名男子的性侵犯，虽然她看起来顺从了，但那也是发生于她知道其母不可能也不会帮助自己之后。这两位女子看起来都认为，就算将此事告诉丁大，那也无济于事。丁大姐的口供显示，那两名男子对她的性侵犯违背了她的意愿。但审理此案的官员并未将这种情形视为"强奸"，此用语亦未出现于该案的案卷记录当中。也没有任何迹象表明，曾有官员考虑援引那条用于惩治强奸的律文对此案加以处刑，并因而对丁大姐进行讯问，以求获得她曾遭暴力强迫或她曾有反抗之举的证据。丁大姐被判处的那种刑罚显示，她在自己的贞节受到威胁时所做出的那种反应,在法律上构成和奸。若是换成宋代或元代的司法官员来审判丁大姐,对她的判决则可能会变为可酌情减刑的和奸罪。但到了明清时期,审判官员们一致认为,后续的和奸行为,使得最初的强迫行奸之举无法构成强奸罪。[1]

抛开司法上的那些考量不谈,这起案件其实提供了据以观察性关系在社会边缘人群当中所具有的那种工具性本质的一个极佳例证。在清代涉及性犯罪的很多案件中,乞丐、雇工、贫农、游方僧人和散兵游勇等社会边缘人的身影频频出现。在当时那种弱肉强食的大环境里,这种被官方视为犯罪的性关系,结合了同居和共财的因素,有时还包含感情纽带、拟制的血缘关系等因素,逐渐变成了一种或可被称为"非正统家庭"的根基。这种性关系在清代社会的底层被视为生存策略之一,而当时司法制度中那些僵化呆板的二分法(强奸/和奸,贞/不贞),看起来未能准确反映此种社会现实。[2]

第四节 关于危险男子的刻板印象

对18世纪清代社会底层上述现象的简描,将我们引向了另一个问题——清代的法律专家们是如何想象那些强奸犯(那些对他

[1] 参见《内阁刑科题本》,73/乾隆4.10.15。
[2] 关于18世纪时清代一些民众以行乞作为生存策略的讨论,参见 Philip A. Kuhn, *Soulstealers: The Chinese Sorcery Scare of 1768*, Cambridge, Mass.: Harvard University Press, 1990, pp. 46—47。

人的家庭秩序构成威胁的危险的外来男子)的形象的? 在中国古代,"奸"的定义长期以来便是外来男子对他人家庭秩序的侵犯,不管是否有来自被侵犯家庭内部的女子与该外来男子串通。但随着社会结构和法律上的身份等级秩序的变迁,法律专家们所想象的这类外来男子的威胁,也随着时间的推移而相应发生变化。

一、以往的刻板印象:身份低贱的强奸罪犯

从唐律关于奸罪的条文所规定的处刑等级当中,我们可以推断出唐代的立法者对何种类型的强奸犯最为戒惧。在唐代那些关于奸罪的法律条文所规定的各种刑罚里面,最为严厉的刑罚是斩首。除了几种特殊的乱伦情形,[①]斩首只适用于男奴或部曲强奸其主人家中的女性成员的情形。[②] 这类危险的男性,在法律身份、社会阶级和血缘关系方面均是其主人之家的外来者,但却又是为其主人之家所熟悉的人物。在当时,此类男子是一大批依附于那些

94

①　关于乱伦,唐律仅对犯下服制意义上最近亲等之间的强奸罪行者处以斩刑,参见《唐律疏议》(影印版),中国书店,1990年,卷26,第15页a—16页b。乱伦行为的严重性,其象征意义(鉴于家庭秩序在中国古代的意识形态中所处的核心位置)被认为大于其事实方面的意义。中国古代许多朝代的律典都根据服制关系,详列出所有可能发生的乱伦关系,并逐一规定相应的刑罚。不过,如果我们赞同清代的司法档案具有某种代表性这种看法的话,那么,这些构想出来的乱伦关系,其实有绝大多数都未曾出现在衙门公堂之上。我们最有可能看到的乱伦情形,是发生在叔/伯与嫂/弟媳(通常是寡妇)之间,且这种情况也相当罕见。但我仍然对中国古代立法者感到有必要详予说明的许多乱伦关系印象甚深。而且,纵观中国古代历史,对乱伦的法定处置方式并未发生多大变化。这意味着,在此领域当中,缺乏在其他法律领域中那种推动发生大变化、存在于意识形态和具体实践之间的矛盾冲突。

②　参见本书附录A.1;《唐律疏议》(影印版),中国书店,1990年,卷26。

精英家庭的身份低贱的体力劳动者中的一员。当时的法律如此重视此种特殊的奸罪，这一点反映出精英阶层对于能否控制自己的家奴感到焦虑。此种情况，类似美国在南北战争之前，南方的奴隶主因为担心黑人奴隶会强奸白人女性而疑神疑鬼。中国古代和美国在此方面所设想的那种最糟糕的情形，意味着当时实际情况（主人可以自由享用其女奴的性服务）的反转，并反映了居于统治地位的精英阶层对底层社会民众发动叛乱的可能性深感不安。事实上，唐律就整体而言的首要考虑事项之一，便是如何控制那些身份低贱的体力劳动者。

清代（特别是18世纪时）颁行的那些针对强奸罪的新例文，则刻画出另一种与上述截然不同的危险男性形象。此类危险男性的本质特征，不再是其身份低贱或依附于某个精英家庭。在这个问题上，清代律典的结构本身可能会造成某些困扰。清代律典几乎全盘保留了明律中有关此方面的律文，但其中有许多律文在清代的司法审判中其实已不再使用。倘若只着眼于这些可追溯至明初的律文，便很难看到18世纪和19世纪的清代法律专家们所实际运用的是哪些"活法"（living law）。这种"活法"主要体现于清代新添入律典的那些例文当中。最为鲜明地展现身份僭越所象征的那种重要性此时正在下降的迹象之一便是，在清代的那些新例文当中，很少有和贱民男子与良民女子之间发生的性关系问题有关的内容。①

在清代，"良贱相奸"律文中的旧有内容，从未因为新添入的例文而被修改，因此它相当接近其所建基其上的唐律原型。② 在清代的司法档案中，我尚未发现有哪起案件援引了这条律文来惩处贱民男子。③ "奴及雇工人奸家长妻"律文的旧有内容，在 18 世纪时被三条新添入律典的例文所改动，但其中两条新添入的例文是关于对主人或主人的亲属侵犯奴仆之妻施以新的刑罚。④ 第三条新添入的例文，对强奸主人妻女的奴仆或雇工人须被处以斩首之刑的那部分旧有律文内容予以重申，但它新增加了一般强奸案件中 95 那种严格的证据标准也应被适用于此类案件的明确要求——"审有损失肤体，毁裂衣服，及邻证见闻确据者"。这一例文规定导致的结果是，奴仆及雇工人也被扩展置于下述法律规定的保护之下，即只有当受害的女子证明自己并未表示过同意时，这些男子才会被认为是在强迫行奸。⑤ 上述这三条例文均可被解读为具有使身份等级齐平化的效果，因为其内容皆降低了那些身份低贱的体力

① 关于清律的变迁过程，参见 Zheng Qin, "Pursuing Perfection: Formation of the Qing Code", translated by Guangyuan Zhou, *Modern China*, Vol. 21, No. 3 (1995), pp. 310—344; Derk Bodde and Clarence Morris, *Law in Imperial China*, *Exemplified by 190 Ch'ing Dynasty Cases*, Cambridge, Mass.: Harvard University Press, 1967, Chapter 2。

② 参见(清)薛允升:《读例存疑》(重刊本),黄静嘉点校,成文出版社,1970 年,律 373-00。

③ 本书的第二章业已说明，这条律文在乾隆五年(1740)时被以添入小注文字的形式进行修订，其结果是，强奸他人家中婢女者，将被处以与强奸良民女子同等严厉的刑罚。参见《清会典事例》,中华书局,1991 年,卷 825,第 994 页。

④ 参见(清)薛允升:《读例存疑》(重刊本),黄静嘉点校,成文出版社,1970 年,例 370-01,例 370-02。

⑤ 参见(清)薛允升:《读例存疑》(重刊本),黄静嘉点校,成文出版社,1970 年,例 370-03。

劳动者在法律上被歧视的程度。

案件记录中的情况又是怎样的呢？在清代的司法档案中，我只见到一起"奴"奸主人家中女子而被处死刑的案件（此案发生于清王朝建立后的最初那10年当中）。[①] 雇工人的情况则较为复杂。明律视雇工人在法律身份上相较于其雇主要低，他们在刑案审判中会相应受到歧视。这种法律上的身份界定为清律所沿袭。但到了18世纪时，刑部大幅限缩了雇工人这种法律上的身份类别之涵盖范围，从而将绝大多数的雇佣劳动者从此类别中剔除出去。最终，清代的司法官员将几乎所有的农业雇佣劳动者均视为与其雇主在法律上拥有同等身份之人。至18世纪时，这些雇主通常本身也是农民或略有薄产的小地主。[②]

上述这种变化并非在一朝一夕之间完成的。乾隆二十二年（1757）的一则关键性案例，涉及雇工强奸其雇主的妻子，而刑部将这名雇工视为在法律上与其雇主身份平等之人。[③] 不过，乾隆二十七年（1762）时在数月内相继上报至中央司法机构的三起强奸案件，则揭示出伴随着这种法律上的身份分类变化而引发了某些困惑。这三起案件的案情非常相似，均为一名雇工企图强奸其雇主的妻子或妾，而那名女子在进行反抗时，被行奸者用利刃造成

---

① 但这并非一起强奸案件。该案的案情是，直隶武邑县的马四和他主人的女儿发生了性关系。此女后来怀孕，因奸情暴露而自杀。马四在顺治八年（1651）被判处斩刑。参见《内阁刑科题本》，1042/顺治12.6.7。

② 参见 Philip C. C. Huang, *The Peasant Economy and Social Change in North China*, Stanford, Calif.: Stanford University Press, 1985, Chapter 5；经君健：《清代社会的贱民等级》，浙江人民出版社，1993年，第35—40页。

③ See Philip C. C. Huang, *The Peasant Economy and Social Change in North China*, Stanford, Calif.: Stanford University Press, 1985, p.98.

重伤。

第一起案件来自盛京奉天，人犯陈天章是一名外地来的移民，他与其雇主之间有口头协议，受雇为后者工作两个月。因此，盛京刑部在对此案进行裁决时，认为应将陈天章视为和其雇主在法律身份上平等之人。三法司驳回了盛京刑部的上述拟判，而是将陈天章视作"雇工人"加以处刑，但并未给出任何特定的理由来解释为何如此认定。①

第二起案件来自四川彭县，雇工周应隆也是在没有书面契约的情况下受雇于他人，四川总督在裁决该案时，将周应隆视作和其雇主在法律上身份平等。再一次地，三法司否决了这种对法律身份的认定，其给出的理由是周应隆已答应其雇主将工作至新年过后，故而他属于受雇的"年工"。②

第三起案件来自直隶唐县，雇工王大小未和其雇主签订书面契约，且在雇主家中工作的时间"不足一年"，同时"也没有收足一年工钱"。直隶总督据此在判决时视王大小和其雇主在法律身份上平等。三法司这一次没有表示异议，并声称"雇工人"在法律上的定义是按年受雇的雇工(年工)或者为同一名雇主不定期工作超过五年的雇工，除此以外的所有雇工，皆应被视为和其雇主在法律身份上平等。③ 但这种定义直接与两个月前三法司自己针对陈天章一案做出的裁决自相矛盾(在该案中，陈天章被同意受雇的时限仅为两个月)。

96

---

① 参见《内阁刑科题本》，184/乾隆 27.2.5。
② 参见《内阁刑科题本》，179/乾隆 27.3.7。
③ 参见《内阁刑科题本》，188/乾隆 27.4.13。

乾隆二十七年发生的上述案件表明,在如何认定雇工在法律上的身份这一问题上,清代高层司法机构官员当中显然缺乏共识。

但到了 18 世纪 80 年代,中央司法机构的官员们便已认定,所有受雇于普通平民的农业劳动者,包括年工在内,均应被视为和其雇主有着平等的法律身份。[①] 尽管这样或那样的雇工常以罪犯的角色出现在 18 世纪后期和 19 世纪的案件当中,但他们几乎皆被视为拥有和其雇主平等的法律身份。在其他各种情形当中,他们也都被视同为一般平民。

二、新的刻板印象:"光棍"

清代的司法官员对那些沦为强奸犯的贱民或家奴的忧心程度,看起来不像唐代的司法官员那般强烈。尽管对这类强奸犯的刑罚依然非常严厉,但由于所有的强奸犯皆被处以绞刑或斩刑,故而对贱民男性的处刑方式,不再像以往那般相较于针对其他男性而言存在着明显的差别。清代律典中的相关律文及案件记录均显示,在 18 世纪和 19 世纪,贱民身份的男性,既非当时那些立法所关注的焦点,也非强奸罪日常惩治的主要目标人群。此时,让清代的司法官员为之忧心忡忡的是那些社会边缘人,后者处在(且被预设为对立于)以家庭为基础的社会秩序和道德秩序之外。[②] 无论是在

97

[①] See Philip C. C. Huang, *The Peasant Economy and Social Change in North China*, Stanford, Calif.: Stanford University Press, 1985, pp.98—99.

[②] 关于 18 世纪时清代民众和官方对无业游民的猜忌,参见 Philip A. Kuhn, *Soulstealers: The Chinese Sorcery Scare of 1768*, Cambridge, Mass.: Harvard University Press, 1990, pp. 41—48。

性事方面，还是象征意义上，此类外来男子皆被视作具有侵略性的行奸者，这些人破坏了家庭的界限，并对他人家庭当中的女性及少男构成了一种实施性侵犯的威胁。

这种性掠夺者的角色塑造，是清代的法律话语针对那些来自家庭外部的危险男子所建构出来的一种相当常见的刻板印象。清代律典反复提及这类危险的男性，在那些与时俱增的新例文中，此类人物出现的频率在日益增高。清代的立法者使用了许多不同组合的词语来描述这些人的特征。后者被认为"凶""恶""淫"且"好斗"，是"不肖恶徒"和"刁徒"。不过他们最常被称为"光棍"。

"光棍"是一个古老的词语，不过据我所知，直至17世纪后期，这一词语才首度出现于清代的法律话语之中。"棍"的意思是"棍枝"，可被引申为指那些无牵无挂之人（无"根"无"枝"）。此字既意味着缺乏社交关系，也可被用来形容由此导致的流氓行为。这种对"棍"字的早期用法，至少可追溯至唐代，当时用此字来指称那些衣衫褴褛、结伙斗殴的"闾巷恶少年"。[1] "棍"字之前的那个"光"字（其意思包括身无长物、光秃、形单影只等），在这里则被用来强调贫穷和无妻。晚清时期的士大夫章炳麟将光棍界定为"凶人"或"无室家者"。[2] 总而言之，光棍就是指那些没有妻子、家庭或财产等牵挂，故而不易受到社会秩序和道德秩序之约束的男子。在英文当中，从语言习惯上来说比"bare stick"这种表述更适合用来对译中文所称的"光棍"的，也许是"rootless rascal"（无根的流氓无赖）。

---

[1]《中文大辞典》，台北中华学术院，1976年，第5册，第282页。
[2]《辞海》，台北中华书局，1978年，第1册，第294页。

清代律典中关于"恐吓取财"的律例规定,被明确用于对"光棍"进行惩治。[①] 引领此部分律例规定的那条沿袭自明律的律文,并未特别提及"光棍",但清代在此条律文后面陆续添入的那些新例文,则皆是为了惩治那些惹是生非、无可救药的男性个体或群体,而非围绕"恐吓取财"这一主题进行说明。这些后来添入的例文,多半与"恐吓取财"这一行为本身没有直接关联。事实上,随着新的例文被不断添入其后,此部分律例规定所针对的重点目标,从"恐吓取财"这一特定的罪行,转变为一般性的反社会危险行为,以及那些被认为对社会秩序构成威胁的形形色色的社会边缘人。其

98 中有一些例文的内容可谓包罗万象,其适用范围极广,例如"凡凶恶棍徒屡次生事行凶,无故扰害良人,人所共知,确有实据者,发极边足四千里安置"。[②] 需要注意的是,上述这一例文中加害者与受害者之间的那种反差,并非建基于双方在法律上的身份等级差异,而是根源于为非作歹与安分守法这两者之间的对比;"良人"一词在这里的含义,与其说是代表了法律上的良民身份,毋宁说是一种基于道德价值所作出的评判。

在"恐吓取财"律文之下,还有其他一些旨在对如下这些棍徒进行惩处的例文规定:无端肇衅、凭空讹诈、欺压"乡愚"的"刁徒";犷悍凶恶、肆行不法的台湾无籍游民;在盛京勾结当地旗民,以各种方式进行敲诈勒索的外来棍徒;伏草捉人、横加枷肘并勒银取赎的苗人;擅入苗民地界、借差欺凌或强奸妇女以及讹诈不遂,聚众

---

① 参见(清)薛允升:《读例存疑》(重刊本),黄静嘉点校,成文出版社,1970年,律273-00;《清会典事例》,中华书局,1991年,卷794,第692—703页。

② (清)薛允升:《读例存疑》(重刊本),黄静嘉点校,成文出版社,1970年,例273-02。

凶殴、杀死人命的地方衙门吏役或汉民；逃出宫并在外索诈的太监；成群结党进行暴力活动的匪犯或拜会讹诈的匪徒（此方面的例文，将安徽、广东、广西、贵州、江苏、江西、陕西、山东和山西专门列为须对此类滋事者进行镇压的省份）。

纵观这些关于"光棍"的法律话语，可以看出它们相当一致地将某些犯罪行为（诈索、绑架、强奸、诱奸、鸡奸、恐吓、抢劫、贼党、异端）与特定类型的男性（地痞、边境地区和城市中的流民、衙役、僧道、逃犯、逃出宫的太监、苗人）关联在一起。此类男子最引人注目的特征，并非他们在法律上的低贱身份。法律上的身份等级差异看起来在这里无关紧要，那些被惩治的"光棍"在法律上皆被视作平民。所有这些人皆可被视为以某种方式处于居有定所的主流家庭模式之外，亦即处于儒家所设计的那种理想蓝图（约束个体并对其加以社会化的家庭网络和社会人际网络）之外。被这些人侵害的受害者则被刻画为遵纪守法的平民，即"小民"、守贞的妻女、安分待在自己地界内的非汉人族群等。相关的法律就此规定适用的流刑和死刑等严刑，与其说是为了惩罚那些个人性的犯罪，还不如说是为了将那些无可救药的惹是生非者从社会中彻底清除。

那条被添入"恐吓取财"律文之后的最重要的例文，被清代的法律专家们直接称作"光棍例"。① 此条例文颁布于清初，规定对犯有与"恐吓取财"相关的各种暴力罪行的主犯们处以斩立决，从犯则处以绞刑。在17世纪70年代，法律专家们借助比附这种法律推理方式，将此例文的适用范围扩展用于惩处其他罪行，其中包括

99

————————

① 参见本书附录 A.4。

情节特别令人发指的某些强奸罪行（轮奸或绑架守贞妇女、奸杀、强奸幼女等）。这种通过比附的法律适用，最终被纂定为一系列的新例文。① "光棍例"也被用来惩治与上述情形类似的那种同性相奸行为（本书的下一章中将专门讨论同性强奸这一主题）。② 清代的法律话语越来越多地将那种暴戾的性掠夺者刻画为"光棍"。例如在雍正十一年（1733）颁发的一道谕旨中，皇帝评论道："若强奸不从将本妇立时杀死者，如此淫凶之犯实与光棍无异，非立斩不足以蔽其辜。"③现藏于中国第一历史档案馆的清代档案显示，在18世纪和19世纪那些异性强奸案件和同性相奸案件当中，被比照"光棍例"处刑的例子皆相当常见。④

值得注意的是，"光棍"一词也带有阴茎的隐喻。一份对北京方言所做的研究注意到，"棍"是"男根"的俗称，这也是俗语中为何将没有妻子的男人称为"光棍"。⑤ 在明清时期的白话小说当中，"棍"暗指勃起的阴茎。例如晚明时期的白话小说《金瓶梅》中描写道，道士金宗明打算强奸与他同床而眠的陈经济，"他把那话弄得硬硬的，直竖一条棍"。⑥ 即便不是弗洛伊德学说的信徒，人们也不

① 例如（清）薛允升：《读例存疑》（重刊本），黄静嘉点校，成文出版社，1970年，例366-02，例366-03，例366-04，例366-08，例366-09。

② 参见本书附录B.1。

③ 《"中研院"历史语言研究所现存清代内阁大库原藏明清档案》（第59册），档案号：59-10。

④ 乾隆、嘉庆两朝颁布了一系列的法令，责成地方官"禁止光棍"，亦即要求地方官围捕那些游荡闹事者并将其绳之以法。这些法令，与追捕逃犯的则例及那些涉及赌博、邪教和聚众的禁令密切相关。参见《清会典事例》，中华书局，1991年，第130—132页。

⑤ 陈宝良：《中国流氓史》，中国社会科学出版社，1993年，第161页。

⑥ 《金瓶梅词话》（万历年间版），香港太平书局，1988年，第93回，第10页a。

难意识到,清代法律文本中对"棍"字的频繁使用("光棍""棍徒"
"恶棍""淫棍"等),强化了这些无赖男子对于当时社会秩序来说
乃是一种特定的阳具威胁的形象。

　　自唐代以降,和尚与道士在律典当中就被列为须特别加以留
意的对象,到了明清时期此点尤为明显。僧道戒绝性关系,放弃婚
姻,并且不与自己原先的家庭成员一同生活,完全脱离了主流的家
庭秩序。在清代官员们的眼中,这类男性是光棍及其所代表的各
种危险性的典型化身。正如孔飞力所言,在 18 世纪,"底层的僧
道"乃是被特别加以注意的对象,因为朝廷官员们认为"行脚游方
之僧道"的人数在急剧增多,并由此形成了"孕育叛乱和目无法纪
的温床";事实上,时人强烈怀疑"许多僧道并非'真正的'修道者,
而是为了规避法律而打扮成僧道的无赖之徒"。① 因此,清代针对
僧道采取了许多措施,努力将其置于社会控制和政治控制之下。
此类措施包括要求这些人在特定的机构登记造册,规定僧道对自
己新收的徒弟负有加以约束管教之责,禁止乞丐僧到处流浪,禁止
男性未经官方登记和许可便私自出家为僧道。②

　　明清时期的法律专家们看起来特别倾向于怀疑僧道会做出性
犯罪之举。例如,明律中有一条后来为清律所沿用的规定,专门对
那些刁奸、诱奸女子,或者诓骗女子财物的寺庙僧道进行惩

100

---

① See Philip A. Kuhn, *Soulstealers: The Chinese Sorcery Scare of 1768*, Cambridge, Mass.: Harvard University Press, 1990, p.44.

② 关于清朝政府在 18 世纪时所采用的这些极为细致的新控制手段,详见《清会典事例》,中华书局,1991 年,卷 501。

处。① 另一条律文则规定，身为僧道却犯奸者，加重二等处刑。② 18 世纪时的一条新例文援引了"光棍例"，对那些将受害者强奸致死的"喇嘛、和尚等"加以严惩。③ 清代律典当中还有其他很多此方面的例子。这些律例对僧道的独身禁欲生活深表怀疑，认为那是使愚民们对他们放松警惕之心的狡猾伪装，以便利用其来进行性侵犯及其他的掠夺行为。这种怀疑，与明清白话小说中关于僧道的那种刻板印象毫无二致。

归纳来说，清代立法所刻画的性掠夺者形象，属于危险男性中的一种，后者是指那些身处家庭秩序之外并对其构成多重威胁的"光棍"。唐律当中最令人感到忧惧的强奸犯，是那些血统、法律身份和社会等级等意义上的外来者，但这些人在家庭秩序中具有明确的位置；实际上，当时所面临的最大危险，可以说是来自家庭秩序的内部。但是，清代关于强奸罪的司法话语，不再是关于那些发生在贵族庄园内部的僭越法律身份等级的犯罪行为或阶级冲突。无论是"光棍"，还是被"光棍"性侵犯的受害者，均被视为平民，原先那种法律上的正式身份等级，此时已不再是重点。"光棍"的危险性，源自这些人是身处家庭秩序之外的个体，而家庭秩序则是支撑各种规范性价值和国家权力的基石。唐代的贵族们所担忧的是自己家中的奴仆，而非那些自己并不认识的外来者。但清代的法律专家们所担忧的，则是社会底层中那些总人数正不断上升的无赖单身汉群体。在他们看来，这些人不仅是匪贼乱党的生力军，而

① 参见(清)薛允升：《读例存疑》(重刊本)，黄静嘉点校，成文出版社，1970 年，例 161-01。
② 参见(清)薛允升：《读例存疑》(重刊本)，黄静嘉点校，成文出版社，1970 年，律 372-00。
③ 参见(清)薛允升：《读例存疑》(重刊本)，黄静嘉点校，成文出版社，1970 年，例 366-09。

且还可能觊觎那些家境较好的人家中的妻女及年少子弟。

第五节　清代中央司法官员的实际做法

现在且让我们转向讨论完全符合司法上那些公认标准的强奸案件。男子实际上因犯下强奸罪行而受到指控的那些案件记录,显然并不能代表所有发生的强奸行为,特别是当人们坚持从权利角度对这种罪行进行定义时更加如此。毋宁说,这些案件记录只记载了那些符合官方就强奸所制定的狭义标准的特定罪行。对清代此类案件的简要考察,将有助于我们较为准确地锚定中国帝制晚期的司法官员们关于强奸罪犯的刻板印象。

我总共搜集到了49起发生在雍正、乾隆和嘉庆年间的异性强奸案件(均为经中央司法机构审理的案件)的详细记录。在这些案件当中,都有男子的行为被正式认定为强奸或试图强奸的情形,部分凶犯还犯有杀人等其他罪行。(关于同性强奸案件中的情况,我将在本书第四章中讨论。)这批样本包括58名强奸犯和50名受害者,其中有一起案件涉及两名受害者,其他案件中有些受害女子遭到多名男子轮奸。若想利用这批案件进行完整可靠的计量分析,其样本规模或许太小,且这些案件的记录也未必总能提供我们想要了解的特定细节。但这批案件样本所包含的信息,足以说明在清代的司法审判中,须是由哪些男性针对哪些女性进行何种类型的侵犯,才会满足官方所要求的那种能够据以将其作为强奸犯处以死刑的标准。

一、对强奸犯典型形象的侧写

且让我们先来看那些被判定为强奸犯的男子本身。如果我们将目光从立法中所使用的表述转向对强奸案件实际审判的考察，那么便可发现"光棍"并不仅是一种修辞而已。

在我所搜集到的案件中，记录了 43 名强奸犯的各自年龄。他们中的大多数人是二三十岁，平均年龄为 31 岁。这批案件样本同时还提供了这 43 名强奸犯的营生方式：29 人（占总人数的 67%）从事某些卑微或者受歧视的生计，其中包括 22 名雇农、1 名乞丐、1 名走街串户的剃头匠、1 名兵卒和 1 名衙役，还有 3 名被形容为"不务正业"的男子；其他 14 人的营生方式相对而言要稍微体面一些，包括 2 名裁缝、1 名以编篾席为业之人，还有 11 人看起来应该是普通的农民，其中数人被形容为极度贫穷。在这些人当中，有 2 名强奸犯被描述为惯偷，另有 4 人是在入室窃盗时实施强奸。我们完全可以据此推测，另外那 15 名其营生方式在案卷中未有记录的强奸犯，应该没有什么特别的营生方式或收入，否则这种信息应会被记录在案。

在这些罪犯里面，其婚姻状况能够从案卷记录中得到确认的共有 28 人，其中已婚者仅有 4 人，另外 24 人都是单身汉。如果采取保守的估计，那么我们可以说，在由这 58 人构成的全部样本中，可以确定为绝对未婚者的仅 24 人（占总人数的 41%）。但我们也不妨合理地推论，案卷记录中那些婚姻状况记载不详的强奸犯，即便并非全属未婚男子，其中的大多数人应该也都未曾娶妻。之所以做如此推论，是因为，首先，在雍正、乾隆和嘉庆三朝经中央司法机构审理的案件之记录当中，一般都会包含被判死刑的罪犯的直系家庭成员的口供。在数起写明强奸犯已婚的案件记录中，他的妻子会作为重要的证人出现（她要为下述问题作供："案发当晚你的丈夫在何处？"）。其次，考虑到18世纪和19世纪清朝贫苦大众的"婚姻危机"日益恶化，这批样本中所显示的普遍贫穷状况和营生方式，也表明他们已婚的可能性并不大。况且，在强奸案中（无论是异性强奸还是同性强奸），审理案件的州县官看起来皆认为，被告的婚姻状况与所发生的强奸案之间有着某种特殊的关联。若强奸犯在案卷中被记录为已婚，则州县官有时会在审讯过程中质问道，你既然已有妻室，究竟为何还要强奸他人？这种问讯方式，暗示了州县官认为无妻才是促使那些男子犯下强奸罪行之真正动因，而司法上关于"光棍"的刻板印象，更是对这种预期予以进一步的强化。

有41名强奸犯的籍贯被记录在案。他们中的许多人都是与受害者居住在同村（几乎所有的样本皆来自乡村），但有11名是外地人（其中有10名外地人是来自外县或外省的移民）。

根据上述信息，我们可以尝试建构出盛清时期那些犯下强奸罪的男子的典型形象：年龄为二三十岁，可能操持某种不体面的营生，并且几乎可以肯定是未婚的穷人；在大多数案件中，他与受害者居住在同村，不过如果他是无人认识的外地人，那么后一种身份对他来说也可能是个好机会；他可能还牵涉其他的破坏性活动，例如窃盗；还有，上述样本中有数名男子是在醉酒后行奸。简言之，他是没有财产、身份地位和家庭的年轻男子，前途渺茫，也因此在

103

当时的社会秩序里面少有什么显而易见的利益可言。

二、对受害者典型形象的侧写

对被这些强奸犯性侵犯的女性受害者之情况的检视，揭示了对于她们有着一种甚至比关于那些强奸犯的更为清晰的刻板印象。这批案件样本中的所有女子，其身份皆是通过她与男性的某种正当关系加以界定。在 50 名被强奸的受害女子中，13 人云英未嫁，7 人是尚未与其未婚夫完婚的童养媳，28 人已嫁为人妇（其中 1 人是妾），还有 2 人为寡妇。有 12 名受害女子的年龄低于和奸的法定刑事责任年龄。那些已然成年的受害女子，其年龄大多数在十七八岁至二十几岁之间，年纪最大的受害女子为 36 岁。

有 45 起强奸案我们可知谁是其告发者。并不令人感到惊讶的是，有 27 起案件是由受害女子的丈夫、公公或其丈夫的兄弟报案，有 1 起是由雇用其丈夫的地主报案，另有 15 起是由受害女子的父亲或她的其他血亲报案，受害女子自己报案的仅有 2 起。换言之，受害女子家中男性尊长对她的积极支持，通常是提起强奸罪指控的必要条件。

最能说明问题的细节，或许是每位受害女性被强奸时的案发场所。这 50 名受害女子的此方面情况均被记录在案：有 37 人（占总人数的 74%）当时正在自己家中，其中有 19 人是夜里在自家床上睡觉时遭到强奸；有 6 人当时正在自家的地里劳作；有 4 人当时是为了取水之类的家务活儿而外出；有 1 人获夫家允准回娘家探亲，当时正在返回夫家的途中；剩下的 2 名受害者皆是幼女，她们当时正在离自己家不远处玩耍。

　　上述情况所凸显的，当然是父权制下的家庭生活情境。毫无疑问，这些妇人和幼女当时均是安守本分地处于属于她们的家庭生活空间范围之内。因此，没有理由指责她们自身做出过某些足以诱发强奸的可疑行为。这批案件样本在此方面的一致性，强化了之前所述的那些论点：在对强奸案的审理过程中，首先必须判定被强奸的女子是否符合法律上所称的那种受害者资格；除侵犯了 104 女性受害者本人，强奸罪行同时还侵犯了家庭秩序。正是由于存在着此种要求先对受害女子的贞节记录加以判定的做法，我们才得以在这些案件记录中看到通常比强奸犯的个人信息更多的有关受害女子的细节。这种形象，不免让人联想起那个被用来指称典型的强奸罪受害者的法律用语——"良家妇女"——的书面含义。这些强奸罪的受害女性大多生活在普通的农家，她们是平民家庭中守贞但卑微的妻女。为了突出这一点，此类性侵犯行为当中那些加害者的典型形象，被建构为危险地游离于由婚姻、家庭和财产所交织而成的社会化网络之外的无赖男子。①

----

① 诚如保拉·巴德妮（Paola Paderni）所指出的，若女子被其所属的社会群体中某位颇有声望的成员强奸，则出于维护该社群内部和谐的考虑，此类暴行可能会被淡化处理，从而导致该罪行不会被公开。参见 Paola Paderni, "Le rachat de l'honneur perdu. Le suicide des femmes dans la Chine du XVIII siecle"（The Recovery of Lost Honor：Female Suicide in Eighteenth‐century China）, *Etudes Chinoises*, Vol.10, Nos. 1—2（1991）；Paola Paderni, "An Appeal Case of Honor in Eighteenth‐Century China", in *Ming Qing yanjiu：Redazione a cura di Paolo Santangelo*, Rome and Naples：Dipartimento di Studi Asiatici, Istituto Universitario Orientale and Istituto Italiano per il Medio ed Estremo Oriente, 1992。在上述这种情形当中，双方通常会私下和解，并尽量掩人耳目。相关的例证，可参见《内阁刑科题本》，181/乾隆27.4.28。

这批案件样本中最后一个引人注意的地方，是受害女子所遭受的身体损伤情况在证明确曾发生强奸时所起到的作用。在这50名遭到强奸的受害女子中，有18人死于被杀或自尽，活下来的受害女子中有6人受重伤，有2人自杀未遂。在未受重伤的受害女子中，只有13人超过和奸的法定刑事责任年龄（12岁）。11名未受伤的受害女子的年龄都在12岁以下。对于这些未成年的幼女来说，针对她们的任何性侵犯行为，均将自动构成强奸罪，因此只需证明受害者的年龄及强奸"已成"即可。

简言之，在那些达到和奸的法定刑事责任年龄的受害女子中，有二分之一的人死亡或受重伤。这一比例所表明的，不仅是强奸行为的暴力性程度，而且还包括明清时期据以认定强奸暴行和反抗强奸之举的证据标准，其中最关键的是受害女子是否死亡或其身体受到了损伤。

三、一些让司法官员对其处理结果感到满意的案件

本节这种关于中央审判机构司法实践的讨论，将利用如下三起案例加以收尾。这三起案例将展示，上文中所说的那些原则和证据标准，是如何在那些其司法官员对处理结果感到满意的案件审判过程中发挥作用的。这三起案例，均取自地方巡抚上报至中央司法机构以供其对强奸罪犯的死刑判决加以复核的内阁刑科题本。

第一起案例来自江苏邳州，在乾隆四年（1739）被上报至中央司法机构。在该案中，田东（49岁）系原籍山东的一名未婚短工，

他被证实强奸了住在其居所附近的同村未婚女孩张魁姐（14 岁）。某日早晨，田东看见张魁姐正在她自家门口和邻居家一名唤作小丫头的女孩（也是 14 岁）玩耍。田东意识到当时只有这两名女孩在，她们的家人都下田割谷去了。以下是他的供词：

105

> 该死想要奸魁姐，先去哄他［她］到小的空屋门口来打枣吃，他［她］不肯，小的停了一会，就去把魁姐抱到空屋里关上芭门，把他［她］按在床上，扯下他［她］的裤子奸的，奸过后小的走了出来。

随后张魁姐哭着跑到田里，将自己被奸之事告知正在那里劳作的母亲和哥哥张起。于是张起到当地衙门报案。

田东最初否认自己强奸了张魁姐，声称他只是看到这两名女孩偷摘自己雇主家树上的枣子，故而出言呵斥了她们。他的诉状以下面这番话作为结尾："泣思身近五十，伊妹方十余岁，身亦人类，焉有作此事之理？"因此，在此案初审时，知县讯问张魁姐的哥哥张起："你说他强奸，有何证据呢？"张起于是请求知县传召那两名女孩进行讯问。

小丫头在公堂上作证说，田东强行将张魁姐抱往他住的屋里，张魁姐叫喊，但田东用手捂住她的嘴，把她抱进屋内并关上门，过了一段时间后他才出来。知县向小丫头问道："你见魁姐被田东抱进屋去，怎么不喊呢？"小丫头回答说："那时魁姐家没人，小的父母又不在家，别的人家都隔得远，小的也吓慌了，叫小的喊那个（哪个）呢？后父亲回来，小的就对父亲说过的。"知县还就她遭强奸时的反抗程度这一关键问题向张魁姐问话。张魁姐描述了当时发生的情形："小的年轻力小,挣又挣不脱,他奸过了就先跑出来。小的穿上裤子,哭到湖地区①告诉母亲哥子的。"知县继续问道："你怎么不叫喊呢?"张魁姐回答说："小的叫喊,他把小的的嘴扪堵的。"知县接着问道："他在屋里按你扯你裤子的时节,你叫喊没有呢?"张魁姐答道："小的叫喊,他也扪住小的的嘴,喊不响了。"知县又问:"你的裤子被他扯破没有呢?"张魁姐回答说："小的穿的是条蓝布裤子,被他撕裂线缝的。"

106　　　稳婆奉知县之命检查了未婚的张魁姐的下体,确认此女"已经破身","并非闺女"。张起随后呈交了张魁姐当时所穿的那条被扯破的裤子,以此作为证物。田东的雇主到堂作证说,他家的枣树尚未长到能结出果实的树龄,因此田东所供关于枣树的情节与实情不符。小丫头的父亲则作证说,当日他一回到家中,女儿就立刻向他告知张魁姐遭田东强奸。此案再次开堂审理时,田东便招供了。不过即使如此,知县仍然接着追问张魁姐反抗强奸的具体情节,而这被记录在田东供词的笔录之中。知县问道："他[她]叫喊没有呢?"田东供称："小的先抱魁姐走,及把他[她]强奸,他[她]原屡次叫喊,都是小的把手扪着他[她]的嘴,喊不响的。"田东后来被判绞监候,上级官员在复核此案时也同意照此判决。

　　　在那些证明张魁姐在遭强奸时有过反抗之举的证据中,并无其身体遭到损伤一项。张魁姐的阴道受到损伤,这在法律上并不被记录为"损伤",而只是被视为她的阴道"已经"在成婚之前被阴

---

① 译者注:"湖地区"三字,系本书作者提供的刑科题本原文如此。

茎插入过的证据而已。那个用来陈述稳婆所提供的证据的用语——"破身"，在词意上属于中性，该词并未将女孩的这种身体状况和由正常或正当的性交行为造成的损伤加以区别对待。对阴道损伤情况的检查，只是被作为一类反证，亦即若她尚未"破身"，则证明强奸显然未成。此案中亦无证据显示那名强奸犯当时使用了凶器，不过张魁姐的年幼力弱可能降低了记录这类证据的必要性。除了这一项，此案可说是与清代关于强奸罪的那些审判标准完美契合的案例。在此案中，没有任何因素导致这名女孩在法律上丧失成为强奸罪受害者的资格，不过起着决定性作用的是，有目击证人证实张魁姐确曾进行反抗并试图叫喊，且强奸犯本人的招供，以及被他扯破的裤子这一物证，也证实了此点。①

　　正如我们在上述案例中所看到的，尽管并不要求那些证明强奸罪已成的证据标准都全部具备，但仍然必须要有多个相互支持的证据。而在被法律文本称作"偷奸"或"冒奸"的另一类犯罪行为当中，除非有足够令人信服的证据可以洗刷她的嫌疑，否则该案件中的女子便可能会被默认为甘心顺从。这种情形，在上报至中央司法机构复核的那些强奸案件中并非罕见，例如行奸者趁女子熟睡时潜上床，在她清醒意识到所发生的事情之前便完成了性交行为。

　　乾隆二十七年（1762）上报的一起发生在安徽定远县的案件，便属于此种情形。某天夜里，农民王玉志（32 岁）喝得烂醉，起意"偷奸"。他垂涎邻居李狗汉的妻子王氏（18 岁，与罪犯王玉志同 107

---

① 参见《内阁刑科题本》，71/乾隆 4.7.18。

姓但无亲戚关系）已久，于是便来到李狗汉夫妇的住处，用刀在土墙上破开一个洞，在外听到李狗汉夫妻两人都已睡着后，便从破开的洞里钻了进去。当时正值炎炎夏日，王玉志看到王氏裸身在睡，仅盖着一条裤子，便扒下自己的裤子，爬到王氏身上奸她。王玉志供称："那时小的原想冒充他（她）丈夫的，成了奸。"根据王氏的供述：

> 小妇人睡梦里觉得身上有人，小妇人惊醒，还认是丈夫，又觉得身子与丈夫不同。小妇人把脚一伸，丈夫在脚头睡。小妇人知道被人奸了，正要喊叫，他把舌头伸在小妇人口内。小妇人恨极，把他舌尖咬了一节下来。他就叉着小妇人喉颡子。小妇人拆他的手，他把小妇人右手指头招破了。那时小妇人把脚乱蹬，丈夫惊醒起来，他就起去开门跑了。

值得注意的是，在受害女子王氏的这段供述中，那名对她进行性侵犯的男子的行为被描述为"奸"（动词），其依据并非他当时对王氏正在做的那种事情，而是王氏意识到他并非自己的丈夫（这说明她自己是被"奸"）。不久，王玉志携刀返回，要求王氏将她咬下来的那段断舌还给他。李狗汉夫妇此时才认出他来。他们夫妻二人逃出屋去，躲在稻草丛中，直至王玉志离去。翌日，李狗汉夫妇两人到当地衙门报案，并将王氏咬下的那块断舌呈作证据。王玉志被衙门抓获到案后，知县需要做的就是查验他的舌伤。而王玉志很快便招供了。

那些对王氏有利的证据，在重要性上要大大胜过她所讲述的

自己遭性侵时正处于熟睡状态的那种模棱两可的陈述。王氏身上
有多处瘀伤，并有一根手指破损，这些足以证明她当时遭到的性侵
犯相当暴力。而王玉志被咬下的那块断舌，则证明了王氏本人进
行反抗的刚烈程度。王玉志的那些招供确证了王氏所述无误，不
过她还拥有最有力的目击证人，即她的丈夫。（有其丈夫作为目击
证人的这种情况，在那些强奸案件的案卷记录中相当常见，我猜测
这是因为受害者丈夫的口供对强奸罪的裁决极具决定性作用，而
非这种情形真的如此频繁发生。）此外，王玉志为了进入李狗汉家
中而挖出的那个墙洞，以及他手持凶器返回犯案现场这一事实等，
也是对王氏有利的证据。王玉志最后被判绞监候。①　　　　　　108

　　在上述这两起案件中，受害女子均是在适合她的家庭生活空
间范围内遭人强奸的。具体来说，张魁姐当时正在自家门口与邻
家的一名女孩玩耍，而王氏当时则正在自家床上与其夫同眠。嘉
庆八年（1803）出版的一本官箴书探讨过这一议题：

> 　　白昼一人行强，虽在旷野幽僻人迹罕到之处，奸多不成。
> 若告成奸，便以强合，以和成也，或仅调戏而成奸者有之。白
> 日图奸，多在孤村旷野，邂逅相遇，淫念顿起，其事多系一人。
> 十五岁以下之幼女，或可强合，十六岁以上之少妇难成。但妇
> 女孤行无伴，多非贞节，其奸后泄露者，非因许给资财，被其诈
> 骗，即思恐吓讹诈，讳和为强也。

---

① 《内阁刑科题本》，170/乾隆 27.4.17。

该书的作者接着引述称,要想将强奸案的裁决做实得令人信服,必须要有能够表明受害女子遭强奸时曾进行反抗的物证,以及证人的口供。[1]

不过偶尔也有例外。四川罗江县有一起强奸案件,其上报至中央司法机构的时间也是在乾隆二十七年(1762)。该案中,一位被唤作向氏(30岁)的女子,在没有身体损伤、被扯破的衣物和目击证人的情况下,让周明志(25岁,原籍湖广的单身移民)承认强奸了她,并使他被定罪。根据向氏的口供,她的丈夫在外地经商,当时她刚从娘家探亲回来,正在回夫家的途中:

> 没人伴送……因贪路近走了小路,撞遇这周明志走来,把小妇人按倒,一手扯脱裤子,小妇人挣扎喊叫,周明志拿刀要杀,小妇人挣不脱身,被他强奸成了,手上摔落一个银戒指也被他拿去。

向氏回到夫家后,向其丈夫的兄长哭诉所发生的事情。根据她的描述(向氏并不认识那名将她强奸的男子),其夫的兄长猜到强奸者是周明志,于是叫上几名邻居一道去抓他。他们抓住周明志,并找到了向氏所说的那把刀和银戒指,经向氏辨认无误后,将周明志送交官府处置。

该案在初审时,知县注意到向氏的身体未受到损伤,她的衣物也没有被扯破,更没有第三方证人可证实她所说的那些情节。知

---

[1] (清)吕芝田:《律法须知》,卷下,第12页b—13页a。

县为此向她质问。向氏则坚称自己是被"奸"的："小妇人实因力弱，被周明志揿倒又用刀恐吓，不能挣脱，被他奸污，并没有和成的事。"对于向氏而言幸运的是，周明志供认自己当时使用了强迫的手段，因此证明了向氏的前述陈告属实：

> ……拏一把尖刀往山砍柴，撞遇向氏走来，小的因那里是小路没人往来，附近又没人户，一时起意图奸，上前把向氏按倒，一手扯脱他[她]裤子，向氏不依挣扎喊叫，小的用刀恐吓，向氏挣不脱身，被小的强奸成了，他[她]手上摔落一个银戒指，小的拏起……这是小的该死，情愿认罪。

知县拟判周明志强奸罪名成立，然后将该案呈报给上级官员请其定夺。上级官员命他到犯罪现场再进行勘查，看看那里是否属于人来人往的大道，以及附近是否有人家居住。若是，则强奸犯和受害者两人的供述都必须被驳回。于是知县带上随从、受害者和被告一起来到犯罪现场，进行现场勘查。他没有发现与之前的那些口供相抵触的证据。在对那名如今已被囚禁的强奸者及告发者重新审问时，双方都坚持各自之前的说法。知县据此确认自己的判断无误（发生了强奸），并将如下推论作为其判决理由向上级官员加以说明：

> 据供前情不讳，查周明志强奸向氏系在旷野，虽无人知闻，亦无损伤肤体毁裂衣服情事（引者注：依律应有），但持刀胁制，向氏不能挣脱，致被奸污，且向氏手上摔落戒指现在该

犯身边搜出,是其强暴之状业已显著,周明志合依"强奸者绞监候"律,应拟绞监候。

110

上级官员在复核此案时,同意照此进行判决。

如果说此案的处理方式属于例外,那么其作为例外也证明了存在如下原则,亦即要想判定强奸罪成立,必须要有能够证明行奸者强迫为之而被奸者进行过反抗的多重证据。尽管向氏没有身体损伤、被扯破的衣物和目击者证言,但她的供述仍被知县采信。而这是由于如下这些事实:那名男子使用了凶器;向氏的银戒指和对方所用的那把刀,都在那名男子的家中被搜出;那名男子对其罪行供认不讳,并证实向氏当时进行过最大程度的反抗;知县试着寻找与行奸男子和受害女子的口供相抵触的其他证据,但并未找到。此外,向氏获得了其夫兄长的支持,正是这位对向氏拥有权威的男子,带头抓到了行奸者并到官府报案。他还证实向氏的丈夫当时出门在外,她回娘家探亲之事乃是经过夫家的允准。而这足以证明向氏出现在其家庭生活空间之外有其正当理由。①

在这三起案件(特别是最后那起案件)当中,我们看到了要求强奸犯证明受害女子守贞的这种诡异现象。由于任何死刑案件都必须在罪犯本人供认不讳的情况下才能成功定谳,受害女子满足那些证明强奸罪成立之证据标准所需的条件,最终取决于强奸犯对案情经过的说辞,例如当时他自己确曾使用暴力胁迫的手段,受害者曾挣扎叫喊,等等。当然,中国帝制晚期的司法制度原本就要

---

① 参见《内阁刑科题本》,171/乾隆 27.1.28。

求所有死罪案件均须有罪犯的口供。除了强奸罪，大多数的死刑罪行也都涉及杀人行为，但与强奸罪相比，其他死刑罪行在界定上对罪犯之主观意识的依赖程度要小得多。在清代的法律中，自卫不能成为杀人行为的正当理由，但反抗强奸时发生的杀人则属例外（不过此点仍把我们带回主观意识的议题上来）。

　　女性主义学者们指出，女性认为自己是被强奸，但被告却打从心底里认为其行为合理合法（故而对于诸如"约会强奸［date rape］"①"兄弟会联谊强奸［fraternity rape］"②之类的事情，在西方至今仍争议不断），这种情况并非罕见。这些女性主义学者因此认为，对何谓强奸的界定，有时需要进行站队而放弃那种保持中立的伪装，亦即要么接受女性的标准，要么接受男性的标准。③（近年 111 来，美国的一些法院已开始意识到这一点，它们在判决关于强奸及性骚扰的案件时，所使用的预设基准是"一名理性的女性"［a reasonable woman］会怎么想，而非传统的普通法中那种"一名理性的男性"［a reasonable man］会怎么想。）清代的法律制度要求死刑案件须有罪犯的口供，而这意味着强奸犯的立场会被应用于做成

---

① 译者注：英文中所说的"date rape"是一种具有争议性和模糊性的犯罪，有时也被写为"relationship rape"，指处于或曾经处于某种形式的个人社会关系中的加害人与受害人，在两人约会时发生的一方并非自愿的性行为。

② 译者注："兄弟会"（fraternity）是一种在美国高校中流行的社团组织形式。在招收新成员时，兄弟会的老成员往往会想尽办法对候选新人进行考验，候选的男生需要完成老成员发布的各种任务（这些任务有时甚至极度疯狂）来证明自己的能力和决心，通过考验者才会被接纳为其新成员。一些兄弟会热衷于举办各种狂欢豪饮的派对。英文中所说的"fraternity rape"，是指一些参加此类兄弟会派对的女生在被灌醉失去知觉后遭到性侵。

③ See Catharine A. MacKinnon, *Toward a Feminist Theory of the State*, Cambridge, Mass.: Harvard University Press, 1989, pp.180—183.

强奸案件的判决。这是清代关于强奸罪的法律当中那些其重要性获得提升的利害关系的另一个方面；也是在对那种强迫发生的非法的性交行为进行定罪时，不允许在该女子是否有资格成为一名值得尊敬的受害者这一问题上存在丝毫模棱两可之处的另一个原因。

第六节　结语

中国帝制晚期关于强奸罪的法律当中的许多基本要素，此前各朝代的法律专家们也对其熟谙于胸。事实上，其他法律传统中的法律专家们也对此类内容相当熟悉。例如，盎格鲁-撒克逊的普通法对"强奸"的传统定义是，"以暴力的方式与并非自己妻子的女性进行的违背她的意愿的非法性交（必须是以阴茎插入对方的阴道）"。这项定义要求男性罪犯确曾对女方施以"具体的暴行"或进行口头威胁，以此证明该行为"违背她的意愿"。同时，女方须证明自己曾做"最大限度的反抗"，以向强奸犯表达自己"不同意"的意思。若她表达自己"不同意"的方式不够清晰，则女方就会被视为"自己也有过失"。此外，"受害者本人不贞，是妓女，或以前曾和强奸犯有过自愿发生的性关系，此类事实都是强奸罪的抗辩理由"。① 这种推理方式肯定会让清代的司法官员为之击节赞赏，甚至连唐代的司法官员也可能会对此表示赞同。关于强奸罪的法律

---

① See Neil C. Blond, et al., *Blond's Criminal Law*, New York: Sulzburger and Graham Publishing Ltd., 1991, pp.121—127.

当中的这些基本要素极其普遍,以至于它们可被视为在传统的父权制法律制度下界定了女性的身份。直到最近几十年,才有一些国家开始从女性权利这种相对而言较新颖的角度对关于强奸罪的法律进行改革。

于是,从那些老生常谈的内容中辨识出中国帝制晚期在此方面的特点,便显得至为重要。特别是,若想在中国古代历史发展趋势的长期脉络中理解那些对"性"(sexuality)所做的规制,就必须厘清哪些部分发生了变化而哪些部分仍大致保持原貌。其中相当关键的变化便在于,法律专家们所预设的典型的强奸罪受害者和强奸犯,均从先前那种建立在法律上的身份等级差异之基础上的刻板印象,转变为一种与规范性的家庭角色相关联的道德化的刻板印象。

112

女性的贞节和男性阴茎插入对方阴道的行为一直都具有重要的意义,但是,随着建立在家庭基础之上的社会性别角色开始为了各种司法上的目的,而与原先那些固化的法律身份等级区分相抗衡并逐渐压过后者,女性的贞节和男性阴茎插入对方阴道的行为变得更加举足轻重。到了 18 世纪,对于清代的法律专家们来说,区分强奸罪成立与否的关键,并非受害女性是否具有自由民的法律身份,而是在于受害女性是否守贞。在人们对其刻板印象中,强奸犯向来被想象成以玷污和紊乱他人家庭血统的方式造成威胁的外来男子,但是随着时间的推移,关于强奸犯身份的许多细节也在发生变化。具体而言,先前那种认为强奸犯通常是对其主人家中妻女进行性侵犯的男性奴仆的刻板印象,逐渐让位于那种认为强奸犯通常都是一些处于家庭秩序之外的色狼般的无赖男子的刻板印象。在这种新的刻板印象当中,清代法律专家们所做工作的要点,不再是对拥有贵族身份的主人和身份低贱的奴仆进行区分,而是对那些符合标准的规范的家户成员与"光棍"进行区分。

这种转变,看起来类似白凯对中国古代婚姻和女性财产权利方面的民事法律问题所做的观察。白凯指出,在那种发生于婚姻和女性财产权利方面的法律"小农化"过程中,司法审判的重点关注对象,从唐律中所关注的贵族,转变为明清时期法律所关注的小农家庭。① 在清代的那些强奸罪案例中,典型的受害者并非士绅阶层的成员(更加不用说是那种旧的贵族阶级),而是安分守法的小农家庭中的守贞妻女。

我们应当谨记,在那种旧的法律制度中,有着贱民身份的人们本来就在整个社会经济秩序中扮演了至关重要的角色。就连他们身上背负的那种污名,也是为了反衬"良民"在法律上所拥有的那种高于他们的身份等级。从这一角度来看,唐代典型的强奸犯是那种逾越了其在身份等级中应处之位置的男子,但这也意味着他拥有某个适合其身份等级的位置。而清代人们刻板印象中的强奸犯,则代表了某种更加不善之人:他完全是一个令人感到忧惧的外来者,被认为严重威胁着建立在家庭之基础上的社会秩序,因为他在这种社会秩序当中完全没有其位置。在清代的法律话语中,并没有给一些正派守法的"光棍"留有一席之地。

女性的贞节愈来愈被看重,这意味着农家女子个体的性抉择

---

① See Kathryn Bernhardt, "A Ming - Qing Transition in Chinese Women's History? The Perspective from Law", in G. Hershatter et al., eds., *Remapping China*: *Fissures in Historical Terrain*, Stanford, Calif.: Stanford University Press, 1996.

对于国家而言极具重要性。借由立法和各种宣教举措,清朝政府尤其希望能对女性的能动性与果断自信加以动员,以捍卫此时正变得岌岌可危的那种规范性的家庭秩序。这种优先予以考虑的要点,反映出清朝政府意识到有很多人并不遵守那种规范性的家庭秩序(清代档案中那些涉及性犯罪的生存策略如此常见且多样化,便是此方面的明证),并对这些人日益感到忧心忡忡。18 世纪清朝政府在关于对"性"(sexuality)的规制方面所做的此类改革,折射出统治阶级的最高层对社会结构与人口方面的变化给道德与政治造成的影响深感忧虑。

第四章　关于被鸡奸男性的问题：清代针对
¹¹⁴ 鸡奸的立法及对男性之社会性别角色的加固

第一节　论题

在关于性犯罪的传统定义当中，同性之间发生的性行为显然并不被包括在内。法律上明确对男性之间的性行为加以禁止，在中国古代这首见于 16 世纪时的明朝，但只有到了清代，同性强奸才在立法和诉讼中变成了一个需要特别考虑的问题。而且，也只有到了清代，立法者才将此类行为纳入"奸"这一历史悠久的罪行类别之内。特别是在雍正朝，立法者开始依照那些惩治异性性犯罪的既有法律，将针对鸡奸行为的禁令加以系统化。

本章不仅将解释中国帝制晚期对男子同性肛交行为的焦虑，而且还将在一个更宽阔的脉络中阐明此类行为是如何被入罪的。

清代究竟是在何种逻辑的引导之下，比照那些用以惩治异性性犯罪的标准和刑罚，对关于鸡奸的法律加以重构？清代的这种积极行动，是不是这个由少数民族建立的政权强加在一种富有宽容性的古老文化之上的新举措？又或者说，只有以某种方式将清代对鸡奸行为的这些建构，与古老的司法思维及此时的普遍观念（不限于官员和精英群体内部）联系在一起，才能获得真正的理解？[①]

一、对已有研究的回顾

异性性行为被清代及之前各朝代的司法官员关注，这一点不足为奇。但为何禁止男性之间的同性性行为？有三位学者曾对清代禁止鸡奸行为的法律做出解释。

梅杰认为，虽然男性之间彼此同意的同性性行为直至清代中期才开始被立法加以禁止，但此类行为遭禁的时间点，实际上应该再往前推两百年。他还指出，这种对鸡奸行为加以禁止的法律，只不过是禁止所有婚外发生的"性交行为"（sexual intercourse）这种一贯做法中的组成部分。[②] 梅杰的上述观点能否成立，端视其如何界定"性交行为"。但是，他的这种说法无法解释为何立法者单单

115

---

① 先前我对这些问题所做的初步探讨，参见 Matthew H. Sommer, "Sex, Law, and Society in Late Imperial China", Ph. D. dissertation, University of California, Los Angeles, 1994；Matthew H. Sommer, "The Penetrated Male in Late Imperial China: Judicial Constructions and Social Stigma", *Modern China*, Vol.23, No. 2(1997), pp. 140—180。

② See Marinus J. Meijer, "Homosexual Offenses in Ch'ing Law", *T'oung Pao*, Vol. 71 (1985), p.109.

只挑出男子之间的肛交行为加以关注,却对其他可能的性犯罪行为类型予以忽视? 举例来说,中国古代的立法者从未禁止过女子之间的同性性行为。事实上,在清代或之前各朝代的法律文本中,我并未发现有任何只言片语提及女子之间的同性性行为(西方法律传统中那些为人熟知的其他婚外性行为,例如手淫或兽交,在中国古代的法律文本中更是完全未被提及),遑论对其加以禁止。

伍慧英则主张,清朝的"同性恋憎恶"(homophobia)是作为征服者的满人精心谋划的宣传活动中的一部分,其目的是赢得那些对晚明朝廷的堕落深感不满的保守的汉人精英的效忠。① 她还认为,对"男同性恋者"的惩处,较之于对"女子之不贞行为"的刑罚更为严厉。据她推测,其原因在于男子之间的同性性行为无法生育子嗣,故而这种行为"被视为对孝道之要求的直接挑战"。② 但她所引述的那些用以惩处和同鸡奸的刑罚(杖一百并枷号一个月),实际上与异性和奸者应受的刑罚毫无二致。

韩献博对上述两种观点加以综合,认为在清代以前,"对同性恋一般采取宽容的态度",而"新的满人道德观"使中国历史上首次出现了统治政权针对男性之间双方自愿的同性性行为立法加以禁

① See Vivien W. Ng, "Ideology and Sexuality: Rape Laws in Qing China", *The Journal of Asian Studies*, Vol. 46, No. 1(1987); Vivien W. Ng, "Homosexuality and the State in Late Imperial China", in Martin Duberman et al., eds., *Hidden from History: Reclaiming the Gay and Lesbian Past*, New York: Meridian Press, 1989.

② See Vivien W. Ng, "Homosexuality and the State in Late Imperial China", in Martin Duberman et al., eds., *Hidden from History: Reclaiming the Gay and Lesbian Past*, New York: Meridian Press, 1989, pp. 88—89.

止的做法。① 他还主张，理学思想与来自西方的影响进一步强化了这种偏执的观念，最终导致当时政权的这种"同性恋憎恶"。② 韩献博提出了许多颇有见地的观点。例如他认为，男子双方的年龄大小与身份等级，大多与他们在肛交行为中各自扮演的角色等级相一致。但费侠莉（Charlotte Furth）在一篇富有洞察力的书评中指出，韩献博过度热衷于重建与当时的"同性恋憎恶"相反的"同性恋传统"，从而导致被他忽略的问题可能比被他揭示的问题还要多。③ 此外，韩献博将所谓"同性恋憎恶"归因于"那种由外部引入的满人的性观念"的论点，④也遭到了质疑。乾隆皇帝应该算是最为固守满人价值观的清朝帝王，但他与咸丰、同治两位皇帝一样均

---

① See Bret Hinsch, *Passions of the Cut Sleeve：The Male Homosexual Tradition in China*, Berkeley：University of California Press, 1990, p.4, p. 142.

② See Bret Hinsch, *Passions of the Cut Sleeve：The Male Homosexual Tradition in China*, Berkeley：University of California Press, 1990, epilogue.

③ 参见 Charlotte Furth, "Book Review：Bret Hinsch, *Passions of the Cut Sleeve：The Male Homosexual Tradition in China*", *Journal of Asian Studies*, Vol. 50, No. 4（1991）, pp. 911—912。韩献博只是根据清人袁枚所撰的一则故事，便断言"男子同性婚姻（male marriage）在福建相当盛行，甚至于当地男子感到必须祭祀同性恋的守护神"。参见 Bret Hinsch, *Passions of the Cut Sleeve：The Male Homosexual Tradition in China*, Berkeley：University of California Press, 1990, p.113）。这一所谓同性恋的守护神为兔子。由于"兔子"是中国俗语中对男娼的一种带有侮辱性的称呼（正如韩献博业已注意到的），袁枚似乎无意于严肃地记载此事。对"男子同性婚姻"话语更复杂的讨论，参见 Sophie Volpp, "The Discourse on Male Marriage：Li Yu's 'A Male Mencius's Mother'", *Positions*, Vol. 2, No. 1（1994, Spring）。

④ See Bret Hinsch, *Passions of the Cut Sleeve：The Male Homosexual Tradition in China*, Berkeley：University of California Press, 1990, p.162.

116 有好男风的传闻。① 满人汉化及清军入关之前的那些法律文本,并未显露出其对同性性行为抱有任何特殊的偏见。相较于明代法律中的规定,满人的传统在性行为方面的禁忌更少,清代的开国者甚至还抛弃了某些婚姻方面的满人习俗,以顺应汉人当中奉行的乱伦禁忌。② 事实上,目前我并未发现有任何证据足以证明清代对"性"(sexuality)的规制在某方面受到了满人文化的影响。

费侠莉针对清代医学文献所做的影响深远的研究,排除了当时将对同性产生情欲视为疾病或性变态的可能性。她指出,清代的"医学文献并未将任何形式的性行为或性欲对象视为病态"。③ 因此,清代那些针对鸡奸行为的立法,与西方现代化过程中福柯(Michel Foucault)所说的在"性"(sexuality)这一方面所展现出来的"反常的灌输"(perverse implantation)之特点毫无关联。④

二、性取向与鸡奸行为中的等级体系

梅杰、伍慧英和韩献博均认为,对男子双方自愿发生的鸡奸行

① 参见 Bret Hinsch, *Passions of the Cut Sleeve: The Male Homosexual Tradition in China*, Berkeley: University of California Press, 1990, pp.142—143。康无为(Harold Kahn)曾向我指出,不太可能有什么办法对这些皇帝的性偏好传闻之真伪进行证实。

② 参见张晋藩、郭成康:《清入关前国家法律制度史》,辽宁人民出版社,1988 年,第485 页。

③ See Charlotte Furth, "Androgynous Males and Deficient Females: Biology and Gender Boundaries in Sixteenth – and Seventeenth – Century China", *Late Imperial China*, Vol. 9, No. 2(1988), p. 6.

④ See Michel Foucault, *The History of Sexuality: An Introduction*, New York: Random House, Inc.,1978.

为进行禁止是清代立法的重要特征,并将此解释为一种对"性"(sexuality)进行压抑的新形式,甚至是同性恋憎恶。他们的关注点看起来在暗示,对"性"(sexuality)加以规制的历史,最主要的就是个人性爱自由与由于在性方面极端保守而做出的迫害之间的相互争斗。① 但我们如果细看清代针对鸡奸的立法,那么便会发现,"和同"这种说法是到了后来才被添加进去的,在最初那份推动雍正朝对此方面的法律积极加以改革的奏折中,只字未提那种男子双方彼此同意发生的鸡奸行为。② 而且,在我查阅过的清代档案中,尚未发现男子双方仅仅因为自愿发生鸡奸便受到惩处的案例;那些包含了自愿发生鸡奸行为的案例,均牵涉其他更严重的罪行。最令清代的立法者感到焦虑的是发生在男子同性之间的强奸,他们施加于此罪行的那种重罚确属前所未见。还有,针对同性性犯罪行为的刑罚,并不比针对"与其类似的"异性性犯罪行为的刑罚更为严厉。由此可见,问题的关键并不在于清朝以此来迫害在性取向方面有异的少数者群体。

上述这些学者也使用"同性恋者"(homosexual)这一名词来称呼那些与其他男性发生性关系的男子,并用"同性性关系"(homosexuality)来称呼同性之间的性行为和性诱惑。这种用法触及性学史研究中一个聚讼纷纭的基本问题,亦即当代西方所认知的性取向,从根本上讲,究竟是一种独立于历史变迁之外、由生物

---

① 正是基于这一角度,梅杰盛赞清代的法律比 18 世纪欧洲用来惩处双方自愿的鸡奸行为的那种严刑峻法"更加明智和开明"。参见 Marinus J. Meijer, "Homosexual Offenses in Ch'ing Law", *T'oung Pao*, Vol. 71(1985), p.131。

② 安徽巡抚徐本所上的这道奏折,全文收录在《"中研院"历史语言研究所现存清代内阁大库原藏明清档案》(第 59 册),档案号:59-10。

因素所决定的常态,还是现代社会文化建构出来的产物? 当然,同性情欲(homoeroticism)和同性结合(same-sex union)并非全新的现象,亦非西方所独有。但是,当我们泛泛地谈到"同性恋者"和"同性恋"(或与之相对的"异性恋者"和"异性恋")时,常常伴随着一种脱离具体时空的预设,亦即以为无论在何时何地,均存在着某种基于性欲对象的生理性别而形成的本质意义上的社会身份认同,且这种社会身份认同是被以同样的方式加以体验。①

在许多社会当中,性行为中用阴茎插入对方体内之人和被插入者在各自所扮演角色方面的等级划分,较之于性欲对象的生理

① 在这里,我对"同性恋的"(homosexual)和"异性恋的"(heterosexual)这两个形容词的使用,只是强调不同的性行为和性关系本身,而无意于臆断某一具体个体的性取向,或暗示对性伴侣的选择会以一种影响深远的方式在该人身上永久烙上"同性恋者"和"异性恋者"的印记。福柯、罗伯特·帕德古格(Robert A. Padgug)和杰弗里·威克斯(Jeffrey Weeks)等人最早指出,从性取向的角度思考同性结合的问题,将会与以往的那些思考方式大异其趣。参见 Michel Foucault, *The History of Sexuality: An Introduction*, New York: Random House, Inc., 1978; Robert A. Padgug, "Sexual Matters: On Conceptualizing Sexuality in History", *Radical History Review*, Vol. 20(1979), pp.3—23; Jeffrey Weeks, *Coming Out: Homosexual Politics in Britain from the Nineteenth Century to the Present*, London: Quartet, 1977。另可参见 David M. Halperin, "Is There a History of Sexuality?" in H. Abelove, et al., eds., *The Lesbian and Gay Studies Reader*, New York: Routledge, 1993。朱迪思·布朗(Judith Brown)自称,其在史学论著中对"女同性恋者"(lesbian)一词的使用,仅是"为了方便起见";她指出,那些女子并未被其自身或其他人视作"独特的性行为群体和社会群体"。参见 Judith C. Brown, *Immodest Acts: The Life of a Lesbian Nun in Renaissance Italy*, Oxford: Oxford University Press, 1986, pp. 171—173。关于对围绕此问题之社会建构所生发的学术争论的概述,参见 Edward Stein, ed., *Forms of Desire: Sexual Orientation and the Social Constructionist Controversy*, New York: Routledge, 1992。

性别差异更为关键。① 在中国帝制晚期，法律文本和文学作品均强烈地暗示，只有那些在性行为过程中被鸡奸的男性才会被视为"异常"。男性对同性产生的情欲本身，在普罗大众的观念里面似乎没有多大意义，在法律当中更是完全无甚特殊之处。（在法律文本中，无须另选词语来描述同性情欲，而只需使用形容异性情欲的那些词语来同样加以描述即可，例如"淫心"。）同性性行为中的这种角色区分，涉及多种社会等级体系，特别是社会性别的等级体系，而其原型便是异性之间发生的那种性关系。

本书的前面章节中已经讨论，女子在婚姻关系之外与其他男子发生的性关系，被认为会紊乱父系家庭秩序和玷污女性的贞节。而正当的性交行为，则能使个人进入成人阶段的社会性别角色，亦即通过一种不可或缺的方式，个体正式成为在固定形式的性交行

① 古希腊时期的法律，使用不同的词语来指称性交行为中用自己的阴茎插入对方体内者和被插入者，但并无与"同性恋的"（homosexual）和"同性性关系"（homosexuality）这两个名词在词义上非常相近的词语。古希腊时期的法律对男子同性性行为的惩罚，重在维护其独特的等级体系，而不似中国古代的法律中那样优先考虑借此维护法律上的不同身份地位。另一方面，古希腊文献中的一些证据显示，那些为 20 世纪后期的美国人所熟悉的实践当中的各种"性取向"，在当时便已存在。但是，"性取向"本身并不像今天很多人所认为的那样可决定一切。事实上，全世界现在也没有在观念方面就此达成共识。在南美洲的大部分地区，只有那些在性交过程被他人用阴茎插入其体内的男性，才会被认为是一位"同性恋者"，而那些在性交过程中用阴茎插入同性体内的男性，则被赋予一种体现了"男子汉"地位的角色。参见 John Boswell, *Christianity, Social Tolerance, and Homosexuality: Gay People in Western Europe from the Beginning of the Christian Era to the Fourteenth Century*, Chicago: University of Chicago Press, 1980; John Boswell, "Categories, Experience, and Sexuality", in Edward Stein, ed., *Forms of Desire: Sexual Orientation and the Social Constructionist Controversy*, New York: Routledge, 1992; David M. Halperin, "Is There a History of Sexuality?" in H. Abelove, et al., eds., *The Lesbian and Gay Studies Reader*, New York: Routledge, 1993。

为中各自扮演特定角色的男性或女性。费侠莉指出,中国帝制晚期的医学文献主要以阴茎无法插入对方下体或无法被对方用阴茎插入自己的下体来界定"非男"和"非女"。① 易言之,若要成为"真正的"男性或女性,就必须能够成功地展演其适当的性行为角色。

社会性别意味着社会等级的高低,且由于性行为中的角色决定了社会性别角色,性交行为可以说是支配关系在社会性别上的一种反映。当男性将自己的阴茎插入女性的阴道,他同时就在行动和象征意义上将她置于被支配的位置。于是,法律上的基本考虑就在于,确保性行为中的这种支配模式不与那些规范性的支配模式相冲突。这也正是唐律中那些针对奸罪的律文为何首先考虑的是防止男奴奸淫其主人家中的女子,因为这种行为与身份支配关系的"正常"方向相悖。(另一方面,主人被认为当然能够享用其女性奴仆的性服务;这种特权后来被削减,意味着主人对其奴仆的绝对占有权遭到销蚀。)按照类似的逻辑,以阴茎插入其他男性体内的行为,会紊乱适当的社会性别等级体系,因为在这种社会性别等级体系当中,男性的阳刚气概,是由性行为角色分工中男性所扮演的那种以其阴茎插入对方体内的角色来界定的(男性这种阴茎插入者的角色,与他在社会分工中所扮演的丈夫/父亲的角色相对应)。在中国帝制晚期,大众观念认为,若男子被鸡奸,则将极大地损害他作为男性所应具有的阳刚气概,故而那些被鸡奸的男子将要承受极大的污名。在由居有定所的小农们构成的社群中,由于

① See Charlotte Furth, "Androgynous Males and Deficient Females: Biology and Gender Boundaries in Sixteenth - and Seventeenth - Century China", *Late Imperial China*, Vol. 9, No. 2(1988), pp.1—31.

个人的社会地位和经济生存能力取决于婚姻、繁衍后代和小农经济,这种污名带来的影响尤为明显。

上述这种基本观念由来已久。但是,先秦时期和中国帝制早期流传下来的那些讲述同性结合的经典故事,常常将同性之间的阴茎插入行为置于身份支配关系的脉络之中加以讲述,进而明显掩盖了社会性别倒错所导致的紊乱。其中最著名的几则故事,多是讲述诸侯或皇帝是如何宠爱那些年轻貌美且像女性那般气质阴柔的娈童。① 事实上,这种社会性别倒错本身给先秦和秦汉时期的立法者带来的困扰,肯定不如它后来给明清时期尤其是清代立法者造成的困扰那么强烈,否则的话,先秦和秦汉时期的立法者应当会就此问题进行过更明确的讨论。如同女性的贞节那样,男性的阳刚气概在中国帝制晚期倍受重视,此二者同时并存,且彼此息息相关。随着那种传统的身份等级区分愈发模糊,以及官方对人口特征方面的变化趋势日益感到焦虑,较之以往,明清时期对“性”(sexuality)的规制,更加侧重于对男女双方需要扮演的那些规范性的社会性别角色加以限定和加固。正是在这种背景之下,那些被鸡奸的男性,史无前例地被当作立法上须重点予以考虑的对象。

---

① 关于“分桃”“断袖”的著名故事,皆属此列。韩献博对此类故事做过大致的介绍,参见 Bret Hinsch, *Passions of the Cut Sleeve: The Male Homosexual Tradition in China*, Berkeley: University of California Press, 1990。

第二节 立法史

一、清代以前：作为独立于"奸"之外的单独类别

即便是在开始禁止男性之间的同性性行为后，在中国古代相当长的一段时间里面，这种行为在本质上都被当作一种迥异于"奸"的类别。正如我们在本书第二章中所看到的，西汉初的儒者伏胜就性犯罪所下的那个经典定义（该定义后来被用来解释何谓"奸"），专指异性之间"男女不以义交"。清代的律学家薛允升更是认为，男子同性之间的肛交行为"本不得以奸情论"，因"男子与妇女大相悬殊"。①

故而在中国古代相当长的一段时间里面，"奸"罪立法的典型目的与同性性行为无关，更遑论同性性行为是否会在"奸"罪立法中被视为犯罪。但是到了清代，"奸"这一法律用语的含义被大幅扩张，亦即新的法律条文将同性性犯罪比照异性性犯罪加以处置，将其作为"奸"罪的一种类别纳入律典当中。不过，我们可以在上述变化中发现一种基本的延续性，亦即自宋代至清代，司法官员对男子同性性行为的着眼点，始终都只集中在肛交行为及其所代表的性行为角色分工，还有那些被鸡奸的男子所背负的污名上。相较于视同性为性欲对象这一特点，在性行为角色方面的分工具有

---

① 参见（清）薛允升：《读例存疑》（重刊本），黄静嘉点校，成文出版社，1970年，例285-33，评注部分。

更为重要的意义。据我所知，除了肛交行为，并没有哪种展示男子同性之爱的行为或癖好在当时的法律话语中被专门提及。

在那些针对任何形式的同性性行为的法律中，我所发现的出现时间最早的法令，也是对由于鸡奸所导致的性别倒错加以强调。① 宋代的史料显示，政和年间曾发布一道法令，规定"男子为娼"者处杖刑一百，并处罚金五十贯钱（该罚金由官府赏给告发者）。由于"娼"字意味着女性的社会性别，故而"男娼"的字面含义即"身为男性但却像女性那般出卖其肉体者"。宋代的另一则史

---

① 韩献博认为自己发现了时间更早的证据。他引用了公元前 3 世纪时中国的一条法律规定，认为该法律旨在惩罚那些"强行与其男主人或女主人私通"的奴仆。在此种理解的基础上，他声称"秦律将异性强奸和同性强奸归并在一起进行处理"。参见 Bret Hinsch, *Passions of the Cut Sleeve: The Male Homosexual Tradition in China*, Berkeley: University of California Press, 1990, p.142. 事实上，在他所引用的那些英译本当中，对该条法律的翻译分别是"When a slave rapes his owner…"（参见 A. F. P. Hulsewé, *Remnants of Ch'in Law: An Annotated Translation of the Ch'in Legal and Administrative Rules of the 3rd Century B.C. Discovered in Yun - meng Prefecture, Hu - pei Province, in 1973*, Leiden: E. J. Brill, 1985, p.169）和"If a sevant forcibly fornicates with a master…"（参见 Katrina C. D. McLeod and Robin D. S. Yates, "Forms of Ch'in Law: An Annotated Translation of the Feng - chen shih", *Harvard Journal of Asiatic Studies*, Vol. 41, No. 1(1981), p.116）。该条法律规定的汉语原文为"臣强与主奸"，其更强调的看上去是身份地位上的差别，而非被强奸者的性别。当代中国的法律学者把上述原文解释为男奴强奸了其主人家中的女性成员，并将之引作为表明当时着重考虑身份地位上之差异的证据。参见张晋藩、王志刚、林中：《中国刑法史新论》，人民法院出版社，1992 年，第 424 页。当代中国学者的上述解释，比韩献博的前述理解更为可信。唐律中有一条律文在与此类似的意义上使用了"主"这一术语，若参照该条律文中的其他文字及官方就其所撰的疏议，则可以发现其意思非常明确，亦即只有主人家中的女性成员才会被设想为潜在的强奸罪受害者。参见《唐律疏议》（影印版），中国书店，1990 年，卷 26，第 17 页 b—18 页 a。

料则提及,男扮女装的男娼会被以"不男"的罪名加以惩戒。① 这些零星的证据显示,宋代的立法者将被鸡奸者这种性行为角色,与男扮女装行为及娼妓在法律上的低贱身份联系在一起加以看待,并试图对这些自甘堕落的男性加以惩戒。(这些史料并未提及用阴茎插入对方体内者的角色,也没有使用"奸"字来描述同性性行为。)这些做法的目的,显然在于希望借此来巩固某些界限,亦即防止有着自由民身份的平民沦落到从事包括娼妓在内的身份低贱者们所操持的那些营生,同时防止男性因被鸡奸或男扮女装而沦为扮演女性的角色身份。

管见所及,明确禁止男子间同性性行为的法令规定,最早可追溯到明代嘉靖年间。明律并未在"刑律·犯奸"门当中提及男子之间的同性性行为。嘉靖朝禁止男子间同性性行为的举措,是在一系列补充性的"比引律"中加以规定。② 各条比引律的内容,均是通过援引既有法律中规定的处置方式,来对那些并未被律典涵盖的罪行进行惩处。(这些补充性规定是将那种长期以来借助比附做出判决的做法予以系统化。因此,通过比附的方式对男子间同性性行为进行惩罚的做法,在嘉靖朝就此立法予以明确规定之前,

---

① 参见(宋)周密:《癸辛杂识》,收入《钦定四库全书》(第 1040 册),上海古籍出版社,1987 年,第 58 页;(宋)朱彧:《萍洲可谈》,收入《钦定四库全书》(第 1038 册),上海古籍出版社,1987 年,第 312 页;(清)薛允升:《读例存疑》(重刊本),黄静嘉点校,成文出版社,1970 年,例 375-03,注释部分。

② 这些"比引律"也被称作"比附杂犯罪律""比引例"或"比附律"等,参见黄彰健编著:《明代律例汇编》,中国台湾地区"中研院"历史语言研究所,1979 年,第 1027—1069 页;(清)吴坛编纂,马建石、杨育棠校注:《大清律例通考校注》,中国政法大学出版社,1992 年,第 1142—1144 页;(清)薛允升:《读例存疑》(重刊本),卷 52,黄静嘉点校,成文出版社,1970 年,比引律。

应该实际上已行之有年。)其中对男子间同性性行为进行惩罚的那 120
条比引律规定："将肾茎放入人粪门内淫戏,比依'秽物灌入人口'
律,杖一百。"①

　　上述这条比引律的内容,与明律"刑律·犯奸"门当中那些针
对异性性犯罪的法律规定形成了强烈的对比。首先,较之于奸罪
诸律,此条比引律所规定的那种应受惩处的行为极为具体。明律
"刑律·犯奸"门当中的诸条法律,以"奸"字来强调其适用于各种
发生了婚外性关系的情形,但并未涉及具体的性行为体式和身体
部位。上引律文全然没有提及"奸",更遑论清代用以指称肛交的
那个法律术语——"鸡奸"。

　　其次,此条比引律并未使用界定性犯罪时一直以来采用的"强
奸"与"和奸"二分法。将同性性行为比照人身侵害加以惩罚的做
法,尽管看上去意味着此举被视为强奸,但在我所搜集的那些案例
中,此律得到实际适用的仅有一例,且该案中受惩处的是在性行为
中自愿被鸡奸的男子。② 明代的立法者或许朴素地认定男子不可
能会被强奸。这种设想一直延续至清代,并影响到清代的立法(详
见下文)。无论如何,清代对男子同性相奸的量刑(杖一百),相当
接近明律对异性和奸的惩处(杖八十至一百),而较异性强奸应受
的惩处(绞刑)为轻。③

　　此条比引律的最大特点,在于它比照明律"刑律·斗殴"门当

① 参见黄彰健编著:《明代律例汇编》,中国台湾地区"中研院"历史语言研究所,1979
　年,第1068页。
② 参见《"中研院"历史语言研究所现存清代内阁大库原藏明清档案》(第40册),档
　案号:40-73。
③ 参见(清)薛允升:《读例存疑》(重刊本),黄静嘉点校,成文出版社,1970年,律366-00。

中规定的一类罪行来惩治男子同性之间的肛交行为。^①当时的立法者显然认为，相较于比照援引"刑律·犯奸"门当中规定的任何一种异性性犯罪进行处置，上述那种比照方式要更为精确。不过，"刑律·斗殴"门当中所列举的罪行种类不少，因此有必要分析此处被比照的为何是"秽物灌入人口"这种罪行。这里主要包含了三种要素，亦即肛交、"秽物"和以他人的嘴作为目标。将秽物灌入他人口中这种攻击性行为，无疑会给对方的身体造成伤害。但秽物意味着，相较于身体此时受到的伤害，此举造成的玷污和耻辱更为严重。此外，大多数的文化均将头、脸这些身体部位与人格尊严相联系。易言之，在将男子同性之间的肛交界定为犯罪时，这种行为所造成的玷污和耻辱，是相较于鸡奸过程中常有发生的殴打行为更被看重的考虑因素。此外，这种伤害显然只影响到被鸡奸者，遭人鸡奸等同于其口中被灌入秽物。若要说阴茎插入者在肛交行为中也受到玷污的话，那相当于是说动用秽物时也会弄脏自身。

二、清初的法律：同性强奸被比照异性强奸加以处置

与绝大多数的明律条文一样，"比引律"也被清代律典的最早版本——顺治三年（1646）的大清律——所沿用。由于清律的文本当中后来不断添入新的例文，原先的许多"比引律"逐渐变得过时而遭淘汰。^②薛允升指出，康熙年间仍采用前述比引律来处置男子

---

① 参见（清）薛允升：《读例存疑》（重刊本），黄静嘉点校，成文出版社，1970年，律302-00。

② 参见（清）薛允升：《读例存疑》（重刊本），黄静嘉点校，成文出版社，1970年，卷52，比引律。

同性肛交的问题。我也发现雍正二年(1724)就有一个案子援引了
那条比引律进行处理。至少在雍正三年(1725)之前,这条比引律
一直被保留在清律的文本之中。①

不过,早在顺治十二年(1655)时,清朝的司法机构就已使用
"鸡奸"一词来指称男子间发生的肛交行为。② 康熙十八年(1679)
时,在大清律的"刑律・犯奸"门当中,首度出现了用以惩治"鸡奸"
的定例。到了雍正朝晚期,清代的律典借由针对同性肛交行为进
行实质性立法,取代了那种沿袭自明律的比照他律加以惩治的旧
做法,并最终使得先前的那条比引律淡出历史舞台。这项立法象
征着与先前的司法实践分道扬镳,从而使得同性肛交行为首次被
直接吸收进大清律"刑律・犯奸"门规定的那些异性性犯罪当中。

"鸡奸"一词的起源不详,我没有在清代之前的法律文本中看
到过这一用语。在清代的法律文献中,有一个其意为"鸡"的
字——畾——被用于此处,该字的读音同"鸡"字。"鸡奸"这种用
法,看起来是后来用和其发音相同的"鸡"字替换了原先那个含义
晦涩的"畾"字。由于在各种辞典中均未见到明代之前使用过"畾"
字的例子,此字可能最早出现于明代。明代文人陆容将这个含义
晦涩的"畾"字定义为"杭人谓男之有女态者"。③ 据晚明时人杨时

① 参见(清)薛允升:《读例存疑》(重刊本),黄静嘉点校,成文出版社,1970 年,例
  285-33,评注部分;(清)吴坛编纂,马建石、杨育棠校注:《大清律例通考校注》,中
  国政法大学出版社,1992 年,第 1141—1144 页;《"中研院"历史语言研究所现存清
  代内阁大库原藏明清档案》(第 40 册),档案号:40-73。
② 参见《"中研院"历史语言研究所现存清代内阁大库原藏明清档案》(第 23 册),档
  案号:23-85。
③ (明)陆容:《菽园杂记》,台湾商务印书馆,1965 年,第 132 页。

伟的说法,"㝰"字专指在性行为方面"将男作女"。① 这一含义晦涩的字眼,在字形结构上富有暗示性,亦即"男"字的下半部("力")被替换成"女"字。如同杨时伟的前述定义及该字的字形结构所暗示的,"㝰"字的实质内涵在于社会性别转换,特别是那种施加在被鸡奸男子身上的社会性别转换。我们并不清楚具体从何时开始,以及为何以"鸡"字取代"㝰"字,但"鸡"字向来隐含"淫猥"之意,例如中国俗语中所说的"鸡巴"和"野鸡"等。

122

康熙十八年(1679)议准的如下这条规定,标志着"鸡奸"一词在清代法律中首度登场:

> 凡恶徒伙众,将良家子弟抢去强行鸡奸,为首者立斩,为从者俱拟绞监候(引者注:此系比照"光棍例"处刑),若系和同者,照律治罪。

康熙三十五年(1696)时,又在上述法律规定中添入如下新内容:"不肖恶徒将良人子弟抢去,强行鸡奸,为从拟绞监候,亦不准援赦,若系和同者,照常治罪。"②与明代的那条比引律相比,此法律

① 杨时伟还补充说,"律有㝰奸之条"(他使用了这一与"鸡"同音的奇特字符)。他所称的那一法令专条,应该是指嘉靖朝的那条"比引律",但该条比引律中并未使用"㝰奸"一词。转引自[日]東川德治:《中國法制大辭典》,東京:燎原出版社,1979年(1929年初版),第295页;《辞海》,台北中华书局,1978年,第1册,第827页。杨时伟所说的这条律,可能是佛教的某条戒律(佛教的戒律有时也被称为"律"),但我在佛教文献中未能找到"㝰奸"这种说法。由于这一奇特字符的字形和其字义如此相合,我怀疑它可能是明代文人为了形象地指称鸡奸而创造出来的新字眼。

② 《清会典事例》,中华书局,1991年,卷825,第990页。

规定的内容有如下几方面的重大变化。首先，此法律规定采用"强奸"与"和奸"的二分法，将新命名的此类罪行纳入传统的奸罪类别之中，而强奸无疑是此处关注的焦点。其次，明代的那条比引律，除了暗示同性性行为中有一方受到玷污，完全不对该行为中的鸡奸者和被鸡奸者进行区分，而此法律规定则明显对这两种角色加以区分。同性强奸犯被认为是本书前面章节中提及的那些"光棍"，他们也是清代针对强奸的立法的主要打击对象。并且，此法律规定所推定的同性强奸行为之受害者，听起来非常像是那些作为异性强奸之受害者的守贞妻女的男性版本。

康熙十八年（1679）新出台的上述法律规定，主要旨在用来严惩轮奸恶行，但后来也被用以惩治其他多种不同的罪行。例如，在雍正七年（1729）发生于广东海阳县的一起案件中，余子岱（57 岁）将陈阿迈（16 岁）诱至甘蔗地进行鸡奸，并将后者殴打致死。官府对余子岱的判决如下：

> 查定例"不肖恶徒将良人子弟抢去，强行鸡奸，为首者立斩"等语，今余子岱虽无伙众，但将陈阿迈诱逼强奸，且又立毙其命，淫恶已极，应将余子岱照"为首"例立斩。

在此案中，强奸之后还发生了凶杀。但就算该强奸犯是单人 123 犯案，且未犯下强奸之外的其他罪行，官府也仍会援引前述那条用于惩治"为首"鸡奸者的法律规定对其进行判决。[1] 易言之，自康

---

① 参见《"中研院"历史语言研究所现存清代内阁大库原藏明清档案》（第 59 册），档案号：59-10。

熙十八年(1679)至雍正十二年(1734),对同性强奸罪行的处刑(斩立决),要比对异性强奸罪的处刑(绞监候)更为严厉。

在长达几十年的时间里,前述那条康熙十八年的定例,是当时唯一提及轮奸男性或女性的一条成文规定。因此,清朝中央的司法官员也比照援引此法律规定,来对那些轮奸女性的罪行加以惩治。[1] 援引"光棍例"来惩治轮奸女性之恶行的做法,实际上被分为两步进行操作,亦即先通过康熙十八年的此法律规定援引"光棍例",然后比照"光棍例"的规定对异性轮奸之恶行进行处刑。[2] 随着鸡奸被吸收进以往那种仅针对异性性犯罪的"奸"这一大类之中,对异性轮奸恶行的惩处,也可比照那条用以惩治同性轮奸恶行的法律规定进行处置。这种比照暗示,就当时司法官员们对强奸的理解而言,受害者的性别已逐渐变得无关紧要。

倘若鸡奸行为是双方自愿发生的,则又该如何处置? 作为补充,前述那条康熙十八年的规定声明,对于此类行为,应"照律"惩罚(后来被修订为"照常"惩罚)。此处所说的"律",是指明代的那条"比引律"。前述康熙十八年的那条规定对强奸罪新添加了数种刑罚,但对和同鸡奸的行为仍坚持沿用旧有的那条比引律加以处刑。雍正二年(1724)发生的一起命案,可作为此方面的佐证。该案中的涉案者为来自福建漳浦县的三名士兵,涂连(36 岁)与郑起(20 岁出头)之间已保持了四年的同性性关系(涂连在双方间的性

---

[1] 例如《内阁刑科题本》,80/雍正 1.4.26。

[2] 雍正五年(1727)颁行的一条例文,规定了对异性轮奸者的处刑直接比照"光棍例"办理,从而免掉了这种分成两步进行操作的程序。参见(清)薛允升:《读例存疑》(重刊本),黄静嘉点校,成文出版社,1970 年,例 366-02。

行为中扮演鸡奸者角色），两人平时同睡一床。吴宗武（24岁）与他们同房，但另睡一床。某天夜里，涂连外出，吴宗武因被蚊子叮咬，于是爬到有蚊帐的郑起床上与郑起同睡。涂连回来看到后，妒火中烧之下杀死了吴宗武。涂连被官府判以"故杀"罪。与此处讨论的问题更为相关的，是涂连的同性伴侣郑起所受到的惩处：

> 郑起听从涂连鸡奸，查律例只有男女通奸一体治罪，并无两男鸡奸治罪正条，郑起依比附律将肾茎放入粪门淫戏，比依"秽物灌入人口"律，杖一百。

此判决后来在题奏时获准，这说明那条明代的比引律不仅被用于惩治同性性行为中的鸡奸者，而且也被用于惩治任何由于毫无廉耻而顺从的被鸡奸男子。这种措辞，反映出该判决作出之时所正处于的那个转折点：此类性行为被称为"鸡奸"，且被比照男女之间发生的"奸"加以处置。但在当时那些用以惩治奸罪的法律中，尚无可用来惩处那种男子双方自愿发生的鸡奸行为的相应规定，因此不得不沿用来自明律中的那条比引律加以处置。① 124

三、鸡奸被"奸"所吸收

清初用以惩治强奸的法律规定相当混乱。虽然当时的法律专家们开始将同性性犯罪视同于异性性犯罪加以惩治，但在处刑方

---

① 参见《"中研院"历史语言研究所现存清代内阁大库原藏明清档案》（第40册），档案号：40-73。

面却差异甚大。而当时据以对此加以处刑的法律依据，可说是由来自明律中的那条旧规定、清代那些特地添入的新定例及许多直接或间接的比附援引所共同组成的大杂烩。正是这种混乱的情况，导致雍正朝时开始试图对此方面的法律规定加以理顺，以使其更加合理化。

清朝早期的那些法律规定，在雍正十二年（1734）时被大清律"刑律·犯奸"门当中新添入的一条例文取而代之。此条例文直至20世纪初仍具有法律效力。① 这条新的法律规定，肇始于安徽巡抚徐本的一份条奏。安徽巡抚徐本认为，康熙十八年（1679）那条用以惩治轮奸的法律规定得过于笼统，未能涵盖现实中发生的那些同性强奸案件所体现出来的多样性（例如有些同性强奸案涉及命案，但并非所有的同性强奸案皆与人命有关；有些同性强奸案中的行奸者不止一人，但并非所有的同性强奸案皆是如此），但因为没有其他法律规定可用，所有的同性强奸案件，都只得援引康熙十八年（1679）的那一条规定，别无选择地一律判处斩立决。徐本声称自己就刚刚审理过一起同性强奸的案件，虽然该案中的罪犯是单人犯案，且除了强奸并未伤人，但他不得不依据康熙十八年的那条规定判其斩立决。徐本认为如此处刑显得过重，因为倘若受害者是女性的话，则对强奸者的最高刑罚也不过是绞监候。而且，徐本注意到雍正皇帝不久前曾下旨就异性强奸罪应依不同情形分别处刑加以具体指示，因此他认为"今强行鸡奸之例似应一体分别更定"。雍正皇帝将徐本的这份条奏交由刑部审议。刑部同意徐本

---

① 参见本书附录 B.1。

的这一建议，并拟定了详细的方案。刑部的这一方案，后来成为雍正十二年时出台的那条用以惩治鸡奸的新例文。①

雍正十二年出台的这项法律，以及其后的那些补充性规定，明确地将鸡奸行为吸收到"奸"这一类别之中。对鸡奸行为具体罪行的分类，皆与既有的犯奸行为之分类变得相同。而且，各种鸡奸罪行应受到的惩罚，此时几乎在所有细节上均变得与针对各种异性性犯罪的惩罚相同。在雍正十二年之前的那五十年里面，清代的法律专家们将鸡奸行为比照异性性犯罪加以处置的做法日益频繁。因此，此时这种让对鸡奸罪的惩罚变得更合理化的举措，乃是顺理成章的发展结果。

不论其受害者是男是女，轮奸罪皆依照"光棍例"判刑，为首者处以斩立决，为从者处以绞监候。强奸者若是单人犯案，只要受害者为 12 岁以上而不论其性别，那么其处刑便为绞监候；强奸 10 岁至 12 岁之间的男女孩童者，处斩监候；强奸 10 岁以下的男女幼童者，依照"光棍例"处斩立决。

强奸 12 岁以上的受害者（不论受害者是女性或者男性），若强奸未成（阴茎未插入对方的阴道或肛门），则处杖一百，流三千里。若受害者为 12 岁或以下的幼童，则强奸者将被"发黑龙江给披甲人为奴"。

和奸 12 岁或以下的男女幼童者，一律被视同强奸进行惩治，判处绞监候。与 12 岁以上之人和奸者，不论对方是女性或者男

---

① 参见《"中研院"历史语言研究所现存清代内阁大库原藏明清档案》（第 59 册），档案号：59-10。

125

性,均依照"军民相奸"例,处杖一百并枷号一个月。① 男子或女子卖娼,以及买娼者,同等处刑。②

雍正十二年(1734)之后,凡是律典中未能涵盖的所有鸡奸罪行,均严格比照相应的异性性犯罪进行惩治。例如在道光十三年(1833)发生于北京的一起案件中,杜住儿(30岁)以几枚零花钱作为交换,鸡奸了其同母异父的弟弟范二格(11岁)。由于清代律典中并未规定近亲男性之间相奸该如何处刑,故而杜住儿被比照"奸同母异父之姐妹"例进行惩治。且因该案中的受害者范二格年幼,对杜住儿的刑罚加重一等。③

关于鸡奸的上述那些法律话语,在其相辅相成的过程中,也引用了一些长期以来被用于指控异性强奸的关键性术语和标准。我们在前一章中已经看到,某些特定的因素,通过对强奸女子者自动减等处刑的方式,使得受害女子丧失了能够作为强奸罪行之受害者的资格,进而无法被作为强奸罪行之受害人加以对待。这种量刑方式显示,当时的法律在界定强奸之时,并非从受害者的角度加以考虑,而是根据那种不容于正当的性关系的阴茎插入行为让受

---

① "军民相奸"例这条规定(参见[清]薛允升:《读例存疑》[重刊本],黄静嘉点校,成文出版社,1970年,例366-01),在雍正三年(1725)时取代了针对和奸的那条明代旧律(参见[清]薛允升:《读例存疑》[重刊本],黄静嘉点校,成文出版社,1970年,律366-00),自此之后被援引用于惩罚平民之间的各种和奸罪行。

② 对此方面异性犯罪的惩罚,参见(清)薛允升:《读例存疑》(重刊本),黄静嘉点校,成文出版社,1970年,律366-00,例366-01,例366-02,例366-04,例366-07,例366-10,366-375-03,例366-04。对此方面同性犯罪的惩罚,参见(清)薛允升:《读例存疑》(重刊本),黄静嘉点校,成文出版社,1970年,例366-03,例366-07,例366-10,375-03,例375-04。

③ 参见《刑部档》,中国第一历史档案馆藏,奉天司/06194。

害者所蒙受的客观损害进行界定。在同性之间的性犯罪被异性之

126

间的性犯罪所吸收后，对强奸罪行之男性受害者的评断，也遵循上

述逻辑。康熙十八年（1679）和雍正十二年（1734）新添入律典之中

的那些法律规定，将遭鸡奸的男性称为"良家子弟"或"良人子弟"，

亦即"出身平民家庭的儿子或小弟弟"或"一名平民的儿子或小弟

弟"。这种称呼，近似于强奸罪或诱奸罪中所预设的那些女性受害

者——"良家妇女"或"良人妇女"，亦即"出身平民家庭的妻女"或

"一名平民的妻女"。如前所述，至18世纪中期，"良"字的含义，从

强调"平民"这一身份转变为强调女性的贞节。同样的，用来惩治

鸡奸罪行的法律中要求男性受害者须是属于"良"这一类别，而这

意味着对其性经历和性道德的评判。借助于这种方式，那些被用

来评判女性贞节和界定何谓与女性正当发生的性关系的标准，也

被用于评判被鸡奸的男性所遭受的损失。

　　但是，清代的法律专家们从未将男性完全等同于女性！我们

将在下文中看到，将同性性犯罪完全比照异性性犯罪加以惩治的

做法，在反抗强奸这一问题上受到了挑战。男性和女性在证明自

己确遭强奸这一问题上的差异，非常清楚地说明了清代司法中对

男子之间同性性行为的建构。

第三节　异性性犯罪的标准被适用于鸡奸罪行

　　以下这些例证将说明，清代的法律专家们是如何运用强奸已

成、身份等级差别及作为评判强奸受害者之性经历的"良"这一概

念,来对同性强奸加以判决处刑的。本节中将被检视的每一起鸡奸案件,均可在前两章中所讨论的那些异性强奸案件中找到一起或更多与之极为类似的地方。而这表明,以往被用于惩治异性性犯罪的那些标准,如今被相当精确地加以扩展适用,从而将鸡奸罪这一新的领域也涵盖在内。

一、同性强奸已成

雍正十二年的那条新例文,借用长久以来用以评判异性强奸的术语,将同性强奸区分为"成"与"未成"。同性强奸已成的要求,是用阴茎插入了另一男子的肛门。其刑责与异性强奸者相同,亦即相对于强奸未成者被处以杖刑与流刑,强奸已成者将会被处以死刑。那些被同性强奸已成的男性受害者,并不像被强奸已成的女性受害者那样,会遭遇因被认为贞节已失而无缘于旌表仪式的后果(被强奸已成的女性受害者即使死亡,官方也不会承认她有被旌表为烈妇的资格)。不过尽管如此,那种由于被其他男性鸡奸已成而遭遇到的污名,看来相当强大且无处不在。

鉴于这些严重的后果,清代的司法官员们在判断强行鸡奸已成与否时极其谨慎。这一过程,非常类似于对异性强奸已成与否所做的那种调查(前者无疑是以后者作为基础)。如同遭到强奸的未婚女性受害者须接受稳婆为她验身那样,声称自己被强奸的年轻男子也须接受件作对他进行的验身。18世纪和19世纪很多经中央司法机构审理的案件均有提及这道程序。例如在发生在北京并于光绪三十年(1904)由刑部"现审"的一起案件中,这一验身程序得到了非常详细的呈现（雍正十二年那条关于鸡奸罪行的例文，此时仍然有效）。寡妇陈胡氏控告旗人德山（在逃未归案）强奸她那 14 岁的儿子陈七十儿。在该案的档案中，有一份未经整理的该受害男童的证词草稿，上面记录了他对一些未被正式记录在案的问题的回答。其内容显示了刑部力求确认该男童所遭受的一切：

> 德山将我裤子揪下，将我奸污已成。我欲喊嚷，德山握住我嘴不许声张……左手捂口，右手揪裤，将我腰弯着，他亦弯腰往里弄……乱弄顺我腿流水，德山将我裤子撕破。德山已与我成奸，德山用手抠我。

刑部命仵作给这名男童验身。仵作在查验后报称，该男童的"谷道近下有指甲抠伤一处，现已平复，详细查验谷道折纹紧凑，谷道未开，实系鸡奸未成"。据此，在刑部后来就该男童上述证词所正式制作的文书中，这一事件被转写为："……那日晚……德山将我揪住，强行鸡奸未成，并用手将我粪门抠伤。"

显然，在企图行奸的过程中，强奸犯德山抠伤了那名男童的肛门，甚至已射精。但由于他的阴茎未能插入该男童的肛门，因此被认为"奸污"并未发生。这一逻辑，与清代在处理异性强奸罪行时不认为行奸者用手指插入女性阴道的行为属于强奸已成的那种原则类似。①

---

① 参见《刑部档》，中国第一历史档案馆藏，四川司/19959。

二、主奴之间的鸡奸

在中国古代,并不存在专门针对主人和其奴仆或雇工之间的同性性关系问题的法律规定。长期以来,主人被明确容许可以享用其女性奴仆的性服务,不过到了清代,这一特权逐渐被法律专家们严加控制。而与上述这种情况有所不同的是,从来没有任何具体的法律规定对主人在性方面享用其男性奴仆的行为加以取消或禁止。17世纪的白话小说,例如《金瓶梅》和《肉蒲团》,均暗示主人鸡奸其男性奴仆的情况并非罕见。如同主人和其女性奴仆发生的性关系那样,不管当中存在的强迫程度有多大,这种行为都不大可能会被告官。①

不过,《刑案汇览》中记载了一起嘉庆三年(1798)发生的主人强行鸡奸其雇工的罕见案例。山东巡抚在审理此案时,不知该如何权衡两种相互冲突的法律原则,故而请示其上级司法机构。此案的案情本身并无争议,亦即一位名叫潘浚亭的地主企图强奸其雇工邵兴,邵兴在进行反抗时,踢中了雇主潘浚亭的睾丸,因用力过猛致后者死亡。正如我们所知的那样,清律将同性强奸视为可

---

① 对明清时期的同性情色文学所做的前沿性研究,参见 Giovanni Vitiello, "The Dragon's Whim: Ming and Qing Homoerotic Tales from The Cut Sleeve", *T'oung Pao*, Vol.78(1992); Giovanni Vitiello, "Exemplary Sodomites: Male Homosexuality in Late Ming Fiction", Ph.D. diss., University of California, Berkeley, 1994; Sophie Volpp, "The Discourse on Male Marriage: Li Yu's 'A Male Mencius's Mother'", *Positions*, Vol. 2, No. 1(1994, Spring); Sophie Volpp, "The Male Queen: Boy Actors and Literati Libertines", Ph.D. diss., Harvard University, 1995。

耻的罪行,且对于强奸男性奴仆的主人,也并没有明确地给予其豁免权。审理此案的山东巡抚甚至认为,只要能证明加害者确有强行鸡奸的企图,那么受害者的自卫行为便可被作为杀人罪的减等处刑因素。倘若此案中的双方是在法律上的身份地位平等之人,则邵兴最有可能受到的判决结果是因"擅杀有罪人"而被处绞监候,且其后肯定可获减等处刑。① 但他们两人在法律上的身份地位并不平等。至18世纪后期,虽然绝大多数雇工在法律上的身份地位已被视作与其雇主平等,但根据具体雇佣情况的不同,仍存在一些例外。显然,邵兴是被当作传统意义上的"雇工人"进行对待,故而其法律地位被认为相较其雇主要低。因此,此处适用的法律依据,乃是那条沿用自明律的关于"雇工人"杀害其雇主的律文,若杀人是因斗殴而起,则即使属于无心,仍应判处斩立决。②

　　这里的问题在于,如何就"法律身份上的差别"和"对反抗强奸的自卫行为可从宽处置"这两种不同的原则加以权衡。山东巡抚认为应当从宽处置,但刑部则主张从严惩治,因此此案最终被交由皇帝决断。此案的最终判决结果,再次确认了那种认为同性强奸乃是可耻罪行的看法,但强调"雇工踢死雇主名分攸关……未便依常人拒奸而杀之例拟以绞候,致滋轻纵"。因此,邵兴被处以更重的刑罚——斩决,但他的情况同时符合了"着监候秋后处决"的条件,亦即有可能后来会被减等处刑。③ 对邵兴的这一判决,要重于这两名男子若是法律上的身份地位平等之人时的处刑,但要远轻

129

---

① 参见本书附录 B.2。

② 参见(清)薛允升:《读例存疑》(重刊本),黄静嘉点校,成文出版社,1970 年,律 314—00。

③ 参见(清)祝庆祺、鲍书芸编:《刑案汇览》,卷 53,第 16 页 a—17 页 a。

于若其主人未曾试图将他强奸而他却将主人杀死时的处刑。此判决结果，与本书第二章中讨论过的那起乾隆三年（1738）发生于直隶的案件类似。在后一案件中，一名男仆为了保护其兄嫂不被主人强奸而采取暴力性的自卫行为。就像那起发生时间较早的直隶案件一样，此处所讨论的这起案件最引人注意的特点在于，山东巡抚原拟对雇工邵兴减等处刑，这表明他对那些反抗被强奸而进行自卫的雇工心怀同情。

三、鸡奸行为对身份地位的玷污

在上一章中，我们检视过一起罕见的轮奸案件。在该案中，受害者是一名操持某种低贱的营生但守贞的女子，亦即就性道德方面的那种新内涵而言，她属于"良"，但从传统的法律身份来看则并非如此。

《刑案汇览》中有一起同样罕见的同性强奸案件，此案由陕西巡抚于道光四年（1824）上报至中央司法机构。其案情大致是，两名歹徒手持利刃和棍棒，在某条道路上拦截并各自强奸了两名经过的男子。此案案情的复杂之处在于，这两名受害男子都是在演戏时扮演旦角的伶人，故而陕西巡抚认为他们"难与良人子弟并论"，是以那两名强奸犯不应被按照针对强行鸡奸的法律所规定的本刑处以绞监候。但这种恶行也不应被纵容，因此陕西巡抚建议将两名强奸犯在强行鸡奸罪应处的本刑之基础上量减一等处刑，即杖一百并流三千里,皇帝核准同意了这项处置方案。①

上述案件中的那两名受害者,皆非靠出卖自己的肉体营生之人,亦无任何证据显示他们先前曾被其他男性鸡奸,因此这两人从性经历的意义上来说可被视为"良"。但是他们所从事的行业(伶人),明显降低了其在法律上的身份地位,故而无法被认为具有平民身份之人意义上的那种"良"。况且,作为演戏时扮演女性角色的伶人,他们身上已然体现了鸡奸受害者所遭受的那种社会性别转换。因此,上述判决可说是对两种相互对峙的不同原则加以权衡后的结果(既须顾及法律上的身份等级制度,又须对强奸罪行加以惩处),其处理方式,与对那些强奸守贞("良")但身份卑贱("不良")之女子的平民身份的男性罪犯进行处刑时所做的权衡完全相同。

四、鸡奸行为对男子阳刚气概的玷污

就性经历方面的那种含义而言,曾被他人鸡奸的男子,便不会被认为具有"良"的资格。因此,就像在受害者乃是身份低下或卑贱之人的情形当中那样,上述所说的这种性经历,也会被用来认定强奸罪行所造成的伤害较小,进而可据此减轻对强奸者的刑罚。这种逻辑,同样被用于评判那些众人皆知其不贞的被奸女子。但是,将"良"的含义转用来描述男性的性经历,这样做时显得相当古怪,因为"守贞"男子这一说法完全不着边际。女性守贞是忠诚的

---

① 参见(清)祝庆祺、鲍书芸编:《续增刑案汇览》,文海出版社,1970 年,卷 14,第 2 页 a—2 页 b。

一种形式,妻子在婚内与其丈夫行房,被认为与未婚的处女一样拥有贞节。但清律并不承认男子之间的同性性关系也有着犹如婚姻那般的正当情境。简言之,所谓"良"的男子,即对于那些"未被他人鸡奸过的男子"的委婉说法。①

《刑案汇览》中收录有不少反映上述看法的案例。在嘉庆二十年(1815)山西巡抚上报的一起案件中,李楞三鸡奸了一名叫作郭争气子的男子,②但郭争气子供认自己之前曾自愿被另一名男子"奸污"。山西巡抚据此认为,郭争气子"与良人有间,应将李楞三照'强行鸡奸并未伤人'拟绞例上量减一等,杖一百、流三千里"。也就是说,如果一名男子毫无廉耻以至于自愿被人鸡奸,那么强奸对他可能造成的伤害,便不足以让那名强奸犯被处死刑。而且,根据针对"和同鸡奸"的法律规定,郭争气子本人也因其过往曾有自愿被人鸡奸的经历,而受到杖一百并枷号一个月的惩处。③

131　嘉庆二十四年(1819)对一起发生于北京的轮奸案的判决,也遵循了上述原则。该案的主犯均为满洲旗人。为了泄私愤,吉林阿曾向官府诬告札布占盗窃。札布占获知吉林阿与一位名叫广凝

---

① 梅杰试图发展出一个被其称为"男性贞节"的概念,参见 Marinus J. Meijer, "Homosexual Offenses in Ch'ing Law", *T'oung Pao*, Vol. 71(1985), p.129。但此概念使得这里所讨论的问题变得含糊不清,因为"良"男和"良"女之间的相似之处实际上非常有限。

② 译者注:"郭争气子"这一姓名,系《刑案汇览》当中的原文记述。

③ 参见(清)祝庆祺、鲍书芸编:《刑案汇览》,卷52,第7页b—8页a。《刑案汇览》记载的此案案情概述中,并未提及郭争气子的年龄。他当时应该已过了12岁,否则将他强奸的那名罪犯受到的刑罚应会更重。但他也必定相当年轻,尚未完全发育,不然的话,审判官员不可能相信单名男子就有能力完成将他鸡奸的行为(参见下文的讨论)。

的男子有同性性关系(广凝在二者间的性关系中扮演被鸡奸者的角色)。为了报复吉林阿,札布占找来自己的两名友人,协助他将广凝绑走并轮奸。由于广凝曾被其情人吉林阿鸡奸,故而对他实施轮奸的那三名男子并未被官府判处死刑,而是被比照"轮奸已经犯奸妇女已成"例,"为首发黑龙江给披甲人为奴"。① 依照针对"和同鸡奸"的法律规定,吉林阿和广凝两人均被处以杖一百并枷号一个月,但因他们皆系满人,故而官府将杖刑改为鞭刑。而且,广凝因已烙上了被鸡奸男性的污名,而被削除了旗籍。而涉案的其他人等均未曾被人鸡奸,故而不用被削除旗籍。②

乾隆二十七年(1762)直隶磁州上报至中央司法机构的一起案件显示,先前曾发生鸡奸的经历,也会影响到对杀人罪的具体判决结果。乾隆十六年(1751),寡妇马氏雇用了无地的未婚农夫林二孟冬(时年 20 岁),帮她那位失去双亲的孙子李昌祚(时年 10 岁)耕地,以收成中的六成作为给林二孟冬的酬劳。在照顾农稼期间,林二孟冬和李昌祚同住于田地中的一间茅舍内。林二孟冬开始鸡奸这名男童,两人的这种亲密关系维持了数年。到了乾隆二十三年(1758),林二孟冬已 27 岁而李昌祚也已 17 岁,两人成了同村人闲言碎语的话题焦点,于是李昌祚终止了双方之间的这种性关系和雇佣关系。然而乾隆二十六年(1761)的某天夜里,林二孟冬偶遇李昌祚时,提出想要再与其发生那种性关系。据林二孟冬供述,李昌祚当时拒绝了他的这一要求,并且说道:"咱两个干的勾当从前被[人]撞见,村中谈论得不成光景,谁再与你干这没脸的事?"随

① (清)薛允升:《读例存疑》(重刊本),黄静嘉点校,成文出版社,1970 年,例 366-12。
② 参见(清)祝庆祺、鲍书芸编:《刑案汇览》,卷 52,第 8 页 a —8 页 b。

后两人发生争执,林二孟冬将自己昔日的情人李昌祚殴打致死。

在审理这起命案时,知县首先想到的,是雍正十二年(1734)针对鸡奸的那条例文中所规定的"因奸将良人子弟杀死……亦照'光棍为首'例斩决"。[①] 但权衡再三之后,他决定不援用这一例文,其理由是"李昌祚素与林二孟冬有奸,非图奸'良人子弟'杀死者可比"。据此,他从轻拟判林二孟冬斩监候,而这意味着林二孟冬之后可能会被减等处刑。[②]

第四节　那些易受性侵的男性和危险的男性在司法中的刻板印象

在司法话语当中,男性若被人鸡奸,则将导致其在身份地位上遭受一种被污名化了的损失。这种损失类似于女性失贞,其后果也会在刑罚体系中被以对待女性失贞的相同方式加以考量。当身份低贱的男性,以及曾被人鸡奸的男性遭到强奸时,其所遭受的伤害被认为有限;而对于强奸他们的那些男子,也不必按照针对强奸罪行的法律规定科以应处的本刑。

但是,男性因被人鸡奸所受到的损失,毕竟与女性失贞相比有着本质上的差异。顾名思义,女性可经由正当的方式与人性交,但

① 参见本书附录 B.1。

② 参见《刑部档》,173/乾隆 27.3.18。这种司法推理方式,在乾隆四十年(1775)颁行的一条正式例文中被正式加以规定。参见(清)薛允升:《读例存疑》(重刊本),黄静嘉点校,成文出版社,1970 年,例 366–10。

她须将与其性交的权利保留给自己的丈夫。女性与人通奸的行为,是她对其丈夫所犯下的罪行。因此,强奸罪行中的女性受害者,须承担证明自己未背叛其夫的义务。这一事实,在明清时期用来惩处和奸的刑罚中得到了反映。无论是异性还是同性之间的和奸,对其所处的惩罚皆相同,除了与人和奸的妻子可被其夫卖掉而终止婚姻关系这一点差别。对于男性而言,并无与后者类似的相应措施,不论是与女子发生非法性关系的男子,还是在同性性关系中扮演何种角色的男子(即便那位同意被人鸡奸的男子娶有妻室,其妻也不可能将他卖掉!)。对于那些因反抗鸡奸而死亡的男子,清朝政府也没有为他们安排类似定期旌表烈女的仪式。

由此可知,法律专家们看待男女之社会性别的方式截然不同。男性被认为不应脆弱、听天由命或有自杀的倾向;男性被认为不能将自己留作供某位合法的支配者泄欲的容器。男性被预设为不可被他人的阴茎插入自己体内,而应当是用自己的阴茎插入女性体内,亦即应当是在性行为中的主动方而非被动方。

尽管如此,清代的法律仍承认男性有可能遭到强奸,也有可能自愿被鸡奸。但这种所谓男子被他人的阴茎插入体内的情形,被认为只有当该男子在某种程度上缺乏男子应有的阳刚气概时才能够说得通。为了理解这种并不稳定的男子阳刚气概,且让我们仔细检视鸡奸案件中那些用来认定被鸡奸者系被人强迫的证据标准。那么,什么类型的男性会被司法官员想象为强奸罪行的可能受害者呢?

133

一、胁迫、幼稚与力弱

与清代律典中针对犯奸的本律之规定不同，[1]针对鸡奸罪的诸条例文，均未明确阐明用来判断受害者是否属于被强迫的证据标准。当时众多的案件记录显示，那些长久以来被用于审查女子被强奸案件的证据标准，通常也被适用于处理同性强奸的案件。也就是说，这些案件记录会提到身体受到的伤害、被扯破且染血的衣物，司法官员会讯问受害者当时是否叫喊过和挣扎过，必须有行奸者自己承认其罪行的口供，且最好还能有证人。尽管如此，对强奸罪行中男性受害者的想象，仍然与对强奸罪行中女性受害者的想象存在着重要的差别。例如，在同性鸡奸的案件中，从未出现过关于家庭内部生活的议题。男人（甚至年幼的男童）基于各种原因出现在自己居所之外的其他地方，这种情况被认为完全属于正常；在我阅读过的清代同性鸡奸案件的档案中，此类案件最常见的是发生在某条路上或者乡村之间的田间小径。实际上，相关的案件记录显示，无亲属关系的两名男子晚上睡在同一张床上，这在当时并无什么特别之处。此种情况并不意味着这些同床而眠的男子之间必然会发生性行为，但无疑提供了此类机会。

对异性强奸与同性强奸之惩处的重要差别在于，司法官员认为男性基本上都具有反抗被强奸的能力，而女性则被预设为人弱力微。当然，在面临被强奸的威胁时，女性应当进行反抗，但表明

---

[1] 参见本书附录 A.2。

其进行过反抗的最有力证据是她被杀或自尽。除了死亡，身受重伤也是女性受害者据以主张自己曾对强奸行为进行反抗的最好辩护。在这里，死亡和受重伤，成为弱者据以证明自身无疑曾进行反抗的"武器"。与此相对的，司法官员非常怀疑男性能被同性强奸，认为倘若一名成年男性遭人鸡奸已成，则他必是出于自愿。只有那些因自身人弱力微而无力反抗的男性，才有可能在违背自身意愿的情况下被人鸡奸，而在那些力弱的男性当中，人们最容易想到的便是年幼男子。例文中的用语将强奸罪行中的男性受害者描述为"良人子弟"或"良家子弟"。这种措辞，意味着强奸罪行的男性受害者是家庭中那些年幼、辈分低的成员。而用于描述强奸罪行中的女性受害者的相应用语，则是"良人妻女"或"良家妇女"。"女"（女儿）无疑意味着年幼，但"妻"则并非如此；此处被加以强调的并非年幼，而是家庭内部的性别从属关系。针对鸡奸罪行的立法，则完全没有提及与作为强奸罪之潜在受害者的"妻"相对应的丈夫。

　　实际上，在关于同性强奸的指控中，受害者本人年幼及其家庭出身都是重要的考量因素。我搜集到 30 起涉及同性强奸情节的经中央司法机构审理的案件，其中包括 13 起因反抗强奸而导致自卫杀人的案件（司法官员认定涉案者所描述的那些强奸情节可信）。这些案件样本最引人注目的共同点在于，受害者们均年幼，而强奸犯们则皆相对年长（所有案件中的强奸犯，均比其受害者年长）。具体而言，在这些涉及同性强奸的案件中，强奸者相较受害者而言平均年长 15 岁，而在那 13 起因拒奸而自卫杀人的案件中，强奸者相较受害者而言平均年长 20 岁。这些同性强奸者的平均

134

年龄为33岁,而其受害者(包括因拒奸而自卫杀人的受害者)的平均年龄只有16岁。

上述这些数据,证实了清代司法官员那种将强奸罪行的男性受害者想象为被年长男性进行性侵犯的年幼男童的预设。在涉及杀人情节的同性强奸案件中,无论杀人者是强奸犯还是强奸行为的受害者,杀人罪行本身都是官府所做的调查和确保准确定罪的重心所在。因此,如果我们将那些涉及杀人的同性强奸案件排除在外,那么就可以把司法意义上典型的同性强奸(在这些案件中,强奸罪行是其关注的焦点)看得更加清楚。而在这些"纯粹"的同性强奸案件中,受害者的平均年龄下降至13岁。这一点有力地强化了那种将年幼男童预设为强奸罪可能的男性受害者的刻板印象。此类案件皆是由受害者的父母或者他的其他长辈报官的这一事实显示,与异性强奸一样,同性强奸也被想象为不仅是对受害者本人也是对受害者家庭的侵犯。

我们不应据此断定年长的男性就不会被年轻的男性强奸,毋宁说,当时存在一种强大的司法偏见,这种司法偏见拒绝承认年长的男性也有可能成为强奸罪的受害者。甚至对于年轻的受害者,司法官员也可能相当怀疑其加害者是否确曾使用了强迫手段完成鸡奸。在咸丰元年(1851)来自直隶宝坻县的一起案件中,农家子陈赏儿(14岁)和三名比他年长者一起在村中担任更夫。其中一位名叫韩云瑞(25岁)的更夫曾在狱中服刑多年,直至不久前才被释放出狱。这四人分成两组轮班值更巡夜,轮到休息的那组,就睡在供更夫休息之用的更棚里面。某天夜里,当其他两名更夫外出值更时,韩云瑞趁机强奸了陈赏儿。陈赏儿的父亲将这桩强奸罪行报官。仵作查验陈赏儿的身体后，证实陈赏儿确已遭到鸡奸。韩云瑞被捕后供认了其罪行。知县根据"将良人子弟强行鸡奸并未伤人"例，拟对韩云瑞判处绞监候。但是，直隶按察使基于以下理由，否决了知县的前述拟判方案：

135

　　查强奸已成之案，行强之人果有强暴情状，而被奸者自必挣扎受伤，此案……陈赏儿年已十四，并非实在幼稚……不难立时走脱。何以仅止哭喊？迫被揪按倒炕，①又不力挣，任听奸污，而[其他打更之人]亦必近在左右，当陈赏儿被奸喊嚷，何又均未听闻？……其身体肌肤毫无受伤，情有可疑。

　　在这里，直隶按察使援引了明清律中适用于女子遭强奸案件的那种证据标准。但是请注意，他特别强调了本案中这名男童的年龄。而当受害者如果是女性时，那么年龄因素并不会被以这种方式加以考虑。直隶按察使责令保定府衙门重审此案，以确认该案中的行奸者是否确曾使用了强迫的手段。保定知府查清相关事实后，汇报如下：

　　[韩云瑞]正欲行奸，陈赏儿警觉起身，不依喊骂。韩云瑞淫心未泯，起意强奸，即将陈赏儿合面按倒炕上，用手将陈赏儿上身并两手压住，又用身躯伏压其下身，陈赏儿人弱力微，未能挣脱，大声哭喊，亦因左近无邻，无人听闻接应，致被韩云

———————————

① 炕是一种用砖砌成并可烧火取暖的床，在中国北方很常见。

瑞奸污。

直隶按察使认可保定知府的上述描述,同意依照原审所拟方案进行判决。①

二、同性强奸中的"男子拒奸杀人"

对上述那种司法中的怀疑态度最为清晰的表达,体现于对那些声称自己是因反抗强奸而自卫杀人的男子的处置方式上面。在此类案件中,有许多都涉及使用刀或其他利器杀死受害人口中所称的强奸者的情况。清代的司法官员相信,即便是十来岁的少男,也不大可能仰赖此类武器来反抗被强奸,故而对持此说辞的人深表怀疑,并认定这是为了掩饰真正的杀人动机而编造出来的谎言。

但是,对于因反抗被强奸而犯下杀人罪的男子,清代的法律有时会酌情减等处刑。直至18世纪后期,此类杀人案件的通常司法处理程序是,由地方督抚上报中央司法机构,建议依照相关的杀人罪条文加以惩治,同时又补充说明诸种可以考虑从轻治罪的情形,
136 并请旨减等处刑,最终由皇帝裁决。②

不过,杀人者(那些声称自己遭性侵犯者)的年龄,才是对其宽大处理与否的关键。在乾隆九年(1744)来自直隶四旗厅的一起案件中,一个名叫马忠孝的男人用斧头砍死了与他同床而睡的武国

① 参见《顺天府档案》,167/咸丰 1.2.6。
② 参见(清)吴坛编纂,马建石、杨育棠校注:《大清律例通考校注》,中国政法大学出版社,1992年,第785页。

栋。他声称武国栋企图强奸自己。直隶总督建议对马忠孝宽大处理，但被上级司法机构的官员以如下理由驳回："如马忠孝年已二十正，当年壮力强之时，武国栋何能用强欺奸？"因此，该案被发还重审。当被问及其具体年龄和体力状况时，马忠孝供称："那年小的原止十九岁，本来力小，他力气又大，被他抱住再挣扎不脱。"重审此案的地方官员于是向上司报称：

> 据该犯供称是年仅止十九，虽年不甚幼，而力不甚强，卑职当堂察看该犯秉质原非强壮，武国栋年长以倍，欺其年轻力怯，欲行强奸，事属可信。

直隶总督后来亲自验看了该犯人，得出的结论与上引所言相同，于是坚持采用先前奏呈给中央司法机构的那份拟判建议。①

到了 18 世纪后期，清廷正式立法规定，那些因反抗被强奸而杀人的男性应当获得宽宥。但是，若想获得这种宽宥，除了要求具备表明对方企图强奸自己的确凿证据，杀人者还必须符合一些以年龄为基础的严苛条件。乾隆四十八年（1783）的一条例文规定，只有当"死者年长于凶手十岁以外"，才能考虑对拒奸杀人的男子减等处刑；若"死者与凶犯年岁相当，或仅大三五岁"，则须依谋故斗杀本律定拟，不得减等处刑。十二年后（乾隆六十年［1795］），清廷又增纂了一条新例文，规定拒奸杀人的男子"或年长凶手虽不及十岁"，但如果满足严格的证据要求（"拒奸供确可凭及图奸生供可

---

① 参见《"中研院"历史语言研究所现存清代内阁大库原藏明清档案》（第 133 册），档案号：133-99。

据者"），则也可减等处刑。至道光三年（1823），清廷立法宣布，15
岁或以下的男童，若因反抗比其至少年长 10 岁的强奸者而将后者
杀死，则可免除对该男童的刑罚，但须符合严格的证据要求。倘若
现有的证据并不完全符合例文中所规定的那种严格标准，但处理
137 案件的官员们认为该名男童拒奸的情节可信，则他将被处以"杖一
百，照律收赎"。①

上述立法的目的，是防止杀人犯逃过其应当承受的重刑而仅
被处以较轻的刑责。② 但是，通过详细说明可获得减等处刑的条
件，司法官员也勾勒出其心目中认为可信的强奸罪行之男性受害
者的形象。在他们看来，只有当受害者是男童或年少力弱的男性，
且加害者比其年长且更强壮有力时，强奸暴行才有可能得逞。也
只有在这种情况下，受害者在自卫过程中借助刀刃等武器抗衡加
害者的行为，才有可能在审判中得到宽宥。

关于异性强奸的司法话语可谓巨细靡遗，但从未像上述那般
将年少等同于力弱。任何女子当场杀死企图将她强奸的男子，均
能被免处刑罚；清代律典中也未曾就此种情形提及以年龄为基础
的资格问题。③ 而在被性侵犯的杀人者为男性的情形当中，只有当
他的年龄为 15 岁或以下，同时比企图对其加以性侵犯者至少年轻
10 岁，且现有证据符合异常严苛的证明标准（包括实施性侵犯者临
死前在目击者面前供认其罪行），拒奸杀人的男子才有可能获得彻

---

① 参见本附录 B.2。《清会典事例》，中华书局，1991 年，卷 801，第 768—769 页。

② 参见（清）吴坛编纂，马建石、杨育棠校注：《大清律例通考校注》，中国政法大学出
版社，1992 年，第 785 页；Marinus J. Meijer, "Homosexual Offenses in Ch'ing Law",
T'oung Pao, Vol. 71(1985), pp.124—126。

③ 参见（清）薛允升：《读例存疑》（重刊本），黄静嘉点校，成文出版社，1970 年，例 285-20。

底的宽宥。这些条件的言外之意,是将男童的力弱和因其年幼而易遭人强奸得逞与女性相联系,女性的弱点(以及借助某种武器来抗衡的相应需要)因此也就被认为同样体现于年幼男童的身上。

乾隆二十七年(1762)颁行的两道谕旨,再度证实了当时的确存在着上述观念。这两道谕旨中强调,地方官员若未将那些强奸"幼女、幼童、妇女"的"光棍"逮捕归案,则须受到行政上的处分。这两道谕旨的内容显示,除了"幼童",其他男性不被视为强奸罪行的可能受害者。①

尽管看上去出人意表,但 19 世纪中期太平天国政权颁布的法律对强奸罪行也有同样的预设。其中的一条法令如此规定:"凡奸老弟,如十三岁以上皆斩,十三岁以下,专斩行奸者,如系和奸皆斩。"换言之,只要他的年龄在 13 岁以上,任何被强奸的男性均被视作自愿,但这种年龄条件并未被适用于女性受害者。② 太平天国政权和清廷均采用了同样的原则,这显示了此项原则应是源自那些针对社会性别展演的相当普遍的基本预设。

138

成年男性被视为强壮有力而不会被人鸡奸得逞的对象,因此,若有某位男子遭人鸡奸得逞,那么这只能被解释为该男子年少力弱或者是不知羞耻地出于自愿。不论其年龄大小,所有女性均被视为力弱和可能被人强奸得逞,但她们被期望须采取各种可能的方式来反抗这种性侵犯,而可能发生的典型情况,则是该女子殉节而非自卫杀人。清代的司法制度预设,强奸罪行的男性受害者,因其年幼,所以力弱;因其力弱,所以易遭人强奸得逞;因其年幼和易

① 参见《清会典事例》,中华书局,1991 年,卷 128,第 658—659 页。
② 参见邱远猷:《太平天国法律制度研究》,北京师范学院出版社,1991 年,第 50 页。

遭人强奸得逞，所以其情况近似于女性。唯有在这种情况下，才可想象男性也可能会遭人强奸。这种关于"良"的话语，从未将那些鸡奸其他男子得逞的男子包括在内，就像它不将那些与女性存在不正当的性关系的男子包括在内一样。"良"只被用来指称那些扮演"女性"之性角色的男子和女子。今天的一些女性主义者声称，无论其生物学意义上的性别是什么，被作为强奸对象的，都是那些扮演女性的社会角色之人。① 清代司法官员看起来也是持同样的观点。

三、对同性强奸犯之形象的侧写

就像异性强奸罪行中的情形那样，同性强奸案件中的证据，也倾向于确证律例当中那种将强奸者描绘为"光棍"的刻板印象属实。在被我作为样本进行研究的 39 起经中央司法机构审理的案件中，包括了 42 名强奸犯（有 2 起案件涉及轮奸）。这些强奸犯的平均年龄为 33 岁。其营生方式可知者有 37 人：2 人无正当的营生方式；有 18 人靠从事低贱或边缘的行当谋生，其中包括 5 名士兵、4 名挑夫小贩、3 名僧道、2 名乞丐、2 名短工、1 名更夫及 1 名剃头匠；在其营生方式相对而言稍稍体面一点的那些强奸犯当中，有 12 人是农夫，另外还包括 1 名客栈掌柜、1 名酒肆老板、1 名学徒、1 名学生和 1 名"经商"之人。几乎所有人都被描述为相当贫困。

在这批案件样本中，其婚姻状态可以确认的强奸犯共有 28人，其中 24 人单身（在全部 42 名强奸犯中占 57%），4 人已婚。其

---

① See Catharine A. MacKinnon, *Toward a Feminist Theory of the State*, Cambridge, Mass.: Harvard University Press, 1989, p.178.

他 14 名强奸犯的婚姻状态不详，但我们可推断这些人中绝大多数都是单身（详细的理由，请见本书上一章）。这些人的未婚身份，并非他们主动选择的生活方式。和在同时代其他很多国家的社会一样，在清代中国，结婚与否及与谁结婚，很少取决于个人的意愿。 139

大多数的强奸犯都跟受害者有几分相熟，但彼此素不相识的也有 9 例，且有 12 起案件中的强奸犯是外地人（来自别村或他县）。有 4 人有前科，另有 4 人被证人形容为"恶棍"。至少有 10 人在企图强奸受害者时处于醉酒的状态。

再一次地，我们认出这是一群无家无产且不安分守己的男子，他们虽然还算年轻，但已到了由于前途渺茫而可能产生怨愤心理的年纪。对他们之形象的此种侧写，与上一章中所见的对异性强奸犯之形象的侧写如此酷似，这实非巧合。在清代的法律专家们眼中，"光棍"在性方面对于本分人家中的妻女及"子弟"具有同样的威胁性。

四、"光棍"在性欲对象方面的双性选择

我们该如何描述这些不安分守己的男子在"性"（sexuality）方面的特征？谁又会被刻板化地预设为既针对守贞女子又针对稚弱男童的强奸犯？在性侵对象这一方面，有数起案件将单身的强奸犯描述为有着双性偏好，亦即其性侵对象有男有女，但他始终扮演着侵略性的行奸者角色。① 然而，其性欲对象本身具有双性特征，

① 此处所称的"双性"，仅是用来描述本书中所讨论的那些强奸犯将男女两性均视为其性猎物这一事实。我并非用该词来暗示清代文献中所记载的这些人的性取向。

这看起来并不构成什么大问题,因为清代的法律专家们并未将此点单独挑出来加以解释或评论。毋宁说,"光棍"的问题在于,他们缺乏自制力,且藐视一切行为界限,故而威胁到社会秩序。

乾隆十年(1745)来自湖南绥宁县的如下案件,便是此方面的一个例子。在该案中,龙秀文(20岁)企图强奸其邻居之子胡岩保(13岁),并将后者扼死。在该案中,龙秀文是一名贫农,单身且前途渺茫,与一名邻家女孩私下有染。这名女孩已被许配他人,龙秀文原本计划在她出嫁之前两人私奔。但某日龙秀文遇到正在田里劳作的胡岩保,见其幼稚且"生的[得]白净",便生了淫欲,于是将胡岩保诱至僻静处,企图将其强奸。当遭到这名男孩的反抗时,龙秀文将他扼死。他动过将被其扼死的男孩碎尸的念头,以使之看起来像是被野兽咬死,同时也指望在自己和那名邻家女孩私奔后,该女孩的父母会误以为这具被毁坏的尸体是自家女儿而不去追拿他们。后来在证据确凿之下,龙秀文被缉拿归案,因其强奸并杀害"良家子弟"而被判斩立决。

关于此案的刑科题本中强调龙秀文无恶不作。通奸、私奔、强奸、谋杀及碎尸⋯⋯所有可能想到的禁忌,他都一一触犯,以满足自己的犯罪冲动。但他对男女两性均有性欲这一事实,在本案的刑科题本中并未被特意加以强调。①

第二个例子是乾隆十七年(1752)来自陕西南郑县的一起案件。李世寿(35岁左右)是一名来自外县的贫穷剃头匠,未曾娶妻。他与邻居家的男孩何廷柱(当时17岁)关系甚好。某一日,他

---

① 参见《内阁刑科题本》,119/乾隆10.12.3。

按住何廷柱，强行将其鸡奸（据何廷柱供称，李世寿"硬把小的鸡奸了"）。何廷柱声称自己觉得此事非常丢脸，故而没有告诉任何人。但从他之后仍继续和李世寿往来并"常被他奸"来看，何廷柱可能对此并不十分介意。后因何廷柱染上"杨梅毒疮"，其父终于察觉到个中隐情，于是勒令他断绝与这名剃头匠的来往（何廷柱此后虽不再任由李世寿鸡奸，但私底下仍与其厮混）。何廷柱娶妻后，李世寿开始逼他共享其妻，但遭何廷柱拒绝。某天夜里，李世寿翻墙跳入何家院内，持刀对着何廷柱，企图强奸其妻。何廷柱最终刺死李世寿，解救了自己的妻子。①

上述这起案件中的李世寿，代表了清代司法制度中所预设的最典型的光棍形象，亦即他是一位无家无产的外地人，执意要破坏他人的本分家庭，且在此过程中逾越了各种神圣不可侵犯的界限。知县的手下在李世寿的私人物品中发现了一双缠足女子所穿的绣花鞋，而这在本案的报告中被认为是表明此人具有危险的性犯罪倾向的主要证据（这双绣花鞋必定是他偷来的，不然的话，他要这双鞋子何用）。②

从对这些光棍的描述来看，他们在性欲对象选择方面表现出来的男女两性皆可之倾向，看起来几乎被认为是理所当然的。法律专家们所关注的焦点是，这些人扮演着具有侵略性的行奸者角色，全然罔顾礼法。同性情欲被与异性情欲同等加以对待（司法上

---

① 何廷柱被按"擅杀有罪人"判处绞监候，但从此案的案情来看，他之后肯定可获得减刑。

② 参见《内阁刑科题本》，144/乾隆 17.7.4。关于绣花鞋的情色用途，参见 Howard Levy, *Chinese Footbinding: The History of a Curious Erotic Custom*, New York: Walton Rawls, 1966。

采用同样的语词来描述此二者），而不是被单独挑出来加以或重或轻的谴责。很显然，清代的法律专家们并不认为此类性欲需要给予特别的关注或者难以理解。

明清白话小说中的浪子角色，与这种具有侵略性的行奸者极其相似。浪子同样表现出男女皆可被他作为性欲对象的特点，尽管他们最迷恋的仍是女性。如同光棍那般，浪子的危险性在于他们贪得无厌地追逐性猎物，而不在于其性欲对象选择方面男女皆可。因此，当《金瓶梅》一书描写西门庆鸡奸其书童时，此故事情节乃是为了强调男主角恣意地放纵自己；西门庆更具危险性的行为在于，他放浪地引诱他人妻室，随后造成许多家庭破裂。此外，当《肉蒲团》中的男主角未央生身边没有女子可供其宣泄性欲时，他便找了一名童仆作为替代，不过未央生同样将其精力主要用于追求他人的妻子。这些小说暗示，男主角们带有犯罪倾向的过度纵欲行为有损其健康。但更严重的后果则是，此类行为破坏了构成家庭秩序和社会秩序之整体框架的各种界限。①

上述这些小说中的浪子，与实际的强奸案件所展现的那种形象刻板化的光棍之区别在于，前者是享有特权的精英阶层中的一员，拥有各种物质资源和社会资源，因此很少落入法网。但他们和光棍一样，都扮演着具有侵略性的行奸者角色，选择性欲对象时均

---

① 参见芮效卫（David Tod Roy）在《金瓶梅》英译本中对"社会崩解之原因"所做的分析（David Tod Roy, trans., *The Plum in the Golden Vase* [*or*, *Chin P'ing Mei*], *Volume One*: *The Gathering*, Princeton: Princeton University Press, 1993, pp.xxix—xxxi），以及韩南（Patrick Hanan）对李渔所撰小说中之浪子角色的探讨（Li Yu, *The Carnal Prayer Mat*, trans. by Patrick Hanan, Honolulu: University of Hawai'i Press, 1996 [1657], pp. vii—ix）。

有双性倾向,而这对社会秩序来说构成了一种特殊的阳具威胁。

五、针对少男的淫欲

司法当中这种将光棍视为对良家子弟的一种潜在威胁的刻板印象,与如下这种广为流传的论据相互呼应,亦即在中国帝制晚期,少男们被充满色情意味地描绘为能够引发他人产生占有其肉体的性欲望。无论是在清代的司法案件里面,还是在明清时期的白话小说当中,对于那些具有侵略性的行奸者而言,少男被赋予了可被其当作性欲对象的"女性"角色。吸引这些行奸者的,看起来是不同类型的女性化气质,而与拥有这些女性化气质的个体本身的生理性别无关。

刑科题本中在记录同性强奸案件时,常常例行化地称强奸犯是因为见到受害者"年幼"或"少艾"而产生淫欲。"少艾"一词带有强烈的女性气质之含义,在描述异性强奸案件中的同类情境时常会用到此词。同性强奸犯们的供述有时更为详细。例如,在雍正七年(1729)发生于广东的一起案件中,强奸犯余子岱(57岁)称其受害者陈阿迈(16岁)"年少美好";①在乾隆四年(1739)来自陕西的一起案件中,强奸犯王崇业(22岁)如此描述其受害者三保儿(9岁):"三保儿面目生的[得]干净,原想奸他";②在乾隆十年(1745)来自湖南的一起案件中,强奸犯龙秀文(22岁)供称:"小的 142

---

① 参见《"中研院"历史语言研究所现存清代内阁大库原藏明清档案》(第41册),档案号:41-7。
② 参见《内阁刑科题本》,70/乾隆4.9.5。

因胡岩保（13 岁——引者注）生的［得］白净，一时起意想鸡奸他。"①此类情欲化的表达，不仅在强奸犯那里可以听到，而且在和同鸡奸的案件中也可听到。

就像对于强奸犯在选择性侵对象方面表现出来的双性倾向无须在司法过程中做特意分析那样，司法官员在转录这类供词时也未就其加上任何评注。制作案卷的执笔者们显然认为，上级官员在复核案件时并不会对强奸犯此方面的口供有所怀疑，因此无须对此特别加以解释。他们据以做出此种假设的理由在于，并不是只有那些身处社会边缘的性猎食者所代表的亚文化，才会用色情的眼光将少男视为可让其宣泄淫欲的女性化对象。

在《金瓶梅》一书中，那些扮演被鸡奸者角色的男子，无一例外地皆是因其年少且举止女性化而引发对方的性欲。例如，西门庆与其书童之间的那种特殊体验，乃是始于如下情形："西门庆见他吃了酒，脸上透出红白来，红馥馥唇儿，露着一口糯更牙儿，如何不爱？于是淫心辄起。"在鸡奸的过程中，西门庆称其书童为"我的儿"，而书童则称他为"爹"（这与西门庆的妾称呼西门庆的方式相同）。② 这本小说中的后面部分，还提及道士金宗明为何着迷于被他鸡奸的男子：

> 手下也有两个清紫年小徒弟，同铺歇卧，日久絮繁。因见经济生的［得］齿白唇红，面如傅粉，清俊乖觉，眼里说话，就缠

① 参见《内阁刑科题本》，119/乾隆 10.12.3。
② 参见《金瓶梅词话》（万历年间版），香港太平书局，1988 年，第 34 回，第 11 页 b——12 页 a。

他同房居住。

该小说中顺带提及道士金宗明也嫖妓女。①

在《肉蒲团》一书中，李渔以与上述类似的措辞解释了两名童仆（分别名叫"书笥"和"剑鞘"——这是多么符合被鸡奸者的称呼！）对该书男主角的性吸引力："两个人物都一样妖娆，姿色都与标致妇人一般。"该书中的男主角更钟爱书笥，因为在这两名童仆中，书笥更会作"娇态"，且"性极狡猾"，"行乐之时态耸驾后庭，如妇人一般迎合"。② 李渔在其撰写的故事《男孟母教合三迁》中，将一名少男描述为第三性，形容其女性气质比真正的女人更"天然" 143 更具诱惑力。这则故事中拥有柳腰的男童瑞郎，被李渔形容为"绝世美女"。当瑞郎的男性性征开始显现时（其男性生殖器逐渐发育，并产生了想与女子交媾的性欲望），为了保有吸引其"丈夫"的那些特质，他决定自宫。③

无论是在真实的案件记录当中，还是在虚构的白话小说里面，被作为性欲对象的男性，其吸引力在很大程度上来自他符合某种女性化的美貌标准。年轻、白净、面容清俊、唇红齿白和体态纤细，所有这些特质结合在一起，共同构成了情色魅力。明清时期的春宫画常将女性和被鸡奸的男性描绘为比其男性伴侣皮肤更为白

---

① 参见《金瓶梅词话》（万历年间版），香港太平书局，1988 年，第 93 回，第 10 页 a。

② See Li Yu, *The Carnal Prayer Mat*, trans. by Patrick Hanan, Honolulu：University of Hawai'i Press, 1996 (1657), pp. 120—122.

③ 参见 Sophie Volpp, "The Discourse on Male Marriage：Li Yu's 'A Male Mencius's Mother'", *Positions*, Vol. 2, No. 1 (1994, Spring)。《肉蒲团》和《男孟母教合三迁》分别有韩南（Patrick Hanan）和袁书菲（Sophie Volpp）的英译本。

皙、胡须和体毛更少。① 对于上述文献中所描绘的那些具有侵略性的行奸者而言，相较于生物学意义上的性别，其性欲对象最吸引他们的，看起来是这些男子所具有的那种女性化特质。

这类证据，有助于我们理解那种造成清代的法律专家们坚信须对"良家子弟"加以保护的威胁。关于易受性侵犯的男子的法律话语当中，弥漫着对未成年男孩在社会性别方面暧昧不清的焦虑，这是因为未成年男孩的成熟男性气概尚未通过经由成婚所获得的社会角色和性别角色得到加固。法律理论为这样一种预设所支配，即认为某人在性行为中被对方用阴茎插入体内，会被以一种深刻且重要的方式女性化。此种行为被认为使得生物学意义上的女性成为社会意义上的女人（妻子和母亲），正如在性行为过程中用阴茎插入女性体内的行为被认为使得生物学意义上的男性成为社会意义上的男人（丈夫和父亲）。对于少男而言，被他人鸡奸，会导致他的社会性别降等或转换，进而造成他在成长为男子汉的漫漫人生路上走向歧途。

第五节　大众观念中的等级体系和污名化标签

不过，上述观念在当时社会当中实际上到底有多大的普遍性？

---

① 参见《金瓶梅词话》第 93 章的章首那幅描画陈经济被道士金宗明鸡奸的雕版插图"金道士娈淫少弟"，以及以下诸书中的相关插图：John Byron, *Portrait of a Chinese Paradise: Erotic and Sexual Customs of the Late Qing Period*, London: Quartet Books, 1987; Charles Humanaand Wang Wu, *The Chinese Way of Love*, Hong Kong: CFW Publications, 1982。

到目前为止,我们已经探讨了关于同性强奸的立法及许多经中央司法机构审理的案件,并借此分析了司法审判中关于光棍及那些易遭性侵犯的男性的刻板印象。我们也已看到,潜藏于此类刻板印象背后的某些基本预设,在当时的白话小说中亦有反映。然而,那些既非官员又非白话小说创作者的普通大众在此方面的看法又是如何呢?清代的案件记录反映出他们怎样看待鸡奸这一行为? ¹⁴⁴ 还有,他们对双方自愿的同性结合的看法又是怎样?我们能否从他们的看法当中,了解到此类同性结合当时实际发生于其中的那些具体情境?这种关系中的当事人如何看待自身?别人又是怎样看待他们?

一、彼此类似的不同等级体系

相关案件记录中的证据显示,司法上对于鸡奸的基本观点,与当时社会中广泛存在的实践与观念之间有着明显的一致性。其中最明显之处是认为,被鸡奸的男子比行奸者年轻,因此,性行为角色方面的社会性别等级体系,类似于年龄方面的等级体系。在本书前面讨论过的那些同性强奸案件中,我们已经看到了这种现象。而在我搜集的所有被作为和同鸡奸治罪的同性相奸案件中,同样也是如此,仅有两起案件例外。下文将要讨论的这两起属于例外的案件,可证明当时存在一种认为性行为角色方面的等级体系应当契合于年龄方面的等级体系的原则。被鸡奸的男性不仅相对年轻,且在绝大多数的案件中均属未婚。在被司法官员视为和同鸡奸的那些性关系中,年龄方面的等级体系和性行为角色方面的等级体系,通常又与其他方面的等级体系相似。后者包括资历或地位方面的等级体系(例如僧道鸡奸其新收的徒弟)、财富方面的等级体系(例如行奸者向对方提供钱财或给予其他方面的物质帮助),有时还包括社会阶级方面的等级体系(例如雇主鸡奸其雇工)。其结果是,原本就内在于性行为角色方面的等级体系之中的各种被社会性别化的权力关系,得到了进一步的强化。

在相关案件所记录的那些双方自愿的同性结合中,我们可以明显看到将被鸡奸的男子归入女性角色的迹象。有一些双方自愿的同性结合涉及劳动分工,例如在一起案件中,在性行为中扮演被鸡奸者角色的男子在家中织布,而其同性伴侣则将布匹拿到市集上去卖。在很多此类案件中,两名或两名以上在性行为中扮演主动者角色的男子,为了获得同一名扮演被鸡奸者角色的男子而发生争斗。但是我并没有发现在性行为中扮演鸡奸者角色的男子被其他多名男子作为意欲占有的对象而进行争夺的相反情况。① 在有的时候,同性性伴侣之间相对彼此而言的权力关系,乃是比照于异性夫妻之间的那种相对彼此而言的权力关系。例如在乾隆二十七年(1762)来自广东饶平县的一起案件中,潘阿三(18 岁)拜剃头匠廖阿六(26 岁)为师,并住在廖阿六家中,后被廖阿六鸡奸。潘阿三于是逃至另一位男子处待了数日,其间他自愿接受被该男子鸡奸。廖阿六知晓此事后,追至潘阿三的新住处,将潘阿三带回自

---

① 在清代秘密帮会的"帮规"中,那些针对鸡奸行为的戒律默认了年龄等级应与性行为角色相一致,并将少艾男童和少男描述为帮中那些年长的弟兄为之争夺的性对象。参见 Fei - ling Davis, *Primitive Revolutionaries of China: A Study of Secret Societies in the Late Nineteenth Century*, Honolulu: The University Press of Hawaii, 1977, p.147。

己家中,并加以责骂。自那之后,潘阿三便经常反抗和咒骂廖阿六。某天夜里,潘阿三拒绝磨剃刀来为次日的工作做准备,廖阿六因此将他打了一顿。当晚,潘阿三又不肯让廖阿六鸡奸,于是廖阿六将潘阿三扼死。[①] 这一情形,与清代司法档案中那种杀妻的典型 145 情形,即丈夫因其妻子不守妇道(如通奸、擅自离家、拒绝与其性交及有其他的违抗行为)而怒起杀机,相当吻合。

二、作为鸡奸者的成年男子

案件记录表明,一名男子在性行为中的角色,在其人生的不同阶段可能会发生变化。[②] 其中最基本的观念是,成年男子应当通过结婚成为一家之主,其在性行为中应当扮演的角色是(对其妻子下体的)阴茎插入者,而不是被人鸡奸者。结婚象征着极为关键的过渡仪式。也就是说,随着婚姻关系的缔结,男女双方需要开始承担在性行为分工和社会劳动分工中各自应当扮演的不同角色,即分别作为丈夫(性行为中的阴茎插入者)和妻子(性行为中的被阴茎插入者)。

许多案件都显示,某些在年少时被较其年长的男性鸡奸的男子,当初或多或少地是出自心甘情愿,但他后来对性行为方面的角色认知发生了转变。有时是年轻的一方在长大后拒绝其旧情人的

---

① 参见《内阁刑科题本》,170/乾隆 27.4.18。
② See Bret Hinsch, *Passions of the Cut Sleeve*: *The Male Homosexual Tradition in China*, Berkeley: University of California Press, 1990, p. 136.

求欢,例如声称自己"年长,不做这事"。① 娶妻有时也会造成这种相应的态度转变。例如在乾隆四年(1739)发生于四川罗江县的一起案件中,农夫周久(19岁)杀死了比其年长的和尚清月。据周久供称,他家离清月所在的寺庙不远,乾隆元年(1736)周久到庙里玩耍时,清月以几个胡桃为饵,将他诱奸。这种性关系在双方之间只发生了一次,此后周久再未去过那座寺庙。乾隆三年(1738)的某日,清月企图强迫周久再次与他发生性关系,结果被周久用刀杀死。周久被捕后,声称自己是出于自卫。但知县对此表示怀疑,于是讯问周久道:"清月既经奸过你,为什么这一次你就持刀坚拒砍死他呢?……明是别有情弊,有心砍死他的。"周久供称:"小的从前年纪还少,一时贪吃菓子(果子)被他奸了,后来想起好不羞愧,如今年已长大,又娶了妻子,如何还肯做这没脸面的事?"知县及其上级官员均接受了周久的这一解释。②

在乾隆四年(1739)来自山东文登县的一起案件当中,同样可以见到某男子在性行为角色方面的此种转变。在该案中,农夫董二(28岁)杀死了比其年长的孙和尚。董二供称:

> 小的幼年常到庙里顽耍(玩耍),被孙和尚哄着给果子吃,把小的鸡奸了,后来孙和尚搬在峰山寺住,离(小的住的)瓜落寨有四里多路,他时常到寨里化粮,遇着晚了,就在小的家住宿,合[和]小的行奸。

---

① 参见《内阁刑科题本》,177/乾隆27.3.30。
② 参见《内阁刑科题本》,71/乾隆4.7.12。

董二在 21 岁时娶了香氏为妻。董二回忆称：

> 孙和尚屡次向小的说要合[和]小的女人睡觉的话，小的
> 没有依他。乾隆元年三月里，小的因穷过不得，时常问孙和尚
> 借百十个钱买米吃，就叫他同女人有了奸。以后他时常往来，
> 小的零星使过他几百钱。

生活上的贫困，最终迫使这对夫妇搬至香氏娘家居住，因此妨
碍了孙和尚与董二之妻香氏继续苟合。此后不久的某天夜里，董
二又来到孙和尚的庙里向其借钱过冬。孙和尚拒绝了董二的这一
请求，声称除非董二带着其妻香氏住到寺庙附近。董二随即表示
他正准备要往东去外地找活儿做。听闻此事后，孙和尚一气之下
上炕睡觉。当晚在庙里过夜的董二也爬上炕和他同睡。后来孙和
尚唤醒董二，再次逼他答应搬至寺庙附近居住，以便继续他们之间
那种以性关系换取借款的交易。结果双方发生争执，孙和尚咒骂
董二，董二便将他殴打致死。

在长达六年的时间里，董二由起初甘愿被孙和尚鸡奸，到后来
自己娶妻从而在性行为中扮演阴茎插入者的角色。在此期间，孙
和尚的淫欲，也从董二身上转移至董二的新婚妻子香氏那里。董
二为了钱财而与孙和尚共享香氏，故而两人均能与她交媾。由于
孙和尚的性欲焦点彻底发生转移，以至于他在丧命的当晚虽和董
二同睡一炕，也未表露出想与董二发生性关系的兴趣。①

---

① 参见《内阁刑科题本》，69/乾隆 4.6.20。

　　乾隆四年（1739）来自陕西高陵县的一起案件，则从另一个角度展示了某些男性对人生历程中性行为角色转变的各种态度。赵全福（53 岁）是一名来自河南的游方道士，应一名无力抚养其子的农夫的请求，收后者之子苗正来（13 岁）为徒。就在拜师后的首日早上，赵全福便将这名男孩鸡奸，并以殴打相威胁使其不敢反抗。此后两人云游各地，以帮人做法事来换取布施。苗正来始终与赵全福同睡，并任由其鸡奸。四个月后，他们遇到另一名游方道士杨长明（39 岁）。赵全福请杨长明教苗正来念经。不久，杨长明也想鸡奸苗正来。起初苗正来拒绝，杨长明便以苗正来没有背好功课为由，威胁要打他并告诉其师父，苗正来只好顺从。

　　之后不久，杨长明企图说服苗正来抛弃赵全福跟自己走："你为什么出家？你跟我还了俗，我与你娶媳妇子。"赵全福无意中听到了这番话，便指责杨长明诱拐自己的徒弟。他也猜到杨长明与这名男孩发生了性关系，于是妒火中烧。两人后来因此发生打斗，结果杨长明被赵全福杀死。

　　该案中最值得玩味的一个细节，是杨长明用来说服苗正来与自己一道出走时所做的那个承诺，尽管杨长明可能只是出于虚情假意。苗正来既是一名新入门的小道士，又是一名无家可归的乞丐（他和其师父在河南北部和陕西中部的各地大约流浪了一年）。还俗娶妻意味着摆脱了上述这两种边缘的身份，从而成为已婚的一家之主，过上安定的生活。对绝大多数无地的农民而言，过上这种生活可能是一种巨大的诱惑。同时，杨长明的那个承诺，给了苗正来在年龄和性行为角色方面均过渡为成人的希望，亦即由被支配、被鸡奸的男孩转变为自己就能够在性行为中扮演阴茎插入者角色的成年人,拥有服从自己、可用来满足自身性需求的妻子。因此,杨长明的这一提议听上去颇具诱惑力。而赵全福也满怀嫉妒地注意到,杨长明和这名男孩的关系越来越亲密。①

许多鸡奸案件均涉及年长的僧道鸡奸其未成年的新徒弟,犹如举行入门仪式那般。因此,我们可推测,在这些年长的僧道当中,应有不少人在年少时也曾被比其年长的僧道鸡奸。这里看起来貌似存在着一种性服务方面的分工,亦即男孩们在年少时以提供性服务的形式换取年长者对自己的培养和照顾,待他们长大后,自己又去鸡奸比其年轻的新徒弟。明清白话小说中对出家僧道之间发生的鸡奸行为所做的那些诙谐嘲讽,强化了这种推测。

这些案件中的证据所凸显的,并不只是年龄方面的等级体系强化了性行为角色方面的等级体系,而且还包括充分社会化的成年男性被认为只可在性行为中扮演阴茎插入者的角色,以及朝向这一角色的转变被视为非常令人向往。而朝向这种角色的转变,可能涉及多个因素,亦即年龄(长大成人)、婚姻(承担起作为丈夫 148 的社会角色,后者通过在性行为中扮演阴茎插入者的方式得到强化),以及避免被人鸡奸(若之前曾被鸡奸,则以后应避免再次发生)。

三、因被人鸡奸而蒙受的污名

来自清代各地的此类案件均显示,那些被人鸡奸的男子,普遍

---

① 参见《内阁刑科题本》,75/乾隆 4.5.11。

会蒙受强大的污名,但这种污名不会波及将其鸡奸者。一些企图鸡奸他人的男子,强烈抗拒他人对自己的鸡奸。在乾隆三年(1738)发生的一起案件中,王四(20岁)是一名来自直隶固安县的穷苦百姓,正在北京找散工做。该年冬天的某个夜里,王四由于没钱租住客栈暖铺,只好蹲在崇文门城墙根儿下过夜。到了半夜时,另一名也准备在城墙下睡觉的男子向他搭话。后来证实此人名叫董魁(25岁左右),是一名穷困潦倒的旗人,靠在送殡队伍中担任吹鼓手谋生。王四供称:

> 他(董魁)说:"两个人一块儿睡暖些。"我说:"我不同你一块睡。"他就说:"你不同我睡,我就要打你了。"我看他身体壮大,打他不过,就同他在一处睡了。他又摸我裤子说:"你给我鸡奸了,我买一条棉裤给你穿。"我说:"你给我鸡奸,我给你棉裤穿。"他就骂说:"你不教我鸡奸,我就打死你,黑夜里还没有人知道的。"我害怕,哄他说:"这时候还早,恐有人走过看见不象样(像样),你且睡到半夜里再说罢。"他就睡着了。

待董魁睡着后,王四将他杀死。尽管王四那句要求对双方的性行为角色进行颠倒的回话可能属于耍贫嘴,但看起来他认为自己鸡奸董魁比自己被董魁鸡奸要好。而董魁则将王四的还嘴视为侮辱,因此他当时的反应变得充满火药味儿。①

有的时候,被鸡奸者所感受到的屈辱,与将其鸡奸者的那种洋

---

① 参见《内阁刑科题本》,74/乾隆 4.3.2。

洋得意之态形成了强烈对比。乾隆四年（1739）上报中央司法机构的一起发生于直隶八沟厅的案件，提供了此方面的佐证。某日夜里，来自山西文水县的散工李选（29 岁），在其两位友人牛永泰和迟廷光的家中借宿。牛永泰和迟廷光一直同住，且一起种地，两人的关系显然值得玩味。当晚三人睡在同一个炕上。以下是李选的 149供述："小的已经睡熟，那牛永泰把小的鸡奸起来，小的被他奸醒了，那时小的因迟廷光在炕，这样没脸的事不好言语，只得隐忍了。"数日后，李选在一家酒馆里遇到熟人魏明侯，"（他）对着小的说：'你们文水县人都是当兔子出身的。'小的因想起牛永泰奸小的的事来，就疑心牛永泰口嘴不谨，告诉了人，魏明侯是有心说的。脸上害羞"。于是李选来到牛永泰家中与他对质。李选来时已是夜晚，牛永泰当时正上炕准备睡觉：

> 小的说："你奸了我，我倒含忍了，你反告诉别人，这是什么意思？起来与你说个明白。"他又说："我偏不起来，你待怎样呢？"小的见锅台上放一块石头，掇起来吓唬他说："你不起来我就要打了。"牛永泰说："料你兔子也不敢！"

结果，李选一怒之下将牛永泰打死。在认罪后，李选道出了自己的杀人动机："小的实是因被牛永泰奸了，又被人笑话，走去与他理论。他又骂小的是'兔子'，一时气得慌，有心要打死他的。"

显然，牛永泰自己并不以对男人有性欲为耻，也不认为自己是

"兔子"("兔子"一词在中国古代俗语中是指男娼①)。相反,李选则因自己被鸡奸而深感耻辱,尤其是当此事被他人知晓时。李选看起来认为,他所扮演的上述那种性行为角色,比被利用或被强迫更加可耻。对李选而言,不让当时也睡在身旁的迟廷光发觉自己被人鸡奸,比终止这种性行为本身更重要,因此他选择隐忍了下来,使牛永泰鸡奸他的行为得以继续进行。基于同样的逻辑,在众人面前丢脸,被认为比被鸡奸这一事实本身更为严重。也正是此点促使李选去找牛永泰对质,并将其杀死。②

四、因被鸡奸而承受的污名与为此蒙羞的家人

因遭人鸡奸而蒙受的污名,并不只是被贴在被鸡奸者本人的身上。许多案件均显示,被鸡奸者的家庭也会因此大失颜面,特别是当这种丑事被公开之后。例如,在乾隆七年(1742)来自陕西宝鸡县的一起案件当中,李川娃(26岁)将邻村的男孩杨四娃(16岁)灌醉后鸡奸。这名男孩因极感丢脸而未告诉任何人。大约一个月后,他在街上遇到当时正与几名友人在一起的李川娃,李川娃当众要求再次鸡奸他。据这名男孩陈述:"小的不依,(李川娃——引者注)就把小的打骂。小的哭着回来,小的父亲再三追问,小的把他鸡奸的事向父亲说知。"男孩之父杨桂和因自家儿子公然受辱之事

150

---

① 在乾隆四年来自陕西的一起案件中,一名男子向一位男童求欢:"人说你是个兔子,如今我要诱你,你卖不卖?"参见《内阁刑科题本》,70/乾隆 4.9.5。还可参见 Bret Hinsch, *Passions of the Cut Sleeve: The Male Homosexual Tradition in China*, Berkeley: University of California Press, 1990, p.133。

② 参见《内阁刑科题本》,76/乾隆 4.3.23。

怒不可遏，于是在集镇附近的茶馆内找到了李川娃，并当面质问。据杨桂和后来供称，李川娃当时当众回嘴说："我奸你的儿子，你敢把我怎样？"于是，杨桂和用屠刀将李川娃杀死。

在这起案件中，行奸者的洋洋自得，再次与被鸡奸者所感到的那种屈辱构成了鲜明对比，且当李川娃将自己鸡奸男孩杨四娃的事情公之于众后，这种屈辱感更是被进一步强化。在大庭广众之下被羞辱，这让那名男孩的父亲忍无可忍，于是认为必须除掉这个恶棍，否则将会受到更多的侮辱。①

这种屈辱感，有时也会引发被鸡奸者的家人对被鸡奸者本人采取暴力行为。例如在乾隆四年（1739）由河南巡抚上报的一起案件中，②雇农宋朝汉的父母早亡，由他将弟弟宋五抚养成人。两兄弟非常贫穷，且均未婚。据宋朝汉供称，宋五从小"痴憨"，"日与乞丐为伍"，且"不务正业"。根据刑科题本中对此案案情的概述，某日，宋朝汉发现其弟宋五行走困难，"询知谷道生有恶疮，系被人鸡奸所致，宋朝汉以有玷家声，嘱其再勿他往。宋朝汉外出佣工，至晚回家，见宋五傥卧门首，宋朝汉令其进内，宋五不逊"。宋朝汉为此勃然大怒，结果将弟弟宋五勒死。③

151

清代的州县官在审理此类暴行时，有时会将被鸡奸者家人的颜面受损作为为其请旨减刑的考量因素。《刑案汇览》记载了同样发生在河南的一起案件。在这起发生于道光二年（1822）的案件中，一个名叫苏勇木的男子企图强奸一名9岁的男孩。男孩的父

---

① 参见《内阁刑科题本》，184/乾隆 27.2.20。

② 在该案刑科题本的现存部分当中，并未列出案发地所在的县名。

③ 参见《内阁刑科题本》，74/乾隆 4.4.25。

亲苏逢甲将此事告诉了苏勇木之父,结果苏勇木被其父严厉责骂。苏勇木因此跑到苏逢甲的家门口,对这家人大声辱骂,并公开声扬自己曾对那名男孩所做的事情。苏逢甲因在大庭广众下失了脸面,心烦意乱之下,勒死了自己的儿子(这名男孩属于遭强奸但未遂的受害者)。审理此案的知县认为,这名男孩之死"……实由该犯(苏勇木)强奸起衅",苏勇木犯有强行鸡奸幼童(未遂)的罪行,且应对男孩之死负责,故而将苏勇木的刑罚由流刑改拟为更重的军流——发配新疆为奴。苏逢甲则看起来并未受到任何惩处。①

上述这些案例让我们更加意识到,被人鸡奸被视为不只是令其个人蒙羞,而且还是对他整个家庭的一种侮辱性侵犯。它们意味着,司法官员们心中关于易受性侵犯的"良家子弟"的形象,反映了上述那些有关此类侵犯所造成的伤害的假定在当时普遍存在。

五、和同鸡奸关系中的污名及对其所做的掩饰

那些在情投意合的关系中接受被对方鸡奸的男子,同样害怕这种事情会暴露。当此类性伴侣居住在由小农家庭构成的社群中时,上述顾虑看起来更为显而易见。与此形成对比的是,在主流社会群体之外那些全是由男性构成的环境里面,例如在士兵、船员或僧道当中,此类同性之间的性结合并不太讲究掩人耳目,尽管双方的性行为角色照样区分等级;相关的案件记录显示,此类环境里面

---

① 参见(清)祝庆祺、鲍书芸编:《刑案汇览》,卷52,第6页b。

某些同性之间的这种关系，常常在其同伴当中被传得沸沸扬扬。在前面引述的许多案例中，某人曾被鸡奸的事情被公之于众，这会令其大失颜面，此方面最常见的措辞是"没脸面""丢脸"和"见不得人"。事实上，在大部分涉及性侵犯的案件中（无论是涉及异性之间的性侵犯，还是同性之间的性侵犯），村头巷尾的闲言碎语所带来的压力，都是一个主要的因素。此因素一再被援引用来说明某些绝望行为的动机，其中包括杀人（以避免或报复强奸、通奸或同性性关系被暴露）、自杀（妇女对自己由于遭人强奸或调戏而承受的污名感到绝望），以及鲁莽的堕胎行为（最常见的是寡妇为了避免她与人私通之事暴露）。

下面这起发生于直隶定州的案件，说明了两情相悦的两名年轻男子所承受的污名压力。张起豹和黄牛儿两人在雍正五年（1727）时被农夫白成文雇为长工，当时两人分别为 24 岁和 19 岁。两人均未婚，因此在白家同睡一床，不久后开始发生性关系。起初两人可能是轮换扮演不同的性行为角色（张起豹供认他和黄牛儿"彼此鸡奸"），但后来是由张起豹扮演被鸡奸者的角色，尽管张起豹比其性伴侣年长（或许在此类情投意合的同性性关系当中，刻板印象中的那种性行为角色扮演不甚重要①）。据张起豹回忆，"那时发过誓不许告诉别人"，且"已经相好这四五年了"。自雍正九年（1731）开始，两人分别受雇于不同的雇主，不再住在一起，故而改

152

---

① 与本案中此种情形构成对比的，是约翰·R. 克拉克（John R. Clarke）对现藏于荷兰莱顿的古罗马男子与少年发生性行为的图像所做的精彩分析。参见 John R. Clarke, *Looking at Lovemaking*: *Constructions of Sexuality in Roman Art*, *100 B.C. - A.D. 250*, Berkeley: University of California Press, 1998, pp.38—42。

在当地寺庙里幽会。有一次两人相好时被一名村民撞见，后者问他俩在干什么。让张起豹惊骇欲绝的是，黄牛儿居然告诉这名村民说他正在鸡奸张起豹。据张起豹供称："小的想着三十来岁的人，他只管向着人声扬这事，叫村里人知道，还有什么脸面去见人？原气的（得）慌……他不认不是，反嚷骂起来，小的越发忿（愤）恨……"后来张起豹趁黄牛儿小睡时，以斧头将其砍死。

　　此案初审时，张起豹对自己的杀人罪行供认不讳，但显然试图保护自己的名声而拒不承认两人之间发生过性关系。他声称，黄牛儿在别人面前扬言鸡奸过自己，而这纯属"诬蔑"。直至第二次审讯时，他才说出了实情。此案的案卷记录并未说明他为何这时对此予以承认，但村中无人怀疑他们两人之间有超出朋友关系之外的其他关系。作为一名未婚且贫穷的雇工，张起豹缺乏在邻里间建立起受人尊重的社会身份所需的资源；他仅有的资本，或许是其已成年的事实，以及所具有的男子阳刚气概。倘若大家得知他曾被人鸡奸，且是被比自己年轻的男人鸡奸，那么这些本已相当贫乏的资本就会进一步地受到严重破坏。而黄牛儿显然未考虑到张起豹的这种顾忌。他告诉其雇主白成文说，自己曾鸡奸张起豹（这种对自己所扮演的行奸者角色的炫耀，显然被他认为能提升其本人的男子阳刚气概）。①

　　在乾隆二十七年（1762）来自湖北的一起案件中，类似的压力同样发生了作用。在该案中，涉案的三人均是从孝感县来到（位于孝感县西北约两百公里外的）枣阳县做雇工，吴大谋（30 岁）与其

153

---

① 参见《"中研院"历史语言研究所现存清代内阁大库原藏明清档案》（第 50 册），档案号：50-4。

结拜兄弟施士孔(31 岁)保持了六年时间的同性性关系。如同由他们各自年龄所构成的那种等级关系所暗示的，在这两人的同性性关系当中，是由施士孔鸡奸吴大谋。吴大谋事实上在其孝感老家有妻女，他是迫于贫困才于乾隆二十六年(1761)离开她们，跟随施士孔来到枣阳，受雇为朱凤起家耕种十亩地，两人同住在朱家的一间屋内。为了添补收入，吴大谋在家中织布，由施士孔拿到市集上去卖(请注意，两人的这种劳动分工，明显契合于普通家庭中夫妻双方各自所扮演的角色)。据吴大谋所言，他们两人"原是极相好的"。

六个月后，他们遇到另一位同样是从孝感来到此地谋生的雇工刘怀志(24 岁)。刘怀志搬来与这两人同住，并结拜为兄弟。但搬来后不到三日，刘怀志就发现了他们两人的这种性关系及其各自扮演的性行为角色。第三天，刘怀志趁吴大谋落单时对其加以要挟，声称吴大谋若不也让他鸡奸，则自己便会将施士孔鸡奸吴大谋的事情公之于众。吴大谋只好屈从。不久后，施士孔发现这两人背着自己私通，感到异常愤怒。吴大谋于是随刘怀志搬至他处居住，但十四天后，施士孔因嫉妒而杀死了刘怀志。

杀人事发后，施士孔和吴大谋均被逮捕归案。在审理此案的过程中，知县令吴大谋对其行为加以解释："你与施士孔鸡奸数年，自必情意厚些，怎不与施士孔同住，反与鸡奸未久的刘怀志住宿？且刘怀志比你年纪小些，你倒如何给他鸡奸呢？"吴大谋答称：

> 小的本与施士孔情意厚些，只因被刘怀志看破奸情，那日他见施士孔不在家里，挟住要奸。他虽年纪小些，小的也不得

不依从他。后来施士孔看破了，两次吵闹，小的生怕外人晓得丢脸，适刘怀志向小的说同住一屋不便做事，他就租了房子，要小的同他搬移。小的心想，若搬了去彼此离开，倒免得吵闹被外人听见耻笑，所以就同他搬住的。

154

此案第二次开堂审理时，知县再次追问了与上述同样的问题。吴大谋补充回答道："小的年纪虽比刘怀志长些，因小的与施士孔做这下流的事，被刘怀志知道挟着，小的不得不依他的。"

看起来所有人都对年长的男子接受被比其年轻的男子鸡奸之事大感不解。尽管如此，知县最终还是接受了吴大谋的解释，亦即吴大谋是由于担心自己遭人鸡奸的事情被公之于众，才默默忍受被比自己年轻的男子鸡奸的那种屈辱。因为非常害怕自己被人鸡奸之事败露，吴大谋甚至抛弃了与他保持多年性关系的那位同性性伴侣，而搬去与对其进行胁迫的另一男人同住。刘怀志正是意识到男人被鸡奸有多丢脸，于是才会以此去要挟吴大谋。①

对吴大谋的审问显示，在这一方面，司法上的标准与普罗大众的观念相当一致。在我阅读过的所有案例中，州县官对此类同性性伴侣的各自年龄专门加以过问的，仅此一例而已。任何扮演被鸡奸者角色的男子，看起来必然会被贴上污名标签，但只有当此类性伴侣在性行为中的角色分工与他们各自在年龄、阶级、财富等其他等级体系中所处的位置相契合时，这种同性性关系才会更容易让人理解。当某桩同性性关系中双方的性行为角色分工违反了这

---

① 参见《内阁刑科题本》，185/乾隆27.9.24。

些等级体系彼此之间那种"理所当然"的一致性时，便产生了须专门对其加以解释的必要。①

　　显然，无论是身体方面，还是情感方面，同性性关系都更为复杂，并不仅是单独关注肛交这一焦点那么简单。相关的案件记录显示，州县官们对用来说明何种特定的行为应被当作犯罪加以惩处的证据逐渐加以发展。司法上对鸡奸的这种执迷，使得此类行为受到如此多的重视。我们无法寄希望于从这些司法文献当中获知此类同性性关系对于其参与者而言所具有的全部意义。然而，司法案例确实提供了关于鸡奸行为之象征意义的丰富信息，而这些信息足以说明，司法上对鸡奸的建构，乃是与某种更为普遍的理解方式相一致。司法上将鸡奸比照异性之间的奸罪进行处置，乃是将当时社会里面那种关于性行为过程中发生的阴茎插入行为对于性伴侣双方之各自意义的普遍观念，转化为成文法中的内容。

第六节　阶层分化与男性之"性"

　　可以看出，人们在婚姻、生育和情欲等方面的需求得到满足的机会之高低，更多的是取决于其所占有的各种物质资源和社会资源，而非其个人的意愿。对于男多女少且此种情形在穷人当中尤为严重的认知，只会进一步强化此种印象。通过这一视角，我们可 155

① 魏浊安（Giovanni Vitiello）在道家关于男子同性性关系的讨论中发现了类似的证据。参见 Giovanni Vitiello，"The Dragon's Whim：Ming and Qing Homoerotic Tales from The Cut Sleeve"，*T'oung Pao*，Vol.78（1992），p.357。

以勾勒出男性之"性"(sexualities,在这里专指性实践的那些典型模式)的大致等级体系与社会阶层分化的等级体系之间的对应关系。至少,我们可以借助此角度,对这种等级体系可能导致的极端结果加以推测(这是一幅与现今为人们熟知的那种性取向分类大不相同的图景)。

一、被边缘化的男子:同性性行为作为生存策略

行文至此,有一点应已相当明确,那就是并非只有人们对其印象刻板化的那些强奸犯,才处于社会边缘而游离在居有定所的家庭秩序之外。事实上,在我所搜集的那些被清代司法官员认定为和同鸡奸关系的案件中,绝大多数均涉及在社会中被边缘化的男子,亦即那些由于贫困、身份、营生方式等方面的综合因素而被排除在主流的婚姻家庭模式之外的男子。在这里,我将同性性伴侣中的双方男子一块儿加以讨论,亦即在同性性行为中各自扮演鸡奸者角色和被鸡奸者角色的双方男子。他们是雇农、乞丐、僧道、士兵、船员、海盗、剃头匠、小贩等。其中有相当数量的人是赤贫的外来移民,几乎所有人皆未娶妻,且缺乏与其父母家庭的联系。简言之,这些人是游离于清代主流社会之外的被边缘化的男性。

这并不是说精英阶层的男性就不会与其他男性发生同性性行为,实际情况远非如此。白话小说里面描述的浪子,只是其中最广为人知的一个例子而已。毫无疑问,家境富裕的男性被认为应当通过娶妻生子以确保其家族血脉和财产得以延续。这些人也可能会鸡奸其男性奴仆,或狎弄男性伶人和男娼(他们是更边缘化的男

性),但此类消遣须以不妨碍自己尽孝道为前提。此方面的一个典型例子或许是乾隆皇帝,即便他据传有男风之好,但仍育有 27 名子女。①

就当时存在着的那种与同性性结合特有的性实践相关的社会身份而言,它可能与一些被边缘化的男性有关,后者由于各种原因而无法融入稳定的婚姻家庭模式之中。我们在案件记录中可看到,一些被边缘化的男性彼此结合,以此作为满足各种人性需求的一种方式。这种关系是在清代司法案件当中可见到的"非主流家庭"这一大类型的子集之一。在此类关系中,与同性性行为相伴生的,还有不同形式的资源共享、同居及拟制的血缘关系(例如结拜兄弟、师徒关系等)。当然,有时也可看到表明某些同性性伴侣之间存在着强烈的爱恋(和嫉妒)之情的证据。但在这种社会环境当中,性结合似乎扮演了一种起到重要作用的角色,亦即在一个对无依无靠的个体充满敌意的世界当中,这是他们为了生存而形成的多方面联合中的构成要素之一。②

156

———————————

① 参见 Arthur W. Hummel, ed., *Eminent Chinese of the Ch'ing Period*,据 1943 年初版重印,成文出版社,1970 年,第 372 页。

② 在海盗当中,那些被俘虏的男性,通过接受被鸡奸而转换身份成为海盗团伙中的一员,并借此巩固了拟制的血缘关系及恩庇—侍从(patron - client)关系(地位较低的海盗甘愿被那些能给他好处的海盗们鸡奸)。参见 Dian Murray, *Pirates of the South China Coast*, 1790—1810, Stanford, Calif.: Stanford University Press,1987;Dian Murray, "The Practice of Homosexuality Among the Pirates of Late 18th and Early 19th Century China", *International Journal of Maritime History*, Vol. 4, No. 1(1992)。那些游离在主流的婚姻家庭模式之外的女性,亦可通过拟制的血缘关系形成同性性关系,参见 Marjorie Topley, "Marriage Resistance in Rural Kwangtung", in Margery Wolf and Roxane Witke, eds., *Women in Chinese Society*, Stanford, Calif.: Stanford University Press, 1975。

晚明时期的文人沈德符认为，在那些被隔绝于与女性性接触之外的男性当中存在着同性之间的性结合，乃是一种很自然的现象：

> 宇内男色，有出于不得已者数家。按院之身辞闺阁，阇黎之律禁（与妇女）奸通，塾师之客羁馆舍，皆系托物比兴，见景生情，理势所不免。又罪因久系狴犴，稍给朝夕者，必求一人作偶。……又西北戍卒贫无夜合之资，每于队伍中自相配合。……孤苦无聊，计遂出此。……虽可笑，亦可悯矣。

沈德符将上述情形视作同性结合的常见模式，并将之与他所谓"得志人士致娈童为厮役"或追捧伶人的新的颓废风尚进行对比。[①] 在沈德符看来，那种新风尚之所以颓废，是因为精英阶层的男性经由婚姻（和纳妾），原本就已拥有了足够供其宣泄自身的性能量的渠道。因此，对于这些人来说，鸡奸是一种放荡纵欲之举。[②]

二、一起关于满人浪子的刑案：同性性行为作为个人嗜好

乾隆二十九年（1764），一名满人贵族因鸡奸他人而被治罪。

---

① "娈童"是指那些言行举止女性化、在同性性行为中扮演被鸡奸者角色的年轻男性。

② 参见（明）沈德符：《万历野获编》，台北艺文出版社，1976年，卷24，第26页a—26页b；Charlotte Furth, "Androgynous Males and Deficient Females: Biology and Gender Boundaries in Sixteenth - and Seventeenth - Century China", *Late Imperial China*, Vol. 9, No. 2(1988), pp.13—16。

这起相当罕见的案件,可被用来说明沈德符为何对此类新的颓废风尚倍加责难。在我阅读过的档案当中,这也是精英阶层中的成员因性犯罪而被惩处的唯一例子。不过遗憾的是,关于此案的记录,我只看到一份上报刑部的判决方案节录,其中并没有包含对供词的记录,故而有许多细节均不得而知。

　　五党阿的爵位为三等男,隶属满人中的镶红旗,住在北京,其 157 年龄不详,但在这份档案中被描述为"年幼无知"。乾隆二十七年(1762),他和其友人福宁阿(同属镶红旗,其爵位亦为三等男)共同担任乾隆皇帝南巡时随行的侍从。在杭州期间,这两位男爵一道嫖了一名兼做剃头匠的男娼(这名男娼是一位唤作王二官的年轻汉人)。① 后来,王二官来到北京,成为福宁阿家中的一名仆从。但数个月后,福宁阿因"狎优②饮酒犯事"被处流刑(遗憾的是,那份判决方案节录并未述及此桩丑闻的细节)。因福宁阿出局,五党阿企图说服王二官专门服侍自己,但遭到后者的拒绝。王二官在北京一家兼做相公堂子的剃头铺谋得一份工作,以应召上门服务营生。五党阿出资嫖过王二官多次,后来又替他还清了欠店主的债务,为他赎身。王二官终于同意搬至五党阿家中同住。在接下来

---

① 正如梅杰所指出的,在《刑案汇览》所记录的案件当中,有数起案件皆涉及在剃头铺营生的男娼,但我们并不清楚这些男子在从事性服务的同时是否也真的从事帮人剃头的工作,参见 Marinus J. Meijer, "Homosexual Offenses in Ch'ing Law", *T'oung Pao*, Vol. 71(1985)。剃头业也与某些传统上以提供包括性服务在内的娱乐服务为业的身份低微的群体有关,参见 Anders Hansson, *Chinese Outcasts: Discrimination and Emancipation in Late Imperial China*, Leiden: E. J. Brill, 1996。

② 在《大清律例》当中,"狎优"一词的字面意思是指"与伶人有不当的亲密关系",同时也是关于嫖男娼的一种委婉说法。参见(清)薛允升:《读例存疑》(重刊本),黄静嘉点校,成文出版社,1970 年,例 375-04。

的五个多月时间里，五党阿为王二官置办了漂亮的衣物、给他钱花，并多次与他发生性关系。不过即便如此，王二官仍认为报酬太低，于是离开了五党阿。九天后，五党阿将他劝回，但两个月后王二官再次离开。五党阿这次试图改用恐吓的手法迫使他顺从，于是以王二官乃是逃奴为由，向北营守备衙门举报。虽然王二官被捕，但调查此事的守备发现事情可疑，于是将这两人监禁了一整夜。第二天，五党阿承认自己是诬告。但他的一位做过知县的叔父神通广大，托关系使两人获释。

执迷不悟的五党阿仍无法控制自己的情欲。在接下来的一个多月里，他继续追求这名剃头匠，并企图强迫他回到自己身边。两人多次在大庭广众之下发生口角。满怀绝望之下，五党阿再度向提督衙门控告王二官乃是逃奴和窃贼。这一次，此事被上报至刑部，结果两人之间那种真正的关系被暴露于众，五党阿的家族人脉此时也无法再发挥作用。刑部认为这并非一起普通的鸡奸案件：

> 今已革男五党阿，身系满洲现任职官，并不安分守法，乃将剃头下贱之王二官邀留至家，和同鸡奸。王二官几次躲避，该犯仍往找寻，复两次赴官，妄行喊告，殊属无耻！

158

和之前福宁阿的情况一样，五党阿被发配至伊犁当差。由于他犯下了多种罪行，故而其刑罚相较于针对"和同鸡奸"的本刑要重。王二官所受的惩处，则是"和同鸡奸"应处的本刑——枷号一个月并杖一百，被移送至其家乡杭州执行。尽管王二官曾是五党阿的家仆，且在案件记录中被形容为"贱"，但这并未让他们之间发生的鸡奸行为得到宽免。至乾隆二十九年(1764)时,家主与其女性仆役发生的那种性关系所能得到的宽宥,在司法上被大幅度地限缩,而这看来也让家主与男性奴仆之间发生的性关系再无任何获得宽宥的转圜余地。五党阿那位颇有人脉的叔父和先前下令释放这两人的守备,也都受到了惩处。上述判决方案获得皇帝的首肯。①

此案的简略记录中并未提及任何女性性伴侣,故而那两名满人贵族很可能是将其性欲对象专注于男性身上。然而,我们仍可合理地推测,像他们这种拥有此类地位的男子,不管他们对女性有无性欲,应该都娶有妻室,正如那些更常因为鸡奸而被治罪的身为社会边缘人的男性都没有妻子,不管他们对女性有无性欲。依循沈德符的观点,我们可以得出结论说,五党阿和福宁阿将男性作为自己的性欲对象进行追求,完全是为了满足其个人的快感。另一方面,从事性交易的王二官,看起来则是鸡奸案件中更为典型的角色。对他而言,与男人发生性关系是一种借以勉强谋生度日的手段,充其量也只是一桩朝不保夕的生意而已。

还有一点也很值得注意。上述对五党阿的判决,刻意强调了他与一名身份卑贱且操持下流营生的男子交往长达如此之久的可耻行径。五党阿此举被认为使他旗人贵族的身份蒙受耻辱。不管怎样,他这种不计后果的行为至少持续了两年时间,直至他最终被治罪。而他之所以引起官府的注意,只是因为他两次向官府提起诬告。易言之,有着五党阿那般身份地位的男子,在性欲对象方面

---

① 参见《刑部档》,直隶/1112。

可以有很多选择,只要他稍稍谨慎一些,便可以毫不费力地放纵自己对男人的嗜好。

三、陈经济的悲惨下场

不妨以《金瓶梅词话》一书中西门庆的女婿陈经济作为例子来
159 加以总结。该小说后一部分中那些对陈经济之悲惨下场的描写,
绘制出一幅关于性行为角色的等级体系和社会阶层分化所带来的
各种机会,是如何串联起本章所述各种主题图像的。在西门庆死
后不久,陈经济便开始与西门庆的那位声名狼藉的宠妾潘金莲私
通。陈经济此时所扮演的,是一个在交媾过程中用其阴茎插入对
方下体的角色。无论是潘金莲(及其侍女春梅),还是这部小说作
者的叙事笔法,均将其大部分的注意力聚焦于陈经济的阴茎上面。
但这部小说中在数章之后,陈经济便失去了财产和妻子,且变得无
家可归。他先是托庇于一帮栖身冷铺的乞丐,并遭乞丐首领鸡奸。
根据这部小说中的描写,陈经济夜里梦见自己先前与潘金莲在一
起时的那些美好日子,梦醒后看到自己周围睡着的都是些乞丐,于
是忍不住放声大哭。接着,陈经济又入道观当小道士,与道士金宗
明同睡一床:

> 晚夕和他吃半夜酒,把他灌醉了,在一铺歇卧。初时两头
> 睡,便嫌经济脚臭,叫过一个枕头上睡。睡不多回,又说他口
> 气喷着,令他吊[调]转身子,屁股贴着肚子。那经济推睡着,
> 不理他。他把那话弄得硬硬的,直竖一条棍。抹了些唾津在

头上，往他粪门里只一顶，原来经济在冷铺中被花子飞天鬼侯林儿弄过的，眼子大了，那话不觉就进去了。这经济口中不言，心内暗道："这厮合败。他讨得十分便益（宜）多了，把我不知当做甚么人儿。"①

　　陈经济的上述命运，是《金瓶梅词话》一书中的那种反讽逻辑的缩影。因果报应是这部小说的一大主题，该书中所有的反面角色后来均一一遭到恶报（在这部小说的倒数第二章中，陈经济被那些此前妻子遭其奸淫的丈夫们当中的某一位杀死）。陈经济在性行为角色等级体系中的降格，象征着他的运势由于因果报应而一落千丈，亦即从手上有大把钱花用、张狂地奸淫他人妻子的男子，变成自己扮演被人奸淫的女性化角色，屈辱地为乞丐和道士提供性服务。陈经济沦入由边缘男性所组成的弱肉强食的底层社会之后，恶劣的处境迫使他不得不选择屈从以求生存。每次被鸡奸都是一桩交易：乞丐收容陈经济并提供食物让他熬过严冬，而道士则成为陈经济在道观内的资助人和保护者。

　　此外，陈经济这位 24 岁的男子，在他所扮演的这种新的性行为角色中，被讽刺性地刻画为女性化的年轻人。当道士金宗明注意到"经济生的［得］齿白唇红，面如傅粉"时，其淫心辄起。② 在《金瓶梅词话》一书第 93 章之章首所附用来展现此场景的那幅雕版插图中，被鸡奸的陈经济被描画为嘴上无须的年轻人，与正在将

162

---

① 参见《金瓶梅词话》（万历年间版），香港太平书局，1988 年，第 93 回，第 10 页 a—10 页 b。

② 参见《金瓶梅词话》（万历年间版），香港太平书局，1988 年，第 93 回，第 10 页 a。

他鸡奸的那位满脸胡须的道士金宗明形成了鲜明的对比。该幅插图的标题为"金道士娈淫少弟"。① 陈经济在性行为角色方面所遭遇的这种逆转，是他丧失了财富、身份和权力所导致的直接后果，而失去成熟男子应有的阳刚气概，则更进一步强化了这种逆转。陈经济在上述故事中的命运变化，概括体现了当时社会中对于在交媾过程中被阴茎插入体内此一行为之含义的普遍看法，而正是这种普遍观念影响了当时司法上的思维方式。

第七节　男性性器官侵入对方体内之行为的含义

交媾过程中用阴茎插入对方体内这种行为，意味着一种支配性的社会性别等级体系。在此方面，中国古代与古希腊、古罗马世界的情况颇为相似。古希腊、古罗马的社会当中，"在交媾过程中听任他人用其阴茎插入自己体内，是一种放弃权力和权威的象征，但这种性行为形式与其说构成了同性恋与异性恋的对比，毋宁说

---

① 在此前的一幕场景中，陈经济为了让潘金莲给他口淫而做准备，"把那话弄得硬硬的，直竖一条棍"。参见《金瓶梅词话》（万历年间版），香港太平书局，1988 年，第 82 回，第 5 页 b。这部小说后一部分中在写到金宗明准备鸡奸陈经济时，也使用了与上述所引文字完全相同的表述进行描写，参见《金瓶梅词话》（万历年间版），香港太平书局，1988 年，第 93 回，第 10 页 a。此种将相同的措辞和意象重复书写的策略，是小说创作中常用的手法，借由前后呼应以强调不同人物间的对应关系和因果关系，参见 David Tod Roy, trans., *The Plum in the Golden Vase* (or, *Chin P'ing Mei*), *Volume One：The Gathering*, Princeton：Princeton University Press, 1993, pp. xxvii—xxix。这部小说此处则是极力讽刺陈经济在性行为角色方面的逆转，亦即他现在所承受的那种下场，正是他过去对别人所做之事。

是区分了支配与服从的关系"。① 在中国帝制晚期,司法上对男子同性性行为的建构模式,是以建立在不平等的社会性别基础上的异性性关系为原型。后者主张,交媾过程中各自扮演的用阴茎插入对方体内者和被插入者的角色,只能分别专属于男性和女性,由主动的男性来支配被动的女性。在这种情境中,性行为变得与社会性别体系中不平等的权力分配紧紧纠缠在一起,既构成了一种对不平等权力的表达,又是一种将不平等权力刻在了性伴侣的身心之上的具体做法。交媾过程中用阴茎插入对方体内这种行为,也由此成为性别支配关系的隐喻和肢体性的表达方式。

在盛清时期的那些法律专家看来,在事物的正当秩序中,用阴茎插入对方体内的交媾行为只可发生在婚姻内部。身为一家之长的丈夫,在交媾过程中用其阴茎插入自己妻子的下体,通过这种方式,他使父权制家庭得以再生产,并巩固了社会性别等级体系中的核心内容。在中国帝制晚期,男女只有步入婚姻,才会在社会意义上被视为已经成年,其中一个关键的过渡环节便是圆房。若未能圆房,例如新娘拒绝同赴巫山云雨或因女方的生理结构异常导致新郎无法完成性交时,新娘便可能会被其丈夫休弃。② 待到圆房之后,男女双方便各自承担起分别作为丈夫和妻子的不同社会角色,在性行为角色方面则具体体现为用阴茎插入对方下体者和被插入者。交媾过程中所发生的阴茎插入阴道行为,代表双方开始进入

163

① See John Boswell, *Christianity*, *Social Tolerance*, *and Homosexuality*: *Gay People in Western Europe from the Beginning of the Christian Era to the Fourteenth Century*, Chicago: University of Chicago Press, 1980, p.155.

② 参见《内阁刑科题本》,74/乾隆 4.3.27。

各自在社会性别方面和等级体系中须扮演的不同角色。也就是说,性行为方面的分工,反映并界定了社会劳动方面的分工。用布迪厄(Pierre Bourdieu)的术语来说,这些象征性的联系,代表着性行为领域与社会政治领域之间的某种同构性。[①]

在明清时期,无论是贞节崇拜,还是对各种奸罪的惩罚,均将此种关于交媾过程中阴茎插入行为之含义的观念加以成文法化。倘若某位女性在正当婚姻的情境之外与男人发生了性关系(例如与人私通、寡妇再醮或被强奸),她的贞节便被视为受到了玷污。朝廷大力推行那套体现贞节崇拜的制度,通过使上述那部分拒奸杀人或自尽的女性受害者失去被旌表的资格,来象征她们因受到奸污而在客观上造成了降格。这种玷污,相当于那种由贱民身份所带来的污名。故而,强奸或诱奸一名本身有过犯奸行为或身份卑贱而致其贞节已被玷污的女子,这种行为对该女子造成的伤害,被认为远不及强奸或诱奸平民身份的守贞女子来得严重,对这种行为的惩罚也因此相对不那么严厉。那种将性交过程中的阴茎插入行为视为开始进入新的社会角色、占有对方或造成玷污的观念,体现了对男子之间同性肛交行为的大众看法和司法上对此行为的建构。同样的,对于这些男性来说,性交过程中的阴茎插入行为,决定了双方在性行为等级体系中所处的各自位置。被鸡奸的男子蒙受了一种被理解为社会性别转换或男性阳刚气概衰退的损失。但行奸者则不被认为会蒙受此种损失,因为他在此种性行为过程中所扮演的仍是男子汉的角色。

---

① See Pierre Bourdieu, *The Logic of Practice*, Stanford, Calif.: Stanford University Press, 1990, p.71.

　　行文至此，我们便能理解为何清代的或者那些时间比其更早的法律文本中均全然未曾提及女子之间的同性性行为，更加不用说对这种行为加以禁止。未在法律文本中被提及，并不意味着女性之间就不会彼此发生性关系。事实上，很多并非法律主题的文献都提及中国古代女性之间的同性性行为。① 同时，这也不意味着中国古代的立法者对此类事情一无所知，只不过女子之间的同性性行为并未被中国古代的立法者视为犯罪而已。鉴于当时的法律和社会规范皆被阳具崇拜所浸染，如下这种解释便不难得到理解，亦即倘若社会性别和权力关系乃是取决于性交过程中阴茎插入行为所象征的那种等级体系，则与阴茎无关的性行为便不会被认为将会对社会性别与权力关系构成威胁。②

　　本章所描述的，是一段既有延续性也有变化的历史。此种延续性有着深远的影响，这也正是明代白话小说中的那些轶事能够

---

① 参见戴伟：《中国婚姻性爱史稿》，东方出版社，1992 年；Bret Hinsch, *Passions of the Cut Sleeve: The Male Homosexual Tradition in China*, Berkeley: University of California Press, 1990，附录部分；李梦生：《中国禁毁小说百话》，上海古籍出版社，1994 年，第 256—258 页；Marjorie Topley, "Marriage Resistance in Rural Kwangtung", in Margery Wolf and Roxane Witke, eds., *Women in Chinese Society*, Stanford, Calif.: Stanford University Press, 1975；R. H. Van Gulik, *Sexual Life in Ancient China: A Preliminary Survey of Chinese Sex and Society from Ca. 1500 B.C. till 1644 A.D.*, Leiden: E. J. Brill, 1974。

② 《弁而钗》是晚明时期的一部同性情色小说集，在该书所收录的那个关于"女人国"（在这个虚构的国度里面，所有的性别角色均颠倒了过来）的故事中，"国王"（一位女扮男装者）将来访的少年娶作"王后"。在成亲时，（女）国王以假阴茎对（男）王后进行肛交。由于作为替代的假阴茎维系了适当的支配关系，性行为中与阴茎插入行为相关联的等级体系，得以与该国那种颠倒了的社会性别等级体系相一致。参见 Giovanni Vitiello, "Exemplary Sodomites: Male Homosexuality in Late Ming Fiction", Ph.D. diss., University of California, Berkeley, 1994, pp. 164—173。

有助于我们理解 18 世纪清代立法之原因。对奸罪的惩处，起初是为了控制与女性发生性接触的渠道。因此，最初那些对男子之间的同性性行为加以惩处的法律，并不将这种行为称为"奸"。但是，宋代和明代针对同性性行为的立法，都将"奸"与不正当的性交所造成的玷污联系在一起。此种共同的关注点，也贯穿在清代将男子之间的鸡奸行为改造为"奸"的变体之一的那种变革当中。这在司法逻辑上的具体体现便是，同性性侵犯和异性性侵犯被当作"相类似"的情况处以同样的刑罚。就像当时对女性贞节的痴迷崇拜那般，18 世纪时对鸡奸的这种关注绝非无中生有。对社会性别展演的焦虑当时正在不断加剧，这促使清代的法律专家们更为细致地对鸡奸问题加以审视，但他们对此种罪行的建构基本上承袭自那些过去便已有之的见解。

在此方面，清代又发生了哪些变化呢？明代关于鸡奸的那条比引律虽然对此种性行为本身规定得再为明确不过，但它既未考虑受胁迫的情形、被鸡奸者的年龄问题，也未考虑性伴侣双方的身份特征或社会背景等问题。而且，明代对此种行为的惩罚，所使用的仍是犯奸罪名之本刑中最轻的那一等级。而沿至清代，我们看到了光棍这一角色的出现，以及对同性强奸的戒惧正在逐渐变得类似对异性强奸的害怕。随着"良"这一概念原先那种用以表示法律身份的内涵逐渐消退，它转而被用于表示规范性的社会性别角色之意，无论是对于男性还是女性来说皆是如此。特别是雍正朝时的那些立法，将男性的社会性别与女性的社会性别刻意地加以对照类比，体现了一种旨在对男性的社会性别进行加固的全新且密集的重点关注，以期保护正经人家中的守贞妻女及少男们免遭

164

那些色狼般的光棍的性侵犯。

我们可以合理地推测，当时男女婚姻市场上过剩男性人数的日益增长，导致了在小农社会和待审刑案中出现了更多的同性结合和同性强奸的人物形象。这或许有助于解释那种认为男子阳刚气概因此受到威胁的新认知。清代的司法官员吴坛在他写于乾隆四十五年（1780）的一则注解文字中提及，以往的法律对"男子拒奸杀人"的问题并无明确规定，但到了乾隆朝时，这类案件已相当常见，故而有必要颁布专门的例文来指导官员们如何办案。① 此外，被鸡奸的男性在明清法律中成为司法上关注的新焦点，这或许是我们在关于异性强奸的法律中已然看到的那种法律"小农化"的又一征兆。在守土重迁的农业社会中，男性因被鸡奸而蒙受的严重污名，在某种程度上或许反映了贫苦农民对自身社会地位下滑的深重焦虑，亦即倘若同性结合是被与那些前途渺茫的边缘男性联系在一起，则被鸡奸者这种角色就是一名男子所可能堕入的社会底层中的最底层。对于一名竭力维持基本生存的农民来说，被鸡奸的男性可能象征着他最为恐惧的那些因素所浓缩形成的本质，亦即那种失去谋生手段、家庭甚至男子阳刚气概，从而堕落为极度贫困和边缘化的社会阶层中之一员的风险。

将"被一些男子视作性欲对象的少年"、"女性化气质"和"可被作为鸡奸的对象"这几点结合起来谈，意味着年轻男子在其社会性别方面存在着一种不稳定性。而这种不稳定性，在那些尚未经由作为过渡方式的婚姻来获得成熟男子之阳刚气概的少男身上尤

165

---

① 参见（清）吴坛编纂，马建石、杨育棠校注：《大清律例通考校注》，中国政法大学出版社，1992 年，第 785 页。

为明显。少男们看起来被认为容易遭人鸡奸。就此而言,他们被视作潜在意义上的女性。本书讨论过的一些案件显示,年少的男子相对而言更有可能接受被鸡奸,但待其成年后,其中的许多人便会抛弃这种心态。因此,在律例所用的措辞中,必须加以保护的正是那些具有平民("良")身份的未被人鸡奸过的("良"家)"子弟",亦即那些尚未从社会性别模糊的青春期步入具有阳刚气概的成年阶段的稚弱少男们。还有,国家必须保护他们免遭那些无家可栖并对他人家庭构成威胁的无赖汉的性侵犯。

清代的法律专家们意在将性行为导入那些公认的社会性别角色的轨道之中。当其他的社会界限变得日益模糊时,此点更会被优先加以考虑。针对鸡奸行为的新法律规定在此时大量出现,不仅表明那些易受性侵犯的男性因面临被鸡奸的威胁而让人愈发为之忧心,而且还暴露了另一种担忧,亦即这些男性也可能会将此种与社会家庭秩序的要求背道而驰的性行为角色当作一种享乐方式。并非只有女性贞节被玷污才会损害到家庭内部的社会性别等级体系,男子阳刚气概的衰退也会导致同样的结果。

第五章　贞节崇拜中的寡妇：清代法律和妇女生活中的性与财产之关联

166

第一节　引言

就中国帝制晚期的寡妇们而言，性(sex)与财产在许多方面皆有着紧密的联系。这种说法既与当时的官方话语相一致，也符合当时的社会习俗。而由于官方话语与社会习俗对彼此的影响是如此之深，以至于很难(或许也不合适)将两者分开来加以讨论。清代那些涉及寡妇的司法案件，使我们得以对这一充满各种互动的地带加以探究，其中包括利益与情感之间、官方急务与民众策略之间、公开表现与私密生活之间的各种互动关系。

对于皇权来说，寡妇被视为财产关系和性关系在意识形态层面的一个关键交汇点。"节妇"在官方宣教中扮演着重要的角色，这一角色将(妻子对丈夫的)性忠诚与(臣民对君主的)政治忠诚关联在了一起。① 相较于对其他类型的女性,明清两代的法律均在财产和自主性方面赋予了寡妇以最大限度的权利。但寡妇能获得这些权利的前提是她须保持贞节,而再婚或与人通奸均会破坏这种状态(因此,再婚和与人通奸只是同一主题的不同表现方式而已)。性与财产之间的这种相互关联性,为大量的民、刑事司法审判提供了素材,而这些审判活动正是清廷用来落实其推行的那些道德准则的最直接手段。现存的案件记录为我们开启了一扇新的窗户,让我们得以一窥清廷是如何致力于推广女性贞节观的,以及此种努力又会对清代普通百姓的生活造成什么样的影响。

本章首先将从那些关于寡妇之"性"(sexuality)与财产的官方

---

① 本章内容的最初版本为 Matthew H. Sommer, "The Uses of Chastity: Sex, Law, and the Property of Widows in Qing China", *Late Imperial China*, Vol.17, No. 2(1996), pp.77—130。有关明清时期寡妇贞节的代表性论著包括:Mark Elvin, "Female Virtue and the State in China", *Past and Present*, Vol. 104(1984);刘纪华:《中国贞节观念的历史演变》,载高洪兴等主编:《妇女风俗考》,上海文艺出版社,1991 年;Susan Mann, "Widows in the Kinship, Class, and Community Structures of Qing Dynasty China", *Journal of Asian Studies*, Vol. 46, No. 1(1987), pp. 37—56;Ann Waltner, "Widows and Remarriage in Ming and Early Qing China", in R. Guisso and S. Johannesen, eds., *Women in China: Current Directions in Historical Scholarship*, Youngstown, N.Y.: Philo Press, 1981。有一种较具争议性的观点认为,因科举考试竞争日趋激烈而形成的"男性焦虑",借由"一种替代性道德(vicarious morality)的心理机制",导致了寡妇自杀的情况增多,参见 T'ien Ju‑k'ang(田汝康), *Male Anxiety and Female Chastity: A Comparative Study of Chinese Ethical Values in Ming‑Ch'ing Times*, Leiden: E. J. Brill, 1988。但遗憾的是,田汝康未能证明上述这两种现象之间的因果关系。正如曼素恩所言,更有说服力的解释寡妇自杀的说法是女性焦虑而非男性焦虑,参见 Susan Mann, "Suicide and Survival: Exemplary Widows in the Late Empire",载《中国の伝統社会と家族:柳田節子先生古稀記念》,東京:汲古書社,1993 年,第 23—39 页。

话语入手展开讨论。不过本章试图回答的根本性问题则是，此类 167
话语对那些出现于案件记录当中的人们（农民、市井小民和其他家
有薄产、有着卑微理想的小人物）有什么样的影响？性（sex）和财
产在他们的生活中是如何发生关联的？日常生活中的务实逻辑，
是借助于何种关系（如果存在此种关系的话）而得以与朝廷眼中的
首要急务及其自我标榜联系在一起的？

　　财产与性规范之间最基本的关联显而易见，亦即只有当丧夫
的女子拥有一定数量的财产时，她才有选择守寡的切实能力。因
此，守寡成了精英阶层的身份象征之一，而在赤贫群体当中则盛行
寡妇再醮。① 司法案件中的那些证据，使得我们能对上述现象展开
进一步的讨论，以揭示那种展现赤贫寡妇之生存策略的性契约观
念。同时，我们也能更清晰地了解到，相对于官方那种高不可攀的
贞节标准，这种性契约观念在女性的个体生活当中具有什么样的
意义。

　　但是，这一领域中绝大多数的法律行动，都聚焦在那些拥有勉
可度日之薄产而无须通过再婚、仰赖他人接济或从事卖娼以过活

---

① 许多学者业已讨论过这种经济逻辑的不同方面，参见［日］夫马进："中国明清時代
における寡婦の地位と強制再婚の風習"，收入前川和也編：《家族、世代、家門工
業化以前の世界から》，京都：ミネルバ書房，1993；Jennifer Holmgren，"The
Economic Foundations of Virtue：Widow Remarriage in Early and Modern China"，
The Australian Journal of Chinese Affairs，Vol. 13（1985），pp. 1—27；Susan Mann，
"Widows in the Kinship，Class，and Community Structures of Qing Dynasty China"，
Journal of Asian Studies，Vol.46，No. 1（1987），pp.37—56；Ann Waltner，"Widows and
Remarriage in Ming and Early Qing China"，in R. Guisso and S. Johannesen，eds.，
Women in China：Current Directions in Historical Scholarship，Youngstown，N.Y.：Philo
Press，1981；Arthur P. Wolfand Chieh‑shan Huang，*Marriage and Adoption in China*，
1845‑1945，Stanford，Calif.：Stanford University Press，1980。

的年轻寡妇身上。她们只要坚持守贞,便可享有在中国古代任何社会阶层的女性当中均非常罕见的某种自主性。但有两种因素会对这种自主性构成威胁。

首先,倘若这名寡妇有姻亲,则她与姻亲之间的关系可能会存在某种紧张。虽然正统的观念和法律均要求保护每一位男性的血统传承,①但已故男子的那些兄弟也可能会有其他的优先考虑,尤其当这些人是挣扎于生存线边缘的小农之时更加容易如此。分家时兄弟们那些均分所得的财产,实际上可能很少。因此,就算寡妇的丈夫生前在世时他的兄弟们不去觊觎他所分得的那份财产,这些人也很可能会觉得对待兄弟的遗孀不妨另当别论。我们无须将那些贪图年轻寡妇之财产的姻亲视为在道德上丑陋不堪;这些人只是希望她能另谋出路,那样他们便可以利用已故兄弟留下的财产稍稍改善下自家的处境,尽管那也只是杯水车薪而已。他们当中的有些人可能会认为,如此安排,对于其兄弟的遗孀而言也是最佳的选择,因为鉴于当时男多女少的社会现实,年轻寡妇看起来不

---

① 在宋代以前,宗族和祖先崇拜是根据长子继承制的贵族式价值观加以组织起来的。宋明理学对亲族原则进行了重构,将家族各分支纳入更平等的体系之内,从而使所有男性都能成为以他本人为宗的祖先。宋代以降,越来越多的人被纳入这种亲属网络当中,并尊奉与之相应的意识形态。参见 Patricia B. Ebrey, "The Early Stages of Development in Descent Group Organization", in P. Ebrey and J. Watson, eds., *Kinship Organization in Late Imperial China*, *1000—1940*, Berkeley: University of California Press, 1986; Charlotte Furth, "The Patriarch's Legacy: Household Instructions and the Transmission of Orthodox Values", in K. C. Liu, ed., *Orthodoxy in Late Imperial China*, Berkeley: University of California Press, 1990。

难找到新的丈夫,而孑然一身的女子则很可能会陷入生活困顿之中。①

　　其次,一名拥有财产的寡妇所受到的直接监督极少,因为她是其亡夫家中受到习俗和法律保障的拥有权威之人。实际上的这种自主权为个人自由创造了空间,而这种个人自由有时会导致一些与正统观念非常不符的结果。例如,因守寡而得到的自主权为通奸提供了机会,而通奸反过来又有损于那种使通奸得以可能发生的自主权。

　　在寡妇与其姻亲之间发生的诸多冲突当中,这些因素都彼此相互影响。寡妇的财产权和自主权须以性作为其基础这一观念,可能是来自官方话语,但那些出现在案件当中的人们(大多数为农民)显然对此观念也相当熟悉。普通百姓是否和官方分享着相同的价值观,这是一个见仁见智的复杂问题,但可以肯定的一点是,

168

---

① 夫马进认为,无子的年轻寡妇最易遭受这种排挤,因为姻亲往往把赶走寡妇视为避免家产被分掉的方法之一,参见[日]夫馬進:"中国明清時代における寡婦の地位と強制再婚の風習",收入前川和也编:《家族、世代、家門工業化以前の世界から》,京都:ミネルバ書房,1993。另可参见 Jennifer Holmgren, "The Economic Foundations of Virtue: Widow Remarriage in Early and Modern China", *The Australian Journal of Chinese Affairs*, Vol. 13(1985), pp.1—27。关于在宋代寡妇易受姻亲排挤,参见 Patricia B. Ebrey, *The Inner Quarters: Marriage and the Lives of Chinese Women in the Sung Period*, Berkeley: University of California Press, 1993, pp. 190—194。

某些民众或多或少确是如此。① 就算一般的民众并不认同官方的这些价值观,他们也很清楚如何利用官方的这些价值观来维护自己的操控力和财产;官府开始介入此类纠纷,这种情况通常是由于某方当事人试图将官方的介入当作表明己方已获官方授权的策略。那些关于寡妇身份问题的争执,在公堂上需要根据有关贞节和财产的官方话语来加以解决,因此当事人双方均会将对己方有利的官方分类和刻板印象善加运用。而在这一过程当中,"讼棍"们无疑也发挥了助推的作用,他们协助诉讼当事人撰写出具有说服力的状词,对其所讲的故事加以包装。② 在这里,我们看到了父权制的各个层面相互正当化并彼此予以强化的实践过程。也就是说,当小民百姓为了获得司法上的支持而援引官方的各种美德标

---

① 曼素恩对这一学术争议的评论,参见 Susan Mann, "Widows in the Kinship, Class, and Community Structures of Qing Dynasty China", *Journal of Asian Studies*, Vol.46, No. 1(1987), pp.37—56。伊懋可(Mark Elvin)认为清代雍正朝在民间推广贞节崇拜的举措颇见成效,"……精英阶层的道德观念,特别是关于寡妇应当守贞的观念,逐渐'被大众化'(democratized)",参见 Mark Elvin, "Female Virtue and the State in China", *Past and Present*, Vol. 104(1984), p.123。史维东(Alan R. Sweeten)持相同的意见,认为到了晚清时,"寡妇贞节观已渗透至村落层级",参见 Alan R. Sweeten, "Women and Law in Rural China: Vignettes from 'Sectarian Cases'(chiao-an)in Kiangsi, 1872—1878", *Ch'ing-shih wen-t'i*, Vol. 3, No. 10(1978), p. 52。但武雅士(Arthur Wolf)断言,就一般民众的行为而言,"那种认为寡妇应当守贞的观念毫无影响",参见 Arthur P. Wolf, "Women, Widowhood and Fertility in Pre-modern China", in J. Dupaquier et al., eds., *Marriage and Remarriage in Populations of the Past*, London: Academic Press, 1981。

② See Karasawa Yasuhiko, "Composing the Narrative: A Preliminary Study of Plaints in Qing Legal Cases", presented at the Conference on Code and Practice in Qing and Republican Law, University of California, Los Angeles, 1993; Philip C. C. Huang, *Civil Justice in China: Representation and Practice in the Qing*, Stanford, Calif.: Stanford University Press, 1996, pp.152—168.

准时,国家所标榜的那种其作为家庭价值之捍卫者的地位也得到了强化。与此同时,那些成功扮演此类官方标准之捍卫者角色的人们,也得到了国家权力的支持。

对此类司法案件进行解读时遇到的风险之一在于,它们或许会使人们以为冲突和危机乃是常态。此类案件所凸显的那些危机的确存在。然而更重要的是,那些危机所暴露出来的各种裂痕和实践逻辑,并不仅仅是影响到出现于衙门讼案之中的那一小部分人的生活,而且还对更多人的生活造成了影响。这些相同的力量,以潜移默化的形式,在各个不易为人察觉的方面均产生了实际影响。那些偶发的公共性危机,提供了毫无掩饰地将性秩序予以落实的契机,并进一步强化了上述那种影响。我们应当试着想象,此类危机所揭示的那些力量,是如何左右着许多从未步入衙门兴讼的人们所做出的抉择。

第二节　官方对贞节的评判标准

一、旌表节妇烈女:法律的仪式维度

妇女的贞节,被理解为妻子对其丈夫绝对的性忠诚。清代官方据以评判妇女贞节的标准,乃是她们在面临诸如丧夫、被人企图奸淫或调戏等挑战时所做出的反应。例如她为自己设定的贞节标准有多高? 她愿意付出多大的代价来捍卫其丈夫对她的性垄断权? 169

清代官方评判贞节的正式途径有两种,一种是皇帝下旨旌表节妇烈女,①另一种是依据受害女子的行为来评判那些危害贞节的罪行。它们分别代表了帝国法律当中所包含的"礼"与"法"这两个不同的维度。"节妇"是典型的贞烈女子,亦即那些在丧夫后既未再婚也未与其他任何男子发生性关系的寡妇。对节妇的推崇,至少可上溯至将儒家道德作为国家信条的汉代。而清代则直接承袭了元明两代的前例。②

元代在大德八年(1304)由礼部对可获朝廷旌表的节妇资格加以规定,亦即该女性须至少在其 30 岁至 50 岁的这 20 年间未曾再婚或与人通奸,且其"贞"在当地广为人知。经由乡邻的举荐,地方官将符合上述条件的寡妇上报至朝廷,请求予以旌表。③

明代于洪武元年(1368)对上述那些条件加以重申,并另外新增加了一项奖励,亦即免除节妇所在家庭的徭役。此外,明代还从

---

① 关于清代的贞节话语源自宋代的说法,参见 Patricia B. Ebrey, *The Inner Quarters: Marriage and the Lives of Chinese Women in the Sung Period*, Berkeley: University of California Press, 1993。对旌表节妇烈女之做法的概括性简介,参见 Mark Elvin, "Female Virtue and the State in China", *Past and Present*, Vol. 104(1984), pp. 111—152;刘纪华:《中国贞节观念的历史演变》,载高洪兴等主编:《妇女风俗考》,上海文艺出版社,1991 年;Susan Mann, "Widows in the Kinship, Class, and Community Structures of Qing Dynasty China", *Journal of Asian Studies*, Vol.46, No. 1(1987), pp. 37—56;[日]小竹文夫:《清代旌表考》,毕任庸译,载《人文月刊》第 7 卷第 1 号(1936);曾铁忱:《清代之旌表制度》,载《中国社会》第 1 卷第 5 期(1935),后收入高洪兴等主编:《妇女风俗考》,上海文艺出版社,1991 年。关于清代的此方面相关法律,参见《清会典》,中华书局,1991 年,卷 30,第 254—255 页。关于清代法律在此方面后续的编纂情况,参见《清会典事例》,中华书局,1991 年,卷 403 和卷 404。
② 参见刘纪华:《中国贞节观念的历史演变》,载高洪兴等主编:《妇女风俗考》,上海文艺出版社,1991 年;Mark Elvin, "Female Virtue and the State in China", *Past and Present*, Vol. 104(1984), pp. 111—152。
③ 参见《元典章》(影印版),中国书店,1990 年,卷 33,第 17 页 a。

正德六年（1511）开始旌表"不受贼污贞烈妇女"，亦即那些在反抗强奸的过程中被杀或自尽且未遭奸淫得逞的女子。朝廷会为这些女子立贞节牌坊，并支付其丧葬费用。①

　　无论是守节的寡妇，还是因拒奸而身亡的守贞烈妇，均被描写成采取极端的手段以反抗丈夫之外的其他男子与自己发生性关系，不管后者所采用的具体方式是再婚、通奸抑或强奸。守寡被认为在经济和情感两方面均会遭遇困境（司法档案中常常称之为"苦守"）。那些宁死也不愿放弃维护其丈夫对她的性垄断权的女子被推崇为"贞烈"，犹如那些为君尽忠的官员被誉为"忠烈"。从理论上讲，这两类"殉烈者"皆是主动选择了一条极其困难但忠贞不渝的道路，而抛弃了其他那些简单易行但可耻的做法。②

　　清廷赐银给节妇烈女所在的家庭，出资为她树立贞节牌坊，并在当地建造"节孝祠"供奉节妇烈女的牌位，以使其得享祭祀。此外，雍正皇帝更是推动了将贞节旌表的范围扩展至平民阶层，他将那种家境贫寒但能守贞不渝的节妇视为妇德所能达到的高峰。③ 绝对的性忠诚，被作为界定原先的那两大类女性典范④的大

170

---

① 参见《明会典》（影印版），中华书局，1988 年，卷 79，第 457 页。

② 关于明代的女性贞节崇拜，参见 Katherine Carlitz, "Desire, Danger, and the Body: Stories of Women's Virtue in Late Ming China", in C. Gilmartin et al., eds., *Engendering China: Women, Culture, and the State*, Cambridge, Mass.: Harvard University Press, 1994。另外，亦可参考曼素恩关于地方志中对寡妇守节的困苦情形所做描述的论述，参见 Susan Mann, "Widows in the Kinship, Class, and Community Structures of Qing Dynasty China", *Journal of Asian Studies*, Vol.46, No. 1 (1987), pp.37—56。

③ See Mark Elvin, "Female Virtue and the State in China", *Past and Present*, Vol. 104 (1984), pp. 111—152.

④ 译者注：指节妇和烈女。

原则。在雍、乾两朝,官方通过对这一大原则详加阐述的方式,大幅扩展了符合可获官方旌表之资格的女性范围。其结果是造成了贞节牌坊的总数量空前激增,正如伊懋可(Mark Elvin)所评论的,"旌表制度变成了一条装配流水线"。①

在守寡期的计算方面,清代将如下这类女性也包含在内,亦即那些尚未成婚便遭逢其未婚夫身故,但仍坚持搬到其未婚夫的家中侍奉后者的双亲,并拒绝改嫁他人的女子。此外,在清代中期,下述这类女性人数的激增,也逐渐缩短了朝廷规定的受旌表资格所要求的时间。那些自尽殉夫的寡妇、自杀追随其未婚夫于九泉之下的未婚妻及"抚子守志,因亲属逼嫁投缳的孀妇",此时均有可能被加以旌表。② 这些新增的资格,将节妇和烈女这两种贞女典范合二为一。于是,自乾隆二十四年(1759)开始,那些因为受到非胁

---

① See Mark Elvin, "Female Virtue and the State in China", *Past and Present*, Vol. 104 (1984), p.135.

② 参见《清会典事例》,中华书局,1991 年,卷 403,第 503 页。正如曼素恩所注意到的,清朝的皇帝们试图阻止寡妇们自杀,而将寡妇活下来侍奉其夫家成员视为更值得赞扬的行为,参见 Susan Mann, "Historical Change in Female Biography from Song to Qing Times: The Case of Early Qing Jiangnan (Jiangsu and Anhui Provinces)", *Transactions of the International Conference of Orientalists in Japan*, Vol. 30 (1985), pp.65—77; Susan Mann, "Suicide and Survival: Exemplary Widows in the Late Empire", 载《中国の伝統社会と家族:柳田節子先生古稀記念》,東京:汲古書社,1993 年,第 23—39 页。不过,清朝的皇帝们看起来又常常乐于允许例外情形的存在,一连串法令中所说的旌表,包含了寡妇因自杀而获旌表的许多例子,参见《清会典事例》,中华书局,1991 年,卷 403 和卷 404。类似的例子还有"割肝(割股)疗亲"的行为,即以自己身体的某一部分作为药引来喂养生病的父母,仍不断受到朝廷表彰,参见 T'ien Ju-k'ang(田汝康), *Male Anxiety and Female Chastity: A Comparative Study of Chinese Ethical Values in Ming-Ch'ing Times*, Leiden: E. J. Brill, 1988, pp. 149—161。

迫性的调戏而自杀身亡的女子也被加以旌表。① 这一做法将那种认为女子应当避免为通奸或强奸所玷污的逻辑加以延伸，绝对的性忠诚开始变得意味着，女子即便仅是受到合法丈夫之外的其他男子的性挑逗，她也必须以死明志。②

　　但是，即使某位女性做出上述那些举动，她也未必就有资格成为节烈。因为在明代，那些因反抗强奸而丧命的女性受害者，若已被施暴者强行玷污得逞，那么她就会失去被旌表的资格；③同样的，倘若她以往有过婚外性行为的记录，则也会丧失被作为节烈加以旌表的资格。再婚的寡妇即使未被强奸犯玷污，也不具备被作为节烈加以旌表的资格，因为再婚本身便意味着她经不起对其贞节

---

① 参见《清会典事例》，中华书局，1991 年，卷 403，第 510—511 页。
② See Marinus J. Meijer，"The Price of a P'ai‑Lou"，*T'oung Pao*，Vol. 67(1981)。
③ 这条法令在清代嘉庆八年(1803)时放宽。按照此时的新规定，女子若被两名以上男子性侵犯，即使在被杀害前已遭奸淫，仍被认为符合作为烈妇加以旌表的条件。在极特殊的情况下，女子即使只被一名男子强奸，被杀害后也有资格获得低一级的荣誉，但她必须是在被强奸之前已被罪犯捆缚，参见《清会典事例》，中华书局，1991 年，卷 404，第 516 页。此项法律变革的提议者认为，为叛乱者所擒的官员可能会被迫下跪，但这并不能证明他不忠，同理，被一伙强奸犯制服后遭奸淫的女子，也不能理所当然地被视为不贞，参见《皇朝经世文编》，台北国风出版社，1963 年，卷 92，第 33 页 a—33 页 b。这种变化，意味着贞节的定义逐渐由强调客观身份转移至更注重动机的纯洁度上来，参见 Mark Elvin，"Female Virtue and the State in China"，*Past and Present*，Vol. 104(1984)，注释第 177；Matthew H. Sommer，"Sex，Law，and Society in Late Imperial China"，Ph.D. dissertation，University of California，Los Angeles，1994，pp. 415—419。也可参见本书的结论部分。

最基本的考验。① 一名女子唯有坚持最高的标准(未与其丈夫以外的任何男子发生过性关系,守贞直至身故),她才有可能被作为节烈加以旌表。

171 ## 二、危害贞节的罪行:法律的刑罚维度

女性贞节所面临的某些考验,涉及男性所做的并被清律界定为犯罪的许多行为。但定罪与量刑皆取决于女方的反应,亦即女性在面临这种考验时所坚持的贞节标准越高,则对她实施性侵犯者将受到的刑罚也就越重。在本书前述讨论过的那些对强奸案件的审判中,我们已经看到此一原则的运作方式。但是,最引人注目的或许是"调戏"或"调奸"这种罪行。倘若一名男子调戏或调奸某女子,而该女子仅是向官府告发,则该男子将会被视案情轻重处以笞刑或一段时间的枷号。② 但如果遭调戏或调奸的女子自杀身亡,那么她就有资格成为节烈,而自雍正朝开始,调戏或调奸女子并致其自杀身亡的男子将被处以绞监候。在对此类男性罪犯进行定罪

① 参见《清会典》,中华书局,1991年,卷30,第254页。对此问题的看法,在清朝前期曾有分歧。乾隆二十三年(1758),江苏按察使向皇帝建议应当对那些举荐节妇烈女的规范加以阐明,将再婚的寡妇排除在有被举荐资格者的范围之外,但刚开始时皇帝拒绝了这一建议,参见《清会典事例》,中华书局,1991年,卷403,第510页。但我从未见过再婚的寡妇曾被作为举荐旌表之人选的例子,更遑论其确实获得旌表。乾隆五十七年(1792),皇帝甚至明令禁止下级官员举荐再婚的寡妇作为旌表人选,参见《清会典事例》,中华书局,1991年,卷403,第513页。我曾读到乾隆朝晚期、嘉庆朝和道光朝的许多刑科题本皆强奸案中因反抗强奸而死的寡妇曾再婚,以解释为何不举荐对她加以旌表。
② 参见(清)薛允升:《读例存疑》(重刊本),黄静嘉点校,成文出版社,1970年,例366-13。

量刑时,更多的是视女方对她遭受的调戏或调奸的反应而定,而非男性所实施的此种行为本身。

另一个例子是那种强迫寡妇再嫁的罪行。就此种罪行而言,所科具体刑罚的轻重,取决于罪犯与受害者之间的亲属关系远近。① 若寡妇因为不愿与新丈夫成婚而自杀身亡,则那名强迫她再嫁的亲属(无论其与那名自尽的寡妇是何种亲属关系)将被以最重的刑罚论处。即便迫其再嫁者是那名自杀身亡的寡妇自己的父母,他们也将因此而被处以杖刑和徒刑。上述这种殉节使得强迫寡妇再嫁的行为成为一种严重的罪行,而殉节的寡妇则将受到旌表。若寡妇已和其受迫再嫁的新丈夫成婚,而她并未选择自杀,则强迫其再嫁的亲属所要受到的刑责将大为减轻。若寡妇最终被亲人劝服而屈从于强迫性的再嫁,则如同强奸案件中的情形那样,顺从于既成事实便被视为同意,故而迫其再嫁的亲人的刑责也将最轻。事实上,在雍正朝和乾隆朝初期,如果一名寡妇被迫完成了再婚而并没有自杀,那么她甚至会失去离开其新丈夫的选择权,而她的新丈夫也不会受到任何惩罚。正如雍正三年(1725)时的一份奏折中说道,此类寡妇"是业已失身,无志可守,不必追归"。② 若寡妇因为与人通奸而失贞,则其姻亲便获得了将她嫁卖的法定权利,而无须顾及寡妇本人的意愿。③ 显然,强迫再嫁的罪名仅适用于那种受害者乃是节妇的情形。该罪名成立与否,则取决于此类女性 172

---

① 参见本书附录 C。

② 参见(清)吴坛编纂,马建石、杨育棠校注:《大清律例通考校注》,中国政法大学出版社,1992 年,第 446 页。

③ 参见(清)薛允升:《读例存疑》(重刊本),黄静嘉点校,成文出版社,1970 年,律 366。

作为寡妇的客观身份,而不是取决于再嫁行为是否违背了寡妇本人的意愿。

在确定每一类别的罪行之前,皆须先对受害者进行评判,后者的不同情况决定了罪犯所受的刑责之轻重。最高的贞节标准是女子以清白之身殉节,而她所得到的回报有二:其一是被朝廷作为节烈加以旌表,其二是相关的罪犯将被处以最严厉的刑罚。

第三节　寡妇作为一种有性欲的生物个体

一、贞节与寡妇所享有的附条件的法定权利

清代的法律专家们将寡妇视为一种有性欲的生物个体(sexual being),认为她们要么守贞,要么不贞。① 而无论寡妇是否选择守贞,皆会引发一连串的法律后果。能够证明自己守贞的寡妇,便能享有对于当时的女性而言相当独特的一些法定权利。但是,这些法定权利并不能被与现代西方所谓不可剥夺的人权相混淆。在清代,若寡妇再婚或与人通奸,则她便会丧失在夫家的身份,以及先

---

① 关于这两种刻板印象在那些与法律无关的话语中的情况,参见 Ann Waltner, "Widows and Remarriage in Ming and Early Qing China", in R. Guisso and S. Johannesen, eds., *Women in China: Current Directions in Historical Scholarship*, Youngstown, N.Y.: Philo Press, 1981; Susan Mann, "Widows in the Kinship, Class, and Community Structures of Qing Dynasty China", *Journal of Asian Studies*, Vol.46, No. 1(1987), pp.37—56。

前因为此种身份而获得的那些附条件的权利。①

在中国帝制晚期,无论是在法律还是习俗当中,寡妇的财产权皆取决于其婚姻地位。② 而这种婚姻地位中隐含的基本要素是贞节。明代的一条法令对寡妇(该寡妇须是其亡夫生前的正妻,而不能是妾)的财产权加以规定,后来在清代正式成为一条例文:

> 妇人夫亡无子守志者,合承夫分,须凭族长择昭穆相当之人继嗣。其改嫁者,夫家财产及原有妆奁,并听前夫之家为主。③

按照此条法律的规定,守贞的寡妇有权独立支配其亡夫从他的父亲那里分到的那部分财产。若其亡夫无子,则应为他指定继承人以传宗接代,并侍奉她安度晚年。只要其亡夫留下的财产能够让她维持生计,上述那些授予她的权利,便可使寡妇获得对于当时的女性而言非常独特的自主权。但若寡妇再婚,则她便须脱离

---

① 基于此种目的,只有当寡妇被认为有故意的不贞行为时,她才构成失贞。例如,尽管遭人强奸已成并已经身故的女子不具有可被作为贞洁烈女加以旌表的资格,但一名遭人强奸已成但活下来的寡妇,不会因此被剥夺她在夫家所享有的那些权利。
② 对与家产有关的法律及习惯的代表性研究成果,参见[日]滋贺秀三:《中国家族法の原理》,東京:創文社,1967 年。另可参见 David R. Wakefield, "Household Division in Qing and Republican China: Inheritance, Family Property, and Economic Development", Ph.D. diss., University of California, Los Angeles, 1992;Jing Junjian, "Legislation Related to the Civil Economy in the Qing Dynasty", trans. by M. Sommer, in K. Bernhardt and Philip C. C. Huang, eds., *Civil Law in Qing and Republican China*, Stanford, Calif.: Stanford University Press, 1994。
③ 参见(清)薛允升:《读例存疑》(重刊本),黄静嘉点校,成文出版社,1970 年,例 78-2。

夫族,并丧失拥有包括其先前带至夫家的那部分嫁妆在内的所有财产的权利。此外,上述这条法律未言明的一个预设是,寡妇的子女需留在其亡夫的家族之中。因此,再婚的寡妇也丧失了拥有其173 子女的权利。

明清两代的律典均禁止寡妇(不论她是妻还是妾)在官方规定的须为其亡夫服丧三年的期间内再婚,违者将会被官府处以杖一百,并宣告其新缔结的婚姻无效。当时的法律还规定,命妇(高阶官员的遗孀)终生不得再婚,违者将被褫夺因其夫身份而获得的诰封,并被处以与在为亡夫所服三年丧期内再婚的平民寡妇同样的刑罚。① 后一法律规定强调了性方面的美德与政治美德之间的关联,亦即当其丈夫是一名朝廷命官时,妻子对丈夫的性忠诚便会显得更为重要。

除了受到上述限制,寡妇可以合法地再婚,尽管这种行为往往被污名化。事实上,在寡妇再婚的各种具体情形当中,有很多是发生在为其亡夫服丧三年的期间之内(寡妇为贫困所迫),因此违反了法律的规定。对于那些缺乏其他谋生资源的贫穷寡妇,州县官们有时不会强制执行那条寡妇在为夫服丧期间不得再嫁的禁令。尽管司法官员所致力推广的是一种绝对的贞节标准,但在此类案件中,他们认为这种再婚能将每位妇人都纳入一个家庭当中,故而是一种两害相权取其轻的不得已之举。② 在司法实践中,再婚的寡妇虽然失去了她在亡夫家中的权利,但看起来又在其新丈夫的家

---

① 参见(清)薛允升:《读例存疑》(重刊本),黄静嘉点校,成文出版社,1970年,律105。
② 例如《"中研院"历史语言研究所现存清代内阁大库原藏明清档案》(第57册),档案号:57–121。

中获得同样的权利。易言之，只要再婚的寡妇在其第二任丈夫死后不再改嫁，且无其他不贞的行为，那么她便有权管理其第二任丈夫留下的那些财产和照顾与其所生的子女。上述规则尽管未见于明清两代的律典之中，但可从当时许多案件的裁决之中推论得出。①

另一种形式的不贞行为是与人私通，亦即和奸。女子若与人私通，则除了须受杖刑，明清律中针对和奸的本律还规定，"奸妇从夫嫁卖，其夫愿留者，听"。② 在这种情形中，奸妇不仅丧失了针对财产和子女的任何权利，而且连她自身也成了可被夫家卖掉的物品。背夫在逃的女子亦可"从夫嫁卖"。③ 明清律典中虽未就寡妇与人私通的情形予以单独列明，但在司法实践当中同样适用上述那些法条（寡妇被视为其夫恰巧亡故了的人妇），故而其夫家姻亲可将她嫁卖。例如在乾隆二十七年（1762）来自四川奉节县的一起 174案件中，寡妇周蔡氏与她家中的一名雇工私通。在对这名寡妇进行杖责之后，知县将她交回给其公公，令后者将她嫁卖。寡妇的公公通过媒人给她找了位新丈夫，后者付了 65 两银子作为聘礼。④

不过，州县官判令与人私通的寡妇"归宗"的情形，看起来也很普遍。在这种情形中，该名寡妇将听由其娘家处置。寡妇的娘家可选择将她供养终老，也可选择将她再嫁他人。

许多案例都显示，那些被逐出夫家的寡妇无法享有对财产和

---

① 例如《顺天府档案》，162/道光 25.3.8；（清）汪辉祖：《汪龙庄遗书》，台北华文书店，1970 年，第 360—363 页。

② 参见本书附录 A.2。

③ 参见（清）薛允升：《读例存疑》（重刊本），黄静嘉点校，成文出版社，1970 年，律 116。

④ 参见《内阁刑科题本》，187/乾隆 27. 12. 11。

子女的权利(虽然有些姻亲在此方面也会稍发慈悲之心)。在道光十一年(1831)发生的一起案件中,直隶宁河县的寡妇魏杨氏因与人私通而被逐出夫家,她就连要保留自己的"粗穿衣服",也须经过其亡夫的嗣子允许,由他将衣物带至衙门,当着知县的面交到她手中。① 在嘉庆四年(1799)来自四川的一起案件中,巴县知县下令将红杏出墙的寡妇龚李氏逐出夫家,尽管她苦苦哀求,但仍然被迫与其子女分开。②

与人私通的寡妇未必皆会被逐出夫家,但是否对其采取宽大处理,则取决于她夫家那些亲戚的态度。这种做法乃是下述法条的一种延伸,亦即"其夫愿留者,听"。③ 乾隆二十七年(1762)来自江西鄱阳县的一起案件,可作为此方面的一个佐证。王光满的遗孀吴氏(36岁)供认自己与亡夫的一位远亲通奸,但她恳求知县说:"只求宽免嫁卖,小妇人情愿改过扶子,小妇人母子不致分离,就感恩了。"她的姻亲们也同意这一请求,向知县禀告说:"叔子王光满仅遗一子,实不能离吴氏领管。如今吴氏既肯改过,求给小的们族众领回抚养幼弟就是了。"于是知县将吴氏杖责之后,下令"应交该族长领回管束,听其抚子成立,以续王光满后嗣"。

在上述案件中,姻亲们的支持非常关键。吴氏承诺对她已故的丈夫负责,抚养其子以保其后嗣,因而姻亲们就有了宽宥她的正当理由。另一点可能也很重要,那就是吴氏的亡夫没有兄弟,其公婆也已过世,因此没有直系姻亲干涉或垂涎她手中的财产。其亡

175

---

① 参见《顺天府档案》,169/DG 11. 3.?。
② 参见《巴县档案》,档案号:2-4148,2-4152,2-4154。
③ 参见(清)薛允升:《读例存疑》(重刊本),黄静嘉点校,成文出版社,1970年,律366。

夫的堂兄弟得知吴氏的奸情后，尽管不愿容忍此事，但也只是警告她的那位情人离开吴氏，并未告官。直到某天夜里吴氏的情人被她家的雇工误当作盗贼杀死，她的丑行才引起官府的注意。①

　　就其对财产和子女的权利而言，与人私通的寡妇和再婚的寡妇在法律上的地位相同。寡妇在其亡夫家中的地位（包括管理其亡夫所留下的财产和抚养其子女的权利），完全取决于她是否保有自身的贞节。

二、拒绝再嫁的权利

　　守节的寡妇在法律上享有拒绝再嫁的独特权利。包括她的父母和公婆在内，任何人若强迫她再嫁，则皆须冒着被刑罚加身的危险。而尼姑以外的其他女性，②均无这种拒绝嫁人的权利。未婚女子反抗其父母将她嫁人的命令（或者父母的其他任何命令）而将父母告到衙门，这种事情自然不可能发生。同样的，正如我们在前文中已经看到的那样，寡妇若与人私通，则其姻亲们便可不顾寡妇本人的意愿而将她嫁卖。

　　清代律典中那条禁止"强嫁"任何"自愿守节"的寡妇的主要例文，虽然是在嘉庆六年（1801）最终定型，但其基本轮廓早在乾隆五年（1740）时便已成形。这一法律规定的适用，是以那名遭到怀疑的寡妇自身确系清白且愿意继续守节为前提。故而，正如我们已经在前文中看到的那样，强迫此类寡妇再婚的行为，便被认为是侵

---

① 参见《内阁刑科题本》，185/乾隆 27. 4. 20。
② 女性一般须征得其父母同意或业已守寡，才能出家为尼。

犯了其贞节的罪行。此罪行被理解为是由寡妇本人的亲属付诸实施，而那些外人（例如媒人及寡妇被安排拟嫁的那名新丈夫）则被视为协助主犯的从犯。因此，此罪行也亵渎了家庭成员之间的那种道德纽带。前述例文根据寡妇所遭受的强迫形式之差异，以及她在面对强嫁时所坚持的贞节标准之高低，就该罪行的严重程度划定了等级体系。随后又在这一体系的各个等级当中，根据罪犯与寡妇之间的亲属关系远近，相应科以轻重有别的不同刑罚。对罪犯们的具体量刑，乃是比照处置亲属之间的暴力犯罪的相同原则来确定。因此，若迫其再嫁的罪犯为该寡妇的尊亲属，则其与该寡妇的亲属关系越近，所受的刑罚便越轻；若迫其再嫁的罪犯为寡妇的卑亲属，则其与该寡妇的亲属关系越近，所受的刑罚便越重。这种做法反映了如下这一原则，亦即在近亲属当中，尊亲属拥有要求卑幼服从自己的正当权威，而卑幼则须顺从其尊亲属的这种权威（尊亲属的地位是根据其在家族中相对而言的年纪大小和辈分高低来定）。同样是强迫寡妇再嫁，相较于迫其再嫁的罪犯是该寡妇的远亲或其他无关人等的那种情形，尊亲属的刑责更轻，卑亲属的刑责则更重。至于寡妇受迫拟嫁的那位新丈夫及媒人应受的刑责，则要轻于主犯。

　　另一条后来纂修添入律典的例文，特别提及强迫寡妇再嫁的行为具有牟利的动机。[1] 此条例文所设想的罪犯为寡妇的"期功以下卑幼及疏远亲族"，亦即除寡妇的父母和公婆之外的其他任何亲属。此类人等若强迫寡妇再嫁，则其所受的惩处，要远比前述那条

---

[1]　参见本书附录 C.2。

主要的例文中所规定的强迫寡妇再嫁者所受的刑罚更为严厉。故而，卑亲属强迫寡妇再嫁，若造成再婚已成或致使寡妇自杀，则要被处以绞监候或斩监候（按照乾隆朝的秋审制度，此类案件毫无例外地应执行死刑，且不能缓决①）。如同在事涉强奸和调戏的案件中那样，在清代，对造成上述这两种后果的强迫寡妇再嫁之罪行的处刑日趋严厉，至雍正和乾隆两朝时，对此类罪行所处的刑罚最重时是死刑。②

上述例文列出了强迫寡妇再嫁以牟利的两种情形，即"谋占资财"和"贪图聘礼"。在第一种情形当中，罪犯们被想象为借助于强迫寡妇再婚，使她丧失了对其亡夫所留下的那些财产的权利（这样的话，迫其再嫁的罪犯便容易将这些财产据为己有）。第二种情形则更为直接，即把寡妇卖掉来获得她的卖身钱。许多案件记录显示，后一种情形多是发生于极其贫困的人群当中。对于那些一贫如洗的人来说，卖掉寡妇时所得的所谓聘礼，在价值上将远超这名寡妇留下的任何财产。③

清代律典中设置这些法律保护手段的预期目的，并不是维护寡妇自身的利益，而是旨在保护寡妇亡夫的家庭整体及其血脉延

---

① 参见（清）刚毅：《秋谳辑要》，文海出版社，1968 年，第 259 页。

② 详情参见《清会典事例》，中华书局，1991 年，卷 756，以及薛允升在《读例存疑》中的相关评注（［清］薛允升：《读例存疑》［重刊本］，黄静嘉点校，成文出版社，1970 年，例 105-1，例 112-4）。

③ 目前所见对强迫寡妇再婚所涉经济动机所做的最详尽的讨论，参见［日］夫马进："中国明清时代における寡婦の地位と强制再婚の风习"，收入前川和也编：《家族、世代、家门工业化以前の世界から》，京都：ミネルバ书房，1993 年。另可参见 Jennifer Holmgren, "The Economic Foundations of Virtue: Widow Remarriage in Early and Modern China", *The Australian Journal of Chinese Affairs*, Vol. 13(1985), pp. 11—14。

续。按照当时立法者们的想象,守节的寡妇易受其近亲属尤其是
姻亲的侵害。寡妇的这些近亲属,被预设为会出于贪婪之心而对
她的守节决定横加阻挠。他们借以从中牟利的手段是,对寡妇的
清白声誉加以败坏,并使其亡夫的家庭解体。但归根结底,真正的
节妇手中握有撒手锏,因为她宁可选择自杀也不屈从于上述那些
177　卑鄙伎俩。

不过,若寡妇不贞,则情况便会发生逆转。此时,她将失去保
有其亡夫所遗财产和子女的权利,而其姻亲则将取而代之,成为其
家庭利益的监护人。既然寡妇拒绝再婚的全部理由都在于她保有
贞节,那么她一旦与人私通,便会失去拒绝再婚的权利。将与人私
通的寡妇逐出夫家或将她嫁卖,也因而成为其夫族具有正当性的
自卫之举。

第四节　强迫再嫁、自杀和贞节的标准

一、一名自杀的寡妇:烈女抑或荡妇?

清代的刑名幕友汪辉祖记述的如下这则案例,可用来说明当
时的司法官员是如何以守节与否作为前提来对寡妇们加以评判
的。这起乾隆四十七年(1782)时发生于浙江的案件,涉及一位自
尽身亡的寡妇叶氏。叶氏的首任丈夫在与她成婚 17 年后身故。
此后不久,她改嫁给一名孙姓男子。但不到一年,该孙姓男子也撒

手人寰。这使她在 34 岁时再度成为一名寡妇。此时在叶氏的家中，除了一个由其孙姓亡夫与他的前妻所生的儿子（4 岁），还有一名秦姓雇工帮忙耕种她那位孙姓亡夫留下的 20 余亩薄田。

不久，一位名叫孙乐嘉的姻亲试图劝说叶氏将雇工秦某解雇，以免被外人说闲话。叶氏虽然口头上答应，却并未践行诺言。于是孙乐嘉自己去找秦某，但秦某拒绝辞工，其理由是女主人还欠他工钱。此后，孙乐嘉及其他夫家族人开始向叶氏施压，逼她再嫁。叶氏托称自己需要时间去找到合适的再婚对象。当这些姻亲为她在邻村找到新丈夫人选时，叶氏到当地衙门递状兴讼，指控孙家人强迫她再嫁。那名雇工秦某则作为她的抱告（按清代法律的规定，妇女告状时须有男性作为其抱告）。叶氏夫家的族长和孙乐嘉于是想将秦某找出来教训一番，但秦某闻讯后逃之夭夭。随后他们斥责了叶氏，而叶氏于当晚自缢身亡。

此案的初审官员及其上级官员均同意叶氏的自杀是由姻亲们施加其身的再婚压力逼迫所致，但对接下来该援引哪一条法律规定却存在分歧。倘若孙氏族人是为了借此来将叶氏亡夫留下的田产据为己有，则他们的这种行为便构成了强迫寡妇再嫁以牟利的罪行，故而应受到更严厉的惩罚。湖州知州就此向其幕友汪辉祖询问对此案的处理意见。

到此处为止，那种被司法官员们所认可的关于此案案情的说法，一直是认为叶氏系一名守节的寡妇。她的不愿再婚，被认为系 178 出于对其孙姓亡夫的忠诚；正是这种忠诚，导致她拖延再婚、到衙门状告姻亲迫嫁，乃至最后以自缢的方式结束了自己的生命。但汪辉祖重新核阅此案的案卷记录后发现，在她自尽身亡时——

> 叶尸面抹脂粉,上着红衣,衬色衣,下着绿裙,红小衣,花膝裤,红绣鞋。卧楼一间内系叶室,中间版隔无门,外即秦床。

汪辉祖认为,上述这些细节强烈暗示叶氏与她雇佣的那名秦某之间有奸情。无论如何,由于叶氏在其首任丈夫死后又改嫁他人,这一点让人很难相信她如今还能奉守崇高的贞节标准:

> 叶之死距孙死不及一年,面傅脂粉,服皆艳妆,此岂守寡情形? 舍十七年结发之恩,守十一月后夫之义,天下断无是情。所谓守者,殆不忍舍秦耳……是叶之轻生,由于秦去,惟秦是究,自得实情。

那名秦姓雇工后来被官府缉拿到案。果然不出所料,他供认出自己确与叶氏有奸情。因此,最终的判决结果宣告此案中并不存在那种强迫寡妇再婚的犯罪企图。

本案的关键在于叶氏是否守节;对此问题的不同回答,将导致一连串既具有法律意义也具有象征意义的不同后果。若叶氏清白守志,则她的自尽将成为妇德之典范;那些将叶氏逼死的姻亲,也摆脱不了试图借助强迫这名寡妇再嫁来谋占她的亡夫所留田产的嫌疑,因此将会受到严惩。若叶氏的贞节有失,则她的死亡便只不过是其荒淫放荡的应得下场;唯一应受惩处的是与她私通的奸夫,而她的那些姻亲的行为则可被视为捍卫家族血统纯洁所做的努力。汪辉祖认为,此案起初调查时未能发现叶氏与人私通,乃因

"历讯皆舍其本也"。①

二、对烈女形象的描绘

乾隆四年(1739)来自安徽宣城的如下这则案例,为我们提供了一个关于贪图钱财的姻亲与守节的寡妇之间如何进行道德角力的典型例证。此类案件反映出朝廷旌表贞烈女子的政策在"礼"与"刑"两方面最直接的互动。据该案的案情摘要所描述: 179

> 雍正六年(1728),陈来(引者注:陈来是吴氏之夫)病故,之相夫妇(引者注:他们是吴氏的公婆)欲令吴氏他适。氏曾剪发明志。迨之相夫妇故后,氏因家贫,携子求乞,讵子年幼,迷失无踪,独自苦守,已经十载。

陈之万是吴氏夫家当中与她亲等最近的在世姻亲,他"屡劝氏嫁,(吴氏)不从,顿欲强夺其节"。易言之,陈之万强迫吴氏再嫁,以杜绝吴氏继续向其夫家人寻求救济,同时也垂涎将吴氏再嫁后所可能得到的那份聘礼。不料,当吴氏被绑着送至她的新丈夫缪子通家中时:

> ……[吴氏]哭骂不肯成亲,子通询知强嫁情由,不敢逼从,令伊幼子缪招儿伴宿,并未成婚。次日,子通往寻陈进(引

---

① 参见(清)汪辉祖:《汪龙庄遗书》,台北华文书店,1970年,第360—363页。

者注:陈进是媒人)等索退财礼,躲匿不见。至十四日,令子将吴氏送回,吴氏复被之万詈骂,气忿(愤)不甘,即于是夜在陈之万家内自缢殒命。

在对那些欺凌吴氏的罪犯进行判处后,知县下令追回她那些已被其姻亲瓜分掉的薄产,责令她的一名兄弟代为管理,并命他负责找回吴氏那名失散已久的儿子。至于这名寡妇本人——

> 吴氏于二十七岁丧夫,先经剪发明志,守节十载,被陈之万等强嫁不从,激烈自缢。似此苦节,洵属可嘉,应请旌表,以维风化。①

为了确证寡妇是否贞烈,审理案件的司法官员们会仔细盘问寡妇的那位新丈夫,以查明她被送至他家中后发生的事情。以下这份来自安徽六安州并被转录到嘉庆二十二年(1817)上呈的刑科题本里面的口供,清楚地描述了寡妇是如何对强迫其再嫁之举进行反抗的。这份口供从格式上来看是在回答各种互不相关的问题,但读起来却犹如记录了寡妇在应对一连串挑战时的独白。供述者是向寡妇余氏(34岁)提亲的男子林待荣(39岁)。林待荣直至上门迎娶余氏时,才发现她是被逼再嫁,但他仍接受了这桩婚姻交易("小的因事已做成,不肯歇手,只道娶回可以劝允"):

---

① 参见《内阁刑科题本》,75/乾隆4.5.30。这个案例显示,偶尔也有赤贫寡妇会拒绝再嫁。易言之,这种认为寡妇因经济动机而再嫁的情形应相当普遍的看法,虽然总体而言大致不差,但并不能被用来解释任一案件中的那些实际行为。

　　把余氏抬到小的家时已三更，余氏哭闹不肯成亲，经母亲伴宿劝解。十五日下午，小的劝余氏吃饭，余氏将碗盏打碎，并把头鬌剪落，向小的辱骂。小的生气，用拳殴伤他［她］鼻梁连左眼眶。余氏泼闹，小的把他［她］揪住，拾起柴片连殴他［她］左臂膊、左右肐肘、左手背、脊背左几下。余氏卧地乱滚，骂不住口，小的又打他［她］左右臁肕各一下。父亲赶来喝阻，并把小的责骂，叫去找同原媒将余氏送回，免得闹事。是夜仍叫母亲伴同余氏歇宿。十六日早，小的去寻王升们（引者注：王升等人是媒人）退还财礼，好把余氏送回。不料余氏乘母亲赴厨爨（煮）饭，在房自缢身死。实因余氏泼闹辱骂，一时气忿（愤）殴打，并无殴逼成亲的事。

　　和前一则案例中所见的情形相同，此案当中也是寡妇为了捍卫其贞节而进行正当的抵抗。余氏被强行送到其新"丈夫"家中后，她拒绝进食（进食或许被认为意味着她愿意加入新家庭）。此外，就像前一则案例中的那名寡妇那样，余氏也剪发以明志。这是一种声明弃绝性生活的举止，与"削发为尼"之举的象征意义相似。① 当遭到其新"丈夫"的殴打时，她便以辱骂作为还击，最后上吊自尽，以避免与那位篡夺其亡夫生前之位置的男子发生进一步的接触。②

对那些被强迫再嫁的寡妇之新"丈夫"进行审问的重点，在于弄清他是否已与该寡妇圆房。若他已玷污了该寡妇，则会受到更严厉的处罚；若这名寡妇"听任"该男子与其交媾，则她便失去了可被旌表为节妇烈女的资格。此问题相当重要，以至于有省级官员甚至特地指示其下级应如何办理此类案件："严审证人，确证谋占资财、合谋压迫再婚、强逼成婚致使上吊自尽之全部事由，查清有无奸污（着重号为引者所加）。"上面引用的这段话，系摘抄自乾隆二十七年（1762）发生于湖北随州的一起案件的卷宗。在该案中，寡妇谢氏之亡夫的一位堂兄弟觊觎其财产而强迫她再嫁，结果导致谢氏自杀。在接获省级官员的上述指示后，知州在讯问"新郎"王化章（30岁）时，特地责令其回答是否已与寡妇谢氏圆房这一问题。王化章的供称如下：

---

① 在广东顺德县，拒绝在夫家饮食这种做法，是"不落家"婚俗中具有重要象征意义的一种举动，参见 Janice E. Stockard, *Daughters of the Canton Delta: Marriage Patterns and Economic Strategies in South China, 1860—1930*, Stanford, Calif.: Stanford University Press, 1989, p.20。有关以剪发或其他自毁容貌的方式表示反抗的策略，参见 T'ien Ju-k'ang（田汝康）, *Male Anxiety and Female Chastity: A Comparative Study of Chinese Ethical Values in Ming-Ch'ing Times*, Leiden: E. J. Brill, 1988, p. 37; Katherine Carlitz, "Desire, Danger, and the Body: Stories of Women's Virtue in Late Ming China", in C. Gilmartin et al., eds., *Engendering China: Women, Culture, and the State*, Cambridge, Mass.: Harvard University Press, 1994, pp.113—114。

② 参见《内阁刑科题本》，138/嘉庆 22.6.26。

谢氏不肯成亲，说他［她］被抢嫁，仍叫送他［她］回去……小的央了邻妇张氏陪伴劝解。谢氏对张氏说，若不送回，他［她］就寻死。父亲听得这话害怕，叫小的快寻媒人说明，好送谢氏回去。小的去找他们，都躲避不见。到晚上回去，父亲说今日晚了，且到明日再去找寻。父亲当时叫张氏与谢氏同他女儿在南首房内睡。父亲又叫小的与他同铺。不料到二十二日早，张氏在房喊叫说谢氏吊死了，小的忙同父亲到房里，在床架上把谢氏解放下来，已灌救不活了……小的实没强逼成婚奸污谢氏的事，现有张氏可问。

邻居张氏和王化章的父亲均证实，王化章当时整晚都待在另一间屋内，没有机会对那名寡妇进行性侵犯。事实上，王化章之父当时就对此非常担心，故而特意让儿子与自己同床而眠，以确保其子王化章不会去找寡妇谢氏强行发生性关系。①

由于这些寡妇名义上是为其亡夫而捐生殉节，故而司法上另一个重点加以考虑的问题是保护其亡夫的利益。在本节前文所引述的第一起案件中，知县下令将寡妇吴氏那些已被其姻亲瓜分掉的财产(尽管非常微薄)重新归拢，然后交由她的兄弟代管，直至找回她那失踪的儿子来继承。② 而在本节前文所引述的最后一起案件中，寡妇谢氏的丈夫生前拥有的家财更多，但无子嗣。他的土地、牛和女儿均被交由寡妇谢氏的兄弟代管，以留待日后为他择立

---

① 参见《内阁刑课题本》，182/乾隆 27.7.29。
② 参见《内阁刑科题本》，75/乾隆 4.5.30。

182　一名合适的男子作为其嗣子加以继承。该名嗣子将获得这份财产，同时也须担负起抚养寡妇的女儿并为她安排婚嫁的责任；此外，他还须承担作为嗣子对承继宗祧的已故父母在礼制方面的各种义务。① 在上述每起案件当中，审理案件的州县官们均试图从物质要素和成员组成这两个方面，将案件中那名已故丈夫的家庭重建为一个独立的单元，以使得该案中的寡妇不至于白白殉节而死。

此类案件记录均以请求对殉节的寡妇加以旌表作为结尾，字里行间流露出强烈的政治意味。前面引述的第一起案件即属此例。寡妇谢氏一案亦复如是："查谢氏因黄正吉等抢嫁，守正不污，捐躯明志，洵属节烈可嘉，应请旌表，以维风化，以慰幽魂。"在诸如此类请求旌表的文字段落中，"旌表"二字是被写于行首的空白处，高出正文中其他部分的那些文字。这种书写方式通常是被用于行文中提及皇帝的情形。通过予以旌表，皇帝亲自认可了那些节烈女子的行为。旌表节烈女子时惯用的"捐躯"一词，通常是被用于描述士兵或忠臣的慷慨赴义。就像"正""烈""风化"等表述那样，这种措辞可谓那种将贞节与政治忠诚相类比的观念之缩影。②

在这些刑科题本当中，节烈女子被描述成有着自我意识且意志坚定之人，但她所拥有的这种力量导向了自我舍弃，其在逻辑上必然的极端结局便是自杀。对于朝廷而言，自我舍弃集中体现了女性恰如其分的果敢自信，而这种贞节方面的主体属性之最终表现，则是女性亲手将自己的存在从事件中抹掉，留下了一片空白，以待司法官员们通过颂扬其大义的方式加以填补。节烈女子虽被

---

① 参见《内阁刑科题本》，182/乾隆27.7.29。

② 参见《内阁刑科题本》，182/乾隆27.7.29；《内阁刑科题本》，176/乾隆27.10.14。

描绘成一个自己主动做出抉择的主体,但她之所以能在官方话语中享有那种尊荣,乃是基于她是为了其丈夫而非为自己而活的这样一种假设,其自身生死的唯一意义,被认为在于对丈夫无条件的忠诚。

　　那些被旌表为节烈的女子,或许是清代司法档案中最难被看懂的人物。此类案件的案情摘要,让人联想到各地方志里面的节烈传中的那种陈腔滥调,而寡妇本人的动机却是模糊不清。她们 183 的抗争和绝望,看起来未必皆是受官方政策的影响,其中的一部分女子也许是由于珍视自己所享有的那种自主权。①

三、"假顺"

　　乾隆三十四年(1769)来自四川巴县的一起案件,让我们得以

----

① 关于地方志中的节烈传,参见 Patricia B. Ebrey, ed., *Chinese Civilization: A Sourcebook*, New York: Free Press, 1993, pp. 253—255; Susan Mann, "Historical Change in Female Biography from Song to Qing Times: The Case of Early Qing Jiangnan (Jiangsu and Anhui Provinces)", Transactions of the International Conference of Orientalists in Japan, Vol. 30 (1985), pp. 65—77; Susan Mann, "Widows in the Kinship, Class, and Community Structures of Qing Dynasty China", *Journal of Asian Studies*, Vol. 46, No. 1(1987), pp. 37—56; Mark Elvin, "Female Virtue and the State in China", *Past and Present*, Vol. 104(1984), pp. 111—152; Jonathan Spence, *The Death of Woman Wang*, New York: Penguin Books, 1978, chapter 3 and chapter 5。对寡妇所享有的这种自主权之本身价值的探讨,参见 Ann Waltner, "Widows and Remarriage in Ming and Early Qing China", in R. Guisso and S. Johannesen, eds., *Women in China: Current Directions in Historical Scholarship*, Youngstown, N.Y.: Philo Press, 1981, pp. 141—142; Arthur P. Wolf, "Women, Widowhood and Fertility in Pre-modern China", in J. Dupaquier et al., eds., *Marriage and Remarriage in Populations of the Past*, London: Academic Press, 1981, p. 142。

看到关于寡妇拒绝被安排再嫁的更为写实的情形。该案中的这名寡妇并未选择殉节,而是从其夫家出逃,并向官府控诉其遭遇。何刘氏(36 岁)是何瑞祥的遗孀,其亡夫留下的财产,可供她和幼子及童养媳过上独立自主的生活。根据她的告词——

> 遭氏夫弟何瑞林屡逼氏嫁,谋吞氏夫所遗当田价银一百两并卖田价银五十六两。氏迭经约邻蓝应禄等理论可质。殊瑞林狼心无餍,串棍晏华茂,统凶杨玉伯等多人,胆于本年三月二十六蜂拥氏家,将氏绳捆手足,抢至地名上洞沱,与楚民黄姓为婚。氏欲自尽,奈九岁孤儿难舍,是以偷生,假顺黄姓,始得于本月初八脱逃虎口回家,哭投[邻人]……清查氏夫当卖田银以及衣谷米物家具,悉被瑞林一卷鲸吞。

何刘氏的上述这番陈述,得到八名邻人的证实,但知县对这名寡妇本身的行为却抱持着讥讽的态度:"该氏于三月二十六被抢,至四月初八始回,是与黄姓成婚几及半月,尚得谓之'假顺'乎?"不过即便如此,知县仍判定那些将何刘氏捆绑抢走之人有罪,并责令他们将自己谋吞得来的财产归还给这名寡妇。知县撤销了这桩婚事,并向寡妇的兄弟允诺,他们日后若发现寡妇的姻亲们再有此种恶行,则可即行向官府报告。相较于因谋占资财而强迫寡妇再嫁的姻亲们按照律例所定本刑须受刑罚的那种严厉程度,此案中罪犯们所受的惩处显然非常轻。这名寡妇的亡夫之弟何瑞林和其他人仅受到杖刑之惩,且在具结悔过后便被释放回家。但是,何瑞林作为何刘氏在服制意义上之大功亲中的卑亲属,且其动机又是借迫兄嫂再嫁以牟利,他本应被判处斩刑。① 该案中那位黄姓的"新郎"看起来完全没有受到惩罚,而是被视为何瑞林等人诈欺行径的受害者。

显然,知县认为何刘氏对自己被强迫再嫁所做出的反应远非令人满意。何刘氏竭力为自己的行为进行辩护,声称她本应选择自杀,但她的首要责任是抚养其子(其亡夫的继承人)长大,于是选择了忍辱偷生。但知县对她所说的这种牺牲方式很不以为然,故而将加害何刘氏的那些人从轻发落。②

184

第五节 没有资财的寡妇

一、贫困与官方所宣扬道德的局限性

很多寡妇实际上并不具备捍卫清廷所极力颂扬的那种贞节的经济能力。从案件记录来看,寡妇为了替亡夫还债或办理丧事而在他死后很快就改嫁的情形,绝非罕见。实际上,一些寡妇将自己卖给新的丈夫,在与后者成亲之前用所得聘礼来偿还亡夫生前欠

① 参见本书附录 C.2,B 项。
② 参见《巴县档案》,档案号:1-1673,1-1674,1-1677。

下的那些债务。① 我们可以从下面这份来自清代巴县的契约中看出此种端倪：

立主婚出嫁文约

孙门余氏今因夫身故,遗子孙文榜幼小,家贫无靠,难以苦守。有在城商民汪钊请媒证说成孙、余二姓,余氏自行主许与汪钊为配,遗子文榜、女二姑随母带至汪姓教育,交书聘定,甫养成人之后,孙姓归宗,不得阻滞。当日请亲友街邻众议,出备财礼钱二十六千文整,账目除灵棺木迫资费用。当日交足,开销各项明白,认从汪姓择期完聚。日后倘有本族孙姓伯叔人等不得别生异言。此系二家情愿,中间无强逼情由。今恐无凭,立此婚约一纸为据。

永远为照②

媒证:亲叔孙芳虞(代笔)、孙国甫(主婚)

乾隆二十五年三月二十二日立婚约人

孙门余氏立

---

① 对于某些寡妇来说,另一种可选择的做法是卖娼,参见《巴县档案》,档案号:3-8768,4-4881。自17世纪70年代开始,为了至少让一小部分的贫穷寡妇有可能选择守节,一些地方士绅和官员为这些妇人提供慈善救济的居所。参见 Angela Leung, "To Chasten Society: The Development of Widow Homes in the Qing, 1773—1911", *Late Imperial China*, Vol.14, No. 2(1993);[日]夫馬進:"清代の恤嫠會と清節堂",《京都大學文學部紀要》第30号(1991);Susan Mann, "Widows in the Kinship, Class, and Community Structures of Qing Dynasty China", *Journal of Asian Studies*, Vol.46, No. 1(1987), pp.37—56。

② 在这件契约的原件当中,"永远为照"四个字被写得很大。

296

上述文字强调此份契约乃是寡妇主动自愿地订立,并特别言明她是"立"约之人。就此而言,这份契约不同于当时一般的婚约文书,因为后者从不以新娘的名义来撰写。该契约的上述特点,意味着人们明白寡妇拥有那种受习俗和法律保障的拒绝再嫁的权利。

由于其亡夫家的姻亲们太过贫穷而无力养活她及其子女,那些没有财产的寡妇于是就带着自己的孩子再嫁他人(如同上述那份契约中所约定的那样),这种情况看起来颇为常见。我在清代档案中看到过这样的例子,寡妇让自己后来再嫁的男子保证其亡夫之子不致被迫改从继父之姓。①

上述这份契约的目的之一是记下双方商定的各种条件,以便在将来万一闹至官府时可借后者之力加以执行。另一个目的则可能是将寡妇的再嫁之举予以正当化。上述这份契约将寡妇描述为迫于贫困和抚养幼子之需,才不得不放弃守节。这份契约还努力刻画这名寡妇对已故丈夫的忠诚,亦即她是用再嫁所得的聘礼来偿付亡夫的丧葬费用,而她本人虽离开了亡夫的家族,但会确保其子留在亡夫家族的血脉世系之内,故而保全了其宗嗣。换言之,在既有的物质条件下,她已竭尽全力做了一名节妇所应做的事情。我们无由得知这份契约在多大程度上反映了那名寡妇自身真实的想法;这种契约充其量只是可能记录了她那已被层层(例如常见的书写风格、契约的格式、为她代笔的男性等)过滤的"声音"。即便

①　关于寡妇携子再嫁的问题,参见 Ann Waltner, "Widows and Remarriage in Ming and Early Qing China", in R. Guisso and S. Johannesen, eds., *Women in China: Current Directions in Historical Scholarship*, Youngstown, N.Y.: Philo Press, 1981, pp.143—145。

如此,这份契约仍提示我们,当时的人们时常因为无法在自己生活中实践正统的价值观而心怀愧疚。①

雍正十一年(1733)来自贵州遵义县的一起案件,显示了官方所宣扬的那种道德是如何不切实际。郑氏之夫袁瑜(农民)于雍正十年(1732)去世后,她和四名幼子只好向娘家舅妈借钱度日。她的姻亲们虽希望能帮到她,但实在因同样家贫而自顾不暇。这名寡妇在允诺用将来再嫁时所得的聘礼来偿付借款后,才为其亡夫赊到一口棺材。

然而,当她表示勉强接受再嫁后,郑氏发现自己成了香饽饽,因为她生出儿子的能力有目共睹。由于这一原因,并且替她说媒的姻亲也颇为其利益着想,郑氏得以开出较好的再嫁条件。其中一名求婚者是她的表兄弟雷栋(35 岁),因其妻"没有生得儿女,见郑氏儿子生得多,想娶他[她]做妾"。雷栋通过媒人表示愿意出二两银子作为聘金。但郑氏不愿为妾,同时也担心这样嫁过去的话会对她的那些孩子不利。另一名更具吸引力的求婚者是邹登朝(37 岁),其妻已去世且未留下子嗣,故而郑氏若嫁给他的话,则可享有妻子这种完整的身份。邹登朝愿意出五两银子作为聘礼,而这个数额足以清偿郑氏之前欠下的那些债务。邹登朝还表示愿意抚养郑氏的那些儿子,且会让他们保留其生父之姓。郑氏对此表示接受,于是在她的第一任丈夫过世约六个月后,她再嫁给邹登朝为妻。

后来邹登朝被控杀人(被郑氏拒婚的雷栋打了邹登朝,邹登朝

① 参见《巴县档案》,档案号:1-1623。

在自卫时将雷栋杀死),知县因此留意到郑氏再嫁的时间。我们知道,清代的律典禁止寡妇在夫丧后三年内再婚。当知县就再嫁的时间这一事实问题讯问郑氏时,她试图为自己辩解:

> 小妇人丈夫留下四个儿子,年纪都小,饿不过,日夜啼哭。小妇人还饿得起,就是饿死了,也说不得可怜,四个儿子若饿死了,把丈夫的后代都绝了。小妇人没奈何,只得嫁了人,好保全这四个儿子的。

郑氏上述所言,看起来是在影射宋明理学用来反对寡妇再嫁的那句名言——"饿死事小,失节事大"。[①] 就像前述那名声称自己"假顺"的寡妇何刘氏那样,郑氏声称自己是为了其亡夫更长远的利益着想才未自尽相随于九泉之下。

针对这名寡妇后一段违法的婚姻,知县也讯问了那位同样也应受到惩处的媒人。媒人的供述十分直白,丝毫不做道德上的掩饰:

> 郑氏的男人死了,连棺材都没得,后来说郑氏嫁了人就还银子,才赊了一口棺材。他[她]家有四个儿子,因没有饭吃,饿不过,日夜叫唤,那[哪]里等得丧服满? 这些人都好饿死

[①] 参见刘纪华:《中国贞节观念的历史演变》,载高洪兴等主编:《妇女风俗考》,上海文艺出版社,1991 年,第 526 页;Patricia B. Ebrey, *The Inner Quarters: Marriage and the Lives of Chinese Women in the Sung Period*, Berkeley: University of California Press, 1993, p. 199。

了……替他[她]做媒只算做了一件好事。

187　　知县最后决定从宽处理,做出判决称"郑氏虽贫无所依,犹当终丧……苐保婴以继夫后,情尚可原……应请原情,免其拟罪离异"。在本案中,无论是寡妇,还是知县,均不得不以她对其第一任丈夫的那种发自内心的忠诚为由,为她在第一任丈夫死之后迅速再嫁的行为做辩解。但是,这仍不免让人觉得,这名知县或许只是迫于那种造成缺乏财产的寡妇在其夫死后再嫁的情况相当普遍的经济现实,才做出了如此让步。事实上,在档案当中,我并未发现有任何一起案件真正执行了那条关于寡妇在为亡夫服丧三年期满之前不得再嫁的法令。①

　　在19世纪,清廷允许对这类案件进行某种程度的从宽处理。嘉庆二十一年(1816),刑部颁布法律规定称,在为亡夫所服三年丧期内再婚的寡妇,在接受惩罚之后,可继续保有与她那位新丈夫的婚姻,除非再婚之前双方之间有通奸行为。② 光绪四年(1878)版本的《大清律例》在注释中规定,为了支付亡夫丧葬费用而提前再嫁的寡妇,应在按照"不应为"律处置的基础上减轻处刑(从杖一百减至杖八十),并可保有与她那位新丈夫的婚姻关系。至19世纪早期,对于那些因贫穷而卖妻的丈夫,官府已开始采取与上述相同的方式加以处置。③ 这种宽大处理的政策,源于官方逐渐意识到强迫

① 参见《"中研院"历史语言研究所现存清代内阁大库原藏明清档案》(第57册),档案号:57-121。
② 参见(清)姚雨芗等编:《大清律例会通新纂》,台北文海出版社,1987年,卷9,第5页b。
③ 参见(清)姚润等编:《大清律例增修统纂集成》,卷10,第14页b。

穷苦妇人守节的做法徒劳无功。①

二、性契约之取消

并不是每一位贫穷的寡妇都能有在商议将她再嫁的过程中为其利益着想的姻亲。故而,有些寡妇在得知姻亲将她再嫁他人时订立的契约中所写的那些条件后大感震惊,但为时已晚。特别令寡妇们感到绝望的情形是那位新丈夫很穷。寡妇再嫁的首要目的便是想借此摆脱贫困,她一旦发现再嫁后仍将陷入困顿,则难免会感到惊惧。有些寡妇因此拒绝成亲,试图用这种方式来摆脱此类婚姻。

在乾隆四年(1739)来自湖北来凤县的一起案件中,寡妇张氏(45岁)拒绝与她的新丈夫蒋昌义(43岁)圆房,结果被蒋昌义杀死。张氏是苗人,而其他主要涉案者皆为汉人。据蒋昌义供称: 188

> 小的是个穷人,苦积二十多两血汗银子,费十四两财礼,连盘缠酒水都用完了。娶了张氏进门,原想他[她]同心协力帮小的做人家,不料他[她]看见小的穷苦,又见小的说没有田地,他[她]就不喜欢。头一晚和衣睡到天明,第二夜吃酒后,送亲的客都睡了,小的叫他[她]睡,他[她]只在灶边坐了不理。小的扯他[她]进房,他[她]说他[她]这样年纪改嫁原只

① See Matthew H. Sommer, "Sex, Law, and Society in Late Imperial China", Ph.D. dissertation, University of California, Los Angeles, 1994, pp.387—390。

图个饱暖,"如今到了你家,你这样穷苦,我嫁你做甚么,你还来缠我"。小的拿灶上的刀吓他[她],他[她]把布衫爬开,挺起肚子说"你要杀就杀,宁死也不从的"。

之后蒋昌义将张氏刺死。

在对这起命案的判决当中,我们再次看到,对张氏守节与否这一要点的斟酌,对于如何评判蒋昌义求欢、这名寡妇继而进行反抗和蒋昌义随后将她杀死之举均极为重要。如果这名寡妇之前同意成婚,那么新丈夫要求与她圆房的行为,以及他在被拒后表现出来的那种愤怒和所做出的某种程度上的暴虐行为,皆可被视为合理。若张氏之前未同意再嫁,则蒋昌义可能会被判定为强奸犯而她将被认为是节烈女子。

如下这段关于该案案情的摘要,详述了张氏与蒋昌义之间婚姻的合法性:

> 缘昌义于乾隆四年三月内凭媒冉文美娶……张氏为妻,氏翁梁五主婚,得受礼银一十四两。四月初一日原媒及氏堂兄张相荣、前夫堂兄梁文臣、胞弟梁二、梁么子、梁师保、婿张天德一同送氏至蒋家完配。

张氏与蒋昌义缔结婚姻的各个环节,均举行了恰当的仪式,包括延请媒人,支付聘礼,女方由其亲戚组成的送亲队伍护送至男方家中。且张氏这边有一位合适且具有权威之人(为她主婚的公公梁五)认可此桩婚事。因张氏的父母已过世且她没有兄弟姐妹,于是便由她的堂兄出面代表娘家。此外还有一份有效的婚契被提交给衙门作为证据。

而且，所有的证人均证明张氏自己同意改嫁。蒋昌义的邻居 189 证实"张氏是好好来的，并没听得有逼嫁的事"。张氏的第一任丈夫的兄弟作证说："嫂子情愿改嫁，还哥子生前所欠账目，省得日后累他儿子。这冉文美替蒋家做媒，讲了十四两财礼，是小的们接收，交与父亲替哥子清还债务。"她的堂兄张相荣也证实了上述说辞："他[她]先嫁与梁均正，生有儿女，乾隆元年均正身故。张氏有个女儿把与小的做儿媳，张氏就随女儿在小的家住。因他[她]前夫欠人债务，张氏情愿改嫁清还前夫账目，兼且本身衣食有靠。"由于张氏是自愿再嫁，她那反抗与新丈夫圆房之举显然并不适当，被认为乃是出于憎恶新丈夫家的贫穷，以及（按照知县的说法）她那暴戾的"苗气"。[1] 蒋昌义被判处绞监候，但由于该案中其新妻子张氏有不顺从丈夫的行为，他在秋审时应可获得减刑。事实上，在该案的刑科题本中，特意提及这名寡妇的再嫁之举并不违背法律，以及她触怒其新丈夫的那种程度。

就贫穷寡妇的生存策略而言，此案当中同样含有丰富的信息。张氏的姻亲答应将照顾她的儿子。但张氏为了安置其女儿，不得不把她许配给堂兄的儿子；作为此项交易的条件之一，张氏在其堂

---

[1] 知县强调张氏乃是苗民身份这一点，也许反映了他对传说中苗族女子的敢作敢为和性权力感到焦虑。参见 Norma Diamond, "The Miao and Poison: Interactions on China's Southwest Frontier", *Ethnology*, Vol. 27, No. 1(1988)。将张氏的反抗归咎于特殊的"苗气"，暗指这种反抗是对"文明"的人际关系规范（礼）的"野蛮"拒绝。但证据显示张氏被汉化甚深，她的两任丈夫都是汉人，她本人也有汉名，她的婚姻也是依照汉人习俗进行安排的。

兄处觅得了暂时的栖身之所。但她并无长远的谋生之道，且还需偿还亡夫留下的债务。为了解决这两个问题，她除了改嫁，别无其他选择。她用改嫁得来的聘礼还清了债务，但看起来对蒋昌义家的具体经济状态事先毫不知情，直到过门后，才发觉自己是从先前那种缺乏经济保障的生活进入又一种同样缺乏经济保障的生活当中。

张氏拒绝与蒋昌义圆房，这表明她大体上将这桩婚事视为一种性契约。在这种性契约中，她通过拿自己的性劳动力及其他由她的性别所决定的劳动力，来与一名之前素未谋面的男子进行交易，来换取经济方面的保障。甫至蒋家，张氏就认定自己被骗了。她心想若无法从这名男子那里获得经济保障，则就拒绝与后者圆房。张氏可能希望蒋昌义会把她退回去，然后再要回聘礼。碰到新娘拒绝圆房的情况时，的确偶尔会有人采取这种做法。此外，张氏并非唯一从契约中所写的那些赤裸裸的条件之角度看待这桩婚姻之人。当张氏拒绝与他圆房时，蒋昌义悲叹自己为了娶上媳妇，辛苦劳作了许多年才挣到娶亲所需的钱；很显然，他也觉得自己被骗了。①

张氏的上述情况并非特例。咸丰十一年（1861）来自直隶宝坻县的一起案件，涉及一名“因夫故家贫不愿守孀”的寡妇张郑氏。其亡夫之兄弟张熊将她再嫁给冯中礼，冯中礼为此付了两百吊钱的“身价”。待她到达冯家后，“张郑氏见冯家穷苦，不愿合（和）冯中礼成亲，哭闹寻死，冯家不敢强留”。翌日早晨，冯中礼和其兄弟

---

① 参见《内阁刑科题本》，68/乾隆 4.9.28。

将这名寡妇送回张家,并想要回聘礼。张熊拒绝了这一要求,并在随后双方发生的打斗过程中杀死了一名冯家人。①

对这些寡妇而言,经济保障是其接受第二任丈夫的最低限度条件。无论是她们还是她们的新丈夫,均认为顺从丈夫的求欢与其圆房是对妻子最基本的要求。就像其他不幸的新娘那样,这些寡妇拒绝与新丈夫圆房的举动,表明当时在社会大众当中存在着某种广为人知的共识,亦即倘若女性想取消她自己不愿接受的婚姻,则拒绝圆房是最好(可能也是唯一)的策略。

这种拒绝圆房的策略,透露出寡妇在决定将自己再嫁的掌控力方面颇受限制。一旦她原则上同意再嫁,司法官员便不会插手此事。显然,即使媒人并未顾及寡妇本人的意愿,她也无权反悔。她一旦过门,就成为那名男子的妻子,而妻子这种法律上的身份,界定了女方的义务和男方的权力。摆脱这桩交易的唯一途径,便是迫使她的那位新丈夫将其退回去。

第六节　拥有财产的寡妇及其姻亲

一、维持门户与通奸

守节生涯需要有财产作为经济上的依靠。在那些资财富裕的宗族中,比较贫穷的寡妇有可能获得族中义庄的接济,因此不会感

---

① 参见《顺天府档案》,166/咸丰 11.3.6。

191 到有被迫再嫁的压力。一些宗族用这种方式来购买象征资本
（symbolic capital），以增强吸引其他精英宗族的女儿们嫁入其族的
能力。①

　　本节所讨论的并非富家大族中的那些寡妇，而是那些尚能勉
强糊口度日而不必再嫁的年轻寡妇。② 这类女子守节与否，取决于
她们能否精打细算。正如某位守节寡妇的兄弟所解释的："妹夫在
日置有一石多田，三条（头）牛，（所以）妹子情愿守节。"③在我阅读
过的大多数案件材料中，寡妇的亡夫生前便已与其兄弟分家，自立
门户，一旦他去世，其遗孀便成为这个独立家庭的当家人。霍姆格
伦（Jennifer Holmgren）认为，"若其丈夫在去世前便已分家，那么
'忠贞'的寡妇与其子能在亡夫家族中获得相当程度的经济独立、
尊重和权力"。④ 但是，正如那些强迫寡妇再嫁的案件所显示的，若
其姻亲心存贪念，则寡妇赖以独立生活的那些财产便容易遭到觊
觎，即使寡妇有儿子，也无法幸免。使情况更为复杂的是，用曼素
恩（Susan Mann）的话来说，"在中国的家庭中，那些性欲依然旺盛

---

① See Jerry Dennerline, "Marriage, Adoption, and Charity in the Development of
　Lineages in Wu-hsi from Sung to Ch'ing", in P. Ebrey and J. Watson, eds., *Kinship
　Organization in Late Imperial China, 1000 - 1940*, Berkeley: University of California
　Press, 1986.

② 夫马进在分析姻亲和娘家人对寡妇再嫁的态度背后所潜藏的经济动机时，也区分
　了富裕、贫穷和"极富有"的不同家族，但他将寡妇视为完全被动地受他人操纵的
　对象。参见［日］夫馬進："中国明清時代における寡婦の地位と強制再婚の風
　習"，收入前川和也編：《家族、世代、家門工業化以前の世界から》，京都：ミネルバ
　書房，1993 年。

③ 参见《内阁刑科题本》，182/乾隆 27.7.29。

④ See Jennifer Holmgren, "The Economic Foundations of Virtue: Widow Remarriage in
　Early and Modern China", *The Australian Journal of Chinese Affairs*, Vol. 13(1985), p. 11.

的年轻寡妇成了暧昧和焦虑的直接根源……她们在家庭中的存在，难免会制造性诱惑和紧张关系"①。

对于那些没有资财的寡妇来说，关于贞节的法律话语几乎可谓不切实际，但对那些仰赖其亡夫留下的财产度日维生的寡妇而言，守节是其维持生活自主和生计的关键性前提。只要寡妇守节，那么其他人便不能合法地对她的自主权和财产进行剥夺。但她的姻亲们也很清楚，若能劝诱她再嫁，则他们控制寡妇那些财产的障碍就会得以清除。② 另一个有着同样效果的办法，是将寡妇污蔑为奸妇。我们可以在一名强迫寡妇再嫁的姻亲的供词中看到这种想法：

> 是小的该死，想得他［她］的家产，起意想嫁卖他［她］……小的到谢氏家劝他［她］改嫁，果然谢氏不肯依，与小的吵过一回。小的总想要嫁他［她］，小的起意抢嫁……小的逼嫁谢氏，虽因图占家产，原想等他［她］到王家去，与王化章成了婚，才敢得他［她］家业。③

当双方的争执闹到官府时，无论是对寡妇还是其姻亲的判决，

---

① See Susan Mann, "Widows in the Kinship, Class, and Community Structures of Qing Dynasty China", *Journal of Asian Studies*, Vol.46, No. 1(1987), p. 44.

② 参见 Jonathan Spence, *The Death of Woman Wang*, New York: Penguin Books, 1978, pp. 70—72; [日] 夫马进："中国明清時代における寡婦の地位と強制再婚の風習", 收入前川和也編:《家族、世代、家門工業化以前の世界から》, 京都: ミネルバ書房, 1993 年。

③ 参见《内阁刑科题本》, 182/乾隆 27.7.29。

192 皆取决于该寡妇是否守节;法律只支持有能力证明自己是在捍卫
那名已故丈夫之利益的那一方。

这些寡妇多半只有 20 多岁或 30 岁出头,并养有幼子。由于需
要有人帮忙耕种田地,她们会雇用工人,而她们雇用的对象多半是
其亡夫的远房穷亲戚。该受雇男子搬来与寡妇及其孩子同住的情
形并不罕见,尤其是在农忙时节。受雇的男子以自己的劳力换取
最简单的报酬(食宿、衣物或者地里收成中的一部分)。寡妇会替
他洗补衣物,而这名男子则与她同桌共食,和她的孩子嬉戏,甚至
可能成为她的知心人,尤其是当这名寡妇与她那些亲等相对更近
的姻亲不和之时。通过此种方式而形成的组合,毫无疑问属于非
正统的家庭形式,但核心家庭所拥有的那些基本要素,在这种情形
当中基本上也都具备。

有些寡妇会与她雇佣的工人有染。我们无法知晓这种情形是
否会时常发生,但我所描述的上述组合模式,确实反复出现在诉讼
案件之中(就像在前面那些案例中所看到的那样)。在很多案件的
描述中,寡妇主动勾引其雇工并与他发生性关系,雇工则可能是由
于太穷,不敢冒着得罪女东家而失去工作的风险。虽然也有例外,
但这种对一般公认的家庭权力关系的逆转,亦即"家中的男人"服
从女子并依赖她维生,意味着这类女性对她与其性伴侣之间的关
系拥有一种或许无与伦比的控制力。

在这种方式中,那种为了能保有自主性、财产和子女的守节要
求,与其他的需求产生了冲突。这种关系可以说是一场高风险的
赌博。即便是不实的指控,也足以危及寡妇的地位。司法档案显
示,牵涉寡妇贞节的诉讼,大多并非发生在官方那种超然绝俗的贞

节崇拜层面,而是发生在寻常生活的层面。具体而言,略有薄产的寡妇为了维护自家门户的独立,奋力抵抗其姻亲的觊觎,她的姻亲则出于义愤、无耻贪婪或其他更复杂的动机,决意将这名寡妇逐出夫家。双方均摆出一种捍卫父权价值观的姿态,根据法律当中那种关于寡妇之"性"(sexuality)的典范相互争辩。以下将讨论这种争执,以及当事人所相应采用的策略。

二、利益算计与务实妥协

当然,并非所有的寡妇都始终与其姻亲不和。有的寡妇会与其姻亲达成务实的和解。这种和解未必完全合乎官方的理念,但能使她自身的需求和其夫家的需求得到平衡。 193

乾隆二十七年(1762)来自山西赵城县的一起案件显示,姻亲在某些情形中可能会容忍寡妇与人通奸。张氏(33 岁)的丈夫严思齐于八年前过世,并未留下子嗣。乾隆二十三年(1758)时,这位寡妇的侄子严腊根(其亡夫兄长之次子)过继到她亡夫名下,成为嗣子。但是,如她后来所供述的,"因腊根年小照看不着家务,原于乾隆二十四年二月里雇族侄严国富做庄稼的。他不要小妇人工钱,小妇人替他做衣服鞋袜"。严国富(37 岁)供称:"小的见张氏是年轻寡妇,原时常调戏他[她]。乾隆二十五年九月二十一日,小的与张氏成了奸,后来乘便好好。"根据该案刑科题本中记述的案情摘要,这名寡妇的风流韵事,"经氏夫堂侄严秘娃看破,因系家丑,未肯声扬"。张氏与严国富之间的奸情,因此毫无阻碍地持续了一年多时间。后来张氏想将一块地卖掉用于还债,但在采取行动前就被其姻亲察觉。张氏亡夫之嗣子严腊根的哥哥严年娃找她的情夫严国富对质。据严国富回忆称，"[严年娃]一见小的就脱下衣服，赤着身子，口里混骂说小的奸他婶母，又卖他家的场地，扑来要打"。在双方之间随后发生的打斗中，严年娃受伤而死。

在上述严年娃的那番混骂之语中，严国富对那名寡妇的性侵占，被认为类似在经济上侵占田地，均被严年娃视为对其家族资产的侵犯。只要这名寡妇的风流韵事不至于威胁到其亡夫家的财产，那么她的那些姻亲便可以睁只眼闭只眼，毕竟将来终会有某位其夫家家族成员去继承这份财产。当寡妇打算卖地的消息传开后，那名雇工严国富便立刻受到怀疑。他被认为肯定是想利用与寡妇之间那种非法的关系，来趁机将寡妇夫家的财产捞到手。倘若这名寡妇因此怀孕，则恐怕也会造成类似的危机。①

某些寡妇采取的策略是招赘，亦即拥有薄产的寡妇与一名贫穷男子结婚，招他上门来同住。由于寡妇无须改用这名入赘男子的姓，她勉强可被视为仍属其亡夫家族中的成员。但这种选择，只有在寡妇的姻亲不反对的情况下才有可能发生。有不少寡妇并没有会对其生活加以干涉的姻亲。曼素恩指出，中国农民当中常见的是那种三代同堂的小家庭（1929 年至 1931 年间，当时全中国的家庭平均人数为 5.2 人），因此应该有相当高比例的寡妇没有大伯或小叔。曼素恩认为，那些其亡夫生前乃是家中独子的寡妇享有更多的自主性和权利，因为其公婆和幼子皆须仰赖她生活。享有这种自主性的寡妇，无论其操行如何，可能都不会面临被逼再嫁的

① 参见《内阁刑科题本》，188/乾隆 27.9.20。

威胁，因此最有可能采取招赘的策略。①

　　光绪二年（1876）来自江西彭泽县的一起案件显示，那些没有姻亲对其加以监督的寡妇，相对而言更有可能与人通奸、招赘而不会受到惩罚。寡妇吴骆氏与其子吴蕾夏一同生活。同治十一年（1872），她雇了一名其自家无地的外来移民张春兴帮她干农活。数个月后，该寡妇开始与这名雇工私通，两人在寡妇的卧房内同宿。吴蕾夏（当时已20多岁）试图加以干涉，结果却被寡妇吴骆氏赶出家门。除了来自其母亲的这种对待，吴蕾夏还惧怕张春兴，且不愿面对其母亲与人通奸的丑事一旦暴露后将遭遇的那些后果，故而尽管遭受恶遇，却不愿采取行动。但随着流言四起，张春兴开始担心自己会被村长赶出村子，因此向寡妇提议招他入赘。寡妇此时并不乐意，可是张春兴以公开两人之间的奸情相要挟，她只好屈服。而寡妇的儿子吴蕾夏（其亡夫家中唯一能代表家族进行抗议的成员），再度放弃干涉此事。

　　此事数年后才引起官府的注意。因张春兴企图廉价卖掉吴家的田地，寡妇的儿子吴蕾夏这次终于采取行动来维护自己对亡父遗产的继承权，伙同几名友人将张春兴杀死。吴蕾夏得以减刑，他

---

① 参见 Susan Mann, "Widows in the Kinship, Class, and Community Structures of Qing Dynasty China", *Journal of Asian Studies*, Vol.46, No. 1（1987）, pp. 46—47。另可参见 Arthur P. Wolf, "The Women of Hai - shan: A Demographic Portrait", in M. Wolf and R. Witke, eds., *Women in Chinese Society*, Stanford, Calif.: Stanford University Press, 1975, p.108。本章前面所讨论的寡妇吴氏一案也印证了此点，她因与人通奸而受到惩处，但未被逐出夫家。她没有大伯或小叔，公婆也已过世，夫家中那些与她亲属关系更远的姻亲，因为事不关己而做了有利于她的证言，参见《内阁刑科题本》，185/乾隆27.4.20。

对其亡父遗产的继承权也得到了实现。此案中,同样是由于威胁到吴家的家产,才引发了吴蕾夏后来的干涉之举。①

寡妇吴骆氏和雇工张春兴这对野鸳鸯此前之所以能有那么多的自由空间,是因为寡妇亡夫的家族中无人愿意出头或能够干涉此事。清代的律典明文规定只有女子的丈夫或近亲才有权"捉奸",把奸夫奸妇送交官府治罪。② 在我阅读过的所有控告寡妇与人通奸的案件中,兴讼者都是她夫家中的近亲、继子或嗣子。只有这些人才有资格提起诉讼,也只有这些人才能够通过揭发寡妇的不贞而从中获益。

乾隆二十七年(1762)来自河南遂平县的一起案件,展示了姻亲拥有否决寡妇招赘之想法的权力,以及寡妇若对此加以反抗所可能招致的后果。农夫萧松死于乾隆二十四年(1759),留下遗孀萧陈氏和三名幼子。次年春节刚过,萧松的哥哥萧逢春、弟弟萧四便和萧陈氏分家,这名寡妇得到萧氏兄弟之父留下的全部财产中的三分之一,即她丈夫应分得的那个份额。萧逢春还安排了雇工王虎替这名寡妇干农活。在王虎的协助下,萧陈氏得以维持独立的家庭,尽管她全家仍住在业已过世的公公的房子中(分家后她得到了堂屋,而她的大伯、小叔则分别得到前屋和后屋)。据该案的案情摘要中所写:

195

①转引自 Alan R. Sweeten, " Women and Law in Rural China: Vignettes from 'Sectarian Cases'(chiao - an) in Kiangsi, 1872—1878", *Ch'ing - shih wen - t'i*, Vol. 3, No. 10(1978), pp. 52—58。

②参见(清)薛允升:《读例存疑》(重刊本),黄静嘉点校,成文出版社,1970 年,例 285-10,例 285-25。

王虎与陈氏素不避忌，二月十五日陈氏曾面告王虎，欲行招伊为夫。王虎允诺，嘱令陈氏向萧逢春商议。萧逢春不允，陈氏即于是夜潜至王虎牛屋成奸，以后时常奸宿……讵陈氏因奸怀孕，于十一月十三日私产一女，当即殇亡。王虎畏萧逢春知觉，意欲逃逸，陈氏出言阻止。迨至傍晚，萧逢春回家闻知，随同萧四向陈氏查问，陈氏直认与王虎奸生，复欲招王虎为夫。萧逢春听闻忿（愤）怒，即行斥辱，欲唤氏父陈志祥一同送官究治。因值天晚，未及往唤，至十四日，萧逢春……遣萧四两次往唤陈志祥，未赴。十六日晌午，萧逢春因陈志祥尚未到家，辄行气忿（愤），当将伊侄萧腊斥署，并令转告陈氏次日一同进城禀官。萧腊告知伊母陈氏。

当晚，陈氏在将她三个儿子都溺死后自己投河自尽。官府的最终判决把这几条人命皆算在寡妇的那位情夫头上，判他斩监候，理由是他对寡妇的"奸淫"导致了这场悲剧的发生。萧逢春则因未能及时赶走这名工人避免通奸的发生，而受到杖责。 196

就在萧逢春不同意陈氏招赘王虎的当晚，陈氏主动与王虎发生了性关系。这种挑衅行为可能是陈氏刻意采用的策略，以迫使其姻亲认可她的意愿。因此，当人们发现此事后，她索性公开承认与王虎之间的那种关系，并再次提出要招赘王虎。当面对此种局面时，很多姻亲或许都会不得不接受这种既成事实。

按照当时社会大众的道德水平，萧氏兄弟的行为算得上是相当得体。他们在其兄弟身故之后妥善地安置了其遗孀，并尽力帮助她维系自己的家庭。萧逢春看起来对其弟妹与人的奸情是发自内心地感到愤怒,而并非觊觎她的财产。甚至就算将陈氏赶出萧家后,他也可能仍会替她的儿子保留财产。将陈氏逐出萧家被认为势在必行,从萧家兄弟首先想到的是要找她的父亲过来,便能够看出此点(按照萧家兄弟的想法,陈氏的父亲可协助他们将她送交官府处置,然后再领回娘家)。而在这名寡妇看来,与其失去自己的那些孩子,还不如带他们共赴黄泉。①

清代司法档案中呈现的那些节妇的情况,迥异于人类学家武雅士(Arthur Wolf)所做的描述。武雅士关于中国人婚俗的代表性研究,是基于日本侵略者于 20 世纪初在中国台湾收集的资料。② 他指出,通奸和招赘当时在中国台湾北部的农村寡妇当中颇为常见,这意味着寡妇可自由做出这类行为而不会受到惩处。他甚至在一篇论文中断言,对"前现代中国"的普罗大众而言,"寡妇应当守节这种观念没有任何影响力"。③

司法案件或许夸大了国家权力的重要性,毕竟它们属于官方制作的文书记录。但我们不应认为武雅士的上述概括涵盖了所有寡妇的情况,或者中国其他地区与历史阶段的情况。武雅士所观

---

① 参见《内阁刑科题本》,188/乾隆 27.8.6。

② See Arthur P. Wolf, "The Women of Hai-shan: A Demographic Portrait", in M. Wolf and R. Witke, eds., *Women in Chinese Society*, Stanford, Calif.: Stanford University Press, 1975; Arthur P. Wolf, "Women, Widowhood and Fertility in Pre-modern China", in J. Dupaquier et al., eds., *Marriage and Remarriage in Populations of the Past*, London: Academic Press, 1981; Arthur P. Wolfand Chieh-shan Huang, *Marriage and Adoption in China*, 1845—1945, Stanford, Calif.: Stanford University Press, 1980.

③ See Arthur P. Wolf, "Women, Widowhood and Fertility in Pre-modern China", in J. Dupaquier et al., eds., *Marriage and Remarriage in Populations of the Past*, London: Academic Press, 1981, p.146.

察到的高比例的寡妇不贞行为，也许只反映了那种没有姻亲干涉其行动的寡妇的情况。若果真如此，则武雅士的研究告诉我们的是许多女子在能避开惩罚的情况下将会采取哪些行动，但他并未探讨其他女子若采取同样的行动时，实际上需要面临哪些风险。① 另一个可能性是武雅士分析的那种"前现代中国"的寡妇之形象，浸染了台湾地区当时独特的政治色彩。在他所引用的资料 197 当中，完全没有关于清代司法官员推行正统观念的记载（毕竟，这部分内容已随着光绪二十一年［1895］日本侵略者霸占中国台湾而消失不见）。治权更替及许多传统精英选择留在清廷实际统治的地区而离开了台湾，对那些道德标准和财产权利的推行产生了什么样的影响，这是有待进一步研究的课题。

　　在我引用的所有清代案件中，当事人都清楚地意识到，法律的力量对于纠纷两造而言皆是一把双刃剑。在大多数案件中，只有在纠纷的某一方选择告到官府时，州县官才会介入处理。故而可以肯定的是，并非所有的不贞寡妇都会被官府治罪或者被其夫家的人逐出家门。如果寡妇的公婆仰赖她生活，或者她在夫家根本就没有姻亲，那么她完全可以没有风险地按照自己的意愿行事。但是，关于贞节和财产的话语，既能被那些有办法证明自身守节的寡妇援为己用，也能被那些有办法证明她们不贞的夫家人所利用。通奸和招赘有时会被容忍，但并非在所有情况下都是如此。人们

① 奇怪的是，武雅士注意到，在台湾地区的相同社群中，"寡妇的普遍形象是受迫于觊觎她所拥有的那些田产份额的大伯小叔而再嫁的年轻女子"。他并未解释为何强迫再嫁会构成一个问题而通奸和招赘却不会。参见 Arthur P. Wolf and Chieh-shan Huang, *Marriage and Adoption in China*, *1845—1945*, Stanford, Calif.: Stanford University Press, 1980, pp. 227—228。

显然非常清楚法律会支持那些对此类行为表示反对的夫家姻亲。①

第七节　争斗的诸种情形

"捉奸"是将寡妇逐出夫家的惯用策略之一。这种行动具有仪式性特征,且看起来有一套众所周知的固定行事方式。那些怀疑寡妇与人通奸的夫家姻亲,会等待时机将其捉奸在场。他们通常会邀一帮人前往捉奸,如此便能够有足够的人证证明寡妇所做的丑事。这帮人会打断那对正在亲热的男女,把他们痛殴一顿,将他们保持被捉奸在场时的样子(最好是赤身裸体),并捆绑起来,直接扭送到官府。② 寡妇夫家的那些姻亲有时会设计诬奸对她进行陷害,这样做在目的上与强迫寡妇再嫁相同。州县官显然深知上述这种可能性。因此,除非寡妇与人通奸的证据确凿无疑,否则州县官心存的上述怀疑态度通常会对寡妇较为有利。

---

① 有证据显示在台湾地区也是如此,例如光绪七年(1881)新竹县的林洪状告其孀居儿媳通奸一案,参见淡新档案,档案号:35401。

② 谁能够将被捉奸在场的奸夫奸妇当场杀死,清代的法律对此有严格的限制,仅授权该女子之夫和近亲可以捉奸,然后交由官府治罪。但清代的法律也明确规定,"非应许捉奸之人"殴打被当场捉住的奸夫奸妇,只要未造成对方"折伤",那么便可免受惩处,参见(清)薛允升:《读例存疑》(重刊本),黄静嘉点校,成文出版社,1970 年,律 285-00 及相关的例文。另可参见 Marinus J. Meijer, *Murder and Adultery in Late Imperial China: A Study of Law and Morality*, Leiden: E. J. Brill, 1991。

一、义愤，抑或陷害？

道光元年（1821），王辉先的寡妾徐氏和王辉先的表弟被捉奸在床。这名寡妇和她亡夫的兄弟王荣先一起在重庆城里生活。王荣先怀疑徐氏与人通奸已有一段时日。后来在某天夜里，他闯进寡妇的房间，将那对赤身裸体的奸夫奸妇捉奸在床。翌日早上王荣先便告到当地官府，但他犯了一个错误，亦即他不该在前去捉奸时一个人行动。寡妇和她的情夫找来了十名友邻在公堂上作证，声称王荣先是为了把她赶走并霸占她亡夫留下的财产而企图"诬奸"。知县采信了这名寡妇的上述这番话，于是将王荣先杖责并判他带枷一个月。徐氏随后摆了庆功酒，来款待那些为她作证的友邻。但是数个月后，这名寡妇突然再婚，有传言说她这么做是为了掩饰其已怀有身孕。不久后她便生下一名男婴。王荣先的母亲上告至重庆府衙门，寡妇及那些支持她的友邻后来皆受到官府的惩处。①

同样是来自巴县，②道光三十年（1850）的一起案件也涉及姻亲捉奸失败，但该案的案情含糊不清，且他们很可能是企图以此陷害那名寡妇。寡妇王赵氏（30岁）和她的两名幼子靠亡夫留下的田地维生，由一位名叫刘洪才的佃户帮她耕种。某日，她鼻青眼肿地来到县衙，状告其亡夫的兄弟：

198

---

① 参见《巴县档案》，档案号：3-8633。
② 译者注：在清代，巴县的管辖范围包括重庆城。

　　　　情氏夫兄王朝清、朝顺、朝保与氏夫朝赐四人将业分爨
　　后,氏夫娶氏过门,仅育两子,俱幼。道光二十三年氏夫病故,
　　氏俸姑矢守苦积。夫兄朝清等妄生觊觎,意图权管谋吞氏业,
　　无计可施。

这名寡妇声称,其亡夫的兄弟们收买了两名男子夜里上门向
她讨酒喝,企图以此来诬奸于她:

　　　　当以夜静不便理答,是时犬吠,氏随呐喊佃户刘洪才看
　　询。朝清等……各执器械凶拥入室,诈诬奸玷恶语,执持木棒
　　将氏凶殴……伊等将氏捆绑,勒约要业交伊等权管始释……
　　惨氏孀守,遭此污玷,情实不甘。

佃户刘洪才的口供印证了寡妇的上述这番话,他当时也被王
朝清等人殴打并砍伤。两人的伤情均被仵作记录在案。这名佃户
声称,寡妇亡夫的兄弟们设圈套陷害她,而当他试图为这位寡妇辩
199　解时,他们连他也一并打伤。
王赵氏的怒火集中在其亡夫的兄弟们身上。在那种将寡妇视
作受害者的话语当中,其亡夫的兄弟被认为是典型的加害者。但
在此案当中,对寡妇所言进行回击的却是她的婆婆。寡妇的婆婆
指控说,自己的这名"逆媳""不守妇道","勾引"佃户和其他男子,
以致招来流言蜚语,现在她又来诬告婆婆那些清白的儿子。寡妇
的婆婆声称,是她让自己的儿子们去捉拿寡妇和佃户,并打算送交
衙门治罪,直到寡妇恳求宽宥,并且邻居们从中调停,才软化了她

将这位儿媳送官究治的决心。

知县在审讯后断定，寡妇在事发当晚确实招待了佃户刘洪才及另一名男子，不过邻家的一名妇人当时也在场。寡妇的大伯王朝清听到欢宴之声后，便找来他的母亲和兄弟破门而入，以为会看到放浪的场面。寡妇的这些姻亲虽未发现有奸情，但仍痛殴了寡妇和她的客人们，并打算把他们扭送官府惩治。当时邻居们被喧闹声惊动，出面调停，劝他们住手。基于上述这些调查结果，知县对寡妇和她的客人们处以掌责，并"断令（寡妇）回家听其婆婆管束"。

我们无从得知这些事情的确切真相。不过，这名寡妇与她的姻亲之间相互敌视，这一点显而易见，就像那种关于贞节和财产的话语所形容的那样；后者设定了这两拨人之间所发生冲突的展开方式。无论其动机为何，姻亲肯定希望能将寡妇捉奸在场以便将她赶出夫家；不管寡妇的实际行为怎样，她通过把自己形容为受到贪婪成性的姻亲迫害的守节寡妇，来进行反击。同样的，知县即使认为寡妇活该被她的姻亲打得鼻青脸肿，但若没有通奸的确凿证据，则不会下令将寡妇逐出夫家。[1]

二、捉奸成功

道光十一年（1831）来自直隶宁河县的一起案件，提供了成功将与人私通的寡妇捉奸在场的具体例子。此案涉及一名寡居的妾

---

[1]　参见《巴县档案》，档案号：4-4910。

和她亡夫所收养的嗣子之间展开的拉锯战。双方之间的冲突长达数年之久,且历经了好几个阶段,尽管在此期间两人一直住在同一个屋檐下。这名女子的妾室身份,使得她在亡夫家中所拥有的权威远低于那些守寡的正妻,但贞节仍是她获得尊重和被赡养的保障。(本章提及的另一名妾是上节中出现的那位来自巴县的徐氏,其他案例中的寡妇都是正妻。)

200

魏杨氏(41 岁)是魏经文(他生前是一名店主)的寡妾。魏经文因其妻不能生育而将魏杨氏买来作妾。魏杨氏只生下一女,所以其夫便收养了侄子魏士毅,并让他搬来同住。魏经文与其正妻于道光七年(1827)双双去世,魏士毅主丧,由此正式确立了他作为魏经文的嗣子和财产继承人的身份。[①] 打那之后,魏杨氏和魏士毅便以已故的魏经文之家庭成员的身份居住在同一个屋檐下,但双方之间的冲突也随之发生。魏杨氏到当地官府兴讼,拒绝承认魏士毅的嗣子身份,理由是他太年轻(魏士毅当时 17 岁),无法管理家务。但魏氏家族中的长辈支持魏士毅,于是知县认可魏士毅的嗣子身份,并下令将魏经文留下的那些家产开列清单,以保障魏士毅的继承权。

然而不久之后,魏士毅去看望他的生母时,从养母魏杨氏家中取走了一些钱和谷物。此事激怒了寡妇魏杨氏,但魏士毅的叔伯父都站在他这边。寡妇魏杨氏最后将这名嗣子和她的姻亲们都告到衙门,指控他们窃取她家的财产,并对她进行虐待,且还逼她再

① 有关养子享有的继承权的问题,参见 David R. Wakefield, "Household Division in Qing and Republican China: Inheritance, Family Property, and Economic Development", Ph.D. diss., University of California, Los Angeles, 1992, pp.110—114.

嫁。知县驳回了魏杨氏的这些指控,但"姑念妇女无知",并未对她加以处罚。知县试图厘清本案中所有当事人的各自身份和责任,责令他们回去后和睦共处:

> 查魏杨氏系魏经文之妾,因夫主物故,青年立志守节,情实可嘉。魏士毅系魏经文继子,自应小心奉养。魏杨氏亦不许依恃父妾凌辱继子,即族长……亦当照应,俾免孀妇幼子失业。

但是两年后,魏杨氏开始和亡夫的远房亲戚魏洪整(37 岁)私通。虽然这两人尽力保守秘密,但仍然流言四起。魏士毅和他的四名亲戚最后决定设计捉奸。据魏士毅后来供称:

201

> 等到二更天,小的听他们已经睡熟,去开街门同着进来。小的捏了两把石灰,推开房门进去……魏洪整合[和]姨娘杨氏听见起来,小的把石灰撒去迷他们的眼……哥子上炕把魏洪整揪住,小的也上炕揪住姨娘。魏洪整合[和]姨娘挣扎混骂,魏士熊们拿起房内木棍把魏洪整、姨娘杨氏打了十几下,白玉风拦住大家,动手捆缚……把他二人赤身捆上,连衣服用车拉到县里禀报的。

仵作在对魏杨氏及她的那位情人魏洪整进行验伤后,向知县报告称,魏洪整的双眼和魏杨氏的一只眼睛被人撒了生石灰,肿得无法睁开,两人皆浑身青紫,魏杨氏还被揪掉了一部分头发。

在她被捉奸后提交的诉状中,魏杨氏把自己描述为一位典型的受人陷害的守寡妇人:

> 氏夫于道光七年物故缺嗣,亲支尚有三门,互争此门产业致讼。蒙县台唐堂断,着四门之子魏士毅为氏夫之嗣,并令以氏为嫡母,名分已定,立有字据。后魏士毅不服拘管,任意赌钱。因氏家业稍丰,族中多有借贷不还,经氏讨要宿恨。至本月初三日,氏命魏士毅请伊族叔魏洪整同议种事……讵魏士毅向氏要钱两千掷骰,氏未给。不料魏士毅率领伊兄魏志惠等二十五人拥入氏屋,各执凶器。

在这份诉状中,魏杨氏以指控那些对她进行袭击的人来收尾:"伊既控称捉奸……何抢去物件钱粮?显系图谋家产。"值得注意的是,魏杨氏谎称前任知县曾责令魏士毅将她视为嫡母。嫡母是儿子对其父的正妻的正式称呼;对其父之妾的称呼则是庶母。因此,魏杨氏谎称前任知县让魏士毅以她为嫡母,为的是能够借此大幅提升她在亡夫家中的地位,让她得以对亡夫留下的那些财产行使所有权。

202 　但魏士毅再次获得其族人们的支持。魏杨氏夫家派出的代表声称,"杨氏向不安分",她与魏洪整私通的丑事人尽皆知,魏士毅的上述行为乃是出于"义忿[愤]"。在受审讯时,魏洪整供认自己与魏杨氏通奸,随后魏杨氏也对此予以承认。该案案卷中的最后几份文书已遭损毁,但大致的结局很清楚,即这名妇人被逐出夫家。她所做供词的结尾部分如下:"小的也不敢狡赖,情愿不在魏家。只求把小的粗穿衣服叫魏士毅给还小的，就是恩典了。"知县同意了她的这项请求："查杨氏所要衣服魏士毅既愿给付，饬令取来，当堂给予具领，取具领状附卷。"在这时，魏杨氏夫家中的长辈和知县均不再用其夫姓来称呼这名寡妾。寡妇一旦被逐出夫家，就连她自己穿的衣物都不再是属于她的财产。在本案中，那位寡妾甚至需要其亡夫的嗣子魏士毅的允许，才能将她穿的衣物从夫家带走。①

此案生动地说明了亲属关系乃是布迪厄(Pierre Bourdieu) 所称的"策略性实践"(strategic practice) ，②而非基于血缘关系的自发结果。这种实践围绕着那些丧失了其全部的自然单元的家庭而展开，亦即这家中仅剩下一名死者生前买来的姜，以及她的姻亲们和官府所做判决强加给她的一名继承其亡夫家产的嗣子。尽管那名寡妾和她亡夫的嗣子相互敌视，但仍忍受着那种此时令双方皆感到不悦的共居义务，以捍卫他们各自提出的那些相互竞争的主张所建基其上的身份(具体分别是作为节妇与孝子)。在这名寡妇两度企图将其亡夫的嗣子逐出家门但遭失败后，那名嗣子扭转了局势，他借由对这名寡妇进行暴力攻击以泄愤。魏杨氏夫家族人对这名寡妇的愤怒之情无疑发自内心，在这名寡妇与人通奸的丑事发生之前，他们之间便积怨已久。如果没有发生与人通奸的丑事，那么寡妇魏杨氏或许仍能安然无恙。无论当事人的真实意图是什

---

① 参见《顺天府档案》，169/道光 11.3.？。

② See Pierre Bourdieu, "Marriage Strategies as Strategies of Social Reproduction", in R. Forster and O. Ranum, eds., *Family and Society*: *Selections from the Annales*, Baltimore and London: Johns Hopkins University Press, 1976.

么,这场争斗必须使用法律所认可的那种关于贞节和财产的话语来进行。正如寡妇魏杨氏在上述诉状中所提到的早先发生的那场诉讼中唐姓知县所做出的堂断那样,只要魏杨氏守节,那么她的利益就应获得保障。这也正是甚至在与其情人被赤身裸体地捉奸在床后,她还拼命地坚称自己守节的原因。

三、怀有身孕与铤而走险之举

怀孕很可能会导致原先极隐秘的奸情被暴露,那些对此种后果感到恐惧的因奸情怀孕的寡妇,有时会因此决定铤而走险。案件记录中可看到的此类情形之一是堕胎。例如在乾隆四年(1739)的浙江海宁县,寡妇徐祝氏死于大出血,原因是她服食了含有"红娘子、麝香、山楂"这三种成分的药物。当寡妇徐祝氏发现自己怀孕后,便让她那位是和尚的情夫弄来了一剂堕胎药。[①] 上述这种悲剧颇为常见,故而乾隆五年(1740)时朝廷为此出台了一道例文:

> 妇人因奸有孕,畏人知觉,与奸夫商谋用药打胎,[②]以至堕胎身死者,奸夫比照"以毒药杀人,知情卖药者至死减一等"律,杖一百,流三千里。[③]

---

① 参见《内阁刑科题本》,74/乾隆 4.2.18。

② 关于使用中药来堕胎,参见 Francesca Bray, *Technology and Gender: Fabrics of Power in Late Imperial China*, Berkeley: University of California Press, 1997, pp.321—334。

③ 参见(清)薛允升:《读例存疑》(重刊本),黄静嘉点校,成文出版社,1970 年,例 299-11。

乾隆二十七年(1762)来自直隶任丘县的如下这起案件,更加富有戏剧性地展现了某些寡妇在这种情况下的绝望。寡妇马氏(27岁)带着她的子女维持门户过活。其夫于乾隆二十年(1755)去世之前,便已与兄弟分家,因此为她留下了一些田地和房屋。她住在其公婆所拥有的一间合院的前部,她那亡夫的兄弟高维及其妻王氏则住在合院的后部。马氏和她的婆家不睦,而造成彼此关系紧张的明显原因之一,是她掌控了其丈夫分家后所得的那部分财产,即马家人全部家产中的一半。

马氏将一个房间租给外地来的雇工李安(25岁),此人替马氏和附近的其他人家干农活。据李安后来供称:

> 乾隆二十六年五月里记不得日子,小的……因下雨回来走到马氏屋里,见马氏独自在里边……因头几日小的有条破单裤放在他[她]院内水盆里,马氏替小的洗了,他[她]就提起来说:"我替你洗的裤子上是些什么东西?"小的因他[她]这话明是有意勾引,就合[和]他[她]调戏,在麦秸墩子上成了奸了,后来乘空就奸,也不记得次数了……到十二月初四日早饭后,小的到马氏房里,他[她]说:"不好了,我有了胎了,你也不管我,快给我蹦蹦罢。"他[她]就仰在炕上,小的上去给他[她]蹦了两三脚。不想被高维的女人王氏撞进来看见,问说:"你们做什么,我看着有些不老实。"小的回说:"原是他[她]说身上不好,叫我给他[她]蹦蹦。"马氏也说:"是我叫他[她]蹦的。"王氏说:"你们还要弄臭嘴吗?等我告诉你大伯子。"马氏就给王氏跪下,小的也给王氏嗑[磕]了个头,央他[她]不要告

204　说，王氏只是不依……（后来）马氏说："怎么了？他［她］要告诉大伯子，叫我怎么见人？不如死了吧。"小的说："你死我也死。"他［她］说："你给我快些吧，看来王氏不依，想是要我死了，好得我的房地。我死后，你替我出气，把我女儿也跟了我去，省得留着受人折磨。"小的说："罢吗，你去叫他［她］娘儿们来，我给他一个干净吧！"小的就出去往酒铺里喝了四两酒，回来见王氏娘女们三个都在马氏房里炕上坐着。小的又同王氏央恳，王氏总说"我不知道"。小的恨极了，见马氏外间屋里放着一把铡刀，小的就摘下来拿着赶进房去，向王氏项颈上一刀，把王氏的头就砍落了。

李安杀死了自己的姘头马氏及马氏、王氏两人的三名幼女。他自己则自杀未遂，因此得以活下来招供其罪状，而后被依"杀一家非死罪三人"律凌迟处死。[1]

此案凸显了这对野鸳鸯的彻底绝望，亦即他们害怕其奸情一旦暴露后将生不如死。马氏显然认为让其情夫杀死自己的女儿是一种慈悲。马氏的想法估计是，当她自己因为奸情暴露而不光彩地死去后，她那女儿将来的境遇必然难以预料（但她未对自己的儿子流露出类似的担忧，其子在这场杀戮中侥幸地活了下来）。马氏和她的那位情夫对污名烙印的恐惧，不见得就是因为他们已经将那些正统的价值观内化于心，而更可能是由于惧怕来自周遭的压力。但无可否认的是，那些正统的价值观确实对这对野鸳鸯造成

[1]　参见《内阁刑科题本》，177/乾隆 27.3.26。

了非常大的影响。

马氏的情夫李安所转述的马氏那番话,提供了关于此方面的进一步证据。无论是在正式的法律话语还是大众的观念当中,贞节皆是与财产密切相关。对寡妇而言,贞节话题背后看起来总是潜藏着财产问题。例如马氏一遇到其妯娌想揭发她与人通奸怀孕的丑事,就立刻认为后者是想借此谋夺她家的财产。这种联想是有一定道理的,因为这名寡妇若非后来自杀,则她确实有可能会被逐出夫家。不管选择走哪一条路,她都无法继续保持目前的生活状态,并会失去当下所拥有的那些财产。她惧怕被羞辱,但与此同时也立刻想到了即将可能遭受的钱财损失。

四、纯洁之胎?

并非每一位怀孕的寡妇都将遭遇上述那样的可怕下场。只要寡妇坚称自己守节,她就能够在看似最不可能的情形下保住她享有的那些权利。胡氏便是此方面的一个例证,她是来自直隶宝坻县的殷实农人张玉的第二任妻子(是继妻,不是妾)。张玉的第一任妻子在去世前育有二子。他后来娶了胡氏续弦,胡氏又为他生了三个儿子。张玉于道光二十二年(1842)去世,胡氏成了寡妇,当时她43岁。张玉和前妻所生的那两个儿子这时均已结婚成家,胡氏自己所生的那三名儿子中,最年长的有十几岁。当此案发生时,张家的儿子们尚未分家,胡氏对家产和那五名儿子拥有相当大的权威。

胡氏于道光二十五年(1845)诞下一名女婴,于是危机顿时爆

205

发。因她之前否认怀孕，张玉前妻所生的那两名儿子，以及胡氏的姻亲张模，一直等到女婴出生后才采取行动。那名女婴当时已被胡氏杀死，但张模已找来了胡氏的兄弟，让他将胡氏带回娘家"把他[她]改嫁"。胡氏被要求不能从张家带走任何东西，她所生的那些儿子则交由两名兄嫂照顾。

事情发展到了这一步，普通的女子或许就会向命运低头，但胡氏不肯认命。在被逐出夫家数个月后，她来到张家，要求搬回来住。她坚称自己的怀孕是个谜，因为她从未与人通奸。既然她是节妇，那么张家人就无权将她赶走。

胡氏亡夫的前妻所生的儿子们和姻亲张模皆拒绝她搬回夫家住，于是她威胁说要在张家门前自杀。此时邻居们介入进来加以说和调停。既然胡氏矢口否认自己与人通奸，张家人又不知道是谁让她怀孕，从中说和的邻居们建议把胡氏的贞节问题暂时先放到一边。但正如他们所看到的，根本的问题在于张玉前妻的儿子们不可能和胡氏继续和睦相处（他们之间的紧张关系，看起来在胡氏怀孕之前便已开始；可以想见，当张玉前妻那两名已成年的儿子眼见自己能分得的财产份额，随着胡氏接二连三地生下儿子而相应缩小时，他们会作何感想）。[1] 从中说和的邻居们给出的解决方案，是将张玉留下的财产均分为六份，胡氏和五名儿子各得其一。通过这种方式，张玉前妻所生的两名儿子得以自立门户，胡氏也能

---

[1] 此事件可被解释为同一个父系家庭内部两个不同的"子宫家庭"（uterine family）之间的利益冲突。一个"子宫家庭"包含一位母亲和她的亲生孩子，参见 Margery Wolf, *Women and the Family in Rural Taiwan*, Stanford, Calif.: Stanford University Press, 1972。

够保有维持其生活的财产。胡氏同意这个方案；但她亡夫前妻的儿子们和亡夫的兄弟表示反对，坚称胡氏显然与人私通，这使她丧失了得到其亡夫所留下的财产及和其亡夫生前所生的儿子们共同生活的权利。这些人认为，胡氏应被逐出张家，必要时他们会告到官府那里；若要分家，张玉留下的那些财产应被分作五份，张玉所有的儿子各得一份。

206

村中的头面人物怕惹出麻烦来，于是将这起纠纷上报给知县。但由于案子被积压在县衙没能得到及时的处理，张模便越过当地县衙，直接向顺天府衙门上告，声称是一位名叫田有奎的邻居让寡妇胡氏怀上了身孕，但实际上田有奎只是因为试图调解这起纠纷而引起张模的不满。张模还指控说，田有奎贿赂了县衙中的一位书吏，以让案子的处理能够朝向对田有奎有利的方向进行。

顺天府尹令东路厅同知审理此案。胡氏在审讯过程中拒绝承认自己与人通奸："小的觉得肚子渐渐长大，像是有孕样子，小的因没有私情，也没理会。到本年正月初三日，小的肚里疼痛，随后生下一个女孩……至小的怎样受孕，实在指不出缘故。"东路厅同知对胡氏这番供述的怀疑，被他对张模的愤怒所抵销。张模诬告田有奎，且先前拒绝配合当地的知县。在处理讼案的风格方面，这位同知看起来偏好尽量通过民间调解而非彼此互控来解决家事纠纷。为了劝说张模和张玉前妻所生的儿子们接受调解，东路厅同知对他们下了最后的通牒，声称若他们拒绝从中说和的邻居们之前给出的那个调解方案，则张模将会和胡氏一起受到惩处。张模于是做出了让步，供称说："胡氏不能指出受胎缘故，小的不敢始终诬执，求恩免究是了。"东路厅同知于是向顺天府尹汇报说：

329

说和人所议各产各度系为息事起见,尚属允当。断令将张玉遗产按六股均匀分拨,张度兴等弟兄五人每人各得一分[份],胡氏分受一股,作为生养死葬,听其带同子媳另居。两造均已允服无词……断其张胡氏私产女孩之处诘讯,该氏坚供并无与人通奸,亦不知受孕来由,殊难凭信。惟事在清刑恩旨以前,该原告亦愿完案。应请免其根究,以省拖累。

胡氏唯有不顾怀孕的事实,一口咬定自己守节,才能保住她的那些财产和孩子们。她的厚颜,致使从中说和的邻居们与东路厅同知先后放弃追究她的贞节问题,而选择了折中的解决办法。东路厅同知本可进一步向这名寡妇施压,但这样做的话他可能就不得不对胡氏进行刑讯,而考虑到胡氏那桀骜不驯的个性,这种办法看起来仍不易奏效。① 成功的定谳需要犯人自己招供认罪,但倘若审判官员在动用刑讯后仍未取得犯人自己认罪的招供,则审判官员本身可能就会遇到麻烦。②

节妇产子的例子并非前所未闻,嘉庆八年(1803)出版的一本官箴书中便对此有所提及。该书引述了乾隆十四年(1749)来自浙

---

① 参见《顺天府档案》,162/道光 25.3.8。

② 关于此点,参见 Huang Liu‒hung(黄六鸿), *A Complete Book Concerning Happiness and Benevolence*:*A Manual for Local Magistrates in Seventeenth‒Century China*(《福惠全书》), trans. and ed. by Djang Chu, Tucson:University of Arizona Press, 1984, pp. 278—279。黄宗智引用胡氏一案作为"县官充当调停人"的特例,参见 Philip C. C. Huang, "Codified Law and Magisterial Adjudication in the Qing", in K. Bernhardt and Philip C. C. Huang, eds., *Civil Law in Qing and Republican China*, Stanford, Calif.:Stanford University Press, 1994, p.173。

江的一起案件。在该案中,寡妇马氏在其夫身故四年后诞下一名婴儿。其公公状告她与人通奸,但她对此坚决予以否认,且除了怀孕,并无其他证据表明她与人通奸。对此大感不解的主审官员在参阅医书后得知,妇人极度忧虑可能会导致胎儿"成血涸胎干,以致逾期而产",从而延缓三至四年后方才临盆。主审官员以此为据做出判决,称马氏必定是由于对其夫之死悲伤过度,才延缓了临盆的时间。马氏诞下的那名孩子被宣告为是在正当婚姻内所生,马氏的贞节名声甚至还因此得到了强化,因为这种异常的临盆时间被认为是出自对其夫的挚爱而非背叛。① 我们可以推测这是一种顾全面子的解决办法,其主要目的在于清理积案。无论如何,对于寡妇,审判官员必须就她的道德方面做出非黑即白的断定;一旦必须做出正式判决,则在她贞与不贞之间没有任何可以含糊其词的余地。②

　　上述两名怀孕的寡妇都得以逃脱刑罚和被逐出夫家的下场。但她们之所以能获得成功,并不是因为她们声称拥有诸如与自己爱慕的对象交欢之类的权利。恰恰相反,她们坚称自己根本没有与亡夫之外的其他任何男人发生过性关系。武雅士认为,他所搜集到的那些关于寡妇的材料,表明"她们主动地追求自身的最大利

---

① 参见(清)吕芝田:《律法须知》,卷下,第 10 页 b—11 页 a。

② 蒲松龄在 17 世纪后期撰写的一则故事中也提及守节寡妇的此种情况,该故事中的那名寡妇最终因证明是其亡夫的鬼魂使她怀孕而得以平息丑闻。参见 Ann Waltner, "Widows and Remarriage in Ming and Early Qing China", in R. Guisso and S. Johannesen, eds., *Women in China: Current Directions in Historical Scholarship*, Youngstown, N.Y.: Philo Press, 1981, p.134。

益,(而非)被动地接受某种文化理念"。① 清代司法案件中的证据
也展示了相同的情况。但即便是那些在法律所认可的性管理体制
下有办法平安度日的寡妇,也无法摆脱或难以避免完全不受这种
体制的影响。并非所有的寡妇都是贞节的悲剧性受害者。但是,
贞节决定了所有寡妇的法律地位。即使是那些敢作敢为的寡妇,
也不得不通过贞节的标准为自己的行为进行辩护。清代司法官员
最引人注目的成就之一,是在司法实践中将贞节与女性关于维持
门户、保有财产及子女的权利相关联,而这种关联有助于我们理解
为何在 18 世纪和 19 世纪的中国大地上贞节牌坊在数量上激增。

208

第八节　结论

关于贞节的法律旨在保障丈夫们的利益,使所有的父系家庭
单位不至于被贪婪的亲戚们侵犯和被不贞的妻子、寡妇们扰乱。
法律政策以贞节的名义强化了这一宣教内容的成效,并构成了将
家庭关系神圣化进而使国家权威得以正当化的那一关键部分。

司法案件中的那些证据,使我们得以越过朝廷意识形态的那
种由上而下俯视社会的功能主义视角,从而探讨普通百姓是如何
将衙门公堂和官方话语纳入自身的行动策略之中。为了达成自己
的目的,人们诉诸官府并援引官方推崇的那些德行标准作为靠山,

---

① See Arthur P. Wolf, "Women, Widowhood and Fertility in Pre-modern China", in
J. Dupaquier et al., eds., *Marriage and Remarriage in Populations of the Past*, London:
Academic Press, 1981, p.146.

以巩固自身在特定家庭和社群中的地位,其结果是形成了一种双方彼此强化的过程。那些有能力证明自己是父权价值观之捍卫者的诉讼当事人,将会得到官府的支持,而那些侵犯父权价值观之辈则将会被惩戒。通过这种方式,那些为当时法律所认可的性别关系和性关系在最为私密的层面上得到了强化。与此同时,小民百姓在兴讼之时援引官方话语,以维护自身在当地父权体制中的地位。此举本身也强化了朝廷作为父权价值观之捍卫者和化身的权力。通过此种方式,父亲、丈夫和节妇所具有的权威,得以与政治权威紧密关联在一起。在最为私密的场合中维护正当的等级体系,也有助于巩固朝廷治下的整体秩序。寡妇及其对手告至官府的真实原因,未必与朝廷所关心的那些急务有关,但他们诉诸法律之举所产生的可能效果之一,是强化了朝廷在此方面的那些主张和国家拥有的权力。

高彦颐(Dorothy Ko)关于17世纪明末清初时中国精英女性的研究,展示了女性的主动参与在维护规范化的性别体系过程中所扮演的角色。[1] 事实上,她认为,那些拥有良好的教养和社会关系的女性是朝廷所做宣教的"共犯",她们的参与,对于后者的成功来说是不可或缺的因素。"若无这些女子以母亲、作者和编辑者的身份加以积极推广,贞节崇拜的意识形态不会如此程度地深植于明

---

[1] 参见 Dorothy Ko, "The Complicity of Women in the Qing Good Woman Cult",载《近世家族与政治比较历史论文集》(上册),中国台湾地区"中研院"近代史研究所,1992 年; Dorothy Ko, *Teachers of the Inner Chambers*: *Women and Culture in Seventeenth - Century China*, Stanford, Calif.: Stanford University Press, 1994。

清时期许多女性的脑海之中。"①当然,司法案件中的证据确实也凸显出女性作为主动参与者的重要性。在本章提及的诸多情形中,即使是那些最贫穷的女子,也并非完全受制于经济方面的窘况或被动地受其夫家成员操纵。但是,我们是否能像高彦颐在明清时期那些精英女性撰写的著述中看到的那样,将平民寡妇的表达性策略视为朝廷鼓吹的那种贞节崇拜的"共犯"?

当然会有一些女子利用了那种贞节话语,以维护自身利益及捍卫其自主性和财产。当寡妇被控不贞时,她能够采取的最好的防卫方式,便是声称对她提起控告之人是在图谋侵占她亡夫留下的财产。承审官员会认真对待寡妇提出的这种反击之辞,若她的所言可信度高,则会对此全力加以支持。只要她保持贞节,那么寡妇有时甚至能说服承审官员责令其姻亲向她提供经济资助。② 某些女子会利用贞节话语来攻击其他女子,例如守寡的正妻控告其亡夫之妾贞节有失。③ 在理想的状况下,孀居的妻妾会共同居住,一起缅怀其亡夫。但实际上,对财产的支配权和妾试图争取自主权,常常造成妻妾之间的冲突。正妻用来削弱妾之地位的最佳手段,便是对后者的贞节进行质疑。

只要她们声称自己是在奉行朝廷所宣扬的那些父权价值观,那么官方的德行标准便能赋予作为个体的女子以某些权利。因此,赋予节妇以上述权利,促进了对于王朝正当性与精英自豪感而

---

① See Dorothy Ko, *Teachers of the Inner Chambers: Women and Culture in Seventeenth-Century China*, Stanford, Calif.: Stanford University Press, 1994, p.452.

② 参见《巴县档案》,档案号:1-1638。

③ 参见《巴县档案》,档案号:3-87647。

言不可或缺的一种价值观。① 但讽刺的是，寡妇们所拥有的这些视情况而定的权利，为某些寡妇创造出在其私生活中获得前所未有的自由的空间。为了保护自己的这种私生活，她们不得不将自己展演为禁欲守节、完全是在为其亡夫奉献的节妇。于是在某种意义上，通过使公开的展演成为能够获得私生活中享有的那些自由的基本条件，寡妇的那种维持其双面生活的必要性，强化了官方推崇的那些价值观。但与此同时，由于在这种双面的生活当中，那些正统的价值观与实际的生活体验两者之间不断发生冲突，导致假象常常遭到剥除，从而暴露出各种被误识（misrecognized）的矛盾与对立（例如怀孕的寡妇坚称自己守节）。赤贫的寡妇做出选择时受其所制约的那种性契约的思考模式，也可能会导致类似的过程。

我们可以看到，官方所推崇的那些价值观被不断地加以宣扬和强化，而到衙门告官兴讼之举在此过程中起到了相当大的作用。但我们也能感觉到，有某种刺激性力量或破坏性力量，在阻碍着那些其实际生活体验与官方所推崇的那些价值观不符的人将这些价值观予以内化，尽管这些人发现在平日的生活策略中有必要将官方所推崇的那些价值观挂在自己的嘴边。这种在平日里发生的世俗性颠覆，看起来是推行官方推崇的道德标准时无法避免的副产品，同时也解释了为何要像对待兵家必争之地那般，对那种被认为永恒不变的性秩序加以捍卫。

---

① 就像曼素恩所评论的那样，至少对一部分女性而言，"甚至'理学的禁欲主义'也能为其提供获得权利的基础"。参见 Susan Mann, *Precious Records: Women in China's Long Eighteenth Century*, Stanford, Calif.: Stanford University Press, 1997, p.225。

第六章　作为身份地位展演的性行为：雍正朝之前对卖娼的法律规制

第一节　一个看似简单的问题

清代的法律禁止卖娼吗？此问题看似简单，但真要回答起来，其实并没有那么容易。

此问题之所以复杂，其根源之一在于，清朝的开国者全盘沿用了明代那些关于卖娼的法律条文。明律中的相关条文可追溯至 14 世纪，其内容大多参考了那些源自元代的前例。当清朝的立法者终于在 18 世纪调整其司法政策之时，他们仍将那些旧的法律条文保留在律典之中。因此，唯有对清代的立法者就这些沿袭自前朝的法律条文在刑案审判之实际运作中如何适用所做的相关阐述详加审视，方能看清其所推动的变革究竟都体现在什么地方。①

　　人们之所以会有上述疑惑，更主要的根源在于这些律典从未言明"卖娼"（出售性服务之举）是否合法。不过问题比这还要更复杂。正如我们所见到的那般，与其他类型的行为一样，性行为不能被从由身份地位与社会性别关系共同构成的某个具体情境中抽离出来；对某个特定的行为在法律上如何加以处置，取决于该行为是由谁针对谁而做出的。卖娼也不例外。

　　在雍正元年（1723）之前，法律对待卖娼的基本态度相当一贯。卖娼属于朝廷用以支撑那种针对特定身份等级群体的法律拟制的要素之一。而在那种特定的身份等级制度当中，不同的群体需遵从各自不同的道德标准。② 就某些在法律上被视为贱民的群体而言，从事性工作是一种界定其社会地位和法律身份的主要的污名化烙印。而在这种语境中，司法官员完全可以接受性工作的存在。

---

① 苏·戈罗尼沃德（Sue Gronewald）误以为清代从未禁娼，参见 Sue Gronewald, *Beautiful Merchandise*：*Prostitution in China*，*1860—1936*，New York：Harrington Park Press，1985，pp. 27—28。她的这本先驱性论著没有引用中文史料，仅是依据小斯当东（Sir George Thomas Staunton）所翻译的那些清律条文，而小斯当东的英译本并未将《大清律例》中的那些例文译出。不过，清史研究领域的权威学者经君健也犯了同样的错误，这可能是由于他没能使用刑事案件的档案记录所致。参见经君健：《清代社会的贱民等级》，浙江人民出版社，1993 年，第 231 页。

② 关于帝制中国时期法律中之身份等级区分的基础性研究，参见［日］仁井田陞：《支那身分法史》，東京：座右寶刊行會，1934 年（1983 年重印）；［日］仁井田陞：《中国法制史研究：奴隷農奴法·家族村落法》，東京：東京大學出版會，1962 年；Ch'ü T'ung‐tsu，*Law and Society in Traditional China*，Paris：Mouton and Co.，1965；经君健：《清代社会的贱民等级》，浙江人民出版社，1993 年。此外也可参见临时台湾旧惯调查会：《清国行政法》，第 2 册，台北南天书局，1989 年，第 104—110 页；Anders Hansson，*Chinese Outcasts*：*Discrimination and Emancipation in Late Imperial China*，Leiden：E. J. Brill，1996。

但对那些拥有良民身份的女性而言,任何发生于其婚姻关系之外的性行为,无论其中是否涉及金钱交易,均构成犯罪。故而问题的关键并不在于某种特定的行为是否合法,而是在于拥有不同身份等级的社会阶层之间的那些界限是否泾渭分明,以及个人的行为是否与其法律身份相匹配。

于是,雍正朝之前的那些法律,其目标均不在于禁止性交易本身,而是在于维系那种将贱民阶层与良民阶层之间的界限进行加固的法律拟制。在这种区隔当中,贱民阶层被烙上意味着其性关系混乱的污名,而良民的道德品质,则借助那个用于描述其法律身份的术语——"良"——的双重含义("道德良好"/"平民身份")予以暗示。"良民"一词,既可意指"平民",也可意指"好人"。① 这种区隔的组织原理是,性道德和性行为构成了对身份地位的展演(status performance)。正如从事性工作赋予了乐户及其同类群体以低贱的身份,良民在道德方面的身份特征,乃是在他们遵从婚姻规范、女性贞节和官方倡导的其他家庭价值观行事的过程中被加以界定的。

这种制度,令人联想起罗马帝国对贞洁处女的崇尚,以及将自由民女性与人通奸的行为视作罪大恶极。但是,这并不妨碍罗马

---

① 如同我在本书的导论部分中所解释的那样,"良"字的原意为"自由";就须承担劳役义务这层含义而言,"贱"字意指"不自由"。中国帝制晚期的法律文本中用于称呼良民的词语有不少。在明清时期的文献中,称之为"良民"(正直善良或大家所尊敬的人)、"凡人"、"常人"和"平民"(平凡普通的人),或简称其为"民";明代之前的文献则常用"庶民"(普通人)一词,尤其是将这一称呼相对于贵族阶层而予以使用之时。对清律当中有关良民身份之规定的简要讨论,参见经君健:《清代社会的贱民等级》,浙江人民出版社,1993 年,第 20—35 页。

帝国允许娼妓行会公开存在,并对这类行会进行管理。与中国古代的情形类似,罗马帝国所关心的核心问题,是如何通过这种方式对性行为加以规划,以对社会等级体系和政治等级体系的那种规范性基础进行加固和强化。①

至雍正元年(1723)时,上述情况发生了急遽的变化。雍正皇帝开豁了数个与性工作有关的社会群体原有的那种贱籍身份,并将良民所应遵循的道德标准和刑责标准扩展适用到所有人身上。② 这样做的结果是卖娼被全面禁止。雍正元年之后的那段历史,且留待下一章中再详加讨论。本章将先探讨长久以来那种将性道德和法律身份等级联系在一起的法律拟制,那些旨在维系这种法律拟制所采取的司法措施,以及预示着这种法律拟制终将消亡的各种冲突和紧张关系。

一、官府与性工作之间的关联

数个世纪以来,朝廷在关于性工作者的产生和管理等方面扮演着相当重要的角色。王书奴在其研究中国娼妓的那本经典著作

---

① See John R. Clarke, *Looking at Lovemaking*: *Constructions of Sexuality in Roman Art*, *100 B.C.- A.D. 250*, Berkeley: University of California Press, 1998。

② 对雍正时期那些开豁贱籍的法令的经典研究,参见[日]寺田隆信:"雍正帝の賤民開放令について",《東洋史研究》第 18 卷第 3 号(1959)。此方面在时间上较晚近的研究,可参见 Anders Hansson, *Chinese Outcasts*: *Discrimination and Emancipation in Late Imperial China*, Leiden: E. J. Brill, 1996。在本书的第七章中,我也将提出自己对此的解读。

当中,甚至将唐代至明末这段时期称为"官妓鼎盛时代"。① 在这
段漫长的历史时期中,法律所允许的性工作范式,是由那些正式登
记为贱籍者在官府的监管之下通过服刑事劳役的方式进行。事实
上,使用"性交易"一词来描述此时期存在的那些性工作并不恰当,
因为"性交易"意味着在一个商业化的性市场中存在的有偿劳务,
而在这个商业化的性市场中,女方至少还有可能是自己主动做出
此种选择。这里所讨论的那种在性方面所服的劳役,则是一种奴
役的形式。直至明代晚期和清代,才出现了普遍由私人经营的商
业化性交易市场。

　　早在汉代,便已有将男性罪犯的妻女充为军妓的做法。北魏
(386—532)以降的多部法典中的记载显示,刑罚制度是造就乐户
的重要来源。"乐户"一词的字面含义为"从事音乐表演的人户",
在法律文本中也被称作"乐人"或"乐工",属于与官妓非常相近的
一类身份低贱者群体。② 自北魏以后,历朝针对一些暴力性政治犯
罪的惩处方式,均包括将男性罪犯及其家中的成年男子处以死刑,
没收其家产,将其妻女贬为奴婢,并让她们在官府的监管下从事性
服务或其他娱乐性服务。这些女子(以及任何被免处死刑的年幼
男童)被编入乐籍,并世袭这种身份。在某些时期,战俘及其家属

---

① 王书奴将此时期之前称为"奴隶娼妓"时期,而将此时期以后称为"私人经营娼妓"
时期,参见王书奴:《中国娼妓史》,上海三联书店,1988 年,第 193—195 页。对近
代上海妓女的研究,参见 Gail Hershatter, *Dangerous Pleasures: Prostitution and Modernity
in Twentieth - Century Shanghai*, Berkeley: University of California Press, 1997。
② 参见《魏书》,第 2888 页。

也会遭受与此相同的厄运。①

　　这种通过将罪犯家中的女性在法律身份上进行降等，并将她们贬为性奴隶的方式，来严惩那些男性所从事的政治性犯罪的做法，至少延续至明代。其中最恶名昭彰的例子，是建文四年（1402）明惠帝的叔父——燕王朱棣（后来的明成祖）所发动的靖难之役。在这场政变后，那些拒绝接受燕王提出的粉饰其篡位事实之要求的忠臣们遭到屠戮。在这些忠臣们的家族中，数以百计的男性亲属均受到株连，其女眷则被编入乐籍，被迫在官府的监管下操持各种丧尽颜面的技能来提供劳役，其中至少有一部分人被迫从事性劳役。② 清朝的开国者保留了明律中的很多条文，规定窜乱之臣的家眷须"入官为奴"。在清初的那几十年里，这些不幸的女性当中，有一部分人可能沦为"官妓"。③

　　此类措施的实际目的，无疑是将那些政治立场可疑的家族斩

---

① 参见《旧唐书》，第 1838—1839 页。有关乐户在刑罚上的起源，参见［日］東川德治：《中国法制大辭典》，東京：燎原出版社，1979 年，第 157 页；临时台湾旧惯调查会：《清国行政法》，台北南天书局，1989 年，第 2 册，第 107—108 页；王书奴：《中国娼妓史》，上海三联书店，1988 年，第 193—195 页；严明：《中国名妓艺术史》，台北文津出版社，1992 年，第 25—28 页；（清）俞正燮：《癸巳类稿》，台北世界书局，1964 年，第 485—486 页。

② 有关靖难之役及明朝此后各个皇帝之血统的争议，参见 Benjamin Elman，"'Where Is King Ch'eng?' Civil Examinations and Confucian Ideology During the Early Ming，1368—1415"，*T'oung Pao*，Vol. 79（1993），pp. 23—68。有关靖难忠烈之家眷的命运，除前引文献，还可参见 L. Carrington Goodrich, ed., *Dictionary of Ming Biography*，New York: Columbia University Press，1976，p.1285；（明）梅鼎祚纂辑：《绘图青泥莲花记》，自强书局，1910 年，卷6，第 4 页 b—5 页 a；严明：《中国名妓艺术史》，台北文津出版社，1992 年，第 93—95 页。

③ 例如《读例存疑》中的律 254 和律 255，以及附于这两条律文之后的那些例文。

213 草除根,以绝后患。但此种刑罚所特有的"性"本质,看起来也反映了这种罪行特有的政治本质。若将忠诚看作属于男性的政治品德,则守贞便是女性需要具备的相应品德。依照这种逻辑,对上述罪犯之妻的贞节进行毁坏,便可被用来惩罚其夫的不忠行为,亦即通过迫使妻子在贞节方面背叛其丈夫,使他遭到报应。这些被摆在贞节面前的挑战,据称给了女性一种选择,亦即那些真正守贞的妻子会选择自杀,而不会屈从于丈夫以外的其他任何男子。若这些女子"选择"屈从,则表明她们并无贞节,因为她们最终未能经受住对妇道的考验。她们的这种不贞,与其丈夫们的那种不忠在象征意义上相互吻合。①

在元明两代及清代早期,负责管理那些被贬为奴的乐户和官妓的机构是教坊司。教坊司隶属礼部,其主要职责是为宫廷宴乐和仪典提供乐师、舞者及其他的相关人员。② 明代在南京和北京均设有教坊司的分支机构。除了上述事务,教坊司还负责管理官妓,并向官妓们课税。明末时人谢肇淛在 17 世纪早期写道,这种税被委婉地唤作"脂粉钱"。两京以外的其他官妓也被称为"乐户",由当地官府负责管理;当地官府通常不对她们课税,但可在宴会节庆

① 此处涉及"奸"字在上述情形中所具有的双重含义,亦即那些效忠于建文帝的大臣们被烙上"奸臣"的标签,而与人通奸的良民女子则被称作"奸妇"。
② 参见《明会典》中关于"教坊司承应乐舞"的各种规定,该节之后的内容为"凡乐户禁例",其中有些规定涉及性交易,参见《明会典》,中华书局,1988 年,卷 104,第 569—571 页。以"教坊司"为名的机构最早出现于唐代。据严明考证,唐代禁止私营妓院,因此官妓既为官吏也为一般良民提供服务,参见严明:《中国名妓艺术史》,台北文津出版社,1992 年,第 54—55 页。

时征召乐户前来提供服务和表演。① 在教坊司内部，乐工们由"俳长"和"色长"进行管理。"俳长"和"色长"的具体职责不详，不过"色"可能指的是一种性工作，因为此字尽管带有贬义，但代表了一种拥有性吸引力的客体。明律中规定，若其所管理的乐妓犯罪，则这些管理者也会受到惩处。这些管理者看起来还须负责将性工作控制在可接受的界限之内。例如，若乐妓与高级军官发生性关系，则该乐妓的主管色长将会被解职。② 清代的开国者保留了教坊司设在北京的分支机构，以及该机构所承担的各项传统职能。③

当然，并非所有明清时期的娼妓都是那些靖难忠烈之臣的后裔，也不是所有的娼妓均被官府登记在册并受其管制（特别是当明 214 末出现了大规模的商业化性交易市场时）。但在明清时期的律典中，那些被贬为官奴的乐户，既是娼妓的各种类型当中一个单独的社会阶层，也使从事性工作成为一种意味着低贱身份的标志。这种世袭的身份，常常与性服务、乐舞及其他受人歧视的娱乐行业关系密切，但属于乐户身份之人，既包括那些本身以此为业的人们，

---

① 参见（明）谢肇淛：《五杂俎》，中华书局，1959 年，第 255 页；本书附录 D。在 17 世纪末清朝政府对此惯例加以禁止之前，地方官员征召乐妓和其他乐工在当地举办的节庆仪式中表演，是很常见的做法，参见 Susan Mann, *Precious Records*：*Women in China's Long Eighteenth Century*, Stanford, Calif.：Stanford University Press, 1997, pp. 126—127；Anders Hansson, *Chinese Outcasts*：*Discrimination and Emancipation in Late Imperial China*, Leiden：E. J. Brill, 1996, pp.65—68。

② 参见（明）顾应祥等撰：《问刑条例》，嘉靖年间刻本，名例，第 18 页 a。也可参见《大明律集解》，中华书局，1991 年，卷 25，第 14 页 a；《明会典》，中华书局，1988 年，卷 105，第 571 页。

③ 参见《清会典事例》，中华书局，1991 年，卷 523，第 1043 页；王书奴：《中国娼妓史》，上海三联书店，1988 年，第 198、261 页。

也包括他们那些可能实际上并未从事此类营生方式的直系家庭成员和后代(无论男女)。在清初,许多乐户已迁居至远离京城的一些地方(尤其集中于山西和陕西),过着与普通小农无异的生活,但那种世袭的污名烙印仍如影随形地存在于他们身上。此外,在清代初期,有不少地方的族群也被编入世袭的贱民之列,例如"丐户"、"惰民"、长江三角洲的"九姓渔户",以及生活在广东和中国东南部其他地区的河口地带的"疍户"。大体而言,这类人群身上的污名化烙印,源于其营生方式不符合传统上所认可的那种男耕女织的劳动分工。这类人群中的一些女性出卖其身体(或男性从事诸如剃头、在葬仪上帮衬等被视为不洁的工作),更进一步强化了其道德堕落的形象。这些区域性的亚族群并非奴仆身份,而清代的立法者将"贱"这种身份标签加诸其身,表明这一术语的实质内涵此时已发生了变化,亦即由原先被用来突出他们被奴役的状态,转变为被用来强调这些人在道德上的污名或不洁。①

并非所有被烙上这类污名化标签的人们都从事性工作。在明代和清初的案件记录中,参与卖娼的许多人看起来既不属于任何特定的世袭贱籍身份群体,也不隶属于官府,但州县官们仍将这些

---

① 有关这些群体的详细讨论,参见经君健:《清代社会的贱民等级》,浙江人民出版社,1993 年;[日]寺田隆信:"雍正帝の賤民開放令について",《東洋史研究》第 18 卷第 3 号(1959);临时台湾旧惯调查会:《清国行政法》,第 2 册,台北南天书局,1989 年,第 108—109 页;Anders Hansson, *Chinese Outcasts: Discrimination and Emancipation in Late Imperial China*, Leiden: E. J. Brill, 1996。关于女性从事的纺织劳作在道德上的含义,参见 Francesca Bray, *Technology and Gender: Fabrics of Power in Late Imperial China*, Berkeley: University of California Press, 1997; Mann, *Precious Records: Women in China's Long Eighteenth Century*, Stanford, Calif.: Stanford University Press, 1997。

人视作有别于一般良民的身份低贱阶层之成员加以对待。事实上，当时的法律话语通常将从事性工作和属于贱民身份混为一谈。易言之，卖娼使那些以此为业的人身份低贱，而有着贱籍身份之辈（包括家奴、男扮女装的伶人等），一般来说不被指望会遵循良民阶层在婚姻、女性贞节及营生方式等方面的那些规范。

215

　　构筑出上述观念的那种法律拟制是，那些固定不变的身份界限，将各类稳定人口①在血统、营生方式和道德观念等方面划分为迥然有别的不同阶层。它脱胎于那种古老（且日益不合时宜）的贵族式政治理念，亦即在一个等级森严的社会当中，人们所扮演的角色，皆以一种众所周知的方式与其身份地位相匹配。这种法律拟制，可能从来未能非常精确地展现出社会实践（无论是性工作的实践，还是作为一个整体的社会结构的实践）所具有的复杂性。因此，我们不应视其为对经验现实的描绘，而应当将它理解成司法官员试图用来推行某类道德秩序的一种意识形态上的规划。

二、用语问题

　　就此主题展开研究时所面临的一个问题是，史料当中使用了各种不同的用语来称呼那些出卖肉体者及相关人等。元明两朝及清代早期的法律文本，将"乐户"一词与其他用以称呼从事性交易

---

① 译者注："稳定人口"（stable population）是美国统计学家洛特卡（Alfred James Lotka）在 1907 年最早提出的一个学术概念，是指一种处于特定状态的封闭人口，其特征为人口总数每年都按照一个不变的增长率增加（或缩减）的同时，人口的年龄结构（指各年龄段人数在总人口中所占的比重）也保持不变，亦即人口的出生率、死亡率及相应的自然增长率皆保持稳定。

者的词语(最常见的是"娼"和"妓")一道使用,但这种用法远非前后一贯,且那些就这些用语提供了明确定义的史料之间也常常相互矛盾。造成上述定义混乱的原因,至少部分是源于社会经济变迁造成了那种以固定的身份类型为其特征的法律拟制逐渐遭到削弱。

以"乐户"一词为例。某些法律文本将"乐"归为一类,而将"娼"和"妓"归为另一类。在诸如此类的例子中,"乐"(以及其衍生词"乐人""乐工""乐妇""乐妓"和"乐艺")显然是指那些在官府的监管之下提供劳作服务的特定的世袭身份群体,并非其中的所有人都必然从事性工作。作为对比的是,"娼"和"妓"(以及其衍生词"娼妓""娼妇""娼女"和"妓女")则泛指那些从事性工作的人,无论其是否隶属乐籍或者由官府加以管制。例如,明律中的一个条文在其注释中对此有所说明:"乐人乃教坊司妓者。"该则注释还进一步将乐人与"流娼"区分开来,"流娼"大抵是指那些从事性工作但不受官府直接监管的娼妓。① 晚明时人谢肇淛也提出过类似的区分。他将"乐户"界定为"隶于官者",而强调"土妓"则"不隶于官"。②

不过,另一本注解明律的著作做出了与上述不同的区分,认为"娼是教坊,乐是乐户"。③ 此处似乎在暗示,并非所有乐户身份的女子,都必然从事性工作或者必定是由教坊司直接监管。这可能反映了,随着时间的推移,固定的身份类别与实际操持的营生方式

---

① 参见(清)薛允升:《唐明律合编》(影印版),中国书店,1990年,卷14,第8页b。
② 参见(清)谢肇淛:《五杂俎》,中华书局,1959年,第226页。
③ 参见《刑台法律》(影印版),中国书店,1990年,卷13,第14页b。

之间那种紧密对应的关系,此时已被打破。

但这些用语之间的相互区分并不完全一致,它们在大多数时候仍被作为同义词加以使用。清律中的一条注释简单地将"娼"定义为"乐籍妇女"。① 许多法律文本将"娼户""娼家"等词语与"乐户"一词交替使用;当这些词的词尾为"户"或"家"时,意指那些为妻子卖娼拉嫖的丈夫或完全倚赖性工作维生的家庭。明代和清朝早期的文本还以"水户"作为"乐户""娼户"的同义词。晚明时人谢肇淛写道:"隶于官者为乐户,又为水户。"②据称,水户是指那些居于京城以外各地,不受中央的教坊司直接监管,而是由当地官员相对宽松地加以监管的乐户。③ ("水"字可能与"流娼"的"流"字含义相同,皆象征着缺乏严密的监管或固定的居所。)不过清代早期的案件记录也将京城中那些拉嫖和卖娼的家庭称为"水户"。④

在司法实践当中,承审官员无须对这些用语加以精确区分。在刑事案件的报告中,只要涉案人等被确认具有上述身份(乐户、水户、娼、妓等),我们便可断定其不会被当作良民犯下"奸"罪加以处置。使用此类用语的重要目的,在于指出法律专家们借以展开推论的一种前提性假设,亦即既然涉案者身份低贱,那么其从事性工作便可被容忍。这才是就法律目的而言真正重要的问题,而那

---

① 参见(清)姚润等编:《大清律例增修统纂集成》,卷33,第14页b,注释部分。
② (明)谢肇淛:《五杂俎》,中华书局,1959年,第226页。
③ 转引自经君健:《清代社会的贱民等级》,浙江人民出版社,1993年,第229页。
④ 例如《内阁刑科题本》,939/顺治12.2.17。

217 些起草此类司法文书的人们显然认为无须对此多做解释。①

第二节　立法层面对不同身份群体的区分

《元典章》中关于杀人罪的那一章里面,记录了南宋咸淳四年
(1268)发生的两起案件。这两起案件中的男子,都杀害了与他们
发生过性关系的女性。

第一起案件是被收录在题为《杀奴婢娼佃》的那节文字之内,
简短叙述了一个名叫智真的男子杀死了被他嫖过的娼妓("元做伴
娼女")海棠。因为犯下此罪行,智真被依"杀他人奴婢"律判处杖
一百七。②

第二起案件则被收录在题为《因奸杀人》的那节文字之内,讲
述了一个名叫孙伴哥的男子杀死了刘孙儿之妻阿尹。阿尹曾与孙
伴哥"节次通奸",但某天夜里阿尹拒绝了孙伴哥的求欢,于是孙伴
哥用斧头将她砍死。官府在判决中认为,孙伴哥"除通奸系轻罪

---

① 另一个更为复杂的原因是,"乐""娼"和"妓"可被用来指称处于性交易等级体系
中之不同等级的各种女子,既包括高级娼优(她们的绝大部分工作内容,相对而言
较少包含那些体现为出卖色相的娱乐性表演),也包括那些以农民为其嫖客群体
的普通娼妓。文学作品中所描写的通常是高级娼优,但在法律文本(特别是刑案
记录)中,这些字几乎总是被用来指性工作者。对中国历史上用于称呼高级娼优
和一般娼妓的各种用语的讨论,参见王书奴:《中国娼妓史》,上海三联书店,1988
年,第1—5页;严明:《中国名妓艺术史》,台北文津出版社,1992年,第1—6页。
② 参见《元典章》(影印版),中国书店,1990年,卷42,第25页a。

外",还杀害了阿尹,故而应处死刑,此外"仍追烧埋银五十两"。①

上述这两起案件在处刑方面有所不同,各自用来描述案情的术语也大相径庭。对于这些差异,只有当我们意识到如下这一要点时才能理解。那就是,元代的法律将这两名被害女子界定为分别属于两种完全不平等的身份类型,并将良民男子与这两种身份类型的女子所发生的性关系视作截然不同的情形分别加以处置。事实上,就当时司法上的看法而言,这两起案件根本毫无"相同"之处(即使是明代和清代早期的那些法律专家,也找不出多少理由对这种看法表示反对)。相较于发生在身份等级相同者之间的罪行(即使该罪行所针对的是一名奸妇),那种从上而下地跨越身份等级界限的暴力犯罪所受到的惩处,通常要较轻。② 而且,嫖娼也不同于与良民妻子通奸。具体来说,娼妓以出卖其肉体来维持生计,虽然受到鄙视,但仍属合法,而良民若操持此业则构成"奸"罪。

在雍正元年(1723)之前,涉及卖娼的法律均是为了维系和强化上述两起案例所对比凸显出来的那些身份等级差别。相关的立法致力于强调娼妓异于良民之处,以此来巩固各种身份等级界限,防止良民沦为贱民,以及禁止良民做出有悖于其身份等级所预设的那种道德基础的性行为。这样做的目的并不在于禁止某种特定

①参见《元典章》(影印版),中国书店,1990年,卷42,第30页b。倘若案犯所犯的罪行涉及的法律不只一条,则只适用对其刑罚最重的那条法律规定。
②但到了清代,若良民杀害贱民身份之人,则在司法上此时变为依照杀害同等身份之人处刑,除非被杀害者是凶手家中的附属成员。参见经君健:《清代社会的贱民等级》,浙江人民出版社,1993年,第44页。

的行为,而是要通过各种强化现状的方式对人们的行为加以引导。①

一、服饰禁令

元明两代和清初的服饰禁令,针对从事性工作之人的衣着加以规制。②

因不满于"娼妓之家"的衣着打扮与"官员士庶"相同以至于造成"贵贱不分",元代颁布法令禁止娼家之人骑马或穿着某类华贵的服饰,并要求娼家的家长及其男性亲属头上"裹青布"。③

明代的法律规定,隶属教坊司的"乐艺"和"乐妓"须穿着特定的服装,"不许与庶民妻同"。④ 官妓须戴上绿色头饰。按照晚明时人谢肇淛对此的解释,"国初之制,绿其巾以示辱"。⑤

清朝在顺治九年(1652)和康熙十一年(1672)先后颁布法令,也规定"优人"和"乐户"的家人须佩戴绿色头饰。⑥ 中国俗语里面那种将其妻有不贞行为的男子称作他"戴绿帽子"的说法,正是源

---

① 此外,元、明、清三代均禁止娼家成员参加科考或出仕。参见《元典章》(影印版),中国书店,1990 年,卷 31,第 15 页 b;《明会典》,中华书局,1988 年,卷 77;(清)薛允升:《读例存疑》(重刊本),黄静嘉点校,成文出版社,1970 年,例 76-06,例 76-19。

② 对中国帝制时期服饰穿着方面的禁令的总括性讨论,参见 Ch'ü T'ung-tsu, *Law and Society in Traditional China*, Paris: Mouton and Co., 1965, pp.135—154。

③ 参见《元典章》(影印版),中国书店,1990 年,卷 29,第 8 页 b—9 页 a;(清)沈家本:《历代律令》,台湾商务印书馆,1976 年,卷 8,第 24 页 b。

④ 参见《明会典》,中华书局,1988 年,卷 61,第 394 页。

⑤ (明)谢肇淛:《五杂俎》,中华书局,1959 年,第 226 页。

⑥ 参见《清会典事例》,中华书局,1991 年,卷 328,第 886—888 页。

自这些法令,因为佩戴绿色头饰是娼妓之夫的明显标志。①

二、良贱不婚

第二种措施是禁止娼妓与那些在身份等级方面比她们要高的群体通婚。明清时期的法律授予那些有品衔的官吏以一种高于普通良民的独特的身份等级,②而这种身份等级差别当中有一点非常明确,那就是严禁此类官吏与娼妓通婚。不过一般良民通常也被禁止与娼妓通婚。

至少宋代的一名司法官员曾对士人娶"官妓"的想法大感震惊,声称"不可! 不可! 大不可!"③《元典章》中包含了如下这一条 219 文:"诸职官娶娼为妻者,笞五十七,解职离之。"④元代至大四年(1311)单独颁布的一道谕旨,禁止良民男性与教坊司辖下的那些乐户通婚,规定"今后乐人只叫嫁乐人"⑤。

《大明律》中也有这样的规定:"凡官吏娶乐人为妻妾者,杖六十,并离异。若官员子孙娶者,罪亦如之。"⑥其中的一条律注还将

---

① 将绿色与从事性工作相关联的其他用于骂人的词语,尚有"王八"或"乌龟"(意为"龟公"或那些其妻与他人私通的男子),以及"王八蛋"(意为"杂种")等。参见(清)赵翼:《陔余丛考》,商务印书馆,1957 年,第 849—852 页;任骋:《中国民间禁忌》,作家出版社,1991 年,第 234—235 页;王书奴:《中国娼妓史》,上海三联书店,1988 年,第 247—248 页。

② 参见经君健:《清代社会的贱民等级》,浙江人民出版社,1993 年,第 10—16 页。

③ 《名公书判清明集》,中华书局,1987 年,第 344 页。

④ (清)薛允升:《唐明律合编》,中国书店,1990 年,卷 14,第 8 页 b。

⑤ 《元典章》(影印版),中国书店,1990 年,卷 18,第 46 页 a—46 页 b。

⑥ 《大明律集解》,中华书局,1991 年,卷 6,第 30 页 b。

上述明律条文的适用范围扩展至所有的娼妓,而不限于该条律文中明确提及的乐户,亦即"乐人乃教坊司妓者,若流娟亦照此例"。① 此律文在清代的律典当中被予以沿用。②

上述明律条文并未提及良民,但另有两条律注对其加以补充。其中的第一条律注主张,"民人娶乐人为妻,问不应,为妾勿论"。③ 此处的思维逻辑是:男子和其正妻的婚姻应符合双方在社会身份上门当户对的原则;为了强化社会等级界限,对身份等级不同者之间的婚配加以禁止。因此,通婚双方的社会身份差距越大,则其罪越重。妾的地位高于奴婢,但低于丈夫和正妻。此外,娼妓与良民之间的身份地位差距,要小于娼妓与官吏之间的身份地位差距。所以,根据这位律注撰写者的看法,良民娶娼妓为妻的后果,没有官吏娶娼妓为妻时那般严重。因此他建议,应当对那些娶娼妓为妻的良民处以较轻的刑罚(对"不应为"之举所处的本刑是笞四十④);若良民娶娼妓为妾,则罪行更加轻微,可对其免除刑罚。

220   第二条律注印证了如下这一基本的思维逻辑,亦即"常人娶,律无文,今乐籍大抵不许娶,娼妇虽非乐人,均碍行止,降一等"。⑤ 易言之,良民不管与任何类型的娼妓通婚,都应受惩处,但其所受刑罚应较官吏娶娼妓的那种情形为轻。

---

① (清)薛允升:《唐明律合编》(影印版),中国书店,1990 年,卷 14,第 8 页 b;《大明律集解》,中华书局,1991 年,卷 6,第 32 页 a—30 页 b。

② (清)薛允升:《读例存疑》(重刊本),黄静嘉点校,成文出版社,1970 年,律 113。

③ (清)薛允升:《唐明律合编》(影印版),中国书店,1990 年,卷 14,第 8 页 b;《大明律集解》,中华书局,1991 年,卷 6,第 32a。

④ (清)薛允升:《读例存疑》(重刊本),黄静嘉点校,成文出版社,1970 年,律 386。

⑤ 《刑台法律》(影印版),中国书店,1990 年,卷 3,第 11 页 b。

三、禁止官吏宿娼

除了禁止官吏与娼妓通婚，官吏宿娼也属违法。元代的法律规定："诸职官频入茶酒市肆及倡［娼］优之家者，断罪罢职。"[1]此外，《元典章》中还提及元代延祐六年（1319）发生于福建的一起案件。在该案中，两名县尉与两名乐妓宴饮并过夜。这两名女子分别是听遣于教坊司的乐户张成之女和儿媳。两名县尉因自甘堕落和玩忽职守，被处以笞四十七；张成因此所获的那些钱财则被没官。张成一家看起来还因此事而被教坊司除名，不能再从事由官府负责管理的上述工作；他们在案卷记录中被称为"散乐"（被教坊司除名的乐户）。但是，这种除名并非免除其世袭的乐户身份；而且，他们显然也未受到任何惩处。[2]

明律当中也有禁止"官吏宿娼"的规定："凡官吏宿娼者，杖六十，媒合人减一等。若官员子孙宿娼者，罪亦如之。"[3]明代的律学专家所写的一条律注就此补充道，对于犯此罪的官吏，应处"赎刑"并"解职"（"官吏俱赎，完日俱革职役"）。[4] 此律文也被清代的律典沿用。[5]

就像前述通婚禁令中的情形那样，官吏和娼妓之间的身份地位差距太大，因而不允许两者之间有此种亲密的接触。但元明两

---

① （明）宋濂：《元史》，第 2614 页。

② 《元典章》（影印版），中国书店，1990 年，新集，"刑部"，第 51 页 a—51 页 b。

③ 《大明律集解》，中华书局，1991 年，卷 25，第 12 页 a。

④ 《大明律集解》，中华书局，1991 年，卷 25，第 12 页 b。

⑤ （清）薛允升：《读例存疑》（重刊本），黄静嘉点校，成文出版社，1970 年，律 174。

221 代和清初的法律皆未提及普通良民宿娼的问题。普通良民宿娼，在当时不仅常见，而且合法，尽管以卖娼为业的女子会因此被贴上污名化的标签。

上述明律条文所关涉的罪行，并非卖娼这种营生方式本身，而是具有官职之人的宿娼行为。此律文的另一条律注，再次强调了这一点："此条官吏宿娼与犯奸不同。其乐户知情虽同罪，得单衣的决，有力亦准纳钞。"①易言之，陪宿官吏的娼妓不应被视同为良民女子"犯奸"加以处置，理由是陪宿乃娼妓们可被容忍从事的生意，在她的那些所做之事中，唯一触犯法禁的地方是她不应陪宿官吏这类人。明律中规定，对于良民奸妇，应将她"去衣受刑"，以示对其额外的羞辱。但是，上述律注认为那些陪宿官吏的娼妓可着衣受刑。奸妇及犯有其他罪行的娼妓，均不能以交纳赎金代替实际承受笞杖刑，但这条律注认为那些陪宿官吏的娼妓可以用交纳赎金代替实际承受笞杖刑。②

在元代和明代早期，教坊司为官府宴乐提供"官妓"以娱乐宾客。毫无疑问，这些女子均是经过精心训练的高级娼优，而非一般的娼妓。正如明代学者姜明叔所言，尽管严禁官吏"入院宿娼"，但可"召妓侑觞"。不过明代宣德年间颁布的一道谕旨对此种狎昵行为加以禁止，自那之后，官妓便被排除在官府组织的娱乐活动之外。不过根据谢肇淛的说法，这道禁令并不适用于官吏在自己家中举办私宴的情形（"缙绅家居者不论"），而且，上述做法在明代后

① 《大明律集解》，中华书局，1991 年，卷 25，第 12 页 a—12 页 b。
② 《大明律集解》，中华书局，1991 年，卷 1，第 46 页 b，第 51 页 a。

期仍很普遍。①

四、良民被卖入娼家

一种更进一步的措施是禁止良民被卖入娼家。元代的法律就此规定道：

222

> 诸卖买良人为娼，卖主买主同罪，②妇还为良，价钱半没官，半付告者，或妇人自陈，或因事发觉，全没入之。③

女子被卖为娼，显然会导致她的身份地位被降等。先前不幸被卖为娼的女子后来若能"还为良"，则代表她从此前遭受的那种被性奴役的状态当中解脱出来，并返回至被先前的那桩买卖所破坏的原有身份界限范围之内。为了加强落实上述法令的规定，元代还专门颁布了另一道谕旨，规定须向官府及时上报最新的官妓人数，并对那些疏于防范卖良为娼的人员（这些失职人员大概是来自教坊司）加以惩处：

> 倡[娼]妓之家所生男女，每季不过次月十日，会其数以上

---

① 参见（明）谢肇淛：《五杂俎》，中华书局，1959 年，第 252—226 页。此处介绍的姜明叔的这种说法，转引自王书奴：《中国娼妓史》，上海三联书店，1988 年，第 197 页。也可参见（清）张廷玉等：《明史》，第 4185 页。

② 其具体的刑罚方式不详。

③ （清）薛允升：《唐明律合编》，中国书店，1990 年，卷 26，第 25 页 a；（明）宋濂：《元史》，第 2644 页。

于中书省。有未生堕其胎、已生辄残其命者,禁之。诸倡[娼]
妓之家,辄买良人为倡[娼],而有司不审,滥给公据,税务无
凭,辄与印税,并严禁之,违者痛绳之。①

在那种理想的情况下,只要掌握关于全部乐户家庭中所出生
的子女的准确记录,便能很容易辨识出哪些人是被非法卖入娼家
的良民。

据薛允升所言,②明代的立法者在制定针对"买良为娼"的如
下律文时,沿用了元代的前例:

凡娼优乐人买良人子女为娼优,及娶为妻妾,或乞养为子
女者,杖一百,知情嫁卖者同罪,媒合人减一等,财礼入官,子
女归宗。③

嘉靖年间颁布的一则条例对此加以补充,规定凡"乐工"犯此
罪者枷号一个月。④

"娼优乐人"这一泛称,看上去意在用来涵盖各类带有性交易
污点的身份类型("优"是指那些在舞台上扮演女性角色的男演员,

223

---

① (明)宋濂:《元史》,第 2687 页。
② (清)薛允升:《唐明律合编》(影印版),中国书店,1990 年,卷 26,第 25 页 a。
③ 《大明律集解》,中华书局,1991 年,卷 25,第 13 页 a。
④ (明)顾应祥等撰:《问刑条例》,嘉靖年间刻本,刑例,第 24 页 a。

常被与男子间的同性性交易相联系）。① 上述律文进一步扩展了作为其原型的那条元代法律规定的内容，禁止因通婚和收养而致良民在身份上遭到降等，即便涉事人等未必一定会受迫从事性工作。正如明代万历年间出版的一本官箴书中所解释的那样，这是由于"恶其压良为贱"，故而把让受害者归其本宗作为补救之策。② 清代律典的最早版本沿用了明代的这条律文，后来修订编纂的几个清代律典版本，又将上述明代嘉靖年间的那道补充性规定吸纳添入在内。③

五、良民"纵奸"之罪

正如我们所看到的那样，普通平民的宿娼之举完全合法，甚至他们娶娼妓为妾，也不见得会受到惩处。但如果良家女子卖奸，那么情况又会怎样呢？明代针对"官吏宿娼"律的一条律注对此问题做出了回答："（律中所谓）'娼'即教坊司之妇与各州县所编乐户是也。若民间私自卖奸者，自当以凡奸之律论之。"④由此可知，隶属于官府的娼家或乐户这类贱民身份群体所从事的合法的性工

---

① 参见 Bret Hinsch, *Passions of the Cut Sleeve: The Male Homosexual Tradition in China*, Berkeley: University of California Press, 1990, p.72。王书奴提及，"娼"和"优"在中国古代早期的史料中为同义字，参见王书奴：《中国娼妓史》，上海三联书店，1988年，第1页。在明清时期的法律文本中，"优"常被作为对男妓的委婉称呼。相关的例证，可参见（清）薛允升：《读例存疑》（重刊本），黄静嘉点校，成文出版社，1970年，例375-04。

② 《刑台法律》（影印版），中国书店，1990年，卷13，第24页b。

③ （清）薛允升：《读例存疑》（重刊本），黄静嘉点校，成文出版社，1970年，律375。

④ 《大明律集解》，中华书局，1991年，卷25，第12页a—12页b。

作,与良民女子非法卖奸这两者之间存在区别。这种区别体现于所用措辞的差异,亦即只有良民所从事的那种性工作,才会被以"奸"这一法律用语予以称呼,并被自动地界定为犯罪,故而将其按照"凡奸之律"处刑自属理所当然。还有,上引律注中所使用的"私自"一词,带有强烈的"非法"意味。

晚明时人谢肇淛也就此做过类似的区分。他指出,"乐户"是指"隶于官者",而"土妓"则为"不隶于官,家居而卖奸者"。谢肇淛通过将后者的这一行为称作"卖奸",来强烈暗示这种私下的性交易具有犯罪性质。易言之,这类娼妓均系良民身份,而并非属于在官府那里被登记为贱籍的阶层。他补充道,私人所开的窑子俗称"私窠子"。①"窠子"意指"巢穴"或"洞穴",而此处所说的"私",其含义相较而言更接近于"非法的"或"违禁的",而非"私自的"。

因此,从理论上讲,存在着两种不同的性工作模式。第一种是那些在官府被登记为贱籍的世袭贱民所从事的性工作,这种模式的性交易受官方监管,并为法律所允许。第二种是普通良民未经官府许可、私下从事的性工作,这种性交易模式会被作为"奸"罪追究刑责。

南宋时期的一道法令清楚地表明,那些卖娼的良民会被以"奸"罪论处:"诸妻擅去而犯奸者,论如改嫁律,为倡[娼]者以奸论,男子不从奸坐。"②这道法令预设了嫖客有可能并不知道他所嫖之"娼"乃属良民阶层,故而不对这类嫖客加以惩处;只有在这一细

① 参见(明)谢肇淛:《五杂俎》,中华书局,1959年,第226页。
②《庆元条法事类》(影印版),中国书店,1990年,卷80,第23页b。

节上，犯奸妻子的罪行才与一般的通奸罪有所不同。

宋代的另一道法令禁止良民男子为自己家中的女子卖奸拉嫖："诸令①妻及子孙之妇若女使为娼，并媒合与人奸者，虽未成，并离之。虽非媒合，知而受财者同。女使放从便。"②

上述这两道法令中所说的行为均被归入奸罪类目之内，而这显然是为了惩治那些有着良民身份的有夫之妇。这些情况下的主要惩罚方式是强制其离异（宋代对此种奸罪是否还采取其他的刑罚，尚有待进一步考证）；淫乱行为与那些加于良民身上的婚姻规范水火不容，故而当婚姻受到如此亵渎时，便不可能再容许该婚姻关系存续下去。至元、明、清三代时，强制离异仍是针对此种罪行的惩罚措施之一。

在元代的司法政策中，我们可看到有关此问题的更多信息。大德七年（1303），江西行省参知政事向刑部报称，"纵妻为娼"的案件多发，"各路城邑争相仿效此风"。他认为，导致此风盛行的原因之一在于，无论是预防此种奸罪发生，还是事后对其切实加以追究，皆仰赖丈夫对其妻子的行为负责的程度，"有夫纵其妻者，盖因奸从夫捕之条，所以为之不惮"。因此，只有授权邻佑和官吏对此主动加以干预，才有可能制止这种"良为贱"的歪风。后一意见暗示，良民从事性工作，玷污了身份等级这一神圣不可侵犯的界限。

刑部采纳了上述意见，并发布了如下文告：

> 人伦之始，夫妇为重，纵妻为娼，大伤风化……却缘亲夫

---

① 此处"令"字的含义有些模棱两可，它既可用来指"迫使"，也可表示"容许"。
② 《庆元条法事类》（影印版），中国书店，1990年，卷80，第24页b。

受钱,令妻与人同奸,已是义绝。以此参详,如有违犯,许诸人首捉到官,取问明白。本夫、奸妇、奸夫同凡奸夫决八十七下,离异。①

以此为基础,又进一步出台了如下条文:

诸受财纵妻妾为娼者,本夫与奸妇、奸夫各杖八十七,离之。其妻妾随时自首者不坐,若日月已久纔(才)自首者,勿听。②

226　　按照上述法律规定,犯此罪的女子,须被遣返归宗另嫁他人。③

上述元代法律中所用的"纵"字,暗示这种情况当中的夫妻双方系主动的共犯。"纵"字的字面意思为"放松"或"放开缰绳"(例如纵马驰骋),不过也可用来表示"放纵"之意。在儒家心目中的那种社会图景里面,就像父亲可以支配其子女那样,丈夫也拥有支配其妻的正当权威,亦即丈夫有责任对妻子加以管教,对她的行为进行约束。因此,"纵"这一法律用语所表达的观念是,当丈夫纵容其妻与其他男子发生性关系,便是未能履行他身为丈夫应尽的责任。正是鉴于丈夫一方在此方面的失职,元代的司法官员将对此种奸罪积极保持警惕的责任转移给四邻与官府。

---

① 《元典章》(影印版),中国书店,1990年,卷45,第9页b。
② (明)宋濂:《元史》,第2644页;(清)薛允升:《唐明律合编》,中国书店,1990年,卷26,第17页b—18页a,25页a。
③ 相关的例子,参见《元典章》(影印版),中国书店,1990年,卷45,第8页a—9页b。

虽然元代的法律中使用"为娼"一词，但"为娼"的女子和其性交易对象之间的关系却被称为"奸"，以区别于那种为法律所容许的贱民娼妓与嫖客之间的性交易关系。在元代法律中的其他地方，对通奸女子及其性伴侣的称呼均使用同一字眼，亦即分别称其为"奸妇"和"奸夫"。（在宋、元、明、清四个朝代的法律文本当中所使用的"奸"字，通常仅用于指良民的性犯罪行为。）用以惩处"为娼"之举的刑罚是杖八十七，而这更印证了此种行为被视为和奸，因为元代法律在惩处已婚女子"和奸"时，对和奸男女的刑罚便是杖八十七。[①] 换言之，这种性交易行为的商业化色彩，并未导致涉事者所受的刑罚被加重；被予惩处的乃是性淫乱行为，而非以钱财办成此勾当之举。

这里的基本原则是，就像妻子与人通奸的所有情形中那样，此种性交易与加于良民身上的那些婚姻规范及女性应奉守的贞节规范相抵触，因此构成"奸"的一种形式。如同前述江西行省参知政事所言，这种行为无异于"良为贱"，亦即做出此种行为的良民在行事上犹如贱民。既然这种犯罪导致涉事夫妻之间"义绝"，那么两人便应离异。此罪行与一般通奸罪的不同之处在于丈夫是共犯。因此，丈夫也须承担与性交易双方相同的刑责，此外他还会失去自己的妻子。对丈夫而言，被强制离异并非微不足道的惩罚，犯此罪 227 的男子可能大多都相当贫困，一旦失去了现在的这位妻子，他便很难有经济能力再娶其他女子。

明律对元代法律中的这些原则加以重申，但有一项重要的不

---

① 《元典章》（影印版），中国书店，1990 年，卷 45，第 1 页 a。

同之处：

> 凡纵容妻妾与人通奸，本夫、奸夫、奸妇各杖九十……①并
> 离异归宗。若纵容……亲女及子孙之妇妾与人通奸者，罪亦
> 如之。②

此处明确采用了用于指称"奸"罪的专门用语，以取代元代法律中所使用的"为娼"一词。有关丈夫乃是出于钱财动机的用语，也从这一条文的内容中消失不见。这项变化凸显了在元代法律中便已相当明显的重点，亦即认为问题的关键并不在于钱财交易。明代的立法者扩大了良民纵奸罪的适用范围，无论是丈夫主动为妻子拉嫖，还是被动地容忍其妻与人发生未涉及钱财交易的婚外性关系，皆被视为构成"奸"罪。就像元代的情形那样，此种罪名下的处刑，与已婚女子"和奸"之情形中对双方的刑罚完全相同，性交易的商业化色彩并不会导致其刑责加重。③ 清代的律典全盘沿袭了此律文的文字内容。④

元代的法律也禁止良民男性强迫（"勒"）其妻、妾或养女为娼，或"为人歌舞，给宴乐"，以及逼勒其奴婢"为娼"。这类案件皆适用同样的原则，亦即其妻、妾或养女须被遣返归宗，而奴婢则须被"放

---

① 在这一例子及其他许多情形当中，明代的立法者只是在元代法律所规定的笞杖刑具体用刑数字之基础上，改取与之最相近的十之倍数。因此，元代法律中的杖八十七，在明律中则被改为杖九十。

② 《大明律集解》，中华书局，1991年，卷25，第3页a—3页b。

③ 《大明律集解》，中华书局，1991年，卷25，第1页a。

④ （清）薛允升：《读例存疑》（重刊本），黄静嘉点校，成文出版社，1970年，律367。

从良"。被逼勒为娼的妻子"量情论罪",因此不一定会实际受到惩处。① 明代的立法者制定了类似的条款(这些条款也为清律所沿用),但再次删掉了所有涉及钱财交易的用语和"为娼"一词;明律还免除了对那些被"抑勒与人通奸"之女子的刑罚。② 与那些关于纵奸的法律一样,此类法律条文对权威的正当性乃是源自道德基础这一儒家思想准则加以强调。倘若道德基础受到亵渎("义绝"),则婚姻和收养(在元代法律中还包括奴役)这些家庭契约关系便有可能会被撤销。良民与贱民之间的区别,在于良民须遵守身为良民所应奉行的各种规范,而对贱民则没有这种期待。用来区分良贱的那种法律拟制之精髓,便在于良民和贱民各自对不同的性道德与家庭道德标准的展演。

然而,良民男子不会因嫖娼而受玷污。只要被他们嫖的女子是贱民,便不会有任何问题。正如我们已经看到的那样,性交过程中的阴茎插入行为象征着社会等级秩序,被阴茎插入者处于被支配者的地位,因此只有那些被阴茎插入者才会由于不正当的性行为而受到玷污。这种思维模式不仅适用于强奸、通奸和鸡奸,同样也适用于卖娼。

明代嘉靖年间颁布的一则条例,以不同的款目分别禁止良民和贱民娼妓从事本质上看似相同的罪行,以强调这两类人之间的区别。这则条例的本意是对关于"买良为娼"的既有律文加以补

---

① (清)薛允升:《唐明律合编》,中国书店,1990 年,卷 26,第 18 页 a;《元典章》(影印版),中国书店,1990 年,卷 45,第 9 页 a—9 页 b;(明)宋濂:《元史》,第 2644 页。

② 《大明律集解》,中华书局,1991 年,卷 25,第 3 页 a—3 页 b;(清)薛允升:《读例存疑》(重刊本),黄静嘉点校,成文出版社,1970 年,律 367。

充,但其内容不仅加重了刑责,而且还明言良民罪犯与贱民罪犯分属两种不同的情形:

> 凡买良家子女作妾并义女等项名目、纵容抑勒与人通奸者,本夫、义父问罪,于本家门首枷号一个月发落。
>
> 若乐工私买良家子女为娼者,不分买卖媒合人等亦问罪,俱于院门首枷号一个月。

上述法律规定所强调的这种须对两种不同情形加以区分的必要性,凸显出同一种罪行会因罪犯在法律上的身份地位不同而被予以差别化的界定。即使其刑责大体上相同(如同此条例所描述的那种情形),也仍有必要加以区分。前引条例中的第一款适用于一般良民,其着重点在于良民所犯的"奸"罪,而并未提及钱财动机。将良民身份的罪犯置于其本人的家门口枷号示众,这种做法的目的是使其在家人和邻佑面前颜面尽失,以借助邻里社群的压力遏制此类犯罪的再次发生。这种惩处方式的预设前提是,每一位良民均置身于一个由家庭和社群所构成的延伸性社会网络之中,而上述那种被禁止的罪行将会亵渎这一延伸性社会网络所奉行的价值观念。

作为对比的是,上述条例的第二款提及的乐工的那种罪行,则是使良民成为娼妓(不仅迫使人从事性交易,更使人堕入身份低贱的娼家,致其身份等级遭到彻底的降等)。而且,枷号示众的地点"院门首",并非属于那种对此罪行感到义愤填膺的家庭或邻里社群的情境,而是指某种官方场所或妓院。根据18世纪时东瀛学者所做的注释，此处所称的"院"，乃是指乐户身份者所居住的"三院"。①

最后，这则条例中的第三款内容更加清晰地显示了此种对比：

地方火甲邻佑，并该管官俳色长容隐不首者，各治以罪。②

明代立法者对此的预设是，良民身份的罪犯生活在邻佑和社群中权威人士们的监视之下，而对乐户身份的犯事者加以监管，则是教坊司中那些监管者的职责所在。

虽然元代的法律禁止良民卖娟及紊乱身份等级界限的行为，但有一种值得注意的例外情形："良家妇犯奸为夫所弃，或倡［娟］优亲属愿为倡［娟］者，听。"③这项例外的规定实际上强化了如下这一身份等级原则，亦即认为唯有在因通奸或与娟妓有亲属关系而致其身份受到玷污的情况下，良民身份的女性才有可能被获准为娟，而不至于危及司法制度所承担的前述那种重大使命。但与此同时，这项例外的规定也指向了法律上的一个灰色地带。这种做法在具体实践中是如何运作的？是允许那些"愿为倡［娟］"的良民奸妇以其本人名义私自营业？还是由官府将她们编入贱籍并由 230 教坊司加以监管？《元典章》对此未予说明。我们在这里看到了一

① ［日］荻生徂徕：《明律国字解》，東京：創文社，1989 年，第 835 页。
② （明）顾应祥等撰：《问刑条例》，嘉靖年间刻本，刑例，第 24 页 a。其他法律文本中对此条例的表述略有差异，参见黄彰健编著：《明代律例汇编》，中国台湾地区"中研院"历史语言研究所，1979 年，第 946—947 页。
③ （清）薛允升：《唐明律合编》（影印版），中国书店，1990 年，卷 26，第 25 页 a；（明）宋濂：《元史》，第 2644 页。

种关于社会现实之复杂性的暗示,亦即(早在元代便是如此)有不少女子最初是以良民身份私下卖娼,但在被发现之后,官府出于各种权宜的目的,将她们视同贱民身份的娼妓加以处置。

第三节　推行身份等级原则:明代和清初的实践

那种对不同身份等级加以区分的司法工程,在实践中是如何运作的呢?本节将检视明代和清初的司法官员们为了维护良贱之别所做的实际努力。在性工作的情境当中,良贱之间的这一身份界限是如何被逾越或扰乱的?州县官在司法实践中又是如何处理这类僭越身份等级界限的问题?这些情形,既能展示前文所引述的某些法律条文是如何被加以适用的,也可以说明,那种试图借助以身份等级为其基础的规范来对性行为加以规制的努力,又是如何由于遭遇到各种紧张关系和模糊地带而受到挑战的。

一、吕坤的"禁谕乐户"措施

能够反映地方官员如何处置贱民娼妓的最佳证据之一,是晚明官员吕坤任山西巡抚时针对当地乐户所颁布的一连串禁令。[1] 从吕坤发布的这些法令中，我们可以推断出乐户此一类别内部包含了好几种不同的营生方式，即"娼妇""优"和"乐工"。吕坤对乐户与"老户良民"进行了区分。乐户在身份等级上显然低于良民，且须尊重良民。因此，乐户若有詈骂或殴打良民的行为，则将会受到严厉的惩处。乐户也被排除在县里各地组织的乡约之外，[2] 他们须遵守一些有别于良民的行为规范，并被禁止招募良家女子加入其中；娼优不得参与那些庄严的仪典；娼妓不许到良民家中提供性服务（嫖客只能到妓院购买性服务）；等等。所有这些规范的目的，皆在于将乐户身份者区隔开来，并在其身上烙上污名化的标签。

但从吕坤所颁布的这些法令中也可以看出，乐户在社会秩序中有一个为当时人们所接受的适当位置。这些人由官府特别指派的乐首（"有身家公正、众乐推服者二人"）加以管理，乐首则由乐户共同推举并由地方官认可。各辖区的职责是管理所辖在籍的乐户 231

① 有关吕坤（1536—1618）的生平，参见 Joanna F. Handlin, *Action in Late Ming Thought：The Reorientation of Lü K'un and Other Scholar - Officials*, Berkeley：University of California Press,1983；L. Carrington Goodrich, ed., *Dictionary of Ming Biography*, New York：Columbia University Press, 1976, pp. 1006—1110。寺田隆信和韩安德（Anders Hansson）也讨论过吕坤颁布的这些禁令，参见［日］寺田隆信："雍正帝の賤民開放令について"，《東洋史研究》第 18 卷第 3 号（1959），第 126—127 页；Anders Hansson, *Chinese Outcasts：Discrimination and Emancipation in Late Imperial China*, Leiden：E. J. Brill, 1996, pp.65—71。

② See Leif Littrup, *Subbureaucratic Government in China in Ming Times：A Study of Shandong Province in the Sixteenth Century*, Oslo：Universitetsforlaget, 1981, pp. 165—168；L. Carrington Goodrich, ed., *Dictionary of Ming Biography*, New York：Columbia University Press, 1976, p.1007。

人口。乐户中有土地者亦须缴纳粮差。乐工还须按照其每年的劳役任务,在官方组织的重大场合进行表演。最重要的是,吕坤费尽心思地区分了"官乐户"与另外两类从事非法性交易的群体。

在吕坤所说的另外两类从事非法性交易的群体当中,第一类群体是"流来水户,在于地方惑诱良家者"。此处蕴含的对照之意是,具有合法身份的本地乐户安守其本分,而那些未在官府登记入籍、来历不明的外来移民,则可能会游荡生事,并紊乱身份等级的界限。吕坤所说的第二类群体是"原籍良民夫妇不才,甘心卖奸度日者"。引号中的文字是该则史料中最具启发性的内容之一。按照吕坤的说法,这类人"辱祖羞亲,最为无耻"。为了凸显其不知羞耻,吕坤规定此类人须对官乐户卑躬屈膝:"见官乐户叩头、傍坐,诃骂不许还口,以示激改之意。凡犯到官,比官乐加倍重处。"

性道德构成身份地位展演之内容的这一理念,在此处被展露无遗。乐户从事性工作是其份内的职责;乐工的这种行为符合其身份,这一事实也使他们获得某种"尊重"。但良民"卖奸"("奸"字已强调此行为违法)则违反了与其身份相关联的那种家庭道德,因此倍加可耻。基于这一理由,那些甘心卖奸度日的良民,应被视为比乐户更加低贱,因为乐户至少还知道自己的本分。

二、对"买良为娼"的究治

232　　明末官员张肯堂记录了他任职浚县(位于当时的北直隶省,现属河南）知县时所审理的两起买良为娼案件。①

在第一起案件中，何氏来自与浚县相邻的安阳县，其丈夫将她带至长垣县，卖给了当地一位人称"李娟"的妇人。李娟又以 40 两银子的身价，将她转卖给一位名叫张有才的浚县水户。何氏在张有才的手下为娼两年，直至她的父亲何尚仓寻踪而至，并到大名府衙门递状控告，希望将自己的女儿救出火坑。

此案最初由魏县知县审理，②在何尚仓证明自己是这名女子之父后，魏县知县判决"何氏应还尚仓无疑"。不过，魏县知县还判令何尚仓应偿还水户张有才先前为了买何氏所支付的那 40 两银子。由于何尚仓付不起这么一大笔钱，水户张有才于是将他告至张肯堂担任知县的浚县衙门。在重新检视了上述债务处理方案后，张肯堂认为："窃以为何氏业随有才二载，年少缠头，亦应无数，虽有身价，岂能一一如券责偿。"随后他判令何尚仓只需付给水户张有才 10 两银子。张肯堂在结案时强调，"宁刻于才而宽于仓"。③

第二起案件则是关于一名叫作殷氏的女子。该女子在一场饥荒中被卖为娼（具体细节不详），在水户王三省的手下从事皮肉生

---

① 张肯堂（明代天启五年[1625]考中进士）之后历任御史、大理寺丞和福建巡抚。因不愿臣服清军的征服而于永历五年（顺治八年[1651]）自缢尽节。参见（明）张肯堂：《䚢辞》，台湾学生书局，1969 年，序言部分。

② 显然，大名府知府并未亲审此案，而是将该案移交给紧邻该府府治的魏县知县审理。安阳县位于邻省，长垣县和浚县虽同属大名府所辖，但离该府府治比魏县更远。此案中的那名水户，后来之所以在浚县递交了告状，是因为他居住于此。大名府的治域位于今日的河南省境内，但在当时则属于北直隶省（相当于现在的河北省）。参见谭其骧主编：《中国历史地图集》（第 7 册），地图出版社，1982 年，第44—45 页。

③ 参见（明）张肯堂：《䚢辞》，台湾学生书局，1969 年，卷 7，第 6 页 b—7 页 a。张肯堂并未提及先前魏县知县对这名女子之夫和李娟的处置。

意多年。在她那些尚在世的亲属中,其堂兄殷双兵看上去是与她最亲之人。殷双兵先前逃荒在外,回家后发现自己的堂妹殷氏被卖为娼。因"不忍坠其家声",殷双兵于是向衙门呈状控告,而知县张肯堂在审理后判决责令殷氏"从良"。殷氏的堂兄殷双兵随后为她安排了一桩合适的婚姻。但水户王三省对此结果感到不满,试图提出异议。王三省意识到,"以贱争良势必不得",但"以夫还妇托名,固甚正也",于是找来了一名同伙到衙门呈状诬告,声称殷氏实为自己遭人拐骗的妻子。

233

张肯堂识破了上述伎俩,并将水户王三省及其同伙处以杖责,但他对王三省略表同情:"三省至无赖也,罪之可也,逐之可也,而使其人财两亡,进退无据,抑亦仁人之所隐矣。"于是,他判令殷氏的那位新丈夫须付给这名水户 10 两银子,以补偿后者遭受的部分经济损失。①

非常清楚的是,在上述这两起案件中,那两名女子必须仰赖其娘家人将她们救出淫窟和恢复良民身份。不过同样清楚的还有,只要从业者的身份适当,性工作本身并无违法之处,那两名水户在诉讼中甚至还享有一种为官方所认可的特定身份。两名水户均未因"买良为娼"而受到惩处,原因可能在于他们并不知晓自己买来的那名妇人原属良民身份。实际上,张肯堂是将这两位水户视作欺诈行为的受害者加以处置,因此判令相关人等须向此二人赔偿其遭受的部分经济损失。

顺治十二年(1655)刑部审理的一起发生于京城的案件,表明

---

① 参见(明)张肯堂:《䓆辞》,台湾学生书局,1969 年,卷 8,第 8 页 a—9 页 a。

清初的司法官员是如何处置买卖良家女子为娼的问题。蔡氏是汉军旗人朱秀的妾室。朱秀由于患病需要花钱医治，于是将蔡氏冒充为娼妓，以 75 两银子的价格卖给他人。买主是一名叫鲍回子的水户。这桩买卖立有文契为凭。20 多天后，鲍回子发现了事情的真相（原来蔡氏属于良民身份），于是试图撤销这桩买卖，但此时朱秀业已病故。因此，鲍回子将蔡氏交给她的小叔朱三，且没有要求返还自己之前买蔡氏时花掉的那些银子（他的原话是"这样事我惊怕，故银子不要了"）。

但朱三并没有将蔡氏带回自己家中，而是将她转卖到另一位水户刘九经营的窑子，并与刘九商定从蔡氏所挣到的那些皮肉钱中提成。更为过分的是，蔡氏在刘九经营的窑子卖娼的那 14 天内，朱三本人让蔡氏陪宿他七次，且未付过任何嫖资。之后朱三又以 75 两银子的价格，将蔡氏卖断给第三位水户何五，且同样立有文契为凭。然而就在朱三将这笔钱拿到手之前，蔡氏的叔父得知了此事，于是一纸诉状将朱三告到官府。朱三最初对此矢口否认，但在蔡氏、那几名水户和中人所做口供的历历指证下，最终供认不讳。 234

由于朱三曾和蔡氏发生性关系，承审官员首先考虑的是他是否犯了乱伦罪。按照清律中的规定，"奸兄妾"乃是死罪。但官府最终的判决认为朱三并不构成此项罪名，因为"蔡氏既经朱秀卖出为娼，非奸兄妾者比"。[1]（该案的案卷记录中从未提及承审官员是否考虑过适用强奸这一罪名。）因此，根据"买良为娼"律，朱三被

---

[1] 清律对奸兄长妾者处以绞监候，不管是强奸还是和奸。参见（清）薛允升：《读例存疑》（重刊本），黄静嘉点校，成文出版社，1970 年，律 368。

处以杖一百、枷号一个月的刑罚。

刑部认可"水户鲍回子以蔡氏弹唱认娼讨买"并在知晓真相后自己立即将她送回的说法。但是，水户鲍回子"先不问蔡氏来历，买人上税"，因此他也被依"买良为娼"律处以杖一百、枷号一个月之刑。水户何五受到同样的惩处。这两次交易的中人们也被依照同一条律文里面的规定处杖九十。由于水户刘九实际上并未将蔡氏买到手，因此依"不应得为而为之事理重者"律，官府对他只处以杖八十。① 蔡氏的嫖客之一（蔡氏曾陪宿他二十余次）以证人的身份出堂作证，由于他在嫖宿蔡氏时并不知晓她是良民身份，因此被无罪释放。蔡氏本人则被判令归宗。

就像在张肯堂所描述的前述两起明末案例中那样，此案当中同样无人因拉嫖、卖娼或宿娼而受到惩处。唯一涉及的法律问题是，作为良民的蔡氏不能被合法地卖作娼妓，故而所有参与这一罪行的人都受到了相应的惩处。在这里，清代刑部对水户的处置方式，比明代知县张肯堂碰到此类案件时所可能做的更加严厉。在本案中，虽然那些涉案的水户们对蔡氏的良民身份并不知情，但他们仍因买良为娼而受到惩处，更遑论挽回其经济上的"损失"。

与前述明末案件中的情形一样，司法官员介入此案的主要目的在于恢复这名女子原来的良民身份。但由于蔡氏之夫曾将她卖为娼妓，她在法律上的身份多少受到些影响。虽然将她卖入娼家之举是犯罪行为，但这一行为毕竟造成她离开了朱家并一度沦为娼妓。因此，即使她的小叔与她发生了性关系，还是不足以构成

① 这些人最后因逢大赦而实际得以免受上述刑罚。

"奸"罪，更遑论构成乱伦或强奸这类死罪。在被审讯时，朱三最初被问及的问题为他是否曾与蔡氏"犯奸"，但刑科题本中的其他部分均使用"睡"或"睡觉"这种中性且不具有法律意义的措辞，来描述两人之间的那种性关系。蔡氏的那位嫖客在审讯时被问到的问题，同样是使用了"嫖"这一中性的动词，且就像我们在前文中已看到的那样，该嫖客并未受到惩处。由此可知，清初的司法官员对法律上的身份等级界限在社会现实当中形同虚设这一点心知肚明，他们意识到良民之妻确有沦为娼妓的可能性。[①]

　　这些案件记录也有其模糊地带，亦即所有案件中皆未言明的一个大前提是，只要这些水户是在以贱民身份经营皮肉生意，那么他们所开的窑子便属于合法。他们可能也缴纳赋税，尽管案卷记录中并未见到对此有所说明。但很明显，这些窑子是由私人经营的，与以前那种由官府监管、作为劳役方式之一的性工作模式已大不相同。最迟自明代晚期开始，贱民身份者的性工作便已脱离政府的监管和控制，而被作为一门私营生意予以承认。这种变化表明，以往那些至少在理论上曾存在于不同身份等级之间、官府专营与私人违法经营之间、劳役与商业利益之间泾渭分明的界限，此时业已开始变得模糊不清。

三、得以脱籍的娼妓

　　若娼妓向上跨越身份等级的界限，亦即放弃从事性工作并取

---

① 参见《内阁刑科题本》，939/顺治 12.2.17。

得良民的法律身份,则情况又将如何呢?最常被用来描述这种经由合法授予而使其法律身份得到提升的词语,或许是"从良"一词。到了18世纪中期,这一词语几乎已被用于专指女子放弃从事性工作,且除了道德含义之外别无其他的意思。职是之故,"从良"意味着个人为了自身行为所展现的道德水平而自主做出的某种努力。①

236

但在此之前的那数百年里面,"从良"一词并不是被专门用在娼妓身上,也不限于指道德维度的转变。如仁井田陞所言,"良"(好、良民)和"贱"(低劣、贱民)在中国帝制早期的法律概念中的最初区分,乃是贵族政治社会中的"自由"和"不自由"之别。贵族社会以复杂的等级制为其特征,而这种等级制则是由众多在法律上拥有不同身份的群体所构成。最晚到清朝初期时,"从良"一词便被用来指任何一种在法律身份方面从不自由(贱民)提升为自由(良民)的情形,其中最典型的情形为奴仆或雇工因被开豁而获得自由之身。例如,主人释放奴仆之举被称为"放从良"或"放良"(为了使奴仆的身份地位能被提升为良民而将其释放),且须立下"放书""良书"或"从良书"之类的证明。获释者将此类证明呈交给当地官府后,便可改籍为良民,获得服徭役的资格(长期以来,服徭役被视为象征着自由良民身份的标志之一)。"从良"的反义词为"从贱",专指在法律上将低贱的身份强加在良民和贱民结合所生的那些后代身上。在这种情形中,这名孩子须"从"其父母双方

---

① 相关的例证,参见 Anders Hansson, *Chinese Outcasts*: *Discrimination and Emancipation in Late Imperial China*, Leiden: E. J. Brill, 1996, p. 59。另可参见 *Mathews' Chinese - English Dictionary* (Revised American Edition), Cambridge, Mass.: Harvard - Yenching Institute, 1975, p.1020。

当中身份低贱的那一方。①

　　当然，乐户和其他娼妓及其家庭成员，被视为由不自由且身份低贱之人构成的大类之下的一个子集（事实上，那些由教坊司所监管之人，乃是隶属于朝廷的奴隶），故而"从良"一词也可被用在这类人身上。正如仁井田陞所言，"从良"一词的确可被用于指娼妓"脱籍"，但这种用法只是此词语可适用的诸多情形中的一种。②

　　在其广义的用法当中，"良"字被用以区分正式身份等级的那种重要性，显然要高于其在道德层面的含义。既然成为良民意味着须遵守良民的性道德与家庭道德，那么娼妓若在身份上被提升为良民，自然便意味着要放弃从事性交易这一贱业。例如元代的法律中规定，若"娼女"怀孕而被人"勒令堕胎"，则"犯人坐罪，娼放为良"。③ 元代针对卖良为娼的法令，规定应将受害者"还为良"。至于被主人"勒……为娼者"的奴婢，依规定应将遭受此种虐待的婢女"放从良"。在这类情形当中，被提升为良民身份，显然包括了结束先前操持的那种性工作。④ 按照同样的逻辑，娼妓"从

237

----

① 参见［日］仁井田陞：《支那身分法史》，東京：座右寶刊行會，1983 年，第 959、963—964 页；［日］仁井田陞：《中国法制史研究：奴隷農奴法・家族村落法》，東京：東京大學出版會，1962 年，第 16 页。《元典章》中详细描述了应如何撰写"从良书"，参见《元典章》（影印版），中国书店，1990 年，卷 18，第 8 页 a—8 页 b。关于明律中将奴仆"放从良"的一个例证，参见黄彰健编著：《明代律例汇编》，中国台湾地区"中研院"历史语言研究所，1979 年，第 835 页。清代的律典沿用了这一律文，但后来在很大程度上被添入其下的新例文所取代，参见（清）薛允升：《读例存疑》（重刊本），黄静嘉点校，成文出版社，1970 年，律 314。

② 参见［日］仁井田陞：《支那身分法史》，東京：座右寶刊行會，1983 年，第 694 页。

③ （明）宋濂：《元史》，第 2644 页。

④ （清）薛允升：《唐明律合编》（影印版），中国书店，1990 年，卷 26，第 25 页 a。

良"通常意味着嫁给良民；女性在法律身份上"从"其夫，且良民女性基本的社会角色即妻子。①

明代的许多文献显示，"从良"作为一种可使身份得以正式提升的方式，需有官府介入方能生效。例如在前述殷氏一案中，张肯堂将她"断令从良"，殷氏因此得以离开之前所依附的那个水户，而重新回到以她的堂兄为代表的本宗，并旋即嫁给了一位良民。这桩婚姻确认并落实了知县的判决。② 在另一起来自乐安县的明代案例中，一名叫冯美兰的娼妇向当地官府递状，恳求知县发给她"从良执照"。她的这一请求获得了知县的允准。此处所说的"从良"，同样既代表嫁给良民，也代表结束先前所从事的那种性工作。在她所递的呈状中，冯美兰表达了对自己不得不向众多嫖客提供性服务的厌恶之情，同时还表达了对那种"一夫一妇"相互厮守的婚姻生活的向往。（或许正是这种推崇"良民价值观"的表达方式打动了那位知县。）但仅凭他个人的努力，尚不足以达成此种心愿，于是她发现有必要申请官方证明以改变自己在法律上的身份。这与那些被其主人"放从良"的奴仆须向州县官出示"从良"的证明文

---

① 参见高彦颐对"从"和"三从"的分析，Dorothy Ko, *Teachers of the Inner Chambers: Women and Culture in Seventeenth-Century China*, Stanford, Calif.: Stanford University Press, 1994, p.6, pp. 251—253。

② （明）张肯堂：《㵎辞》，台湾学生书局，1969 年，卷 8，第 8 页 a—9 页 a。

书,以改变其被登记在官府籍册上的法律身份的做法颇为相似。①

　　明代那些描写娼妓的文学作品,例如冯梦龙的《情史》和梅鼎祚的《绘图青泥莲花记》,也提供了不少此方面的证据。此类轶事集的作者们最感兴趣的,乃是那些"教坊名妓",以及那些虽然在法律上的身份低贱但在性交易等级体系中地位超然、其主顾通常相当有身份地位的风尘女子。管见所及,高级娼优从未出现于刑案 238 记录之中。不过即便如此,这些文学作品呈现了当时关于性交易的话语,故而可被用作为对法律文献的补充。

　　这些故事的主要剧情,通常是一位命运多舛但充满魅力的年轻女子,虽然出身于好人家,但由于各种无法抗拒的外力导致无辜的她"沦"为娼妓。② 另一种剧情版本则是娼妓对她的某位恩客忠贞不贰,以证明自己拥有一种远超出其低贱身份的道德标准——"义",而明清时期的法律专家们将"义"这种儒家推崇的道德视为

---

① 参见不著撰人:《法林照天烛》,明刻本,卷4,第1页a—1页b,现藏美国国会图书馆。这份资料并未说明乐安县究竟在山东还是江西,参见 Dorothy Ko, *Teachers of the Inner Chambers*: *Women and Culture in Seventeenth - Century China*, Stanford, Calif.: Stanford University Press, 1994, pp.119—120,注释11和注释12。吕坤针对乐户的那些禁令,既禁止良贱通婚,也禁止娼妓进入良民的家中,但有一种例外的情形,即允许良民男子"以礼聘娶从良者"。

② 例如(明)冯梦龙:《情史》,上海古籍出版社,1990年,第12回,第6页a—6页b;(明)梅鼎祚纂辑:《绘图青泥莲花记》,自强书局,1910年,卷8,第4页a—4页b。直至盛清时期,这类虚构的文学故事仍相当流行。参见 Susan Mann, *Precious Records*: *Women in China's Long Eighteenth Century*, Stanford, Calif.: Stanford University Press, 1997, pp.134—135, p.138。

夫妻间的相互义务。① 此类故事的结局是由男主角(赶考的年轻士子,或者某位官员)设法将这名女子从不堪的风尘生涯和卑贱身份中拯救出来。此类故事所隐含的悲剧性在于,这些本不应堕落风尘的女子在那种污浊的环境中深受折磨,故而梅鼎祚以《绘图青泥莲花记》作为他所写之书的书名,亦即借用了"出淤泥而不染"这一古老的佛教比喻。这些风尘女子的堪怜之处并不在于从事性交易本身,因为只要操持这种营生的女子在身份上适当,此种风尘生涯便属顺理成章之事,否则男主角们如何能碰巧邂逅这些女子? 那些得以"从良"的女主角皆属特例,她们实际上证明了道德标准应与其身份等级完全吻合的这一大原则。就此种意义而言,尽管这类故事描述了对身份界限的跨越,但仍是印证了那种以固化的身份层级为其特征的法律模式。

在冯梦龙和梅鼎祚所描写的那些"从良"过程中,就改变女子的在籍身份而言,官方的介入乃是必不可少的环节,而这常常涉及教坊司。除了"从良"一词,他们还使用其他词语来称呼这种身份

---

① 例如,有一名娼妓尽管受到囚禁和拷打,但仍拒绝为其嫖客所蒙受的不实指控作伪证,另一名娼妓在那位将她从妓院中赎身的恩客死后,便自尽相随于九泉之下。参见(明)冯梦龙:《情史》,上海古籍出版社,1990 年,第 1 回,第 33 页 a—34 页 b,第 4 回,第 18 页 a—18 页 b。关于 17 世纪时一些文人如何将那些高级娼优塑造为拥有忠诚与美德的典范,参见 Katherine Carlitz, "Desire, Danger, and the Body: Stories of Women's Virtue in Late Ming China", in C. Gilmartin et al., eds., *Engendering China: Women, Culture, and the State*, Cambridge, Mass.: Harvard University Press, 1994;Dorothy Ko, *Teachers of the Inner Chambers: Women and Culture in Seventeenth - Century China*, Stanford, Calif.: Stanford University Press, 1994;Wai - yee Li, "The Late Ming Courtesan: Invention of a Cultural Ideal", in E. Widmer and K. Sun Chang, eds., *Writing Women in Late Imperial China*, Stanford, Calif.: Stanford University Press, 1997。

上的改变,例如"脱籍""落籍""去籍"和"除籍",还有"削籍"及
"除名"。因此,当某位将军爱上了"杨娟"并"阴出重赂削去倡
[娟]之籍"时,那名女子便可"从良"。出身良民家庭的真氏,有幸
得到了某位高官的垂怜,后者帮她"削籍归旧宗"。另一名娼妓遇
到了一位富有同情心的知县,获"判令从良",后来嫁入一户精英家
庭为妾。此外还有一例则是,一位官员请求某位比他品阶更高的 239
大臣出面帮一名娼妓"落籍",这名女子被证实原本出身于精英家
庭,后来在落难时沦为娼妓,因此那位大臣如今"令教坊简籍除
之"。在此类故事中,一旦女子的娼妓身份获官方削除,她便有资
格"改嫁为良人妻",有时甚至会有某位位高权重的恩客帮她"择良
士而嫁焉"。[①]

在明人徐复祚所创作的剧目《红梨记》中,也有类似的例证。
在该故事中,一位赶考的年轻举子与一位名妓相恋。幸运的是,两
人得到了一位富有同情心的知县的帮助。该知县的仆从告诉她
说:"老爷又与你除了乐籍名字,造成一宗从良文卷,解元得意回
来,就与你完成好事。"这出剧目以皆大欢喜的结局收场。[②]

上述这些来自明代文学作品的例子所揭示的性工作、法律上
的身份和官府之间的关系,与我们在当时的法律文本中所发现的
预设相一致。据此可推断,朝廷那种旨在推广特定的性工作模式

① 参见(明)冯梦龙:《情史》,上海古籍出版社,1990年,第12回,第6页a—6页b;
(明)梅鼎祚纂辑:《绘图青泥莲花记》,自强书局,1910年,第3回,第4页b—5页
a,第4回,第12页b,第8回,第4页a—4页b、6页b。对17世纪中国文学作品中
有关僭越身份等级界限的一般性话题的讨论,参见 Keith McMahon, *Causality and
Containment in Seventeenth Century Chinese Fiction*, Leiden: Brill, 1988。
② 参见(明)徐复祚:《红梨记》,台北开明书店,1970年,第4270页。

的工程,不仅影响了司法官员们的看法,也延伸影响到创作此类文学作品的文人及欣赏这些文学作品的广大读者的看法。①

如何评估那些从良娼妓的贞节,乃是一个灰色地带。由于明清两代的司法实践对强奸犯的惩处取决于受害者的贞节,故而这是一个潜在的严重问题。在那本写成于清代康熙三十三年(1694)的官箴书《福惠全书》当中,黄六鸿注意到,对于那些强奸奸妇的罪犯,不应按照强奸律的本刑加以惩处,并就此提出了如下问题:

> 推而广之,如娼女从良,或为人妻妾,遇有强奸,仍宜依强律。盖其入门已正妻妾之名,所强者乃人之妻妾也,似与犯奸之妇不得以强论者不同也。②

240　　黄六鸿认为,身份低贱的娼妓从事性工作,与良民妻子犯"奸"的情形不可同日而语。因此,他主张不能将那些曾为娼妓而后来已经从良的良民妻子与那些犯有奸罪的良民妻子同等对待。换言之,法律上的身份被提升及嫁与良民为妻,代表洗刷了过去的不良记录。基于同样的道理,黄六鸿暗示说,那些强奸未有从良打算的娼妓的男子,不应受到任何惩罚,理由是强奸的行为亵渎了女性贞节和玷污了其他男子家的血统,但女性贞节与纯净血统乃是专属于良民身份者的特质,与娼妓无关。不过黄六鸿也强调,这只是他

---

① 有关晚明时期商业出版的繁荣及其读者群的兴起,参见 Dorothy Ko, *Teachers of the Inner Chambers: Women and Culture in Seventeenth - Century China*, Stanford, Calif.: Stanford University Press, 1994。

② (清)黄六鸿:《福惠全书》,小畑行简训点,山根幸夫解题索引,东京:汲古书院,1973 年,卷 19,第 19 页 a。

针对一种假设的情形而提出来的个人见解。

　　偶尔也会出现贱民的身份获得大规模提升的情况。明代诸帝至少曾五度宣布让为数可观的在籍乐人恢复自由成为良民。据艾尔曼(Benjamin Elman)所言，之所以会发生这种特赦，是因为靖难之役中朱棣篡权的记忆"使明王朝感到相当良心不安"。那些被处死的靖难忠烈之后裔所遭受的处置方式，尤其令人感到痛心。明成祖本人在其帝位稳固后，便放松了对一部分靖难忠烈之遗属的迫害。例如在处死忠臣铁铉后，明成祖下令将"其家属发教坊司为乐妇"。铁铉之妻不久后便病逝，他的两名女儿则"入司数月终不受辱"。这两名女子的刚烈，令永乐皇帝印象深刻，于是下诏将她们从教坊司释放，并恢复其良民身份，两人后来都嫁给了读书人。① 但是直至明成祖的皇位传承者们先后即位，才发布了一连串的特赦，释放靖难忠臣们的在世后裔，使之不再沦作乐奴，撤销其在法律上的低贱身份，逐渐消弭了永乐元年(1403)颁布的那道法令所造成的影响。明成祖于永乐二十二年(1424)驾崩后，其继位者明仁宗随即下令教坊司释放靖难忠臣方孝孺的数千名亲族，并恢复他们的良民身份。朱瞻基于宣德元年(1426)即位后，将靖难忠臣练子宁的那些仍在世的亲族全部释放。在随后的数十年内，大明朝廷一连串的表态，逐渐使那些忠于建文帝的忠烈在死后得

---

① 参见(明)梅鼎祚纂辑：《绘图青泥莲花记》，自强书局，1910 年，第 6 回，第 4 页 b—5 页 a。亦可参见 L. Carrington Goodrich, ed., *Dictionary of Ming Biography*, New York: Columbia University Press, 1976, p.1285；严明：《中国名妓艺术史》，台北文津出版社，1992 年，第 94 页；(清)俞正燮：《癸巳类稿》，台北世界书局，1964 年，第 486 页。

到平反。①

总的来说，明代朝廷的这种自知问心有愧，其对象范围看起来也扩大至其他被奴役的乐人。正统元年（1436）明英宗即位时，教坊司释放了三千八百多名服劳役的乐工。这次特赦与那些效忠于
241　建文帝的忠臣并无明显的关联，但这批获赦者中应有许多是靖难忠族。② 天顺元年（1457），先前在土木堡之变中遭瓦剌首领也先俘虏的明英宗重新即位时，向教坊司下旨重申禁止"买良为娼"，并在该谕旨的最后部分提出如下要求：

> 仍查原系民户，今为乐户，许今改正。其乐户内有愿从良者，听其自首，与民一体当差。③

此谕旨应是允许靖难忠烈或其他良民之后当中那些仍为官娼者从良。但乐人显然依旧存在，所以当正德十六年（1521）明武宗驾崩时，其继位者才会下令将"教坊司乐人"（其具体人数不详）与一批罪犯及"四方所献妇女"全部特赦。④ 实际上，教坊司一直正常运作至清代。我并未发现有证据显示大明朝廷当时曾考虑废止

---

① 参见（明）焦竑：《国朝献征录》，台北明文书局，1991 年，卷 20，第 55 页 b—56 页 a；Benjamin Elman，"'Where Is King Ch'Eng？' Civil Examinations and Confucian Ideology during the Early Ming，1368—1415"，*T'oung Pao*，Vol. 79（1993），pp.63—64.
② （清）张廷玉等：《明史》，第 127 页。
③ 《明会典》，中华书局，1988 年，卷 105，第 571 页。
④ （清）张廷玉等：《明史》，第 212 页。

官娼制度，更遑论对性工作加以全面禁止。①

四、未被允许脱籍的娼妓

并非所有娼妓均能无条件地获得从良的机会。明律中有一条规定（这条规定后来被清代的律典所沿用），要求诸色人户均须按照自己正确的身份背景在官府进行登记。若有人为了"避重就轻"而谎报身份，则会被视作犯罪，将被处以杖八十。任何官员若因疏忽而致使其辖下民人谎报的身份获准登记，也会受到同样的惩罚。这条律文特别提到了乐户，故而显然也适用于娼妓。②

张肯堂详述了一起企图将娼妓谎报为良民的婚姻欺诈案件。乐户朱一贵手下有一位叫作程氏的娼妓。因她"朴陋不似娼家女"，朱一贵决定将程氏卖掉。但他担心，因为程氏乃是娼妓，人们会视其轻贱而不愿出好价钱（"而惧人之以娼贱也"），于是将程氏带出窑子，在他的一名友人家中住了一段时间后，又将她带至另一位友人家中寄住。"三易其处则无人知其来历矣"，如此便可将她冒充为良民卖出。（这种手法，与犯罪组织"洗黑钱"以隐藏其钱财来源的做法颇为相似）。接着朱一贵躲在幕后运作，经由媒人将程氏嫁给外县人郑自新为妾，得到聘金一万六千文钱。张肯堂对此

242

---

① 关于明代的特敕，亦可参见［日］寺田隆信："雍正帝の賎民開放令について"，《東洋史研究》第 18 卷第 3 号（1959），第 368 页；Anders Hansson, *Chinese Outcasts: Discrimination and Emancipation in Late Imperial China*, Leiden: E. J. Brill, 1996, p.59。
② 参见黄彰健编著：《明代律例汇编》，中国台湾地区"中研院"历史语言研究所，1979年，第 456 页；（清）薛允升：《读例存疑》（重刊本），黄静嘉点校，成文出版社，1970年，律 76-00。

评论道,此乐户"移贱作良,业已满志"。

但这名乐户朱一贵太过贪婪。聘礼一到手,朱一贵便向官府控告郑自新诱拐程氏。朱一贵显然是以为,郑自新宁愿人财两空,也不会为了这桩麻烦事而与他对簿公堂。但结果证明朱一贵失算,郑自新将他告到县衙,而审理此案的知县张肯堂发现了他的欺诈之举。朱一贵、媒人及为程氏提供寄住之所的两人均因此受到杖责。张肯堂的记述中未提及如何处置程氏,但可以肯定的是,她失去了嫁给郑自新从良的机会。①

顺治十二年(1655)来自京城的一起案件证实,在清初,并非所有人均能有机会从良,且比在明代更不容易做到。在该案中,一个名叫杨五的男人因在天安门前制造骚乱而被逮捕。他试图告御状,但在闯皇城时被守卫的兵士拦下。我们这里集中讨论的是杨五想在御前提起的那起控告的事由。

顺治五年(1648),杨五为了买下一个名叫奎哥的妓女,向正红旗满人孟我儿代借了 200 两银子。他以此为奎哥支付了 180 两的"身价"。杨五本人并非经营娼业之人,他这样做的目的,显然是为了娶奎哥为妻(他在供词中称奎哥为"夫人",但该案的案卷记录在其他地方却只称她为"妓女"或"娼妇")。然而杨五既无力归还这笔借款,也付不出利息,孟我儿代后来在顺治八年(1651)将他告到北城理事官衙门。审理此案的官员判决杨五利息可免,但须归还所借的本金,那名妓女则须移交给孟我儿代,直至杨五能还清欠下的债务。但杨五一直无法凑足这笔欠款。结果孟我儿代在顺治十

---

① 参见(明)张肯堂:《辔辞》,台湾学生书局,1969 年,卷 11,第 5 页 a—5 页 b。

二年再次告官兴讼。正是在这个时候，杨五鲁莽地决定闯皇城告御状。当被守卫的兵士挡住而无法入宫时，他打坏了天安门前一根石柱上的一头小石狮子。 243

刑部以他在宫门前"撒泼喧呼"为由，判杨五绞刑。此外，刑部还解决了那起债务诉讼，将奎哥判给杨五的债权人孟我儿代所有（以奎哥的身价抵偿那 180 两银子的债务），并判令杨五的家人须归还余下的那 20 两银子。该案的刑科题本中显示皇帝同意了上述判决方案（但将杨五的刑罚减为流刑）。

此案中，由于奎哥乃是身份低贱的娼妓，于是司法官员将她视为可被买卖并用于偿债的抵押品。北城理事官衙门的承审官员甚至下判决称，只要债务未被清偿，那么便以奎哥的性劳务代偿杨五所欠债务的利息。若非基于这种原因，实在没有什么理由将奎哥判给杨五的债权人孟我儿代。刑部处置奎哥的方式也与之相同，案卷记录中甚至没有她的供词。杨五将奎哥从妓院赎身并娶她为妻，而他在宫门外铤而走险的那种鲁莽举动，让人感觉到了他的绝望。尽管如此，在该案案卷所记录的刑部官员的那些考虑当中，奎哥完全没有从良的可能性。[1]

此案与前一节中所讨论的那起同年发生于京城的朱秀卖妾案形成了有意思的对比（刑部的数位官员都参与了这两起案件的审理，其署名可见于两案各自的刑科题本）。司法官员显然持双重的标准，亦即认为娼妓的身体和性劳务乃是商品，而良民妻子则不然。做出这种判决时优先予以考虑的要点，并非阻止女性从事性

---

① 参见《内阁刑科题本》，1180/顺治 12.10.17，1197/顺治 12.10.28。

工作，更不是将女性商品化，而是为了维系法律上那种明晰的身份界限，并引导人们的行为，以对这种身份界限加以强化。

五、对"纵奸"的问责

跨越身份界限的另一种形式是"良民"所犯的"纵奸"罪行。正如我们所看到的那样，最早将这种行为视为犯罪的元代立法者，就此所做的界定是，那些不守本分的良民在行事方面犹如娼妓，因此"良为贱"。下述四起发生于清初且以"纵奸"罪名被追究刑责的案件，可大致说明此类罪行的可能情形。

在顺治十二年（1655）来自安徽祁门县的一起案件中，一个名叫叶钦的男子"纵容"其妻张氏与汪劾"和奸"，并长达四年之久（案卷记录中也把他们的这种罪行称作"卖奸"）。汪劾甚至住到这对夫妇的家中。作为报酬，汪劾为叶钦提供酒食，还借给叶钦一笔钱，供其到江西经营谷物生意（张氏则留在家中与汪劾同住）。在江西做生意期间，叶钦因"恋嫖"而染上"杨梅毒"，出现生疮流脓的病症。由于生意失败以致钱财耗尽，且还得了重病，叶钦最终回到自己的家中。他与其妻和汪劾共同生活了数月，其间与两人发生争吵，最后叶钦上吊自尽。

审理此案的知县最初以为叶钦可能是由于不满其妻与人"通奸"而自杀，那样的话，叶钦的妻子与她的那位性伴侣汪劾均应依"因奸威逼人致死"律而受严惩。但叶钦为其妻招嫖，这在当地人尽皆知。知县的上级官员在复审此案后，认为叶钦应该是对自己的病痛和渺茫的前途感到绝望才选择了自杀，于是只以犯奸罪判处张氏和汪劾杖刑。案卷记录并未说明这名女子是否被判归宗,但既然其夫已死,这一点可能已无甚意义。

此案中那名丈夫的利益动机固然一目了然,但司法官员对那名妻子的婚外性关系的处置方式,与对那些法律身份低贱的娼妓所做的处置方式大不相同。若这对夫妇是合法的娼户,则张氏和汪劾只需被证明无须对叶钦之死负责,两人便不会受到任何惩处(如同本章接下来的一节当中将提到的那种情形)。事实上,该案案卷记录中所使用的措辞已暗示了某种对比,亦即以"嫖"这一在法律意义上属于中性的词语,来描述叶钦在江西做生意时的那种性越轨行为,而将其妻的行为称作犯"奸",叶钦则是"纵"奸获利。[1]

在顺治二年(1645)来自山东临清州的一起命案中,一个名叫郑二的农民"纵妻为娼":

> 崇祯十四年间,岁运饥馑,有已发落今在官郑二贫窘难 245
> 度,比伊已发落今在官妻李氏年幼姿色,吴道德即与郑二银数
> 两买粮度日,遂与李氏私通和奸。

上述引用的案卷记录原文,利用带有贬义的形容词"私",强化了"和奸"这一动词的犯罪特质。实际上,尽管"为娼"一词曾在此案的案情报告出现一次,但郑二和李氏无疑皆是良民身份,且其性交易行为构成了犯罪。(案卷记录中从未将两人称为"娼户""水

---

[1] 参见《内阁刑科题本》,1371/顺治 13.8.5。

户"或"乐户",而这类词语是称呼那种合法的性工作时的惯用语。)

这对夫妇显然是在度过饥荒后仍以卖奸作为其主要的收入来源。吴道德一直是李氏的主要嫖客,直至他于顺治二年被另一名想要李氏陪宿的男子杀死。对上述杀人行为的调查,使得这对夫妇所犯下的"奸"罪被暴露,并因此被判处杖刑。①

顺治七年(1650)发生于甘肃甘州的一起命案中的情况,与上述案件略有不同。"黄玉纵妻杨氏与梁鸣鹍通奸",以从梁鸣鹍那里换取无息借款和衣物。黄玉以为自己无须归还本金,他的理解是杨氏提供的性服务已抵偿自己的那笔借款。但梁鸣鹍则认为,既然是借款,那么就应归还(他可能视杨氏提供的性服务为那笔借款的"利息"),并要求黄玉归还本金。梁鸣鹍如此斤斤计较,结果惹怒了黄玉,于是黄玉伙同一名友人将梁鸣鹍殴打致死。黄玉被以杀人罪判处绞刑。杨氏则因与梁鸣鹍"通奸"而被判处杖刑,但她因逢大赦而逃过实际的惩处。

黄玉与梁鸣鹍各自对借款抵偿方式的错误理解,凸显了清代案件记录中所记载的"良民"之间许多性交易的那种非正式性质。但司法官员们并不在乎这些模棱两可之处。既然犯奸女子系良民之妻,那么司法官员们便会采取同样的方式惩处此类"奸"罪,至于抵偿方式或借款动机,皆被视为无关紧要。②

这一点在未涉及任何钱财交易的第四起案件中被加以强调。此案于顺治十一年(1654)发生在山西保安州,一个名叫傅荣的农

---

① 参见《内阁刑科题本》,1607/顺治。这份刑科题本只有前半部分被保存至今,故而我们无从得知判决的所有细节,但这对夫妇毫无疑问也会被判令离异。
② 参见《内阁刑科题本》,1444/顺治 13.10.18。

人某日来到邻居杨友德的家中，发现杨友德不在，于是向杨友德之妻石氏求欢。"石氏因荣力大凶暴，不能挣脱，被荣奸污是实。嗣后每见杨友德外出，就到石氏房内行奸。"杨友德后来发现了此事，但"怕傅荣强害，容忍"。

后来傅荣在企图强奸另一名女子时，将该女子杀害。在因这一杀人行为而被官府追责时，他与石氏之间的那种性关系也随之被暴露于众。正如我们业已看到的那样，明清两代的司法官员在审理性犯罪案件时，将那种先强后和的情形界定为"和奸"，故而傅荣与石氏之间发生的那种性关系在法律上构成"和奸"。又因杨友德没有对此加以干涉，故而构成"纵容"妻子与人通奸。如该案判决所总结的，"至杨友德纵妻行奸，石氏恣淫无忌，各拟杖赎，于法允宜"。两人均被依"纵容妻妾与人通奸"律判处杖九十。①

这四起清初发生的案例，皆属于丈夫对其妻子的婚外性行为知情的不同情形。在前两起案件中，那两名丈夫均以自己妻子的性服务作为交换，从他人那里换取钱物。在第三起案件中，丈夫和其妻子的那位性伴侣均明白性服务是偿债的方式，只是这两名男子在对偿债的具体细节的理解上有分歧。在最后那起案件中，恶棍侵犯女子，受害女子和其夫均因惧怕而屈从，并未收受任何报

---

① 由于适逢大赦，这对夫妇得以获减一等处刑，并可继续维持其婚姻关系。傅荣则被判斩首。这项判决获得皇帝的同意。相较于我所搜集到的绝大多数清初的案例，我对此案的了解更多，这是因为与该案有关的三份题本均被保存至今，参见《"中研院"历史语言研究所现存清代内阁大库原藏明清档案》（第 20 册），档案号：20-86；《内阁刑科题本》，802/顺治 11.10.10，1041/顺治 12.6.4。遗憾的是，本节所讨论的其他三起案件，均各自只有一份简要的刑科题本保留下来，因此无法从中获知其更多的细节。

偿。但这些差异在司法审判中并不重要，上述四种情形均被官府视为丈夫纵容妻子与人通奸的案件加以处置。

现有的史料证据显示，元代的法律曾采用"亲夫受钱，令妻与人通奸"这样的措辞，来界定"纵奸"这种良民间发生的罪行，但即便在那时，以钱财进行交易这一行为本身，也并不会导致其刑罚因247 此被加重。明清两代的法律则彻底扩展了这种犯罪的内涵，不管丈夫是因何种动机容忍其妻子的婚外性行为，均构成"纵奸"罪。

对这些特殊情境当中发生的婚外性关系追究刑责，凸显了自元代至清初在立法上的如下特点，那就是：在这一历史时段中，法律的目的并非禁止某种行为本身，而是通过这种方式对此类行为加以规范，进而使对不同道德标准的展演成为区分不同身份阶层的标志。那些针对"纵奸"的法律规定之目的，是在良民当中强化一种关于良民妻子应守护的贞节和良民丈夫应负的责任的标准。

第四节　适用于娼妓的宽松刑责标准

娼妓的法律身份存在着一种悖论。就像其他贱民群体那样，娼妓在法律上遭到各种轻贱和歧视。但与此同时，歧视她们的那个理由（那种认为她们不可能遵从良民的性道德标准与家庭道德标准的预设），意味着娼妓有时反而会受到相较于良民而言更为宽大的处置。事实上，某些行为对良民而言构成犯罪，但对娼妓来说则可免受刑罚。

在此类可获宽宥的行为当中，最明显的例子当然是婚外性行为。良民女子与人发生婚外性行为乃属犯罪，但对于娼家女子来说，这则是其合法的谋生方式。这种豁免刑责的逻辑，也被扩展适用于其他的一些情形，例如下述这些发生于清初的案件。①

一、嫖客们为了一名娼妓而争风相斗：该娼妓是否应受惩罚？

顺治七年(1650)，陕西渭南县发生了一起命案，两名男子为了一个名叫王玉娃的风尘女子(她被确认是乐户和娼妓)而争风吃醋。李九维和李九切乃是兄弟，多年来一直是这名娼妓的恩客，两人强烈嫉妒她的另一名熟客，即两人的堂兄李布。该年农历六月，村里在当地的关帝庙举办庙会以庆祝关公的生辰。作为节庆的助兴节目之一，包括王玉娃在内的乐人们受邀到场表演。庆典过后，王玉娃和李布坐在外面一同饮酒。李九维和李九切看到后妒火中烧，于是将李布殴打致死。

李九维和李九切两兄弟被判处绞刑。与这里讨论的问题更相关的，是司法上对王玉娃的处置。身为乐户的她从事性工作，这并无违法之处，故而此案与"奸"罪无关。但由于她和李布在大庭广众之下共饮导致这场暴力行为的发生，知县依"不应为"律判她杖刑。知县在给他的上级官员的报告中陈述了如此判决的理由："虽非在于同打之中，而启祸之由在玉娃胎之也，应宜杖惩。"

248

---

① 在前文的讨论中，我们已在明律里面见到过此类宽大处置的一个例子，亦即与犯奸的良民女子不同，那些因陪宿官吏而触犯法禁的娼妓，可以用交赎金代替领受笞杖刑，即便她付不起赎金，也可以不被去衣受刑。

陕西按察使在复审此案时,对上述细节外的其他全部判决内容表示赞同。陕西按察使认为:"王玉娃与李布饮酒,乐妇常态,何罪之有？杖改应时,情法允协。"按察使的这一见解,后来获得皇帝的认可,是以王玉娃最终未受惩处。

简言之,王玉娃之所以得以免处刑罚,乃是因为她是一名娼妓。清代的司法官员在处置与此案相同情形中的那些良民妻子时,相较而言会更为严厉。[①]

二、司法审判中对婚内卖奸的默许

颇显悖论的是,那些涉及性交易的立法,通常默认这种行为乃是发生于婚内和家庭的情境之中。无论是法律上对贱民从事性工作的容许,还是对于良民违法与他人发生性关系,均采用这种观点。正如我们所看到的那样,自元代至清代,用来处置丈夫纵妻卖奸的基本方式,均是依照一般通奸者的刑罚标准,对发生非法性关系的男女双方及本夫加以惩处,并判令这对夫妇离异。纵妻卖奸的行为,破坏了那种界定正当婚姻的道德责任,因此必须终止这段婚姻关系。

但对那些身份低贱的娼妓又该如何处置呢？在我所阅读过的涉及被默许的卖奸情形的清初案卷记录中,大多数是夫妻搭档,由丈夫为其妻子招揽嫖客,并以其妻子的性劳务所得作为共同生活

---

① 与此案相关的那些文书,有多份被保存至今,但大多都已残缺不全。参见《内阁刑科题本》,1701/顺治?,600/顺治 10.5.8,1024/顺治 12.4.21,1695/顺治?;《"中研院"历史语言研究所现存清代内阁大库原藏明清档案》(第 22 册),档案号:22-37。

的经济来源。我搜集到的此类案件的样本数量并不多，故而很难确切断定这种生活方式在当时社会中的普遍程度，但在这些司法文书中未见到承审官员对此有过专门评论，这一点意味着此种生活方式在当时应不罕见。不过对于此处讨论的问题而言，最值得我们注意的是清代的司法官员认可此类婚姻。

顺治十七年（1660）上报中央司法机构的一起命案，可说明身份低贱的娼妓在其自身存在婚姻关系的情况下是如何被容许从事性工作的。该案发生于山西蔚州的一个集镇，镇上一个名叫郭六的百姓经营一家"淫店"，雇了三对夫妻操持这种皮肉生意。该案的刑科题本中对这三对夫妻的称呼，有"水户""娼妇"和"妓"等多种。据刑科题本所述，他们"俱各陆续投于郭六店内，各另赁房居住，接客过度。凡遇娼妇外搬，须向郭六言明店资，方许出店"。一个名叫贾一照的男子在邻村经营肉铺，他希望通过让娼妓住进自家店中、向顾客提供酒肉吃喝的方式，扩大自己的生意。贾一照得知郭六手下有娼妓后，于是通过两人共同的朋友郭自渠，试图说服郭六让其中的一对夫妻离开郭六经营的那家淫店，到贾一照的肉铺中接客，但遭到郭六的拒绝。于是，郭自渠和贾一照越过淫店老板郭六，私下与其中的一对娼妓夫妇商量，而该对夫妇同意随贾一照搬至邻村继续做皮肉营生。郭六发觉这对夫妇离开自己的淫店后，拿刀袭击郭自渠，结果杀死了前来调停的郭自渠的一名侄子。

郭六被视作"斗殴杀人"判处绞监候。该案的题本中并未提及"奸"，也没有暗示卖娼、招嫖和开淫店有什么违法之处，那对娼家夫妇只是以证人的身份到公堂上作证。事实上，该案的题本暗示那名淫店老板有理由对此感到愤怒。贾一照和郭自渠因为"将

(郭)六店内娼妇搬去"而"起衅",结果两人皆被依照"不应为事重"律处以杖刑。①

　　另一个例子是顺治十年(1653)来自京城的一起案件。在该案中,一名娼妇到官府衙门为她那位遭人杀害的丈夫讨要公道。这个名叫张一的娼妇,和为她招徕嫖客的丈夫刘二在另一位水户经营的妓院中谋生。某天夜里,一个名叫王禄的男子乘酒兴与一帮朋友来到这家妓院,指名要这对夫妇手下一个名叫强儿的年轻娼妓陪宿。但强儿当时正忙于接待另一位恩客。这帮人对此深感不满,抓住张一逼她将强儿唤来。张一挣脱后,其夫刘二要求这伙男子离开。然而这伙男子非但没有离开,反而将刘二拖到大街上殴打致死。翌日,妓院老板和张一将刘二被杀的事情向当地总甲报案,当地总甲随后再将案件向上呈报。罪犯们很快被抓捕归案。王禄被依"斗殴杀人"罪判处绞刑,他的同伙则在被处以杖刑后流放。

　　该案案卷记录中的所有细节均在暗示,当地的各级官府均知晓这家妓院的存在,且容许妓院内有已婚的夫妇操持皮肉生意。此案的刑科题本在开头便引用了娼妇张一对其夫被杀害一事的哀诉:

> 氏夫刘二领身趂[趁]度,本月十二日晚,凶恶王禄等叁人拉氏过宿,混闹巢窝。氏夫向理,称"有禁约,众人尚敢如此?"至触众怒,狠打遍伤,当时身死,刘大救证,凶徒作恶,人命关天。

---

① 参见《"中研院"历史语言研究所现存清代内阁大库原藏明清档案》(第36册),档案号:36-116。

　　张一在所递告状中的首行便声言，自己乃是通过其丈夫招揽嫖客的娼妓，但这并不影响该案的刑科题本对她那溢于言表的愤慨之情加以描述。实际上，这份刑科题本的内容重点是要表明，妓院中的这些人尽管身份卑贱，操持贱业，但相当安分守法。乍看之下这似乎自相矛盾，但我们必须记住，安分守法的贱民娼妓实为当时社会秩序中不可或缺的一部分。其所操持的那种营生方式被盖上的污名化烙印，具有一种重要的作用，亦即通过这种反衬，来界定朝廷期望绝大多数小民百姓应予遵奉的那种道德标准。

　　另一方面，那帮酗酒闹事并当众将人打死的恶棍，则代表着一种必须予以强势镇压的威胁。该案的刑科题本将杀害刘二的凶手称作"下流把棍"和"市井无赖之徒"。这些危险的罪犯虽有"良民"的法律身份，但这对此类案件的处置方式毫无影响。[①]

三、娼家夫妇之婚姻的道德含义

　　我们可据此得出结论，司法官员们并不认为婚姻与那些从事性工作的贱民娼妓之间水火不容。至少从司法的角度来说，婚姻对于贱民娼妓的意义，与它对于良民的意义显然有所不同。另外三起同样发生于清初的命案，便展示了此种差别的某些内容，因为这三起案件的案情迫使司法官员们以更为明确的方式处理丈夫合法地为其妻子招徕嫖客这种悖论。在每起案件中，均有一位招徕

———————————

① 参见《内阁刑科题本》，579/顺治 10.4.25。

嫖客的丈夫被其妻的嫖客所杀。鉴于妻子应忠于其丈夫的那种意识形态乃是以性行为作为中心，这些案件便为我们提出了一些非常重要的问题。在丈夫为其妻子招徕嫖客的那种情况下，妻子是否有忠于其夫的义务？如果有的话，那又是一种什么样的义务？她应该在何种程度上承担造成其夫死亡的责任？

　　顺治十七年（1660），巡按山西监察御史①上报了一起发生于山西大同县的命案。为其妻侯氏招徕嫖客的丈夫张二，被在水磨房工作的刘奇杀害。（该案的题本使用了多种词语来称呼这对夫妇，其中包括"乐工""水户"和"娼"，侯氏在其口供中自称"娼妇"，而并非像良民女子那般惯称自己为"小妇人"。）据巡按山西监察御史对此案案情的概括："（刘奇）与侯氏嫖宿，情热迷恋不舍。后因奇欠宿钱陆百文，张二夫妻逼讨，奇遂怀恨在心。"某天夜里，因侯氏在家中陪宿恩客，张二到刘奇工作的水磨房过夜，刘奇趁机将他扼死。翌日，侯氏到水磨房寻找其夫。刘奇送给她一块手帕，并和她"讲嫁娶"，要她和自己一起逃走，"从良去成两口子吧"。② 侯氏没有立即拒绝，仍继续寻找自己的丈夫。当晚她再次陪宿刘奇。次日，张二的尸体被人发现，刘奇和侯氏于是被官府拘拿到案。由于他们先前谈论嫁娶的那番对话被其他人听到，因此两人都被认为有杀死张二的嫌疑。

---

① 巡按山西监察御史这一区域性监察官员，在清初的死刑案件审转复核中看起来有着重要的影响力，但到了清中期则不复如此。

② 此处所称的"从良"，意味着侯氏将不再从事性工作、抛弃其夫及贱民身份，并与良民刘奇结婚从而使她的身份获得提升。刘奇应该无意于为侯氏向当地知县递状请求将她正式改籍，而只是打算远远地迁居至无人认识他俩的地方生活，如此他们就会被视为与普通的夫妻无异。

刘奇被以"故杀"罪判处斩监候。知县最初以为侯氏也参与了杀人,故而判处她凌迟处死。但随后展开的再次调查,表明她与杀人行为并无直接牵连,故而上述看法被推翻。尽管如此,侯氏仍被依据清代律典中沿用自明律的如下这条法律规定加以处刑:

> 凡妻妾与人通奸……若奸夫自杀其夫者,奸妇虽不知 252 情,绞。①

但这一判决被巡按山西监察御史驳回。上引律文旨在防止那些自身清白的良民丈夫因其妻与人通奸而遭遇不测。若妻子的情夫谋杀本夫,则她会因引发奸夫的杀人动机而受到惩处。巡按山西监察御史在认为此案不适用上引律文时,对侯氏有别于良民妻子的主要不同之处加以强调:

> 侯氏若果知情,罪当不止于绞;若不知情,似宜就人命定拟。娼妇与良人有间,律以奸条,抑亦允协否乎?

巡按山西监察御史将此案发回大同县衙门要求重审。既然侯氏并未参与杀人,知县也就同意应将"侯氏开释"。此判决在各级审转复核过程中均获赞同,并由三法司上报御前:"侯氏既审不知情,且与良妇不同,相应免议。"皇帝对此判决也表示同意。②

---

① (清)薛允升:《读例存疑》(重刊本),黄静嘉点校,成文出版社,1970 年,律 285-00。
② 《"中研院"历史语言研究所现存清代内阁大库原藏明清档案》(第 36 册),档案号:36-117。

同样的问题,使巡按江宁等处兼管屯田监察御史在顺治十五年(1658)复审一起命案时大感棘手。该案发生在凤阳府,涉及一对娼家夫妇,丈夫黄京为其妻张氏招徕嫖客,而张氏住在船上接客。这种在船上生活的方式,在当时长江三角洲和珠江三角洲的贱民群体中相当常见(虽然该案的题本仅称这对夫妇为"土娼",但他们很可能是疍户)。张氏曾多次陪宿李百锁和杨滚子这两名嫖客,但两人均未付钱给这对夫妇。某天夜里,黄京向这两人讨要嫖资,在遭到后者拒绝后开始詈骂。这两名嫖客勃然大怒,挖掉了黄京的眼珠,并将他刺死。张氏目击了整个杀人过程,但未参与其中。她起初被依照前面讨论过的那起案件中所援引的"奸妇虽不知情,绞"律判处绞监候,但后来这位监察御史在复审此案时,认为既然这对夫妇在法律上的身份属于贱民娼户,那就不应援用该律文的规定对他们加以处置:

> 张氏之于黄京,名虽夫妇,实系乱娼。当李百锁、杨滚子久恋氏身,悭偿宿债,京因索取诟詈,致触凶锋,仓卒[仓促]变生,顷刻毕命。

此处所引原文的重点在于"夫妇"与"乱娼"这种措辞上构成的对比。正如本书在第二章中业已解释的那样,"乱"字意味着对道德秩序的彻底破坏。简言之,良民婚姻的道德标准,并不适用于本案中黄京、张氏所属的那类贱民夫妇。张氏与黄京之间的关系,只是虚有婚姻之表象而已。而前面讨论过的那起案件中被援引的那条源自明律的法律规定之目的,是惩罚那些背叛其夫并为他招来

杀身之祸的妻子。因此，本案的事实与该律文中所说的那种情况
并不吻合。

不过这位监察御史所写的话中另有玄机。这位监察御史认
为，张氏应当为她在杀人事件发生之后的举止负责：

> 惟(唯)恨彼当场既不喊救，过后又不鸣冤，逐恶潜逃，丧
> 心忘故。于此断氏，则氏结舌无词矣。

因此，这位监察御史认为，虽然将初审拟判所援引的那条"奸"
罪律文适用于此案并不妥当，但初审拟判所建议的绞刑处断却"允
称情法之平"。他赞成对张氏处以绞刑，但却找不到具体的律例依
据。这位监察御史的此番权衡努力，更凸显出那些身为人妇的娼
妓应被纳入何种法定身份类别实属难题。在解释了这对夫妇不能
被视为真正的夫妻之后，这位监察御史却谴责这名妻子未表现出
对其丈夫应有的忠诚。他声称，这名妻子的背叛，不在于她与其他
男子发生了性关系，而在于她与杀害其丈夫的凶手一道逃走。这
一古怪的结论暗示，即使对高层的司法官员而言，社会实际情况的
复杂性，同样可能会破坏那种关于固定的身份界限的法律拟制。254
不过，这位监察御史的这一判决后来是否获得其上级官员的赞同，
我们对此不得而知。①

第三个例子是顺治二年（1645）发生于山东平原县的一起命
案。一位名叫李其福的衙役是娼妇李氏的主要恩客，且无法自拔

---

① 《"中研院"历史语言研究所现存清代内阁大库原藏明清档案》（第33册），档案
号：33-63。

地迷恋她。这种情形持续数年之久,直至顺治元年(1644),当李其福在这名女子身上花光积蓄时,李氏那位为她招徕嫖客的丈夫李文明便不再让两人往来。就在这个时候,李其福说服李氏与自己一起私奔,但被李文明一纸诉状告至当地县衙。知县判令李氏回到其丈夫李文明身边,并严禁李其福和她再度见面。但李其福无视此禁令,于顺治二年年初杀死了李文明,再次和李氏一起潜逃。两人在邻近的恩县安顿了下来,以寻常夫妻的样子逍遥生活了约一年的时间,最终被逮捕归案。

李其福因犯"故杀"罪而被判斩首,正如知县所认为的那样,"文明虽系下贱,其福难免斩抵"。李氏则被认定"不知有凶杀"。但就像前面讨论过的那两起案例中的处置方式一样,李氏最初也是被依"奸妇虽不知情,绞"律判处绞刑。但此案后来在审转复核时,上述初判被推翻,而据以推翻原判的那种逻辑与前述那两起案例中的相同。正如其中的一名复审官员所解释道:"致若娼妇,不责以义。"李氏与杀害其夫的凶手一起潜逃,此举的确令人感到震惊(事实上,前面讨论过的那起案例中的监察御史仅据此便判处张氏绞刑,尽管我们无从得知他的这一判决最终是否得到其上司的认可),但在此案中,李氏被判只受笞刑之惩,且此判决后来获得皇帝同意。①

上述判决与前述那两起案例的判决模式相同,即均不要求娼

---

① 该案现存的案卷记录,并未说明此判决是以哪条律例规定作为其判决依据,但很可能是援引了那条万用的"不应为"律。李氏所受的惩处显然过轻,故而不可能是援引那条经常用于惩罚良民女子私奔的"和诱"例文。关于"和诱"例文,参见(清)薛允升:《读例存疑》(重刊本),黄静嘉点校,成文出版社,1970年,例275-02。

妓身份的妻子须遵循法律用以约束良民夫妇的那种预设标准——"义"。此案还进一步为我们提供了理解法律上是如何处置娼家夫妇的新维度，亦即清初的州县官实际上可发出禁令来保障娼户人家中丈夫对其妻子的控制。倘若平原知县援引了那条适用于良民的律文，则他就应当认定李文明因"纵容"其妻李氏与李其福"通奸"而有罪，并判处两人受杖刑后离异。但与此相反，平原知县判令那位身为娼妓的妻子李氏回到先前为她招徕嫖客的丈夫李文明身边，并禁止她再与那位可能将其拐走的嫖客李其福接触。

255

这段值得注意的插曲暗示，相较于良民身份的丈夫，娼户人家中的丈夫对其妻子享有更彻底的性垄断权。这种性垄断权，体现为他可以合法地将自己的妻子转租给其他男子。这种性垄断权甚少受到条件限制（它在那种也可能会被打破的道德义务之共同纽带当中缺乏基础），故而更近似于奴隶主所拥有的那种将其奴隶当作财产无条件地进行占有的权利。"官妓"在传统上是朝廷的奴隶，但从这一案例来看，身为"私"妓的妻子，也有些像是她那位身为水户的丈夫所拥有的奴隶。法律上采纳了这种将此类身份的女子视为纯粹的商品的看法，即便它要求对良民妻子应另当别论。①

总而言之，对不同身份群体的道德展演的不同期待，意味着适用于其身的刑责标准也不尽相同。在某些情形中，这导致了法律对待良民比对待娼户更为严苛。自元代至清初，中央司法官员皆认为，那些约束良民的婚姻规范及其他的规范，与从事性工作互不兼容。由于良民犯奸被视为对婚姻的背叛，这种罪行被法律严厉

———————

① 参见《内阁刑科题本》，482/顺治 9.11.24，1565/顺治？。

禁止,但此类规范并不适用于那些以从事性工作为其特征的贱民阶层。不过倘若据此便认为贱民阶层从事性工作的行为属于合法,那也属于没能真正抓住问题的要点。更确切地说,那些从事性工作的贱民阶层被认为缺乏适用这些法律规定的资格。① 从事性工作的贱民阶层,在本质上属于一种道德失序的体现,故而要求他们须为其违反道德标准的行为负责便会显得毫无意义。与此同时,朝廷采取的各类措施,均是为了强调这类人迥异于一般的社会大众,以及对那些将他们从讲究体面的社会当中区隔出去的身份界限进行加固。

第五节　法律拟制与社会现实

本章所探讨的那些例子证明,各种对卖娼加以规制的措施,乃是维持身份等级区分的一种手段。但这些例子同样也显示出此类措施所遇到的各种障碍。雍正元年(1723)之前关于卖娼与贱民身份的所有话语,在本质特征上表现为一种基本的紧张关系,亦即那种存在于人人各安其位的理想社会秩序与日益复杂多变的社会现256实之间的紧张关系。尽管朝廷试图利用不同的性道德标准来建构泾渭分明的不同身份阶层,但这项工程由于各种跨越地理边界和社会经济领域界限的社会现实而逐渐受到侵蚀。

---

① 在这种身份等级体系的另一端,官员及身份等级更高者可凌驾于那些用来约束良民的众多法律之上。参见经君健:《清代社会的贱民等级》,浙江人民出版社,1993年,第3—19页。

中国帝制时期千余年来的俗世变迁显示，随着人口总数、耕地面积、城市化和商业化的不断扩张，贵族阶层和卖身为奴仆之人群的淡出，以及士绅和自由小农阶层的兴起，跨越各种领域之界限的变化正在逐渐加剧。这些长时期的发展变化，偶尔会因王朝鼎革所引发的动荡而中断。确切地来说，由于所有新王朝的开国者们均会努力地让民众再次在地理和社会意义上皆安于其位，故而这一漫长的历史时期，见证了有着周而复始之特点的大变化和许多表现为"倒退"的时刻。但到了盛清时期，相较于此前数百年中的那种情况，中国的社会结构变得更加不稳定，其人口的流动性也变得更强。故而可以想见，至17世纪末时，那种将道德与世袭不变的身份等级区分相关联的法律拟制，此时已变得不合时宜。

从所见到的史料来看，年代越早，朝廷对性工作的控制就越有力。至17世纪初期时，刑案记录给人以一种王书奴所谓"私人经营娼妓"已相当发达的印象，此时几乎已看不到表明是由教坊司或其他官方机构对性工作直接加以监管的证据。甚至早在元代，那些要求不同身份阶层在服饰穿着上应有所区别的法令，便已经在抱怨难以在此方面将娼户与良民乃至精英阶层明确分辨开来。元、明、清三代的开国者们均认为应强制推行此类规范服饰穿着的法令，其继任者们也一再对此加以重申。显然，即便回溯至元代，身份等级区隔也已不再是理所当然。质言之，身份等级区隔既非不言而喻，也不是永世不变。

那种体现在名妓身上的矛盾，也与此相当类似。曼素恩曾描述道，盛清时期的精英阶层男性，不愿意相信这些高雅迷人的女子乃是出身于下层社会。① 在本章前面部分的讨论中,我们也已看到,晚明时期的文人同样幻想着将这些不"应"为娼的女子救出命运的泥淖。此类精英阶层男性所遭遇的这种认知上的不协调,源于他们所面对的乃是一种与这些名妓低贱的法律身份不相称的身257 份地位展演(她们富有教养,知书达礼,精通琴棋书画,并且有"义"),当女性因能文识字和在文化上有所造诣而逐渐成为精英们引以为傲的标志时,更加如此。②

　　从更务实的角度来说,人口流动乃是普遍的现象。那种对身份等级加以区分的法律拟制所假定的社会图景是,所有人在其中(包括在家庭、社群、社会等级和地理空间当中)的位置,皆固定不变且一目了然。但与这种法律拟制所假定的上述情形相反,想一想在前述张肯堂所审理的那起案件中,水户以类似"洗黑钱"的方式将娼妓转移到一个又一个地方寄住,以便最终能将她冒充作良家女子嫁出。正如张肯堂所质疑的那样,"至于如此,良民其何道以脱此阱耶"。③ 又或者想一想在前述不止一起的清初案件中出现的那种情形,如果娼妓和嫖客潜逃至其他州县居住,那么恐怕当地没人能有办法将他们与寻常的良民夫妇分辨开来。最晚至清代初期,私逃已成为"从良"的最有效办法之一。正如这类案件所表明

① See Susan Mann, *Precious Records: Women in China's Long Eighteenth Century*, Stanford, Calif.: Stanford University Press, 1997, p.138.

② See Dorothy Ko, *Teachers of the Inner Chambers: Women and Culture in Seventeenth-Century China*, Stanford, Calif.: Stanford University Press, 1994; Susan Mann, *Precious Records: Women in China's Long Eighteenth Century*, Stanford, Calif.: Stanford University Press, 1997.

③ 参见(明)张肯堂:《䒳辞》,台湾学生书局,1969年,卷11,第5页a—5页b。

的,迁居他乡和隐姓埋名,对那种试图将贱民身份加以固化的法律拟制构成了严重的威胁。

再想一想前述讨论过的那起卖良为娼的案件。我们之所以能得知这类女子的存在,只是因为其娘家亲人(有时是在多年之后)对她出手相救。故而可以非常有把握地假设,若非其娘家人寻踪而至,则根本就不会有人将她们救出火坑,尽管文人们乐于做出此种想象。并且,只要没有人声明这些女子乃是良家女子,那么她们实际上就会被当作身份低贱的娼妓加以处置,不管是基于法律上的目的,还是基于实用的目的,皆是如此。(因此,嫖宿她们的那些恩客,也不会因犯"奸"罪而受追究。)肯定有不计其数的良家女子被卖作娼妓而终生未能获救。

最后让我们来审视一下朝廷设置"纵奸"罪名以应对某些良民从事性工作之现实问题的必要性。自元代至清代,这一罪行均被写入律典之中。这表明,不管其具体原因是什么,并非所有的良民皆愿意依照他们被要求应予遵守的"良民"道德标准相应行事。相较于其他的证据,那种通过对这类人加以惩戒以使他们的行为被控制在其相应身份界限之内的需要,更为清楚地显示出"身份地位展演"这一概念的那种完全人为性。

尽管从表面上看,上述这种自甘堕落的行径为当时的法律所 258
严厉禁止,但实际上,明清时期的司法官员看起来有时又会默许这种行为的发生。我们可以从清初的两起涉及夫妻搭档从事性工作的刑案当中找到此方面的证据。在这两起刑案中,其案情陈述使用了各种能表明所涉的性交易是在可容许的范围之内的身份用语,而且无人被控犯有"奸"罪。但这两起案件的记录皆附带地提及,涉案夫妻是如何开始从事性工作的,亦即声称"甚久之前",丈夫将妻子带至外地卖娼。其中一起案件是因为那对夫妇贫困潦倒,[1]另一起案件则是由于妻子与人私通。[2] 显然,这两对夫妻在当初结婚时均是寻常良民的身份,但在就这些案件撰写报告的官员们看来,历经了多年无可救药的自甘堕落后,这些夫妇实际上已丧失了原有的良民身份。此类案件与我们在前面所见到的那些被控"纵奸"的案件的唯一区别,在于从事性工作的时间长短,不过也可能与女方在此长时期内所接待过的嫖客人数多少有关。承审官员们看起来认为,一旦达到某种未予详细说明的程度之后,再以良民标准对这些夫妇加以惩治并判决其离异,便已变得无甚意义。承审官员会将这类走上歧途的夫妇归入那种为法律所不屑一顾的贱民阶层。这种贬抑,体现为承审官员不以奸罪对这些人加以处刑,以及采用相应的词语将他们描述为法律所容许的身份低贱的娼家。

将对"性"(sexuality)所做的规制作为一种区分身份等级的手段,乃是一项充满着模棱两可之处的工程,且这种含糊不清正在随着时间的推移而扩大。性工作的社会实况,远比当时律典中希望人们相信的那种情况更为混乱。贱民和良民之间的身份界限,就其对真实生活的反映程度而言,也远比明清时期的统治者们所乐见的更具可渗透性。所有证据皆显示,一个商业化的性交易市场(王书奴称之为"私人经营娼妓")当时正在稳步成长,而在这一性交易市场当中,女性在婚姻与性工作之间流动的程度正在日益加

---

① 参见《内阁刑科题本》,1062/顺治 12.7.3。
② 参见《内阁刑科题本》,1335/顺治 13.15.17,1644/顺治?。

剧。对于帝国意识形态的那些拥护者来说，这种性交易市场是令其感到非常憎恶的存在。按照他们的理想，应该根据法律上的身份、所操持的营生方式、所奉行的道德标准、住所甚至所穿着的服饰，从法律上将稳定且自我再生的人群固定下来并加以区分。即便是对于那些地位低贱的娼妓，尽管司法官员认可其所从事的性工作的那种商品化特征，但性工作最初的范式并非商业活动，而是惩罚性的劳役，只是到了 17 世纪和 18 世纪时，那种最初的范式才变得无甚意义。259

　　上一节中提及的数起案件，显示了清初的司法官员对此类问题大感困扰。其中的关键在于，如果涉案的娼妓本人并未参与杀人，那么该如何衡量她对杀人罪行应承担何种程度的道德责任。在前述所有的案件中，一众的下级承审官员皆对此理解有误，结果将那些娼妓依据良民妻子的标准加以惩处。他们的上级官员最终纠正了这种错判。但我猜测这种困惑反映出一种更深层次的典型危机，亦即倘若连州县官们和知府们都不能理解这些准则该如何适用，则必然有很多人都会对此感到大惑不解。

　　就算身份等级区分所内含的那种性的维度曾经是显而易见之事，到了清代，甚至连许多司法官员也已不再视其为不言自明。那条存在于已然不合时宜的法律拟制和复杂的社会现实之间的鸿沟正在日益变大，从而为 18 世纪时此方面的改革创造了条件。

260

第七章　良民所应遵循的诸标准在适用范围上的扩张：雍正朝的改革与卖娼入罪化

第一节　学界以往对雍正元年"开豁贱籍"的解读

　　上一章中的讨论，开始于对一个看似简单的问题的如下追问——清代的法律是否禁止卖娼？就清朝定鼎中原后的那头八十年而言，对上述问题的回答为既"是"也"不是"。正如我们业已看到的，中国帝制时期的法律长期将卖娼分为两种不同的模式：一种是普通良民所从事的被视为犯罪的卖娼，就像一般的通奸情形那样，此类行为会被官府视作"奸"罪加以问责；另一种是法律所容许的卖娼，由那些身份低贱的人们在官府某种程度的监管之下进行，据称是一种劳役的形式。清初那些经中央司法机构审理的案件留下记录，提供了关于这种双重标准在实践当中是如何运作的丰富例证。

　　但到了雍正朝（1723—1735），此问题的答案变成了毋庸置疑的"是"。雍正朝之后的案件记录显示，上述第二种卖娼的模式此时已不复存在，性工作被容许存在的那种法律空间此时已彻底消失。自那之后，任何案件当中所涉及的卖娼，均被视作"奸"罪加以处置。原先那些被用来指称身份低贱的娼家男女的法律用语，也随之消失不见。在雍正朝之后的案件中，我从未看到过有使用"乐户"（或其衍生词）或"水户"这些称呼。"娼"和"妓"这两字虽然仍被保留使用，但它们在法律上的含义，已变得与它们过去所具有的那些含义截然不同。它们不再被用来指称那些免予处刑之人中的一种类别，而是被用来指称犹如"贼"或"盗"那样的罪犯。先前那些长期以来被加以区分的不同类别，此时被合而为一；自那以后，被称为"娼"或"妓"的女子及其嫖客，均会被按照"奸"罪加以惩处。

261

　　当"奸"罪的类别被扩张至将这一新的范围涵盖在内时，卖娼实际上就被全面禁止了。这一变革，是由雍正朝颁布的一系列广为人知的谕旨所引发的。这些谕旨终结了官府与性工作之间的关联，并削除了那些与此类行为有关的世袭的身份标签（尤其是乐户这种身份）。但学界以往对雍正朝所颁布的这些谕旨的解读，多是聚焦讨论这些谕旨是否应当被看作是对其所涉及的贱民身份群体的一种"解放"，而忽略了其对卖娼加以禁止的这一面。在对史料证据本身展开讨论之前，我们应当先来检视学界以往就此所做的那些解读。

一、一种推动社会变革的进步性举措？

在此方面先前的那些研究中，迄今为止最负盛名的，乃是寺田隆信发表于 1959 年并在学界有着深远影响的那篇日文论文《雍正帝の賤民開放令について》。寺田隆信探讨了雍正朝出台的这一政策的多重面向。例如他指出，雍正朝所做的这一改革，某种程度上乃是一种旨在适应社会变迁的努力。到了 16 世纪后期，许多在官府那里被登记为乐籍者，已不再从事那些不光彩的娱乐性行当；他们耕种自己所拥有的土地，不大容易能被与良民分辨开来。在16 世纪后期的那几十年里，明王朝或多或少地开始将这类人视同为寻常的农民，至少在赋税征收方面如此。就此而言，雍正元年(1723)针对乐户颁布的那道谕旨，通过废除这种已不适应此时社会现实变化的户籍登记类别，在身份管理制度方面进行了革新。① 这种看法相当有说服力，并可与王书奴的如下论点相辅相成。王书奴认为，到了晚明时期，"私人经营娼妓"开始取代那种由来已久的"官妓"模式。② 寺田隆信在其论文中的上述看法，对曼素恩的研究影响甚深。尽管曼素恩更为关注的并非雍正朝这一改革的背后动因，而是这一改革的成效与社会经济变迁的交互作用是如何推动了"旧有身份藩篱的逐步消退"。③ 寺田隆信的上述观

① 参见[日]寺田隆信："雍正帝の賤民開放令について"，《東洋史研究》第 18 卷第 3号(1959)，第 126—127 页。

② 参见王书奴：《中国娼妓史》，上海三联书店，1988 年。

③ See Susan Mann, *Precious Records*: *Women in China's Long Eighteenth Century*, Stanford, Calif.: Stanford University Press, 1997, p.43.

点，也符合我在本书第六章中所展示的那些例证，亦即那条存在于关于身份地位展演的法律拟制与跨越身份界限的社会现实之间的鸿沟，此时正在不断变大。

　　寺田隆信还提及政治性宣传在这一变革中所扮演的角色。被用来将清朝政权对全中国的征服加以正当化的理由之一是，建文四年（1402）燕王朱棣的篡位，导致大明王朝此后的皇位传承已不再具有正当性。① 由此衍生出来的另一种看法是，雍正皇帝及其皇位继承者们开豁乐籍的做法，被解读为仁君圣主对前朝那种不义之举（亦即明成祖将其政敌的家眷充入乐籍的做法）的矫正。② 为了政治宣传之便，清廷刻意无视乐籍和作为一种劳役形式的性工作早在明代建文四年（1402）之前便已存在千余年之久的事实。③

　　但最重要的是，寺田隆信将雍正朝的这些谕旨视为一种积极推动社会变革的努力。这正是他用"开放"这一雍正朝时并未使用

262

———————

① See Benjamin Elman, "'Where Is King Ch'eng?' Civil Examinations and Confucian Ideology during the Early Ming, 1368—1415", *T'oung Pao*, Vol. 79(1993), pp.66—67.

② 参见寺田隆信："雍正帝の賤民開放令について"，《東洋史研究》第 18 卷第 3 号（1959），第 124 页。例如雍正元年（1723）户部发布了一项关于乐户的政策声明："山西等省有乐户一项，原属忠义之后。其先世因明建文末不附篡立被害，遂遭荼辱，编为乐籍，世世子孙不得自拔为良民。饬令各属严行禁革，令其改业得为良民。……浙江绍兴府属之惰民，贱辱已极，实与乐籍无异，行令削除其籍，俾改业自新，与编民同列。"《清会典事例》，中华书局，1991 年，卷 158，第 1007 页。

③ 韩安德（Anders Hansson）回顾了这两个要点，并特别看重雍正元年颁布的那道谕旨背后的政治性动机，认为纠正明朝的不义之举是为了展示清朝政权在道德上的优越性。参见 Anders Hansson, *Chinese Outcasts*: *Discrimination and Emancipation in Late Imperial China*, Leiden: E. J. Brill, 1996, pp.165—168。

过的术语来对这些谕旨加以形容的原因。① 这种开豁贱籍之举反映了雍正皇帝以仁君圣主的角色对"社会问题"的"强烈关注",试图消除对那些有着贱民身份的诸多百姓的"社会歧视"。由于此政策(至少在法律意义上)的确"简化了身份关系",故而寺田隆信认为应承认其具有"时代进步性"。② 但他也承认,"不能否定的是",这一政策的实际效果,并未达到雍正皇帝所期许的那种目标。所谓开豁贱籍,仅限于在"户籍身份层面",而并未采取任何具体的措施将这些人从他们所从事的那些低贱营生方式中完全解放出来,故而此类群体仍然受到"社会歧视"。此外,后来乾隆朝颁布的新法令,设置了关于这些已被开豁贱籍的群体能够参加科考的严格限制性条件,包括规定必须至少得三代以后,这些人的后人方能参加科考。依寺田隆信之见,这类限制与雍正朝的政策相抵触。用他的原话来说,"尽管已被开豁贱籍,但不符合上述限制性条件者仍无进入仕途的渠道"。③ 在寺田隆信看来,这种开豁贱籍虽可被认为是"雍正皇帝的善政之一",但并未对此类人们的生活质量有

---

① 寺田隆信在其论文中将"解放"与"开放"两词交替互用。继寺田隆信之后,西方的史学家通常以"emancipation"一词来指称雍正朝的此项改革,例如 Anders Hansson, *Chinese Outcasts: Discrimination and Emancipation in Late Imperial China*, Leiden: E. J. Brill, 1996; Charles O. Hucker, *China's Imperial Past: An Introduction to Chinese History and Culture*, Stanford, Calif.: Stanford University Press, 1975, p.335; Susan Mann, *Precious Records: Women in China's Long Eighteenth Century*, Stanford, Calif.: Stanford University Press, 1997, p.43; Susan Naquin and Evelyn S. Rawski, *Chinese Society in the Eighteenth Century*, New Haven: Yale University Press, 1987, p.117。
② 参见寺田隆信:"雍正帝の賤民開放令について",《東洋史研究》第 18 卷第 3 号 (1959),第 140 页。
③ 参见寺田隆信:"雍正帝の賤民開放令について",《東洋史研究》第 18 卷第 3 号 (1959),第 128 页。

任何实际上的提升，故而从这一角度来讲，"最终只能给予其以一种负面的评价"。①

二、一种相对不那么积极的评价？

如果说寺田隆信是带着为之感到惋惜的口吻而得出上述结论的话，那么相比而言，如下这两位卓越的中国史专家对雍正朝上述改革所做的评价更加不那么积极。

瞿同祖将雍正朝的那些谕旨视为无足轻重，因为他必须采取这样的立场，来支持自己如下这个关于传统中国的法律和社会结构在近两千年的时间里都基本上静止不变的观点："自从法律儒家化的过程完成以来，直至十九世纪，中国法律并没有发生重大的、本质上的变化，至少在家族和阶级这两个方面是如此。尽管在法律内容上也有许多的变化，但中国法律的基本特征并未改变。"②瞿同祖将中国法律传统未能实现"现代化"的原因归咎于那种以身份和家族为基础的"特殊主义"，认为正是这种特殊主义"阻碍了发展出普适性的法律和抽象的法律原则"，并导致"那些作为个人权利的事项"无法获得关注，尤其是"社会等级体系并未产生重大的变化"。③ 对于乐户及其他那些在雍正朝时被开豁贱籍的群体来说，

263

---

① 寺田隆信："雍正帝の賤民開放令について"，《東洋史研究》第 18 卷第 3 号（1959），第 139—140 页。

② See Ch'ü T'ung‑tsu, *Law and Society in Traditional China*, Paris：Mouton and Co.，1965, p.283.

③ See Ch'ü T'ung‑tsu, *Law and Society in Traditional China*, Paris：Mouton and Co.，1965, p.284.

"这种只是将生活于特定地域的某些人群从贱民的类别当中移除的做法,并不代表贱民作为一个阶级获得了解放"。在瞿同祖看来,如果说这种调整有什么意义的话,那也只是"强化而非削弱了那种身份等级秩序"。与寺田隆信一样,瞿同祖也引用了乾隆朝那些对参加科考者之资格加以限制的政策,作为此时仍然存在着对上述群体的歧视的论据,以证明雍正朝那些开豁贱籍的谕旨的意图实际上被抵销。① 瞿同祖进而认为,"清代进一步将娼妓、优伶和衙役列入贱籍,这些人因此失去了应考出仕的权利"。② 他的后一论断令人感到不解,因为元明两代无疑便已将贱民身份加于娼优,并禁止娼家男子和优伶参加科考。③ 更重要的是,清代没有任何臣民能够享有可用来与朝廷相抗衡的"权利"。

经君健的看法与瞿同祖相似。他认为清代法律中的那种身份等级制度十分"僵化"。尽管他承认这种身份等级制度确实也出现了某些变化,但这种变化的步调极其缓慢,远远落后于经济政治领域中正在发生的那些变化。④ 按照经君健的观点,既然雍正皇帝没有同时实施禁娼的措施(经君健对此点的理解有误),且娼妓这门生意也未被彻底消灭,那么取消乐籍之做法的意义便微乎其微。⑤ 皇帝颁布的那些谕旨并未产生将相关群体从其所从事的贱

---

① See Ch'ü T'ung‐tsu, *Law and Society in Traditional China*, Paris: Mouton and Co., 1965, p.132.

② See Ch'ü T'ung‐tsu, *Law and Society in Traditional China*, Paris: Mouton and Co., 1965, p.282.

③ 参见《元典章》(影印版),中国书店,1990年,卷31,第156页;《明会典》,中华书局,1988年,第77页。

④ 参见经君健:《清代社会的贱民等级》,浙江人民出版社,1993年,第265页。

⑤ 参见经君健:《清代社会的贱民等级》,浙江人民出版社,1993年,第231—233页。

业中解放出来的实际效果,也没有触及那些被经君健视为处在贱民身份制度之核心的家奴。[①]　就像瞿同祖那样,经君健也认为,乾隆朝实施的那种"不合理"的科举政策,否定了这些新晋良民作为良民应当享有的一种基本"权利",让其他人仍有理由对他们加以歧视,故而这证明了所谓开豁贱籍只是一种假象而已。[②]

264

三、所谓"解放"乃是一种时代错置?

概而言之,如果说寺田隆信将雍正朝的上述政策视为一种推动社会变革的进步性举措的话,那么瞿同祖和经君健则认为此政策的实际影响微乎其微,甚至可以说是一种假象。但这三位学者皆共享同一个预设,亦即他们都认为关键的问题在于"解放"。他们所说的"解放",看上去是指摆脱个人过往经历所造成的束缚,并以能否参加科考作为此政策是否确有成效的最终检验标准。从这一标准来看,这三位学者均认为,雍正朝的上述政策,即便产生了一些影响,那也并不成功。但在这三位学者所做的此种预设背后,我怀疑存在着一种对清代中国未能走上现代化道路这一点深感失落的情绪,其中尤以瞿同祖最为明显。用瞿同祖的原话来说,"对特殊主义的强调……限制了中国法律的发展",致使中国法律只能在"现代西方法律的冲击下"才开始"现代化"。[③]　这种看法所影射

---

① 参见经君健:《清代社会的贱民等级》,浙江人民出版社,1993 年,第 265 页。

② 参见经君健:《清代社会的贱民等级》,浙江人民出版社,1993 年,第 235 页。

③ See Ch'ü T'ung‐tsu, *Law and Society in Traditional China*, Paris: Mouton and Co., 1965, p.284.

的那个用来比较的对象,自然是 18 世纪以降那种在西方法律中可以看到的人人皆权利平等的发展。我推测,特别是瞿同祖和寺田隆信,均将雍乾两朝视为中国在鸦片战争之前那关键的一个世纪里面,被遗憾错过了的一个原本可以将其历史发展导向另一条道路的机会。"解放"一词看起来是如此现代和进步(正如林肯发表的《解放宣言》①那样),故而唤起了这些学者们的希望,正如孔飞力所洞察到的,"由那些自由流动的劳动力所组成的市场,以及人身依附关系和奴隶身份的瓦解,这些现象对于一名生活于 20 世纪的西方人来说非常具有吸引力,他会将这些现象与自由和进步联系在一起"。② 但这些希望最终破灭了。

上述这种对"解放"的强调,虽不至于全错,但恐怕并非切入这一问题进行讨论的最佳方式。尤其是,倘若因为雍正朝的谕旨未能使那些被压迫者获得自由就对这些谕旨不予理会,则看起来就会犯一种时代错置的古怪错误。我相信,如果对雍正朝那种就"性"(sexuality)加以规制的政策所造成的影响细加分析,那么便可以获得更多的认识。雍正皇帝肯定自认为这是在施行仁政,但他完全没有要将那些因此在法律身份上得到改变的人群所拥有的"自由"加以扩大的意图。相反,那些人被认为应当受制于相较于以往而言更加严格的行为规范。毋宁说,雍正皇帝这样做的目的是"广风化"(用他的原话来讲),而他所采用的方式便是扩大道德

① 译者注:指美利坚合众国总统亚伯拉罕·林肯(Abraham Lincoln)在 1862 年 9 月 22 日发布的《解放黑人奴隶宣言》(*Emancipation Proclamation*)。

② See Philip A. Kuhn, *Soulstealers: The Chinese Sorcery Scare of 1768*, Cambridge, Mass.: Harvard University Press, 1990, p.35.

标准和刑责标准的适用范围,并使它们更为整齐划一,同时进一步
强化地方官员对此方面的监督。

265

第二节　"广风化"

一、雍正元年的谕旨

　　前述方面的变革迹象,早在清初便已出现。清朝定鼎中原后
不久,朝廷便开始对那条将官吏与娼优隔绝开来的鸿沟加以扩大。
顺治八年(1651)颁布的一道谕旨禁止"教坊司妇女"进宫,原先那
些她们要进宫完成的职能,改由太监们接手。[①] 据王书奴所言,这
道谕旨意味着"官妓"制度在京城寿终正寝,以及国家开始有计划
地从那种作为性工作之管理者的传统角色中退出。[②] 而且,正如曼
素恩所分析的那样,地方上在举办各种节庆活动时(例如各地县治
每年举办的"迎春"庆典),先前广泛存在着让娼优及其他乐籍之人
来唱主角的做法,而清初的官员们成功地将这种旧习予以革除。[③]
　　具有决定性意义的变革,发生于雍正皇帝初登大宝之时。依

---

① 参见《清会典事例》,中华书局,1991 年,卷 524,第 1043 页。

② 参见王书奴:《中国娼妓史》,上海三联书店,1988 年,第 261 页。

③ 参见 Susan Mann, *Precious Records: Women in China's Long Eighteenth Century*, Stanford, Calif.: Stanford University Press, 1997, pp.26—27, pp.126—127。在那本成书于康熙三十三年(1694)的官箴书中,黄六鸿对"娼优"参加迎春活动这种"可笑"的景象大加挞伐,并认为根据《礼记》,迎春本应是非常庄严的节庆。参见(清)黄六鸿:《福惠全书》,小畑行简训点,山根幸夫解题索引,东京:汲古书院,1973 年,卷 24,第 16 页 a—17 页 b。

照古老的传统,新皇在先帝驾崩后继位之时,应大赦天下。正如在本书上一章中所提及的那样,在明代,有数位皇帝用来纪念自己初登大宝这一重要时刻的方式,是将一定数量的教坊司乐人予以释放,并使这些人脱离被奴役的状态和贱民的身份。雍正皇帝则选择了一种更为彻底的改革方式。他完全废除了乐籍这种法律上的身份类别,以及另外两种在某种程度上由于与性工作存在关联而遭到污名化的贱民身份类别:

> 各省乐籍并浙省堕民、丐户,皆令确查削籍,改业为良。若土豪地棍,仍前逼勒辱凌,及自甘污贱者,依律治罪。其地方官奉行不力者,该督抚查参,照例议处。①

266　这道谕旨将乐户及另外两个群体在身份上提升为良民,同时责令这些如今身份得到改变者改从正当的营生,不得再从事那种被视作贱民身份之标志的性工作。这道谕旨被作为一条例文添入大清律当中,从而取消了合法的性工作这一所谓贱民身份之标志在法律中得以存在的那种空间;与此同时,这道谕旨还要求地方官员在其各自的治境内取缔娼妓营生。雍正朝时还颁布了另一道谕旨,将诸如疍户之类也与性工作有关的群体所具有的那种贱民身

---

① (清)薛允升:《读例存疑》(重刊本),黄静嘉点校,成文出版社,1970年,例076—06。

份予以废除。①

雍正元年颁布的上述谕旨,其背后的动机何在? 雍正五年
(1727),在下令废除其他某些贱民身份时,清世宗本人就此亲自加
以解释:

> 朕以移风易俗为心,凡习俗相沿,不能振拔者,咸与以自
> 新之路,如山西之乐户、浙江之惰民,皆除其贱籍,使为良民,
> 所以励廉耻而广风化也。②

那些用来表示贱民身份的标签,过去被理解为反映了该人具
有世代相袭的道德污点。但雍正皇帝上述所言暗示,这些身份标

---

① 寺田隆信、经君健和韩安德将相关的谕旨进行了编目,其中包括那些适用于与卖
娼无关的情形的谕旨。参见[日]寺田隆信:"雍正帝の賤民開放令について",
《東洋史研究》第 18 卷第 3 号(1959);经君健:《清代社会的贱民等级》,浙江人民
出版社,1993 年;Anders Hansson, *Chinese Outcasts: Discrimination and Emancipation in
Late Imperial China*, Leiden: E. J. Brill,1996。亦可参见 Susan Mann, *Precious Records:
Women in China's Long Eighteenth Century*, Stanford, Calif.: Stanford University Press,
1997,pp.37—43。这些谕旨的原文,可见于《清会典事例》,中华书局,1991 年,卷
158。雍正朝的这些谕旨并未明确提及"九姓渔户"("九姓渔户"是指浙江一带以
打鱼和卖娼为生的船上人家)这类贱民群体,但乾隆三十六年(1771)颁布的一道
谕旨允许他们着籍并改变法律上的身份,只要他们遵从良民应当奉行的那些关于
营生方式与行为方式的标准,参见[日]寺田隆信:"雍正帝の賤民開放令につい
て",《東洋史研究》第 18 卷第 3 号(1959),第 131—132 页;经君健:《清代社会的
贱民等级》,浙江人民出版社,1993 年,第 217 页。
② 《大清历朝实录·世宗宪皇帝实录》,卷 56,第 27 页 a—27 页 b。对这段文字的英
文翻译,参见 Philip A. Kuhn, *Soulstealers: The Chinese Sorcery Scare of 1768*, Cambridge,
Mass.: Harvard University Press,1990,pp.22—23;对这段文字的日文翻译,参见[日]
寺田隆信:"雍正帝の賤民開放令について",《東洋史研究》第 18 卷第 3 号
(1959)。

签本身已成为妨碍个人进行道德自新的障碍。因此,在雍正皇帝看来,将贱民群体在其身份上提升为良民,相当于给了他们一条"自新之路"。

雍正皇帝所谓"自新",有其明确的法律含义。早在汉代,这一词语便被用来解释大赦及其他宽宥政策之目的。它意味着赋予那些有可能改过向善的罪犯重新做人的机会。例如,元代的一位司法官员在主张应留下某伙强盗的性命时,提出了如下理由:"彼皆良民,饥寒所迫,不得已而为盗耳。既加以刑,犹以盗目之,是绝其自新之路也。"①

而且,此前数百年以来那个用来反对肉刑(例如割耳或砍足)的基本观点,也正是认为这类刑罚断绝了罪犯们的"自新之路",亦即即使他们决心改过,也永远无法修复其身体上因此造成的残缺,或者消除自己身上那些昭示其社会危害性的印记。② 司法官员对刺字之刑抱持着同样的看法。例如在辽代,罪犯身上均须被刺上所犯的罪名以利识别,但并非刺于其脸上,而是刺在其可被遮盖的肩上。10 世纪时颁布的一道法令就此种处刑方式所做的解释是,"犯罪而悔过自新者,亦有可用之人,一黥其面,终身为辱"。③ 明清两代的法律也将刺字作为针对许多罪行的刑罚方式之一,可被刺于罪犯的脸上或肩上,但补充规定说,对于那些"如实能改悔"的窃贼或强盗,可在两三年后除去刺字,并"复为良民",这样做的目

---

① (明)宋濂:《元史》,第 4090 页。

② 相关的例子,参见(梁)沈约:《宋书》,第 1560 页。

③ (元)脱脱等:《辽史》,第 943 页。

的便在于给予此类罪犯以"自新之路"。①

由此观之,雍正皇帝所提供的这种"自新之路",令人回想起先前那种以贱民身份与作为刑罚方式之一的性工作为其内容的范式。鉴于此类人的行为方式及附着他们身上的那种公开的污名,这些社会标签犹如被刺在罪犯脸上的罪名,会妨碍这些人重新融入由良民构成的社会之中,而不管其实际品行或内在动机怎样。除去这些标签,相当于解除他们那种世代承受的集体性惩罚的一次大赦,能使那些受惠者有机会通过良好的表现恢复自己的名誉。

但雍正皇帝前述所言所针对的,并不仅限于那些由先辈最初犯下的致使其后人被官府强行划入乐籍的罪行。除了那些罪行,看上去他还意指那种与贱民身份相联系("习俗相沿")的性工作。良民若从事性工作,向来会被视为犯罪行为之一。朝廷"使为良民"的举措,让贱民身份之人去奉行良民们所应遵守的那种"廉耻"标准,从而给予他们改善自身"风俗"的机会。但这同时也是贱民身份之人必须照其去做的一项命令。朝廷意在以此来达到"广风化"的目的,而不管人们是否喜欢这种方式。换言之,雍正皇帝将以往那种在法律上容许的性工作本身重新界定为需加悔改和远离的犯罪行为,而不再将性工作视作那种身份固化的下贱生存状况可被容忍的症状。在上述谕旨发布之日后发生的任何性交易,均将会被治罪。

---

① 参见(清)薛允升:《读例存疑》(重刊本),黄静嘉点校,成文出版社,1970 年,例 281-18,例 281-20;(清)赵尔巽等:《清史稿》,第 4196 页。廿五史中有许多类似的例子,可在中国台湾地区"中研院"网站上的汉籍电子文献数据库(http://hanji.sinica.edu.tw/) 当中搜寻到。

二、对中央音乐机构的改革

在雍正五年(1727)时针对为何削除乐籍所做的前引解释性文
字当中,清世宗在开篇之处便声称"朕以移风易俗为心"。"移风易
俗"这一表述常被用于比喻推动公共道德的进步。不过它也是一
个具体关于儒家所推崇的那种关于音乐、道德和理想政府之关系
的典故。任何一位生活在18世纪的清朝读书人,都会对这一典故
心知肚明。这个与音乐有关的典故看起来颇为重要,因为毕竟在
上述那份谕旨中,雍正皇帝谈到了包括那些为国家举办的仪典和
宴乐活动提供表演之人在内的"乐户"。

"移风易俗"一词,在传统上被认为语出孔子。据《孝经》中的
引述,孔子曾有言:"移风易俗,莫善于乐。"①此词语也出现于《荀
子》的《乐论》篇当中:"故乐行而志清,礼修而行成,耳目聪明,血气
和平,移风易俗,天下皆宁。"②

依陆威仪(Mark Edward Lewis)之见,那种关于音乐的经典论
述,源于下述理念,亦即认为风是以"气"的形式存在于人体之内,

---

① (清)阮福:《孝经义疏补》,台湾商务印书馆,1966年,第100页。

② 与此类似的论述,可见于《诗大序》《礼记》及其他文献。参见 Stephen Owen,
Readings in Chinese Literary Thought, Cambridge, Mass.: Council on East Asian Studies,
Harvard,1992。本书英文版对《荀子》之《乐论》篇引文原文的英文翻译,系引自
Burton Watson, trans., *Basic Writings of Mo Tzu, Hsün Tzu, and Han Fei Tzu*, New York:
Columbia University Press,1963;对《论语》中相关原文的英文翻译,则系引自 Arthur
Waley, trans., *The Analects of Confucius*, New York: Vintage Books, 1938。

故而"风与引导人类行为的情感或冲动之间……互有直接影响"。① 因此,"人们可刻意改变风的运行方式或本质,以确保公共道德的进步和五谷丰登。作为雅正之风的一种形式,音乐则是达成这种改变的主要机制"。② 音乐既能激发也能展现人类的基本情感。从正面的角度来说,音乐所具有的这种能够影响到他人的力量,可被利用来作为"贤君明主以其所掌握的正声引导百姓的一种工具"。③ 用荀子的原话来说,"正声感人而顺气应之,顺气成象而治生焉,唱和有应,善恶相象"。④ 但是,不正之声则会危及道德和政治。《论语》中便就此发出警告说,"淫"乐会造成有害的影响。荀子也对此种看法加以重申:"故君子耳不听淫声,目不视女色,口不出恶言……凡奸声感人而逆气应之,逆气成象而乱生焉。"⑤正如 269 这段引文所暗示的,音乐所具有的那种潜在危险性,与性秩序紊乱和政治失序密切相关(从荀子对"淫""奸""乱"等字的使用中便可见一斑)。陆威仪将这种思想概括如下:

> 正乐能使风调和有节,确保国家昌盛和百姓顺服,而淫乐则会造成与此相反的效果。若所用音乐的风格不当或刻意标

① Mark Edward Lewis, *Sanctioned Violence in Early China*, Albany: State University of New York Press, 1990, p.215.

② Mark Edward Lewis, *Sanctioned Violence in Early China*, Albany: State University of New York Press, 1990, p.218.

③ Mark Edward Lewis, *Sanctioned Violence in Early China*, Albany: State University of New York Press, 1990, p.218.

④ 《荀子》之《乐论》篇。

⑤ 《荀子》之《乐论》篇。

新立异,统治者便可能会引发上天降下旱灾……或者使人民堕落并导致政权崩溃。《国语》中的一则故事提及,音乐大家师旷曾预言晋国君主的后代将会亡失其国,理由是晋国当时的君主热衷于新奇的音乐,即郑国、卫国流行的那些淫乐……那些靡靡之音体现出其创作者的道德堕落,而这种道德堕落会蔓延至其所有的听众。①

上述这些关于音乐的经典论述,与雍正皇帝所做的那些改革之间又有何联系呢? 教坊司在传统上虽然也对那些性工作者进行监管,但其最主要的职责是从隶下的乐人当中选拔乐师和舞者,以供朝廷举办的仪典和宴乐活动之需。那些得以在宫中表演的乐人,也可能与商业性的或者其他形式的性交易没有什么直接的关联,但同样承受着乐籍这一身份标签及相伴其而生的道德污点。若由传统的观点出发,则不难得出如下这种推论,亦即贱民所演奏的音乐,反映出该表演者道德低贱,且无可避免地会腐蚀其听众(在这一例子中,听众便是皇帝及皇室成员,以及皇帝所青睐的那些高官重臣)。若皇帝允许这些堕落的乐师在朝廷举办的仪典上演奏,则无异于是在酝酿灾难。

雍正皇帝显然是相当慎重地对待儒家典籍中的此类论述。就他在下令“除豁”乐籍的同一年,雍正皇帝还开始对官方设立的音乐机构进行净化和重建。随着乐籍这一身份类别被从法律上削除,先前那些世袭乐籍身份并受教坊司监管的乐师,此后不用再承

---

① Mark Edward Lewis, *Sanctioned Violence in Early China*, Albany: State University of New York Press, 1990, p.220.

担与乐籍身份有关的劳役。雍正皇帝于是向教坊司下令,要求严格根据在音乐方面的造诣和技能而非乐籍身份背景来重新物色乐师。[1] 雍正三年(1725),他又"令各省俱无在官乐工"。[2] 至雍正七年(1729),他干脆连声名狼藉的教坊司也一并裁撤,以新设的机构"和声署"取而代之,并将后者纳入"乐部"这一礼部所辖的机构,同时还取消了"俳长"和"色长"二职。和声署的职责范围,被严格限定为那些与音乐有关的事务。[3]

270

"和声"是儒家典籍关于音乐的那些论述当中的另一个典故。《礼记》就此解释说,以乐和声,此举对于建立良好的统治秩序相当重要:

> 人心之动,物使之然也,感于物而动,故形于声……是故先王慎所以感之者,故礼以道其志,乐以和其声,政以一其行,刑以防其奸。礼、乐、刑、政,其极一也,所以同民心而出治道也。[4]

---

[1] 参见《清会典事例》,中华书局,1991年,卷524,第1043页。

[2] 转引自王书奴:《中国娼妓史》,上海三联书店,1988年,第261页。清世宗还在雍正二年(1724)下令禁止官吏蓄养优伶,这一禁令后来在乾隆三十四年(1769)被朝廷加以重申。参见《清会典事例》,中华书局,1991年,卷117,第723页。

[3] 参见《清会典事例》,中华书局,1991年,卷524,第1043页;(清)纪昀等撰:《历代职官表》,上海古籍出版社,1989年,卷10,第5页b—6页a;Charles O. Hucker, *A Dictionary of Official Titles in Imperial China*, Stanford, Calif.: Stanford University Press, 1985, p.598。

[4] 对此段中文原文的英文解说,参见 Stephen Owen, *Readings in Chinese Literary Thought*, Cambridge, Mass.: Council on East Asian Studies, Harvard, 1992, pp.50—51。

通过以"和声"来取代意味着道德低贱的"淫声",雍正皇帝顺应了儒家所秉持的那种将音乐视为圣君用来建立道德秩序之工具的观念。对中央音乐机构所做的改革,反映了盛清时期的皇帝们所遵奉的理学立场,并与雍正皇帝所希冀的"广风化"和刑责标准在适用范围上的扩张遥相呼应。

三、关于参加科举考试之资格的问题

当乐户及同属贱民的类似群体一旦在身份上被提升为良民,他们是否能被允许参加科举考试? 这自然就成为需加探讨的问题。对于被上述谕旨所涵盖的那些身份群体当中的绝大多数人们而言,这一问题实际上可说是无关紧要。并无证据显示这些群体里面有很多人都声称自己要参加科考。但就帝制国家对其自身的看法及其致力于维系的那种社会秩序而言,针对谁有资格能够参加科考进行界定,这一点非常重要。一直到雍正皇帝颁布上述谕旨之时为止,禁止那些身份低贱的娼家男子和优伶参加科举考试,都是被用来区隔不同身份等级的基本方式之一。乐户及同属贱民的类似群体在身份上被提升为良民,看起来意味着这类用来区隔不同身份等级的藩篱此时已然消失,但雍正朝的那些谕旨并未明确地言及他们是否有资格参加科考这个问题。

乾隆朝公布了关于应举资格的政策。该政策采取折中的方式,将那种把因身份低贱或有犯罪前科而沾染有污点的人们排除在有科考资格者之外的一贯做法,与雍正朝发布的那些谕旨中为271　这类群体所提供的"自新之路"加以调和。乾隆三十六年(1771),

礼部采纳了陕西学政(有许多乐户聚居于该省)提出的如下建议：

> 削籍之乐户、丐户，应以报官改业之日为始，下迨四世，本族亲支皆系清白自守，方准报捐应试。该管州县取具亲党里邻甘结，听其自便，不许无赖之徒藉(借)端攻讦。若系本身脱籍或仅二世，及亲伯叔姑姊尚习猥业者，一概不许滥厕士类，侥幸出身。至广东之蜑户、浙江之九姓渔户，及各省凡有似此者，即令该地方官照此办理。①

乾隆五十三年(1788)纂修添入《大清律例》当中的一条例文，进一步将上述几种特定身份群体未涵盖在内的那些性工作者也概括纳入其中，禁止"娼优"及其子孙参加科举或捐监。② 薛允升谈论此条法律规定时说道，既然那些被开豁为良的奴仆，经过了三代之后，其后代可被允许参加科举或捐监，那么同样的规则似乎也应当适用于那些已然"改业为良"的娼优之后代。③ 然而韩安德所引的史料显示，其中只有乐师和优伶的后代才被获准参加科考，娼妓的后代依然被禁止应举。不过尽管如此，韩安德仍然认为"开豁"乐籍的举措"使得乐人或者至少其后代的地位普遍略有好转"。④

---

① (清)薛允升：《读例存疑》(重刊本)，黄静嘉点校，成文出版社，1970年，例76-06，薛允升注。

② 参见(清)薛允升：《读例存疑》(重刊本)，黄静嘉点校，成文出版社，1970年，例76-19。

③ 参见(清)薛允升：《读例存疑》(重刊本)，黄静嘉点校，成文出版社，1970年，例76-19，薛允升注。

④ See Anders Hansson, *Chinese Outcasts：Discrimination and Emancipation in Late Imperial China*, Leiden：E. J. Brill, 1996, pp.72—73。

　　寺田隆信、瞿同祖和经君健均曾引用乾隆朝发布的上述科举
272 政策，以说明雍正朝的那些改革并未达到解放的效果，因为这项政
策依然歧视这些此时在法律身份上应已得到改变的群体，并将此
种歧视制度化。当然，这种观点有其值得肯定的地方，亦即在上述
法令所规定的那段长达三四代人的考察期里面，这些人的个人品
行将被依据其家族是否"清白自守"而受到不同的评判。但我们也
应当反思，可否据此便认为这项政策并未造成任何改变，进而将其
视作一种让人感到失望的维持旧状之举措？三四代人的时间看似
很长，但至乾隆三十六年（1771）时，距乐户、丐户这些法律上的贱
民身份类别的取消，业已过去了将近五十年，故而这项立法可能有
考虑到其所要求的那种考察期此时已过大半的现实。中国帝制时
期的法律向来视有品阶的官吏在身份等级上高于一般的良民，并
对其恩宠有加。无论是在法律意义的身份上，还是在象征意义的
身份上，官吏与娼妓及其他身份低贱者之间皆有天壤之别。不过，
通过对应举资格加以具体规定，清廷确实为身份低贱的乐人们的
那些后代入仕开启了一扇门。

　　这种政策的实际效果看起来微不足道，韩安德仅找到有乐人
的后代求取功名的一个例子。① 而且，正如我在前面已论及的那
样，倘若只是视野狭隘地关注"解放"这一问题，那并不具有建设
性。不过尽管如此，就那种我们或可称其为中国帝制时期的宪制
理论而言，乾隆朝的这项政策代表了与以往做法的分道扬镳。科
举考试在其被创制之初是用于打破不同身份等级间的区隔（尤其

① See Anders Hansson, *Chinese Outcasts: Discrimination and Emancipation in Late Imperial China*, Leiden: E. J. Brill, 1996, p.75。

是贵族所拥有的那种与生俱来的入仕特权),故而被视为推动社会阶层流动的有力机制。乾隆朝时决定向乐户及其他身份低贱的群体的后代们开放应举资格这一举措,乃是针对那种以身份世袭和社会结构固化为其特征的世家贵族式社会结构愿景所做的最终一击;自宋代以降,这种固化的社会结构便已是强弩之末。

第三节　雍正元年之后在法律上如何处置卖娼

一、扩张既有刑事法律规定的适用范围

在具体内容方面,雍正朝的上述改革代表了相关刑事法律规定在其适用范围上的一种扩张。这种适用范围扩张所造成的影响,比那些关于宫廷用乐或应举资格的政策方面的任何变动所造成的影响都要更为深远。雍正朝的那些谕旨并未直接明言禁绝"卖娼",而是保留了如下这一法律拟制,亦即"卖娼"这种营生方 273 式,只有在那些须加以"移风易俗"的特定贱民群体当中才被允许操持。但其实际后果并无什么差别。通过将适用于良民的性道德和刑责标准在适用范围方面加以扩张,雍正朝的那些谕旨实际上取消了性工作先前赖以存在的那种合法的空间(包括商业化性交易这种其从业者的身份背景问题从未被加以深究的灰色地带)。也正是因为如此,司法官员吴坛在乾隆四十五年(1780)指出,雍正朝之前出台的一条相关法律规定,系拟定于"未经禁止娼妓以前",

并补充道,"今娼妓业已严禁"。①

雍正二年(1724),也就是禁娼令开始生效后的次年,诗人汪景祺在途经山西某个以乐户卖娼及提供其他服务而远近闻名之地时,如此描述道:"皆名倡[娼]所聚,近以严禁,乐户率皆避匿不出。"②汪景祺在费尽几番周折之后,才找到了几名愿意为他提供服务的女子。汪景祺谈到,有些娼妓正准备离开该地,"以乐户之禁甚严也"。③

雍正元年(1723)所颁布的那道谕旨中所用的措辞,已然暗示了上述所描述的那一切。"自甘污贱者"将会被"依律治罪",亦即按照律典中已有明文规定的那些"奸"罪条文加以问罪。那些先前被豁免刑责的群体,此时由于被要求须按照良民所应遵循的标准行事,他们也变得须为自己所犯的"奸"罪承担刑责。而且,倘若所有的性交易皆被视为"奸",则嫖客也应被问罪。

此后数年还出台了多条新的例文,对招徕嫖客的行为应如何惩罚详加说明,并责令州县官(以及乡保、旅店店主、四邻等)采取积极措施与卖娼勾当进行斗争。但是,如果我们想要在清代律典当中,找到一条专门将卖娼界定为与各种非商业形式的"奸"有所不同的新法律规定的话,那么将会徒劳无功。没有哪一条法律规定

---

① (清)吴坛编纂,马建石、杨育棠校注:《大清律例通考校注》,中国政法大学出版社,1992年,第962页。

② (清)汪景祺:《读书堂西征随笔》,香港龙门书店,1967年,第20页a。

③ 参见(清)汪景祺:《读书堂西征随笔》,香港龙门书店,1967年,第15页a。也可参见 Anders Hansson, *Chinese Outcasts: Discrimination and Emancipation in Late Imperial China*, Leiden: E. J. Brill, 1996, p.71。汪景祺的这本游记后来成为一场著名文字狱的焦点,他本人于雍正四年(1726)被枭首示众。参见 Arthur W. Hummel, ed., *Eminent Chinese of the Ch'ing Period*, 成文出版社, 1970年, 第812—813页。

将性交易的商业性特征特别挑出来，作为对其加重处刑的考虑因素。 274

　　雍正元年（1723）以后那些经中央司法机构审理过的案件的记录（它们体现了那种依律问罪的正统的司法原则），使我们得以勾勒出既有法律规定的适用范围是如何在司法实践中被加以扩张的。为娼妓招徕嫖客之人是其中一个非常关键的要素。若为其招徕嫖客者系娼妓之夫，则承审官员会适用那条源自明律的关于"纵奸"的法律规定加以处刑。如同本书上一章中已然解释的那样，这一律文的立法目的原本是惩罚那些自甘堕落的良民（亦即那些怂恿其妻卖娼或容许其妻与其他男人发生性关系的丈夫）。雍正元年颁布的那道谕旨所产生的实际效果，是将此律的适用范围扩张至丈夫为其妻招徕嫖客的所有案件。招徕嫖客的丈夫、出卖肉体的妻子和嫖客均被处以杖九十，且妻子还会被强制"离异归宗"。①

　　但如果丈夫并未"纵容"妻子与其他男人发生性关系，那么"犯奸"者所要受到的惩处将会更重。若为其招徕嫖客的是丈夫以外的其他人，则娼妓及其嫖客将会被按照那条自18世纪初开始用于惩治"和奸"的"军民相奸"例加以处刑。按照"军民相奸"例的规定，其刑罚为杖一百，枷号一个月，奸妇"离异归宗"。若奸妇之夫并非同谋，则这名丈夫可被依照一般通奸罪的情形，选择维持与其妻的婚姻关系或将她嫁卖。② 与明代和清初的法律中针对与已婚妇女发生"和奸"行为的处刑（杖一百）相比，这一刑罚明显有所加重。③

---

① 参见（清）薛允升：《读例存疑》（重刊本），黄静嘉点校，成文出版社，1970年，律367-00。
② 参见（清）薛允升：《读例存疑》（重刊本），黄静嘉点校，成文出版社，1970年，例366-01。
③ 参见（清）薛允升：《读例存疑》（重刊本），黄静嘉点校，成文出版社，1970年，律366-00。

那些自行起意从事卖奸的女子(和男子)及其嫖客,也被援引同样的法律条文加以治罪。司法实践中的这种做法,最终于咸丰二年(1852)被纂修成例文添入《大清律例》之中:

> 若妇女、男子自行起意为娼、为优卖奸者,照"军民相奸"例,枷号一个月,杖一百。宿娼狎优之人,亦照此例同拟枷杖。①

上述这条相当晚才出台的例文,将自雍正朝以来的司法实践中便已采用的那种做法以正式法律的形式规定了下来,并明确将性交易视同奸罪加以处刑。(此例文还展现了自雍正朝开始的那种使异性性犯罪和同性性犯罪在处刑上精确一致的做法,并以"优"字指称男娼。)

为自家妻子之外的其他女子招徕嫖客的男子所要受到的惩处,要比为自己的妻子招徕嫖客的丈夫所应承受的惩罚更加严厉。承审官员可能会适用一些新的法律规定,这一切取决于该起案件中的特定情形。例如,乾隆五年(1740)的一条例文将针对"买良为娼"这一古老罪行的刑罚,提高至杖一百、枷号三个月及并处徒刑三年。② 这条法令的制定,最早可追溯至明代,当时是被用来强化那种身份等级上的差别。但在雍正元年(1723)之后,这一法律条文被用于惩治那些将贞洁女子(那些先前未曾有过非法的性交行

---

① 参见《清会典事例》,中华书局,1991 年,卷 825,第 995 页;(清)薛允升:《读例存疑》(重刊本),黄静嘉点校,成文出版社,1970 年,例 375-04。

② 参见《清会典事例》,中华书局,1991 年,卷 825,第 995 页。

275

为的女子）买来作为娼妓之人。在上述这种语境当中，"良"字应被严格解释为女子在性经历方面清白无瑕。当对那些招徕嫖客之人进行判决时，承审官员常常也会援引下文中将讨论的那条针对"窝娼"的新法律规定。

良民所应遵守的那些标准在适用范围上的这种扩张，有着某种更深层次的含义，亦即认为任何形式的性交易皆无法与婚姻相兼容。雍正元年（1723）之后，如果丈夫为自己的妻子招徕嫖客，那么这对夫妇无疑会被判处强制离异，那名妻子须被"离异归宗"。在雍正元年之前，贱民身份的夫妻卖娼不会被处刑，而这种刑责方面的豁免到了雍正元年时已不复存在。不过，如前所述，女子在其丈夫的"纵容"之下犯奸，就她应当承受的刑责而言，比女子自行起意卖娼或在丈夫之外的其他人操控之下从事皮肉营生（绝大部分在妓院中谋生的妓女）时要轻。最为恶劣的罪行，是那些为娼妓招徕嫖客的男子甚至自己也享用并不为他所合法拥有的性服务，更别说将这些性服务租予其他男子享用。与之相比，丈夫将自己对其妻子的性垄断与他人分享，是一种远为要轻的罪行。

随着"纵奸"概念之内涵的扩张，那些涉及因奸杀人的相关法律规定，也被加以修订，以适应此种变化。如下措施最初是以官方注释的形式出现于清代律典之中，后来在乾隆六年（1741）被正式纂修为一条例文：

　　若本夫纵容、抑勒妻妾与人通奸，审有确据，人所共知 276
者……若奸夫自杀其夫，奸妇果不知情，仍依"纵容、抑勒"本条科断。①

我们在这里看到，本书上一章结尾处所讨论的那种隐含于清初的杀人案件判决之中的逻辑，如今被正式规定在律典当中，亦即如果丈夫为其妻招徕嫖客或容许她与其他男人发生性关系，那么即便他被其妻的嫖客所杀，这也不能归咎于其妻的背叛，其妻无须为此承担刑责。这种做法与清初针对同类案件的处置（在清初的那些此类案件中，贱民身份的娼妓可被无罪释放）之差别在于，那些身为娼妓的妻子，现在须为犯"奸"承担刑责。

另一条源自明律并且在适用范围上被加以扩张的法律规定，禁止丈夫"抑勒"其妻妾与他人通奸。② 这项罪行全由丈夫承担刑责（就像强奸案中的情形那样，妻子无须受惩），但此处同样涉及那种关于性垄断的逻辑。丈夫若"抑勒"其妻妾与其他男人通奸，则他应受的刑罚为杖一百；这比丈夫"纵容"其妻妾与人通奸时所受的那种刑罚（杖九十）略重，但比强奸罪应被科处的那种刑罚（绞监候）轻得多。受到此类惩罚的丈夫看起来处于强行与自家妻子性交的男子（这并非一种罪行，故而不会被科以刑罚）和法定意义上的"强奸犯"（"强奸犯"只能是受害女子之夫以外的其他男子）这两端之间。此外，与那些被丈夫"抑勒"通奸的女子发生性关系的男子所受的刑罚（杖八十），甚至比"纵容"自家妻妾与人通奸时所

---

① 此条例文的最终内容，即《读例存疑》（重刊本）中的例 285-07，乃是上述这些措施及其后的多次修订所形成的综合体。参见（清）吴坛编纂，马建石、杨育棠校注：《大清律例通考校注》，中国政法大学出版社，1992 年，第 782 页；《清会典事例》，中华书局，1991 年，卷 801，第 766 页。

② 参见（清）薛允升：《读例存疑》（重刊本），黄静嘉点校，成文出版社，1970 年，律 367-00。

受的刑罚(杖九十)要轻。由于强奸在法律上主要被界定为一种对丈夫所拥有的性垄断的侵犯,那种经受害女子之夫同意的强奸,只构成了一种相对轻微的罪行(且这种罪行从未在法律上被用"强奸"这一专门术语来加以指称)。

　　对司法官员来说,丈夫"抑勒"其妻与他人通奸这种罪行,看起来只是一个理论问题。我自己对清代案件的研究显示,承审官员在其司法实践中几乎从未援引过这条法律规定。相反,当丈夫为了钱财而让其妻从事性交易时,他的罪名无一例外地被称作"纵容",妻子将会和其丈夫受到同样的惩罚,不管她如何为自己所经历的那些事情辩解。[①] 妻子要证明自己是被其夫"抑勒"与人通奸,将会比证明自己是被人强奸还要困难,因为除了要提供那些与证明被强奸相类似的证据,她还需对抗自己的丈夫,而在清代的公堂之上,妻子是不能控告其夫的。例如,咸丰二年(1852),四川巴县的一名女子到当地县衙控告其夫强迫自己从事性交易,知县将这对夫妻掌嘴后赶出衙门,并责令那位丈夫以后要管好自己的妻子。[②] 那条针对"抑勒"女子与人通奸之罪行的法律规定,偶尔会被援引用于惩处某位为其女儿招徕嫖客的父亲。清代的法律专家们显然认为,相较于丈夫强制其妻子行事,父亲强制其女儿行事是一种更加绝对的权力。父亲即便因"抑勒"其女儿与人通奸而受到惩罚,最后仍能重新获得对其女儿的监护权,因为父女关系不同于诸如婚姻或收养那样的契约性关系,不会因其中某一方的不当行

①　相关的案例,参见《内阁刑科题本》,186/乾隆 27.5.8。
②　参见《巴县档案》,档案号:4-4938。

277

为而丧失了效力。①

当然，真正的"节妇"在被迫与人通奸时，被认为总是可以选择自杀以保全自身的贞节。伴随着雍正朝的前述改革，那些因不愿出卖其贞节而自尽身亡的妻子，也被纳入可被旌表为节烈的范围。乾隆十八年(1753)来自江苏的一起案件确立了如下前例："妻被夫逼勒卖奸，不从致死，请旌表，令母家领银建坊。"②在关于旌表节烈的官方规定方面，也做了相应的修订："本夫逼令卖奸，抗节自尽者……建坊于父母之门。"③

我们可以在嘉庆九年(1804)的一起案件中看到此类旌表。一名还不起债务的男子接受被其债主鸡奸，后来又同意该债主与他的妻子发生性关系，但其妻拒不从命。当那两名男子企图强迫她就范时，这名女子跳井自尽。嘉庆皇帝下令将她旌表为烈妇，且为了向她表示进一步的敬意，特意对那两名男子加重处刑，结果那名债主被判斩立决，而该女子的丈夫则被"发往伊犁给予兵丁为奴"。④

这类妻子所受到的旌表，将其夫试图强迫其从事性交易的行径界定为对其成功保有的贞节的一种挑战。在诸如此类的其他挑战中，贞节观要求妻子必须对强奸者、诱奸者或意图迫其(如果她是一名寡妇)再嫁的亲戚进行反抗。无论是在上述何种情形当中，节妇所宣称的目的均是捍卫其丈夫的利益，亦即其丈夫对她的性

---

① 相关的案例，参见《内阁刑科题本》，194/道光 5.10.23。

② (清)姚润等编：《大清律例增修统纂集成》，卷 33，注解部分，第 7 页 b。

③ 《清会典》，中华书局，1991 年，卷 30，第 254 页。

④ 参见《清会典事例》，中华书局，1991 年，卷 404，第 517 页。

垄断权,她甚至要为此付出生命的代价。但在前述讨论的那种情形当中,贞节观要求妻子必须对其丈夫反抗到她自尽身亡的地步。这是将那种要求妻子须对其夫保持绝对的性忠诚的逻辑推至极端后而出现的荒诞结果。在这种情形中,贞节观的焦点,不再是现实生活中的丈夫,而是被转移到理想中的丈夫典范。由此衍生出来的问题是,当现实中的丈夫并不符合这种理想中的丈夫典范之标准时,其妻对他的性忠诚应当如何安放?这种矛盾,甚至也在用来旌表烈妇的方式中有所显露。由于此种情况下对妻子的贞节造成威胁的正是其丈夫,故而被旌表的烈妇的贞节牌坊,不能像通常的情形当中那样立在其夫家。相反,这一荣誉应当归于被旌表的烈妇的娘家。被旌表的烈妇的娘家,在这种情况下会受到专门的封赐,以表彰他们的女儿为了忠于那位企图让她出卖肉体的丈夫而自杀。实际上,这类烈妇在死后均会"归宗"。这又是另一个荒诞的结果,因为按照婚俗传统,女儿一旦出嫁,便不再属于其娘家,唯有当其夫家认为她已不配做儿媳时,才会被遣返娘家。[1]

于是,在整个 18 世纪,紧随着那种将与性交易有关的贱民身份标签予以取消的做法的,是司法上的一连串新举措。这种变革不再赋予某些形式的性交易以任何的合法性基础,并且扩大了"奸"罪类别的涵盖范围以填补由此造成的真空。与此同时,嫖客

---

[1] 嘉庆十一年(1806)时清仁宗对一名来自直隶的烈妇的旌表,属于上述同类情形的另一种变体。在那起案件里面,该女子因拒绝卖娼而被其婆婆殴打致死。此案中用于为这名女子立贞节牌坊的赏银,同样是被赐予死者的娘家的。参见《清会典事例》,中华书局,1991 年,卷 404,第 517 页。乾隆五十七年(1792)出台的一条例文规定,凡婆婆强迫其儿媳卖娼而致后者自杀,应处以绞监候。参见(清)薛允升:《读例存疑》(重刊本),黄静嘉点校,成文出版社,1970 年,例 299-17。

变得也须承担刑责。由于所有加入娼妓行列的女子如今皆被视为曾拥有贞节的良家女子,故而对那些为娼妓招徕嫖客的男子的惩罚,此时变得极为严厉。其最终的结果是,朝廷关于捍卫女性贞节的诚勉,被扩张适用于那些受其丈夫所迫而卖娼的妻子身上,而这导致这些最有可能沦为娼妓的女子反而被推到防范"奸"罪的最前线。

二、新的法律规定:"窝娼"与"失察"

我们业已看到,雍正元年(1723)以后并未采取颁布新法令的方式创制出一种叫作"卖娼"的新罪行,而是通过将既有法律规定在适用范围上加以扩张,或者对其内涵重做解释,来对性交易进行惩处。尽管的确也有一些新的法律规定出台,但其目的主要是维护治安和官员们的清正廉洁,而并非针对性交易本身。乾隆元年(1736),初登大宝的乾隆皇帝对其臣工进行训诫,要求他们恪守先279 帝即雍正皇帝留下的包括禁娼令在内的道德遗产:

> 朕闻奸宄不锄,不可以安善良;风俗不正,不可以兴教化。
> 间阎之大恶有四,一曰盗贼……二曰赌博……三曰打架……
> 四曰倡[娼]妓……四恶者,劫人之财,戕人之命,伤人之肢体,
> 破人之家,败人之德,为善良之害者,莫大于此。是以我皇考
> 爱民之深,忧民之切,严申纠禁,戒饬守土之官,法在必行,日
> 夜捕缉。积岁月之久,然后道路少响马及老瓜贼,而商旅以
> 宁;赌博及造赌具者渐次改业,而家室以安;聚党打架者敛迹,

而城市乡镇鲜闻斗嚣；倡［娼］妓远藏，不敢淹留于客店。此皇
考十有三年政教精神所贯注，而海内臣民显见其功效，实享其
乐利者也。

在这段开场白后，乾隆皇帝切入了正题，声称自从其君父驾崩
后，法纪松弛，以至于"四恶"皆乍露端倪。他表示，自己将严惩那
些对上述罪行失于纠察的官吏。①

关于性交易的问题，乾隆皇帝在与上引谕旨颁行于同一年的
一条例文中，将上述论调付诸行动：

> 凡无籍之徒②，及生监、衙役、兵丁，窝顿流娼土妓，引诱局
> 骗，及得受窝顿娼妓之家财物，挺身架护者，均照违制律，杖一
> 百，生监革去衣顶，衙役兵丁不准食粮充役。邻保知情容隐
> 者，坐不应重律。受财者准枉法论，计赃从重科断。其失察之
> 地方官，交部照例议处。③

乾隆二十五年（1760）对此条例文进行修订时，规定若"窝顿流
娼土妓"的行为已持续了相当长的时间，则在其本刑的基础上再增

---

① 参见《清会典事例》，中华书局，1991 年，卷 399，第 499—450 页。
② 这条例文中所使用的"无籍之徒"一词，是为了与在它之前的那条例文中所说的官媒
形成对照；后一例文禁止官媒利用地方官所赋予其的职务之便为娼妓招徕嫖客
（详见下文）。参见（清）薛允升：《读例存疑》（重刊本），黄静嘉点校，成文出版社，
1970 年，例 375-01。
③ 这条例文最终定型于乾隆三十二年（1767）。参见（清）薛允升：《读例存疑》（重刊
本），黄静嘉点校，成文出版社，1970 年，例 375-02。

280 加三年徒刑。① 乾隆三十七年(1772),清高宗又颁布了一道谕旨,再次强调须对"土妓流娼"及"女戏游唱之人"加以留意。该谕旨称,地方官员应将这些游民"驱逐回籍",并严惩那些窝藏此类娼妓的"不肖之徒";对这类犯罪活动"失察"的官吏,将会被罚俸一年。② 嘉庆十六年(1811)颁布的一条新例文中规定,凡屋主明知其房屋被用于开设窑子而不加以制止,将会受到杖刑和徒刑的惩处,且该处房屋将被没官。③

针对"窝娼"的这些法律规定,最常被用于惩处那些为娼妓招徕嫖客之人和妓院的老板。但这些法律规定专门针对生监、邻保、衙役和地方官逐一加以点名的目的,乃是强化雍正元年颁布的那条谕旨中的要求,亦即有威望的人士应采取积极行动来根除所有的性交易活动。雍正元年以后颁布的诸道谕旨和法令,也反映了如下这种由来已久的观念,亦即认为妓院和赌场一样,都是犯罪活动的窝巢("窝流""窝顿"这些术语,与清代律典当中其他地方用于描述窝藏容留强盗和逃亡者的术语相同)。在所有的卖娼皆被入罪化之前,这种观念便早已存在。在他那本撰成于康熙三十三年(1694)的官箴书《福惠全书》之中,当时已致仕的黄六鸿认为,禁绝娼妓应被视作一种维护治安的职责。他主张州县官们可利用保甲制度查出娼妓的具体居所,并将她们驱逐出自己的治境。黄六鸿所关注的重点并非性工作本身,而是烟花之地可能会成为犯罪

---

① 参见(清)薛允升:《读例存疑》(重刊本),黄静嘉点校,成文出版社,1970年,例375-02;《清会典事例》,中华书局,1991年,卷826,第995—996页。

② 参见《清会典事例》,中华书局,1991年,卷133,第721页。

③ 参见(清)薛允升:《读例存疑》(重刊本),黄静嘉点校,成文出版社,1970年,例375-03。

的渊薮这一点：

> 娼妓者，亦盗贼之窝家也。夫盗贼未行劫之先，纠党领
> 线，民家耳目不便，莫若狎邪之地，原无出入之妨；盗贼既行劫
> 之后，匿迹避锋，本境嫌疑可畏，何似平康之馆，聊为快活之
> 场。故欲觅盗踪，多从柳陌；欲追赃物，半费花街。

黄六鸿还指出，有些"无耻富豪、不肖劣衿"偶尔也会庇护娼
妓，"以期荐枕之利"。这些人应被惩处并褫夺功名（"可羞可鄙，与
衍院何殊？"）。[1] 那些与此辈勾结的娼妓，以及为娼妓招徕嫖客之
人，则应受杖责。[2] 黄六鸿的这本官箴书流传甚广，其中的某些见 281
解，预示了后来乾隆元年（1736）颁行的那条例文和乾隆三十七年
（1772）发布的那道谕旨（如前所引）中所采用的措辞。[3]
　　由于这些原本就相当普遍且长期以来为朝廷所容许的行为此
时突然被入罪化，新颁行的法律规定也力图对由此导致的各种新
的贪渎形式加以预防。在雍正朝之前，京城以外的贱民群体所从

---

[1] "衍院"为乐籍身份者之俗称。参见《中文大辞典》（第 8 册），台北中华学术院，
　　1976 年，第 562 页。

[2] 参见(清)黄六鸿：《福惠全书》，小畑行简训点，山根幸夫解题索引，东京：汲古书
　　院，1973 年，卷 23，第 14 页 a—15 页 b。

[3] 黄六鸿同时对那些在"邮骑接递之所"活动的娼妓所造成的问题加以警告，参见
　　(清)黄六鸿：《福惠全书》，小畑行简训点，山根幸夫解题索引，东京：汲古书院，
　　1973 年，卷 29，第 15 页 b—16 页 a。他对这一问题的关切，也为其他官员所共享。
　　参见《清代巴县档案汇编(乾隆卷)》，档案出版社，1991 年，第 97 页。另可参见 Li
　　Yu(李渔)，*The Carnal Prayer Mat*, trans. by Patrick Hanan, Honolulu：University of
　　Hawai'i Press，1996（1657），第 14 回，第 17 页 a—18 页 a。

事的那种为法律所容许的性交易,通常会受到当地官员某种程度的监管,而这类监管可能构成了一种半正式的财源,就好比京城中那些被监管的娼妓曾一度要向教坊司缴纳"脂粉钱"那样。(黄六鸿曾以对此表示鄙夷的笔触提及,某些地方官在当地官方主办的节庆活动中利用娼优的娱乐表演大赚一笔。①)禁娼令可能使这类钱财授受转变成私下的贿赂,若照此情形发展下去,则会出现类似于 20 世纪初禁酒令在美国所导致的那种贪渎现象。

然而,性交易从未被彻底禁绝。即便是在京城一带,这门营生也反而更加兴盛。② 严明认为,结束官娼制度所带来的实际后果,反而是讽刺性地促使商业性的私娼活动填补了官娼制度被废除后所留下的那些空白。③ 不过,性交易虽然无处不在,但此时毕竟已变得并不合法。18 世纪和 19 世纪的地方衙门中的胥吏之所以声名狼藉,原因之一便在于他们向那些为娼妓招徕嫖客之人收取保护费,甚至自己开设窑子。④ 雍正朝上述改革后的一些案卷记录(稍后将会在本章中详加探讨)显示,衙役们以将其逮捕问罪相要挟,向娼妓及为她们招徕嫖客之人勒索性服务和钱财。这种做法并不会特别令人感到惊诧。当时的州县衙门档案显示,地方官们对那些已引起其注意的卖娼案件处置起来向来不手软,但他们得

---

① 参见(清)黄六鸿:《福惠全书》,小畑行简训点,山根幸夫解题索引,东京:汲古书院,1973,卷 24,第 16 页 a—17 页 b。

② 参见王书奴:《中国娼妓史》,上海三联书店,1988 年。

③ 参见严明:《中国名妓艺术史》,台北文津出版社,1992 年,第 131 页。

④ See Bradly W. Reed, "Scoundrels and Civil Servants: Clerks, Runners, and County Administration in Late Imperial China", Ph. D. diss., University of California, Los Angeles, 1994.

仰赖手下的那些衙役对此类罪行进行调查和汇报。

雍正二年(1724)颁布的一条新例,旨在防止女囚被招募来或被迫从事性交易,规定"凡籍充人牙,将领卖妇人,逼勒卖奸图利者,枷号三月、杖一百,发三姓地方给披甲人为奴"。① 此处所说的 282 "人牙",对其更常见的另一个称呼是"官媒"。官媒多由女性担任,至少自明代晚期至清朝垮台,各地衙门中皆常设此职。官媒负责监管那些听候审判的女囚,但其最重要的职责是协助州县官为那些被判"当官嫁卖"的女子寻找婚配对象。被以这种方式卖掉的女子,绝大多数是由于犯了通奸罪(且其丈夫拒绝将她领回家中),或者是因为从事皮肉营生而被问罪(自雍正元年以后)。州县官对此类女子的处置方式是将她们嫁卖给新的丈夫,而新丈夫则需为此付给官府一笔"身价",其中包括支付给撮合这桩交易的官媒的佣金。在雍正元年之前,官媒经手招募娼妓之举很可能被默许,原因在于受官媒监管的绝大多数女子已被视为不贞,且官府与性交易之间的其他关联先前便已为人们所接受。随着卖娼的入罪化,因犯奸罪而被嫁卖的女囚在人数上应有大幅的增加。倘若允许官媒为女囚招徕嫖客,或将她们卖回妓院,则关押这些女囚的目的便会

---

① 《清会典事例》,中华书局,1991 年,卷 825,第 995 页。上述这一流放地点,在乾隆五年(1740)被改成了其他的地方。参见(清)薛允升:《读例存疑》(重刊本),黄静嘉点校,成文出版社,1970 年,例 375-01。

显得毫无意义。①

上述这些法律规定实际上造成了什么样的影响？对此我们很难加以评估。我在这里想表达的主要意思是,那些彼此关联的对维护治安和确保官员们廉洁的关注,大幅推动了雍正元年之后的相关立法。清代的律典并未增设任何新的法律条文将卖娼本身界定为一种新形态的犯罪行为,也没有因卖娼涉及商业因素而对其额外加重刑罚。通过将既有法律规定在适用范围上加以扩张,先前那些并不加以惩罚的群体,如今不再能够免于处刑;而这些群体在被重新界定为"良民"之后,便须比照良民所犯的"奸"罪加以追责。

第四节　雍正朝以降一些经中央司法机构　　　审理的案件

一、丈夫为其妻子招徕嫖客:"纵奸"

为了凸显司法上用来处置卖娼行为的措施之变化,我选择了

---

① 也可参见雍正二年(1724)关于官媒的规定,参见《清会典事例》,中华书局,1991年,卷99,第271页。其他提及官媒的资料,包括明代小说《金瓶梅》(参见 David Tod Roy, trans., *The Plum in the Golden Vase* (*or*, *Chin P'ing Mei*), *Volume One*: *The Gathering*, Princeton: Princeton University Press, 1993, 第 90 回,第 11 页 b),以及 18 世纪至清末来自巴县、宝坻县和刑部的案件记录(参见 Matthew H. Sommer, "Sex, Law, and Society in Late Imperial China", Ph.D. dissertation, University of California, Los Angeles, 1994, pp.395—407)。嘉庆五年(1800)来自巴县的一起案件提及,一名宋姓官媒由于利用其职务之便非法从事买卖女子的活动,而被当地官府解职。参见《巴县档案》,档案号:2-4140。

如下这起由山东巡抚在乾隆二十七年(1762)上报至中央司法机构
的案件作为例证。之所以选择此案,是因为其案情与本书第六章
中所探讨的那些清初的杀人案件类似。这份刑科题本同样小心翼
翼地适用清代律典中那些常规的处刑标准,甚至对次要的罪行也
不敢掉以轻心,因为作为一起拟判处死刑的案件,此案最后须经皇
帝本人核准。在这起案件中,袁六为其妻明氏招徕嫖客,后被两名
嫖客杀死(该案的记录中以"娼"和"娼妇"这些旧有术语来称呼明
氏)。此时法律规定上的改变,使得卖娼本身也和杀人行为一样成
为被治罪的焦点。因此,相较于清初的那些同类案件,此案提供了
更多的细节。例如,清初的那些案件不会特地讯问娼妓的家庭出
身,而只是视她为特定身份群体中的一员,而此案的刑科题本则详
述了明氏是如何成为娼妇的。据明氏供称:

> 只因男人好吃懒做,不合(和)大伯袁振江同住,把分受的
> 地都变卖花完了……要小的出来做见不得人的事,小的没奈
> 何才跟他出来……投寓宋先业店里。男人替小的取名巧玉,
> 叫小的接客卖奸。

无论是明氏的口供,还是案卷记录中其他部分的文字,皆未暗
示这对夫妇的身份与其他农民有什么不同。袁六被描述为一名彻
头彻尾的酒鬼,当他将家产挥霍殆尽后,便开始出租他仅剩下的资
产,亦即他的妻子。为了减少此种行径带来的污名,他将明氏带至
邻县,在那里他可以隐姓埋名地给她招徕嫖客。我们无从知晓此
案所反映的当时社会现状与顺治朝时那些案件的社会背景是否有

所不同。但该案的刑科题本将此种社会信息记述在内这一做法显示，司法官员为了将其关注焦点放置在构成犯罪行为的特定事件之上，已然放弃了那种关于各种固定的身份等级界限的法律拟制。

明氏所经常接待的恩客之一是单身汉宋铁汉，他在明氏接客卖娼的那家旅店附近经营一间食肆。宋铁汉又给明氏引介了邻村的单身农民许六，这两名男子总是结伴来到那家旅店，轮流与明氏发生性关系。据明氏本人供称，她与这两人相处融洽，但其夫袁六则不然。明氏回忆称："有三四次不曾给钱，男人素性只爱钱吃酒，性气又不好，因宋铁汉不给钱，就倚醉扬骂不止。一次许六说他几句不是，男人不服，就连许六也骂起来。"后来袁六不准宋铁汉再赊账，声称必须先付钱才能和明氏共度鱼水之欢。宋铁汉对袁六如此贪婪感到愤恨，觉得毕竟是由于自己为其介绍了许六这名嫖客，才为袁六带来了可观的额外收入供他作为平日里的酒资。于是宋铁汉向许六提议将袁六杀掉，并将其妻据为两人所有。宋铁汉后来供称：

284

小的说："明氏终是袁六的女人……倘将来再往远处去，咱们就不能合[和]他[她]来往了。你若帮我致死了袁六，把袁氏接到我店里，你我就好合[和]他[她]久长相与，又可招客卖奸，赚些银钱大家分用，岂不两便？"

许六说："明氏知道肯依吗？"

小的说："如今自然要瞒着明氏，省得他[她]阻挡露风。到袁六既死之后，明氏若知道不依，我再想法儿吓骗，使他[她]不得告官。况他[她]是妇道人家，水性杨花，既与我们相好,他[她]男人已死,也无可奈何了。"

许六对此表示同意,于是两人一起将袁六勒死。

宋铁汉和许六在东窗事发后被官府抓获,被依"谋杀"罪判处死刑。[1] 明氏声称自己对这桩谋杀并不知情,知县采信其言。由于其夫曾"纵容"她与他人通奸,知县在判决时援引了前文曾提及的那条乾隆八年的新例文,亦即将丈夫"纵容"其妻与人通奸这一罪行同时考虑在内:

> 袁六纵妻明氏出外为娼,取名巧玉。不特窝留之店家宋先业、刘大用共证确凿,即尸兄袁振江供明亦曾听闻。实为人所共知……袁明氏讯不知情,应照"纵容妻妾与人通奸,奸妇杖九十"本律[2]……系犯奸妇人,照例的决,仍离异归宗。

倘若这对夫妇是在自己家中卖娼,又或者明氏只是与一两位嫖客发生性关系以换取钱财且未张扬其事,则本案至此便可结案。招徕嫖客和性工作只构成了"纵奸"罪。[3] 但由于这对夫妇将卖娼作为一门专门的生意加以经营(离开自己家中而进驻旅店,那名妇 285

---

① 这两名男子被按照《大清律例通考》一书中记述的例第九予以判刑,参见(清)吴坛编纂,马建石、杨育棠校注:《大清律例通考校注》,中国政法大学出版社,1992 年,第 782 页。这一措施后来被纳入为《读例存疑》(重刊本)中的例 285-07。

② 参见(清)吴坛编纂,马建石、杨育棠校注:《大清律例通考校注》,中国政法大学出版社,1992 年,第 782 页,例第十一。该例文后来被纳入作为《读例存疑》(重刊本)中的例 285-07。

③ 例如《内阁刑科题本》,75/乾隆 4.5.24。

人还使用假名),且性关系非常混乱(明氏曾为多名嫖客提供性服务,甚至其中有多人的姓名她已经想不起来),审理此案的知县称明氏为"娼"或"娼妇"。在雍正元年之后,"娼"不再指某种固定不变的世袭身份类别,而是指一种以所从事的营生方式或行为为其特征的类别,即公开向多名嫖客出售性服务者。"娼"这一标签,无论是对于界定明氏所犯的罪行,还是对于她的量刑,皆无任何影响;她被问以"奸"罪,且并未因为曾与多名男子发生性关系这项商业化因素而被判处更重的刑罚。"娼"在法律上的意义,乃是引发了一种更大范围的调查;这种调查既针对那些可能"窝藏"这对夫妇之人,也针对那些对这种违法营生负有"失察"之责的人们。后一种调查,源于那条优先考虑维护治安和官员们的廉洁的新法令的影响。

知县对证人们进行讯问,以确认明氏具体是从何时开始从事卖娼的,以及她在哪些县干过此种营生。这类信息,可被用来辨明哪些地方官玩忽职守而因此须被呈报给上级加以处分。由于明氏与其丈夫并非在他们住过的所有旅店中皆从事性交易,知县还须针对此点追问更详细的信息,以确定哪些店主犯了"窝娼"罪而须被予以逮捕。这些信息也有助于确认应传唤哪些邻居和乡保,以查明他们是否知情或接受贿赂而包庇这种违法营生。知县还进一步要求证人们供出(两名凶手之外的)其他嫖宿过明氏的男子的姓名及其住址(但未能问出结果)。这些男子若被指认,则也会被问以"奸"罪。最后,知县还套问出了嫖资的具体数目,以便决定对他们罚没多少数额的钱财。

根据最初审讯所得的信息,知县分别传唤了旅店店主、保正和四邻。首先被审问的是几家旅店所在集镇的两名乡保。知县发现他们并没有故意予以包庇，但他仍依"不应轻"律将这两名乡保各处笞四十，理由是这两名乡保对本地的上述违法营生"失于查察"。知县接着又审问了住在宋铁汉所经营的食肆和宋先业所经营的旅店附近的那些邻居家中的家长，发现他们并无过失。袁六夫妇住过的另一家旅店的店主刘大用的邻居供称："小的们看见刘大用店里招留一个女人叫袁明氏，同他男人袁六住着，像是不正经的女人。小的们恐怕千(牵)连，原向刘大用查问，要驱逐他们。不多几日，袁六们就走了。小的们因他已去，就没去通知保正。"这些邻居均未受到惩罚。知县对那两名店主宋先业和刘大用审问得非常仔细。他在审问这两名店主后获知的情况包括：那对夫妇驻留于他们开的旅店时，每七天付给他们四百文钱，无论是否有嫖客上门，房费照付；那对夫妇在刘大用开的旅店中只住了七天，且没有嫖客上门，但刘大用确曾同意他们在自己开的旅店中接客卖娼。这两名店主均被依"窝顿流娼"例处以杖一百。① 由于他们因此获得的钱财只有那对夫妇所交的房费，知县决定不对这笔钱加以没收。且由于明氏的卖娼所得此时已被袁六花销一空，知县也不打算予以没收。

刑科题本中关于该案的报告，以对上述卖娼活动之发生地的地方官员的处分建议作为其结尾：

> 再，袁明氏在籍并未为娼，系出至城武县地方始行卖奸。

---

① 该刑科题本提及，由于这些罪行发生在"新例"颁行之前，故而对于那两名店主皆只须按旧例处杖一百。新例（《读例存疑》[重刊本]中收录的例375-02）在前述刑罚的基础上，又增加科处了枷号三个月的刑罚。

所有失察流娼职名，系城武县知县吴秉仁……请附参听部
议拟。①

对卖娼行为"失察"的地方官，将会失去一年的俸禄。② 这种
行政处分措施相当常见，但在很大程度上只具有象征性意义（州县
官的实际收入，大部分来自其俸禄之外），而且看起来不大可能会
有任何一位州县官因为一起卖娼案件而导致其仕途中断。由于那
种要求地方官员们在此类违法活动甫一发生之时便能有所察觉的
期望并不合理，在某些涉及卖娼案件的刑科题本中，倘若从事性交
易者并非长期活跃在该地，则当地的州县官可向上级官员请求免
其"失察"之责，而此种请求看起来也能为朝廷所允准。③ 我并未
发现曾有哪位州县官在常规的卖娼案件中自请处分的例子；只有
在那些因涉及死刑而引起中央司法机构注意的案件当中，才会出
现州县官自请处分的情况。刑部有时会抱怨说，对于那些在其辖
境内被发现有卖娼情形发生的官员，当地官府未能提出应如何加
以行政处分的建议，并要求在此类事项上须严格按照律典中所规
定的进行上报。④ 但刑部的这种不满是否有实际的效果，我们便不

---

① 《内阁刑科题本》，184/乾隆 27.2.17。
② 例如《内阁刑科题本》，125/乾隆 15.12.15。
③ 例如《内阁刑科题本》，181/乾隆 27.5.16。
④ 例如乾隆五十四年（1789）刑部发出的那道公文，参见（清）祝庆祺、鲍书芸编：《刑
案汇览》，卷 53，第 20 页 b—21 页 a。

得而知了。[1]

二、婚外卖娼

另外两起雍正元年以后经中央司法机构审理的案件,可说明在那种并无丈夫为卖娼女子招徕嫖客的情况下,应如何适用法律条文。

乾隆二十三年(1758)一起来自广东的案件,涉及一个名叫杨嘉德的绿营守备。此人常常利用自己当值巡查河道之机,与当地船上人家中的娼妓调情。乾隆二十一年(1756),杨嘉德因迷恋上一位名叫罗氏的娼妓而擅离职守,曾一连数日均停留在她的船上而未离去,直至被人向他的上级举报而遭逮捕。杨嘉德和罗氏均被依"军民相奸"例治罪。[2] 根据此例文中关于"职官奸军民妻"的条款规定,杨嘉德被解除了原先的职务,并被处杖一百。罗氏则被依此例文中(用于惩治一般的通奸)的主要条款,处杖一百并枷号一个月。她所得到的嫖资被官府罚没。此案之刑科题本的上奏者并未提及应如何处分那些负有"失察"之责的地方官,这可能是由于应承担此责任者正是杨嘉德本人。[3] 有意思的是,此案并未援引那条已过时的"官吏宿娼"律,尽管该律文仍被保留于《大清律例》

---

[1] 甚至刑部本身对此政策的执行也并非前后一贯。在那些由刑部"现审"的发生于京城的卖娼案件中,对卖娼活动"失察"的地方官员有时会被点名(例如《刑部档》,直隶司/01123),但有时则不会被提及(例如《刑部档》,江苏司/09324)。

[2] 参见(清)薛允升:《读例存疑》(重刊本),黄静嘉点校,成文出版社,1970年,例366-01。

[3] 参见《内阁刑科题本》,175/乾隆23.12.21。

之中。"官吏宿娼"律关注的重点在于保护不同身份等级的界限区分,而非对婚外性关系加以惩处,且其刑罚(杖六十并撤职)要轻于此案所援引的那条新法律中的规定。①

第二个例子是咸丰十年(1860)来自北京并由刑部"现审"的一起案件。一个名叫张二的皮条客从一名穷困潦倒的母亲(该妇人后来身故)那里,买下了后者年仅十余岁的女儿尹立儿。张二声称此女是自己的"妾",但他既无婚契,也说不出媒人是谁,因此刑部视这两人之间并不存在婚姻关系。咸丰九年(1859),亦即在尹立儿十八岁时,张二同意与寡妇陈苏氏共租一间房子合伙开窑子。张二让尹立儿在那里卖娼,陈苏氏则另外再买来了两名女子。陈苏氏称尹立儿与另两名女子均系自己的"义女"。② 但经营了不到两个月,这桩合伙生意便告失败,那两位皮条客均召回自己所提供的娼妓,并各自营生。但在张二和寡妇陈苏氏共同经营那个窑子期间,尹立儿曾答应一位名叫张郑太的嫖客与他私奔。张郑太说服了陈苏氏,帮助他偷偷将尹立儿从张二家中带走。张二发现尹立儿失踪后,便指责陈苏氏将她拐跑。陈苏氏为此大感惧怕,于是抢先到提督衙门控告张二企图诱拐自己的"女儿"。一应涉案人等均被拘拿到案后,提督衙门将此案移交给刑部处置(发生于京城的案件,按规定应由刑部审理)。

在厘清本案的案情后,刑部对那两名皮条客的处刑如下,"张

---

① 参见(清)薛允升:《读例存疑》(重刊本),黄静嘉点校,成文出版社,1970年,律374-00。

② 在明清时期和20世纪早期,娼优之间盛行建立收养关系或结拜为姐妹。参见 Susan Mann, *Precious Records: Women in China's Long Eighteenth Century*, Stanford, Calif.: Stanford University Press, 1997, pp.139—140; Margery Wolf, *Women and the Family in Rural Taiwan*, Stanford, Calif.: Stanford University Press, 1972, chap.13。

288

二、陈苏氏……均合依'窝顿流娼土妓月日经久者，杖一百，徒三年'例，[1]各拟杖一百、徒三年。陈苏氏系妇女，照律收赎"。尹立儿和张郑太所受到的刑罚，与通奸犯所受到的刑罚相同：

> 均合依"军民相奸，奸夫奸妇各枷号一个月，杖一百"例，各拟枷号一个月、杖一百……立儿系犯奸之妇，杖决、枷赎，追取赎银入官，照例离异归宗，不准嫁与张郑太。[2]

上引判决中最后提及的那种处置方式，源于奸妇不得嫁给奸夫的那条法律规定。[3]

概括而言，雍正元年（1723）之后中央司法机构所经手审理过的这些案件显示，用来惩处娼妓和嫖客的方式，完全与那种其中不存在商业性因素的"和奸"罪的刑罚相同。决定对此类奸罪应如何处刑的首要考虑因素，乃是那位与多名男子发生了性关系的娼妓背后是否有一名"纵容"她卖奸的丈夫。除了上述最后分析的那起案件，性交易中的商业性因素对处刑无甚影响。即便是在上述最后分析的那起案件当中，商业性因素之所以被提及，也仅仅是为了权衡如何惩处那些皮条客。

289

---

① 此条例文（《读例存疑》[重刊本]中收录的例375-02）是在乾隆十五年（1750）时对前文中所援引的乾隆元年（1736）"窝娼"例加以修订而来。

② 《刑部档》，江苏司/09324。

③ 参见（清）薛允升：《读例存疑》（重刊本），黄静嘉点校，成文出版社，1970年，律366-00。

三、县衙对性工作的究治

到目前为止，本章所引用的案件全部都来自中央司法机构的案卷记录，它们展现了依法律文本中的规定处置卖娼（通常是作为杀人罪行的附带情节）的原则。但在那些由州县这一层级衙门审理的案件中，只有极少的一部分会被准备报送给其上级复审。那些由于未涉及杀人或其他死罪而未被提交给中央司法机构复审的一般的卖娼案件，州县衙门又是如何处置的呢？禁娼令是否对州县衙门的常规审判和治安活动确有实际影响？

即使是在巴县档案这一清代县级衙门档案中，我所知道的与性工作有关的最早的案卷记录，距雍正朝颁行禁娼令的时间，也已经过去了差不多三十五年。因此，当我们探讨雍正元年（1723）之前地方官府对卖娼的规制时，能够援引的史料，仅限于吕坤、张肯堂和黄六鸿等地方官员的已刊著述。不过，巴县档案提供了关于18世纪后期和19世纪的地方官员们是如何执行禁娼令的丰富证据。

乾隆二十三年（1758）至咸丰二年（1852）间发生的一些相关案件（它们代表了总人数超过十二位、不同时期任职的巴县知县分别所做的判决），展现了如下三项基本特点。首先，也是最重要的一点，是所有的判决均分享下述这一预设，亦即认为卖娼乃是必须严加查禁的犯罪活动。在巴县档案中，我未发现有哪位巴县知县在知情的情况下对卖娼活动在当地的存在予以容忍。其次，巴县知县们并不会严格适用《大清律例》中的明确规定，而是务实地选择权宜的解决方案,尽力将复杂的情形予以简化,并尽可能地将案件置于逐级审转复核程序的涵盖范围之外。例如,他们从未按照"窝娼"例中的规定判处那些为娼妓招徕嫖客之人徒刑,因为倘若对这些人判处徒刑的话,则须将该案解送至省级长官处复审。第三,知县们很少主动地采取行动查禁所有的卖娼活动。在这个问题上,就像他们对待其他的许多犯罪行为那样,知县们通常不会自找麻烦,而是直到麻烦找上门来时,方才采取行动。

四、娼妓的亲属们赴衙门告发

卖娼活动是如何被巴县知县们察觉的? 当他们获悉后,又将会如何处置?

知县们获知当地有卖娼活动的消息来源之一,是娼妓们的亲属来到当地官府,对那些掌控她们的招徕嫖客之人提起控告。此类案件的典型情形是,该女子的家人先前以为她是被人收养或被安排了婚嫁,但后来发现她在受迫卖娼。这些情形,类似于本书第五章中所讨论过的那些发生时间更早的"买良为娼"案件。禁娼令颁行之后,"良"字显然不能被用来称呼那些已是娼妓或奸妇的女子,但巴县知县实际上仍然对这一旧有的法律术语加以沿用。在此类案件中,知县们将卖娼的女子视为受害者而非罪犯,因此并未对她们加以惩罚。不过,那些为卖娼女子招徕嫖客之人,则会受到相当严厉的惩罚。

咸丰二年(1852)的一起案件便是此方面的典型例子。一名居于龙门皓(位于重庆城以东、长江的另一侧)的寡妇由于生计艰难,于是决定将自己那位才十几岁的女儿送给他人"抱养",并委托兼做媒婆的女房东赵吹吹安排此事。赵吹吹预付给这名寡妇八千文钱,然后带着女孩过江来到重庆城内,将她卖给当地一个名叫陈三喜的皮条客。这名女孩在陈三喜手下被迫卖娼数月后,终于被她的叔父找到并救出淫窝。其叔父来到巴县衙门递状,控告媒婆赵吹吹和皮条客陈三喜。

知县同意让那名女孩返回母家,并下令要求将她妥为婚配。陈三喜被处以掌责,并枷号示众四十二天,在具结保证以后不再经营娼业后,他从县衙中获释。虽然就巴县衙门的处刑标准而言,上述刑罚算是相当严厉,但比起当时具有法律效力的那条例文中所规定的杖一百、枷号三个月及并处三年徒刑,上述刑罚可以说是相当轻微。[1] 媒人赵吹吹因年迈而得免处刑,她在具结悔过后,被释放回家。[2]

咸丰元年(1851)的一起案件则展现了另一种情形。一位名叫秦光斗的男子来到巴县衙门,控称其妹秦寅姑(18 岁)被人卖给了重庆当地一个名叫甘培德的皮条客。数年前,秦光斗将其妹妹秦寅姑交给李朝聘,由李朝聘收作童养媳,但他近来听说李朝聘将秦寅姑卖给了甘培德。在对此感到震惊的同时,秦光斗从石柱厅(位于重庆城以东的长江下游约 120 公里处)赶来寻找其妹,结果发现她在甘培德经营的窑子里卖娼。甘培德表面上是将秦寅姑买来作为其子甘大有的妻子。但据这名女孩的口供,她是被甘氏父子俩人"强逼通奸",并以娼妓的身份在窑子里面接客;甘氏父子为她取

---

[1] 参见(清)薛允升:《读例存疑》(重刊本),黄静嘉点校,成文出版社,1970 年,例 375-04。
[2] 参见《巴县档案》,档案号:4-4958。

名"金凤"，还强迫她学习唱曲。甘氏父子被逮捕归案后，供称曾逼迫那名女子"卖娼唱曲度日"，但否认该女子便是"秦寅姑"，并声称秦光斗冒称是该女子的亲人（甘氏父子认为秦光斗实际上可能是这名女子的嫖客之一）。

知县判决对甘培德和甘大有加以掌责，并下令将甘培德枷号示众，但并未说明枷号示众的具体时间长短。他没有惩处这名娼妓，而是命衙役们将她解送回石柱厅，由当地官府将她遣返至娘家。由于认为那位自称是该娼妓之兄的秦光斗真实身份可疑，知县也将他掌责收监，直至收到该名女子已被安全解送回乡的公文回函后，方才将他释放。知县甚至没有去核实这名女子的真实姓名（那份将她递解送回其原籍石柱厅的随行公文上称"秦寅姑，即甘金凤"）。对这名知县而言，关键的问题在于让她脱离皮条客的掌控并解送她回其原籍石柱厅，至于如何核实其身份、如何让她有个归处，则是石柱厅当地衙门的事情。这是一种典型的权宜处置方案，亦即迅速了结那些需优先处理的基本事项，例如对皮条客们加以惩罚、安置受害女子及结案。①

五、被衙役逮捕的出逃娼妓

卖娼活动引起巴县知县关注的最常见方式，乃是衙役们在巡查时逮捕到一些在重庆城里游荡的"形迹可疑"的女子，并将其带回县衙审问。这些女子经常被证实是由位于嘉陵江江北（江北厅

① 参见《巴县档案》，档案号：4-4902。

的治所驻地）的妓院逃至（巴县衙门所在的）重庆城里的娼妓。① 江北城位于嘉陵江（嘉陵江为巴县县界）北岸、重庆城的对面。其中的一个典型例子，是乾隆四十三年（1778）一名在嘉陵江边被巴县衙门差役逮捕的女子（21 岁）。这名女子本姓马，在合江县（位于重庆城西南约 100 公里外的长江岸边）长大，十几岁时父母双亡，且没有兄弟，她在乾隆三十九年（1774）被人卖给了位于嘉陵江下游的江北厅当地的某位王姓皮条客。该皮条客为她取名"秋桂"。据这名女子供称，她之所以逃出妓院，是因为"小女子折磨不过"。在那名皮条客的追赶下，她跳进嘉陵江中，后来被两名路过的船夫救起，并带到江北厅对岸的重庆城。

知县同样将这类女子视为受害者而非罪犯，并不对她们加以惩罚。这看起来是处置那些不想继续从事皮肉营生的娼妓（包括那些由其家人向官府递状要求加以解救的娼妓）时所使用的惯常做法。在每一起此类案件中，知县们均将出逃的娼妓交给官媒，由官媒卖给愿意娶她们的男子。一般来说，这些女子是在距离重庆城有相当远路程的地方被卖作娼妓，且在被卖时常常年纪尚幼，因此知县们认为，就算她们或许仍有家人在世，将她们交还家人的做法实际上也不太可行。在她们所做口供的结尾处，这些女子总是程式化地恳求知县大发慈悲，并声称自己愿意"从良"。在雍正元

① 译者注：巴县的管辖范围在清初时被划分为四个里，既包括西城里、居义里、怀石里这三个里所在的重庆城，也包括与重庆城隔江相望的江北里。康熙四十六年（1707）后，被改分为忠里、孝里、廉里、节里、仁里、义里、礼里、智里、慈里、祥里、圣里、直里十二个里。在乾隆二十四年（1759）时，位于嘉陵江北面的义、礼二里及仁里六甲，被划归新设的江北厅管辖。

年(1723)以后,"从良"一词被用来指称女子不再卖娼并嫁为人妇。官媒将会为这些女子物色夫婿,与有意购买她的男子商量好合适的"身价"(其中包括这位女子在被官府收监期间的食宿费用),然后将订立好的契约交给知县过目。以上述秋桂的案件为例,官媒在十四天内便找到了一位愿意为她出二十串钱作为其身价钱的男子。知县对此予以允准,这名新丈夫在具结表示不会将她转卖或强迫她卖娼后,将秋桂带回自己家中完婚。①

尽管上述这套解决方案从表面上来看展现出了某种家长式的慈爱(知县就像慈父那样为这些女子物色夫婿),但这些措施所具有的强制性一面也不能被忽视。那些得以"获救"并被嫁卖于人的娼妓,在上述整个过程中都没有发言权,尽管她们程式化地表示自己愿意"从良"。或许其中的大多数女子确实不想继续卖娼,但她们并未寻求知县的救助,最终却被官府强行收监。此外,并无证据显示这些女子能够拒绝官府为她们选中的未来夫婿。由于这些原为娼妓的女子在身价上差别很大,而官媒有时难以将那些年纪偏大或相貌"丑陋"的女子嫁卖出去,故而她们显然都是被根据其年龄和相貌卖给出价最高的那个男子。② 我也没有发现有证据显示知县们会进一步追踪此类案件。知县们既不跟踪调查此类女子被官媒嫁卖后的情况,也不向江北厅衙门通报原本控制着这些娼妓的皮条客。知县们优先考虑的是让这些女子嫁人,以便能够尽量简单迅捷地结案。

---

① 参见《巴县档案》,档案号:1-1718。

② See Matthew H. Sommer, "Sex, Law, and Society in Late Imperial China", Ph.D. dissertation, University of California, Los Angeles, 1994, pp. 404—406.

294   有时也有重庆城里的娼妓逃到江北厅。在这两个地方之间，看起来唯有渡过嘉陵江才有办法脱逃成功（这可能是由于这两个不同行政辖区内的衙役们与当地的皮条客互相勾结）。咸丰元年（1851），两名从位于重庆城里的一家妓院出逃的娼妓，被江北厅的衙役们扣押。18 岁的何喜姑先前生活在遂宁县（遂宁县位于重庆城西北涪江上游约 150 公里处）。她自幼被其父母卖给了一名寡妇当童养媳，这名寡妇又于道光二十九年（1849）将她转卖给重庆当地一个名叫陈福的皮条客。另一名娼妓王刘氏（20 岁）则来自东凉县（东凉县位于涪江上游约 80 公里处）。她也是在孩提时被卖作童养媳，但其未婚夫家中由于贫穷，于是在道光三十年（1850）将她转卖给了陈福。这两名同病相怜的女子在妓院里面卖娼时成为好友，相约一起出逃。

江北厅的官员断定此二人皆系"被诱买为娼"的良家女子，"因均无宗可归"，于是将她们交给官媒。随后江北厅官员又将此案通报给巴县知县，因为他听说那个皮条客陈福正在托人向巴县衙门递状声称这两名女子是他自己家被人诱拐私奔的儿媳。[1] 果不其然，陈福真的让人到巴县衙门递交了写有上述内容的状纸。巴县知县在收到江北厅官员发来的公文后，下令将皮条客陈福逮捕，并请江北厅同知衙门将这两名女子作为人证护送回重庆城，以便指证陈福。该案的案卷记录并不完整，故而我们无从得知其最终的处理结果。这是我目前所见到的唯一一起在惩治卖娼方面不同行政辖区进行合作的案例，在绝大多数情况下，地方官只关注自己辖

---

[1] 这让人联想起在本书第六章中所讨论过的张肯堂审理的那起案件中，一个水户也采取了与此类似的诉讼策略。

区内所发生的那些事情。①

　　并不是每位出逃的娼妓都打算从此之后不再从事卖娼营生。嘉庆二年(1797)，巴县衙门的差役们逮捕了一名剃光头发作尼姑打扮的女子。该女子因经常出入一户平民人家而引起旁人的怀疑。对她所做的调查证实该女子是一名娼妓，名唤杨三女子。她出生于铜梁县，在13岁时被卖给了江北厅的一名皮条客。在被卖入妓院18年后，杨三女子和与她相好的嫖客谢添锡一起逃出妓院，并随谢添锡来到重庆城，如今与谢添锡的兄嫂同住。她在谢家外面继续从事皮肉生意。杨三女子甚至找到一名和尚作为自己特定的主顾，这名和尚付给谢家10两银子，以换取能够经常和杨三女子交欢(他也和谢添锡的兄嫂谢岳氏有奸情)。杨三女子将自己伪装成尼姑，以方便自由活动及与那名和尚交往。

　　杨三女子根本就不想被"解救"。知县也没有将她视作受害者，而是判处她枷号示众七日(对女性罪犯来说，这是相当严厉的惩罚；《大清律例》中规定，女子对枷号这种判决可以"收赎")，并命官媒将她嫁卖。谢添锡的兄嫂谢岳氏在被处以掌责后释放回家。谢氏两兄弟被枷号示众七日，并处杖二十，具结悔过后释放。这伙人的罪名包括了"宿娼""窝娼"及"在家纵奸"。那名和尚则被枷号一个月，并处杖刑及勒令还俗。就巴县衙门通常所判刑罚的那种程度而言，上述这些惩罚相当严厉，但相较于《大清律例》当中所规定的那些惩罚方式，则显得颇为宽松，且谢岳氏得以继续留

295

---

① 参见《巴县档案》，档案号：4-4891。

在其丈夫身边。①

六、由衙役们告发的卖娼勾当

在巴县档案中,由巴县衙门的差役们将从位于江北厅地界的那些妓院出逃的娼妓带至该衙门的例子有很多,但巴县当地的卖娼勾当被巴县衙门的差役们告发的情况,却远远要少见得多。访查是否有人在巴县当地卖娼,本是这些衙役的职责所在,而且从经由其他渠道递交给巴县知县的很多报告中,我们可以得知重庆城内的卖娼活动亦复不少(重庆城在当时毕竟是重要的港口)。但巴县衙门的差役们显然是认为,对本地的娼妓行业睁一只眼闭一只眼才是明智之举。

当巴县衙门的差役们真的报告发生在重庆城内的卖娼活动时,知县们有时会以讥讽的态度待之。例如道光元年(1821),有衙役向巴县知县报称,他们发现一个名叫孙毛的男子在辖区内开了一间大妓院,他们曾试图劝孙毛离开当地或改行,但被孙毛拒绝,因此衙役们只好将他告发。知县下令将这名皮条客逮捕,但又对衙役们说:"如系挟嫌妄禀,定行重处。"孙毛及其手下的七名娼妓被一并逮捕归案。其中的一名娼妓后来在口供中提及:"不知孙毛与公差怎样口角,把小妇人们禀送案下。"虽然知县对她的这番话未予置评,但从中似乎可以看出,衙役们在将孙毛最终告发之前,其实早就知晓这家妓院在当地的存在。

---

① 参见《巴县档案》,档案号:2-4129,2-4132。

在审问过程中,这名皮条客承认自己在所租的房子内"窝娼",并在每次性交易当中向嫖客收取从 140 文至 200 文钱不等的嫖资。孙毛声称,他会将每次收到的嫖资的一半分给那些卖娼的女子。那些娼妓们证明孙毛的这一供述属实,但补充说,她们须自行负担所有的饭食费用及其他方面的个人花销。这些女子声称自己都是因为身陷困顿才开始在孙毛手下卖娼("小妇人们因身无挨靠,被他污辱")。其中有五名女子声称自己的丈夫因外出寻找工作或四处流浪而将其抛弃,另外两名女子则是寡妇。孙毛可以随心所欲地与这些女子发生性关系,若她们拒绝接客,则还会遭到孙毛的毒打。

尽管其供词凄切,但由于这七名女子并未从那位皮条客的控制下出逃,她们没有被知县视为受害者。相反,她们均受到杖责,在具结悔过后才被释放。不同寻常的是,知县并未将她们交给官媒嫁卖(而在其他的案件中,交给官媒嫁卖这种做法几乎是一种惯例),原因可能在于这群娼妓的人数太多。(看起来知县出现了一种非常奇怪的疏忽,既然贫困驱使这些女子从事卖娼,那么很难想象当她们从这条路上回头之后,还能有其他更好的选择。)知县还将孙毛判处杖刑,并枷号示众。当时正值盛夏酷暑之际,重庆又是中国最为炎热潮湿的地区之一,因此枷号可说是极为严厉的惩罚。在巴县,囚犯们因在夏天服枷号之刑而死于伤寒或痢疾的情形并不罕见(他们夜间是在监狱里面度过,而监狱里面的卫生环境对囚犯身体健康造成的危害,可能比枷号这种刑罚本身带来的伤害还要更大)。基于这一原因,枷号之刑往往会被推迟至天气转凉后方才执行。由于孙毛在服刑期间腹泻严重和呕吐不止,既无法进食,也无法喝水,其母向官府求情,孙毛才在被枷号一个月后获释。这种经历,或许足以让他牢记如下教训,亦即万万不能得罪衙役!①

七、当地居民的举发

297　　卖娼活动引起官方注意的最后一种途径,是当地居民对其加以举发。此方面的典型例子是咸丰元年(1851)的一起案件。在该案中,一名正在准备科考的童生向巴县衙门呈状声称,其学堂旁住着两名"流娼","尤招匪类,半属他乡",嫖客们不分昼夜地在该处进进出出,滋扰四邻的安宁;房东想将她们赶走,但又害怕会遭到报复;此种情况"实伤风而败俗"。因此,欲请县官大老爷加以过问。

对于此类案件,知县们的一般做法是命衙役们到被举发的地点进行调查,并将缉获的皮条客和娼妓们"逐搬出境"。在这类案件中,由知县发给衙役们的拘票上会特别指出,唯有在皮条客和娼妓们进行反抗的情况下才能将其逮捕,否则只须简单加以驱逐即可了事。知县们显然并不关心这些罪犯踏出自己所管辖的县界后将会发生什么事情,其行事原则看起来是"毋于本县境内犯事"。②

一名新上任的知县在道光元年(1821)收到的一纸呈状,使我们得以一窥在巴县这种复杂的行政辖区内,想要根除卖娼营生,是多么的困难。四名联名呈状者控告付瞎子大约五年前在他们家附

---

① 参见《巴县档案》,档案号:3-8626,3-8634。
② 参见《巴县档案》,档案号:4-4918。其他的案例,参见《巴县档案》,档案号:3-8621,3-8730。

近开了一家妓院。他们曾多次向当地坊长欧朝贵举发此事，但欧朝贵毫不理会，因为他收了这家妓院的钱。他们最终于嘉庆二十三年（1818）上控至重庆府衙门，终于获得受理。[①] 根据林姓知府所下的判决，付瞎子被处枷号示众，欧朝贵及在呈状中未被提及姓名的其他人因收受贿赂而被杖责，而付瞎子用来开设妓院的那间屋子则被没官。

但由于林姓知府的任期很快便告结束，他在离任前将该案交给巴县衙门继续跟进。由于嘉庆二十二年（1817）和道光元年（1821）巴县衙门均有新知县到任，其间还有数位临时代理的知县，导致此案件处理过程的连续性被一再打断。结果，欧朝贵设法保住了其坊长的职位，而皮条客付瞎子在欧朝贵的帮助下，也于道光元年（1821）拿回了那处房屋并重新开业。四位联名呈状者们诉称淫逸放荡之风如同先前那般肆无忌惮："至今愈前猖獗，大开淫致，嫖娼者日夜乘轿在彼，滋扰不宁。"这些联名呈状者们恳求新到任的知县惩处这些罪犯并加以驱逐。

作为对上述呈状的回应，知县命负责该辖区的衙役们逮捕皮条客付瞎子及其手下的娼妓们。遗憾的是，该案的案卷记录以一 298 份关于逮捕拘票的草稿作为结束，致使我们无从得知这次新行动的进展究竟如何。尽管如此，道光元年的这番概貌，仍显示出想要前后一致地贯彻禁娼令有多么的困难。来自巴县的这一证据显示，拥有品阶的官员们由于须对朝廷负责，故而会相当认真地执行

---

① 他们先前是否在巴县衙门递交过状纸，这份档案中对此语焉不详，但原告直接到重庆府衙门递状的情况在当时并不罕见（虽然这种做法不被鼓励），因为这两个衙门彼此紧邻。

查禁卖娼的要求。但即使像重庆城这样相较于其他许多地方而言聚集了更多直接听命于中央的代理人的重镇，由于中央委派到此地上任的官员们轮替更加频繁，以及当地衙门中的吏役们的漠不关心和彻底贪腐，即使有心贯彻禁止卖娼的法令，也会受到极大的阻碍。①

八、卖娼入罪化与衙门的贪渎

有两起（并非来自巴县的）经中央司法机构审理过的案件，清楚地表明卖娼入罪化与衙门吏役贪渎之间的关联。卖娼入罪化所导致的后果之一，是创造出一些通过敲诈勒索而能获利甚丰的新机会。

雍正七年（1729），河南安阳县的一名衙役李得禄（32 岁）听说一对夫妇在其负责的辖区内操持皮肉生意。丈夫李二保（其年龄不详）为自己的妻子张氏（26 岁）招徕嫖客，该案的案卷记录中称此二人为"土娼"。李得禄找到这对夫妇，以将他们逮捕送官究治相威胁，开始勒索张氏为他提供性服务。据李得禄后来供称："走去拿他，见张氏有些姿色，私下把他夫妇两个拴住，吓唬要送官。

---

① 参见《巴县档案》，档案号：3-8634。有关衙门贪渎的问题，尤其是巴县衙役们的贪渎，参见 Bradly W. Reed, "Scoundrels and Civil Servants: Clerks, Runners, and County Administration in Late Imperial China", Ph. D. diss., University of California, Los Angeles, 1994; Bradly W. Reed, "Money and Justice: Clerks, Runners, and the Magistrate's Court in Late Imperial Sichuan", *Modern China*, Vol.21, No. 3 (1995), pp. 45—82; Bradly W. Reed, *Talons and Teeth: County Clerks and Runners in the Qing Dynasty*, Stanford, Calif.: Stanford University Press, 2000.

李二保害怕,情愿把张氏给小的通奸,小的就释放了。"最终,这三人将这种赤裸裸的敲诈关系,调整为类似于保护与被保护的关系,亦即李得禄付给这对夫妇一笔钱,甚至还为他们租房子,其交换条件是由他包占这名娼妓。然而就在同一年中,李得禄由于酗酒和玩忽职守而被当地衙门革退。由于李得禄无法继续资助他们,这对夫妇不久之后便试图与他断绝往来。李得禄为此将李二保打晕,并绑走了张氏,以将她杀死相威胁,强迫她和自己合作。此后的数年里,李得禄将张氏当作自己的妻子,为她招徕嫖客,直到他后来在另一个县犯事(因将一名对其进行辱骂的少年的腿打断)而被捕。

即使是按照人们对衙役的那种刻板印象,李得禄也算得上罕见的穷凶极恶。然而张氏及她的丈夫先前之所以屈从于李得禄的 299 淫威,正是因为李得禄以这对夫妇卖娼为由,威胁要将他们逮捕送官。正是由于卖娼成了犯罪之举,才使得他们被置于李得禄的权力控制之下。①

第二起案件发生在江苏山阳县,并于乾隆三年(1738)被报至中央司法机构。此案揭示了皮条客们和衙役们之间存在着一种或可被认为更为典型的关系。该案所涉及的主要罪行是杀人罪。妓院老板张秃子(37 岁)将他手下一名娼妓的丈夫殴打致死。根据张秃子的口供,他自己在雍正十三年(1735)开始"窝娼",一个名叫王氏(25 岁)的娼妓及其夫陈九(29 岁)当时搬到他家同住,并开始在他的监控下卖娼。王氏以娼妓身份做了几个月的皮肉生意,但

①　参见《内阁刑科题本》,159/乾隆 3.1.26。

在"遭了官司"后(张秃子在口供中未提及这起官司的详情),便拒绝再接客。然而,张秃子本人很喜欢与王氏的床第之欢,于是便将她包占,每年付给她的丈夫四千文钱作为补偿。但是由于张秃子想要有更多的收入,乾隆二年(1737)春,他要陈九"寻个女人做生意"。陈九找到"因贫难度"的农人魏国臣,商量好让魏国臣之妻孙氏"为娼"。作为交换条件,张秃子同意为这对夫妇提供吃喝,并每天付给魏国臣二十五文钱作为补偿。这对夫妇搬到张秃子家中居住,孙氏当晚就开始接客。然而在不久之后,张秃子也想和孙氏发生性关系,但遭到魏国臣的反对。接着两人发生斗殴,魏国臣被张秃子打成重伤,并于数日后死去。

张秃子害怕自己会被控杀人,但他觉得值得庆幸的是,自己和负责本坊治安的那些衙役们关系不错。他给这些人交保护费已有一段时日。根据张秃子的口供,"坊快们从前并没给他规礼。止是上年(乾隆元年——引者注)童太派到坊内,他不知怎样晓得了,每逢节气,小的请童太与田美吃些酒,送童太三十文钱"。事实上,张秃子在王氏不再接客后,才开始向衙役们送钱。当被问到他为何这样做时,张秃子答道:"那陈九妻子原是娼妇,童太们晓得小的包着,就来设法小的的钱了,小的不好回却,故此给他的。"如果张秃子之前便送了保护费给在童太之前负责管理本坊治安的那些衙役,或许王氏当初便不会吃上那起官司。

在魏国臣死后,张秃子又做了些什么呢?据其在口供中所称:

> 小的就去向童太副役田美假说:"魏国臣病了几日,医不好死了,他妻子孙氏并没什么话。如今情愿出几扎钱分给众

人,不要报官,把他埋了罢。"田美依允,叫小的同去向童太商量。童太说:"既是病死的,埋了也没什么事。"田美又去通知地方①李如升。

之后田美和李如升一起来到张秃子家收钱,张秃子给了他们四百八十文钱与童太同分。死者魏国臣之妻孙氏并未告诉这些衙役其夫是被人打死的,但她坚持要报官(她显然是想借助验尸来揭露张秃子的罪行)。但那些衙役和那名地方李如升威胁孙氏说,如果她那样做,那么她将会因为卖娼而被官府治罪,最终迫使她打消了报官的念头。田美后来供称:"小的同李如升原晓得孙氏是娼妇,向他[她]说:'你出来做这匪事,若报了官,就有罪了,不如埋了罢。'孙氏就不喷声。"

但世上没有不透风的墙,一次调查暴露了上述衙役们串通作弊的丑事。知县不相信那些衙役和那名地方李如升并未因此事索要过更多的贿赂,尤其是为了掩饰一桩杀人罪行,于是以对他们动刑相威胁,但所有的证人均众口一词地证实上述钱财数额无误。(贿赂这些衙役的皮条客可能并不止张秃子一人,故而这些衙役通过这种渠道获得的收入总额,可能要远高于上述所说的那个小数

---

① 译者注:清代雍乾两朝以后,随着里甲制度趋于废弛,地方上出现了一种新的乡村职役组织。在清代的官方文献中,此种承担了以往里甲、保甲之职能的乡村职役组织中的那些责任者,常被称作乡保、地方、乡地、保正或地保。例如《清朝文献通考》中称:"其以乡人治其乡之事者,乡约、地方等役,类由本乡本里之民保送金充。"参见魏光奇:《清代"乡地"制度考略》,《北京师范大学学报》(社会科学版)2007年第5期,第64—78页。此处所引张秃子口供中所称的是"地方李如升",便是此种乡役人员。

目。)那些衙役坚称他们当初是因为轻信了妓院老板张秃子的话，以为他不过是为了逃避被官府注意到其招徕嫖客的行为。但从田美和李如升恐吓孙氏让她闭嘴的方式来看，他们所知道的内情绝不止于卖娼那么简单。既然他们从妓院老板张秃子那里收受了贿赂，基于他们自身利益的考虑，自然也就不希望看到张秃子被官府

301　详加调查。

最终，这些衙役被处以杖刑，并被衙门革退。而那名地方李如升则逃脱不知所踪。张秃子被依照杀人罪判处绞监候，其所犯的"窝娼"，相对于这里所说的杀人行为而言，属于官府姑且不问的"轻罪"。孙氏被依"夫为人杀而妻私和者"律，判处杖一百，并处三年徒刑。由于孙氏是一名"奸妇"，知县虽然允许她可以(按照针对女性罪犯的惯例)用交赎金的方式代替徒刑，但并没有免去她应受的杖一百这种皮肉之苦。陈九及其妻王氏被依"纵容妻妾犯奸"律，均处杖九十，并强制离异，王氏被遣返娘家。知县很有技巧地在案卷中检讨了自己对卖娼的"失察"之责，以免因为这一疏失而受到相应的行政处分。

本案中的所有涉案者皆知道卖娼违法，也明白张秃子及其所雇的那两对夫妇的所作所为一旦被官府知悉便将会受到惩处(正如这些人最终都被问罪那样)。这是在张秃子向当地衙役们行贿之前王氏为何由于卖娼而"遭了官司"的原因，也是童太甫一知道这家妓院的存在便前来收取保护费而张秃子也肯屈从的缘由。这也解释了当孙氏因其夫之死而想报官时，那些衙役和那位地方李如升为何能够对她加以威胁并使她闭嘴。就像在前面讨论过的那起案件中那样，正是由于卖娼入罪化，使得卷入这种交易的人们容

易受到敲诈勒索及其他的威胁。①

　　卖娼入罪化对州县层级的司法实践和治安实践确有影响。尤其是巴县档案中的那些证据,让我相信这些直接由中央任命的官员们在执行禁娼令方面确实不遗余力。但卖娼入罪化也会造成贪渎,从而为衙役们打开了新的受贿途径。而对于州县官员来说,衙役是他们推行禁娼政策时所不可或缺的左右手。而且,如果禁娼政策所推行的那种性道德标准无法维持稳定的成效,那么便可能会削弱人们对那种性道德标准背后的道德权威和法律权威的尊敬之情。(另一项同样始于雍正朝的政策,亦即将鸦片买卖作为犯罪行为加以处置,显然也造成了类似的贪渎后果。)②

　　在 19 世纪末,薛允升针对雍正朝出台的禁娼政策做出如下评论:

302

　　　　历代所不能禁者,而必立重法以绳之,似可不必。然究其实,百分中,又何能禁绝一分耶? 徒为土棍、吏胥开得规包庇之门而已。再如娼优于犯案枷责之后,能令其改业为良民乎? 不过仍为娼优而已。

　　历经一百七十五年后,雍正皇帝当初所期望的"广风化",显然

---

① 参见《内阁刑科题本》,159/乾隆 3.5.16。

② 关于 18 世纪清朝的禁烟政策,参见 Paul W. Howard, "Opium Suppression in Qing China: Responses to a Social Problem, 1729—1906 ", Ph. D. diss., University of Pennsylvania, 1998, pp.75—92。

最终也未能得到实现。①

第五节　小结

以往的研究,通常至多只是将雍正朝那种取消某些贱民身份标签之举视作一项终归失败的"解放"工程。但如果我们仔细分析这项政策在对"性"(sexuality)加以规制方面所具有的含义,那么便能获得更多的认识。雍正元年(1723)颁行的那道谕旨的前提是,卖娼在过去仅是被当作那些特定的低贱身份类别的一种病症而被容许存在。将这类群体在身份上提升为"良民"之举措的实质意义在于,自此之后,这类群体的行为也将受到那些针对良民的道德标准和刑责标准之约束。雍正皇帝所设计的那种"自新之路",将其中许多人赖以为生的卖娼界定为犯罪。与其说这项政策为此类人提供了人身自由,不如说是通过强化对卖娼的官方监控和将其治罪的威慑,急剧缩小了这些人可被容忍从事的行为之范围。

但这种积极行动造成的影响,远远超出那道谕旨中所提及的那些特定群体。在身份类别上将这些特定群体"开豁贱籍",消除

---

① 薛允升还断言,这项政策归于失败的原因,在于雍正皇帝的真正意图遭到愚蠢的误解:"本朝罢教坊司,改各省乐户,系革前明之弊政,并非连娼妓一概革除也。"薛允升的这番说法,有些言不由衷。他不大可能对雍正朝的那些谕旨本身加以谴责,但为了达到批评禁娼令的目的,他精明地将这种政策与皇帝的主观意志加以分离。他所谓"弊政",乃是指明成祖朱棣利用乐籍身份和教坊司来迫害那些效忠于建文帝的臣僚之家眷。参见(清)薛允升:《读例存疑》(重刊本),黄静嘉点校,成文出版社,1970 年,例 375-04,评注部分。

了那种容许任何人从事任何形式的性工作的法律基础。过去那种将性工作视为低贱身份之标识的法律拟制，在实践中为许多商业化的卖娼活动提供了一个默许其存在的灰色地带；在这一灰色地带当中，诸如身份背景之类的问题，并不总会被加以深究。但如今这一灰色地带消失不见了，所有的性工作皆开始变得被视同于良民所犯的"奸"罪加以惩治。

于是，雍正朝出台的这一政策，实际上意味着相关刑事法律规定在适用范围上的大幅扩张。雍正元年的那道谕旨，以及随后出台的那些措施，首次将所有女子的婚外性行为均加以禁止。受到 303 新的标准之约束的，不仅仅只有女子，任何为自家妻子招徕嫖客的丈夫也都会被惩处（惩处的方式包括强制其离婚），且所有的嫖客均成了罪犯。受此影响变化最大的，可能是那些为卖娼女子招徕嫖客之人在法律上的定位。在雍正元年之前，那些身份低贱的皮条客们拥有一种获得了某种认可的社会角色，甚至在某些情形下，还可以据此要求得到法律上的保护；在雍正元年之后，皮条客们所操控的娼妓若非其妻子，则他们无论在法律条文上还是在司法实践中均会受到最严厉的惩处（正如前述那些来自巴县的案件所展示的那样）。既然所有的娼妓及其嫖客如今皆被视作一般的通奸罪犯，皮条客们自然会被概念化为一种更具威胁性的角色。由于所有可能堕入淫窟的女性均被视为良家女子，皮条客们势必要被看作通过有计划地玷污女性贞节以从中牟利的蠹虫。

良民身份被扩张至将过去那些被认为属于低贱身份的群体也涵盖在内，这的确促进了法律上的平等。至少就此而言，这种做法当然产生了一种使百姓身份齐平化的效果。但能否借用寺田隆信所说的,主张这种做法具有进步性? 对此问题的回答,取决于我们如何定义"进步"。关于中国古代朝廷所策划的使百姓身份齐平化之举措的历史,很大程度上是对中央政府通过消灭那些要求在身份和权威等方面享有自主权的诉求(例如贵族身份的世袭罔替、宗教组织的独立等)而将权力集中于己手的一种记录。将这些群体与其他人们在身份上同等予以对待,并不必然意味着便会赋予他们以政治权利;相反,为了加强独裁,统治者须将其治下百姓的身份齐平化。我并未发现存在着能够让我们认为雍正皇帝意在背离这种传统的证据。正如孔飞力所注意到的那样,"给予平民们以形式上平等的身份的做法,正符合雍正皇帝那种专制和理性的做事风格"。①

在即将结束本章之时,我想对另一种更深层的连续性进行强调。无论是雍正元年之前还是之后的清代立法者,对他们而言,卖娼所造成的问题,并不在于女性的身体成为商品,而是在于这种行为构成了"奸"。"奸"是一种对作为社会秩序之基础的家庭道德和家庭结构造成了威胁的行为。(官媒制度强有力地表明,其中存在的商品化本身并未被视为有伤风化。)雍正朝通过扩张既有法律规定的适用范围,将良民们所应遵循的行为规范推广适用于先前那些身份低贱的群体,使得后者过去所操持的那种为法律所容许的性工作如今转而构成"奸"。然而,禁娼政策自始至终皆未就卖娼过程中的钱财交易这一部分制定新的惩治措施;性工作语境下的婚外性行为,从未被判处相较于一般的通奸罪行而言更为严厉的

304

---

① See Philip A. Kuhn, *Soulstealers: The Chinese Sorcery Scare of 1768*, Cambridge, Mass.: Harvard University Press, 1990, p.35。

刑罚。

　　若想把握上述这一要点,就必须将性这一因素与商业性因素区分开来。例如在今天的美国,除非采取商业性的性交易形式,否则性滥交就不会受到检控。没有金钱交易的性滥交便不算是犯罪,而通奸在法律上的意义,仅限于作为离婚诉讼时偶尔会被提及的一个因素。中国帝制时期的法律则与美国的这种模式相反。中国帝制时期在对卖娼进行治罪时,其中包含的商业性因素是最为无关紧要的部分。这项原则显示了潜藏于18世纪那些改革之中的一种深层的连续性。

305

第八章　结论

犯奸罪名,唐在杂律不过寥寥数条耳,明律则较多矣。而例则较律为犹多,本门(指"犯奸"门——引者注)赅载不尽者,"威逼致死"门又不惮详晰言之。案牍之繁,殆由于此,然亦可以观世情矣。

——(清)薛允升①

清代在针对"性"(sexuality)之规制方面所做的前述改革,将原本只是与良民身份相关联的那种性道德标准和刑责标准统一扩张适用于所有人身上。这种适用范围上的扩张借以达成的最明显方式,是将过去那种可基于涉事者之低贱身份,把该行为当作被普遍禁止的婚外性行为之例外(卖娼和家主对其奴婢的性使用),从而

---

① 参见(清)薛允升:《读例存疑》(重刊本),黄静嘉点校,成文出版社,1970年,例375-04,评论部分。

免于处刑的做法予以废除。另一项与此齐头并进的变化,是将同性之间的"鸡奸"纳入原先只涉及异性的性侵犯类型当中。随着"奸"在其涵盖范围上的扩大,一些危害贞节的新罪名被创制了出来,且对这些罪行的处刑更为严厉。此外,雍正朝还以一种前所未见的规模,在平民百姓当中大力推动关于贞节崇拜的宣教运动。贞节的荣誉,不仅被授予节妇及那些因反抗强奸而身亡的烈女(此做法与明代相同),而且还被扩张至那些拒绝屈从来自其家庭的压力而不愿为娼的妻子、因反抗强迫再嫁而死的寡妇、因遭调戏而自尽的女子等。不计其数的朝廷谕旨,将贫苦女子在性方面应当如何进行抉择凸显为最具意义的问题,就像朝廷正在征召她们协助捍卫主流家庭秩序中那些已岌岌可危的界限一样。 `306`

上述举措所导致的结果,可被概括为一种发生在那个用来对"性"(sexuality)加以规制的基本组织原则方面的变化,亦即从身份地位展演(status performance)转向社会性别展演(gender performance),借此要求无论男女皆须按照各自在婚姻中那种理想化的固定角色行事,无人可以例外。在某种程度上,这一安排只不过是考虑到平民小农阶层的总人数不断扩增和那些固定不变的身份标签之效用日益削弱,故而对法律加以革新,以使其适应一种已然发生了改变的社会现实。但更重要的是,它代表了一种对当时那些新被意识到的可能导致性事失序的危险加以应对的努力。

清代司法中的这些建构,必须被置于下述社会背景之中加以理解,亦即由于男性的总人数超过女性,父权制的稳定性,被认为正不断受到来自社会经济结构底层中一群人数规模日益扩大的光棍群体的威胁。这类男子的总人数在不断扩增,且他们在社会总人口中所占的比例可能也在相应提高。鉴于无论是在州县衙门还是经中央司法机构审理的刑案中,这类男子的出现频率均异常之高,他们在清代司法官员们的集体意识中更是成为一块心病。除了少数的例外,因异性强奸或同性强奸、和同鸡奸及与寡妇通奸而被治罪的几乎都是这类男子。贫穷的单身汉通常是从那些比他更加穷苦的男子手上买走其妻子,而后者本身又会因此再度沦为单身汉。也有一些贫困的男子是依靠为自己的妻子拉嫖卖娼而维持生计,而这为其他许多贫穷的男子创造了或许是他们能够与异性发生性关系的唯一机会(尽管在那些来自社会底层的女子当中,为不同社会阶层的男子提供性服务者皆有之)。在这种性事失序中,许多贫穷男子分享着一些可与他们发生性关系的女子,而那些相对而言家境尚可的人家则担心这类男子会觊觎自己家中的妻子、女儿及年少的子弟。

第一节　法律的阳具中心主义

　　明清时期对“性”(sexuality)的规制,是以一种彻底的阳具中心主义(phallocentrism)作为其根本,亦即根据固有印象里面性行为过程中的阴茎插入行为来对“性”加以界定。交媾过程中的阴茎插入行为具有多重含义。其最基本的含义是,在那种男子被认为应对女子进行支配的婚内情境当中,这种行为使发生性关系的双方各自恰当地进入其作为成人的社会性别角色。由此推衍开来,在其他的情境中,阴茎插入行为也能够象征初次加入和支配关系。

307

例如,海盗们为了使男性俘虏加入他们成为其中的一分子,而将他们鸡奸;又如,寡妇让其性伴侣强奸她的儿媳,以使后者事实上成为自己与人通奸的共犯。

通过一种重要且复杂的方式,人们在性行为中各自所扮演的角色,将个人的社会性别区分为男性(用阴茎插入对方下体者)和女性(其下体被阴茎插入者),而这种角色区分的重要性,要远远大于作为性欲对象的生理性别之差异。因此,男性之间的同性性行为,并非被理解为性取向方面的极性(polarity)之一,而是意味着那些被他人用阴茎插入体内的男性的社会性别因为受到玷污而发生了转换。以此为基础,清代的法律专家们借助那些游离于家庭秩序之外的危险"猎食者"、容易受到性侵犯的"良家子弟"和自愿被鸡奸的堕落男子这三种不同的形象,建构了"男子阳刚气概"这一概念。因此,男性的这种危险性、易受性侵犯和被玷污,均源自性行为过程中不当发生的阴茎插入行为所造成的威胁。第四种形象,亦即典范性的男性家长,则是受其身为丈夫和父亲之社会角色的约束、在交媾过程当中扮演阴茎插入女性下体者之角色的男子,他们既受传宗接代的孝道义务之规训,也对所在社群的制裁和朝廷的权威心怀敬畏。①

与此相同的基本思维逻辑,也可见于对女子之"性"(sexuality)的看法上面。中国帝制时期的法律对女子之间的同性性行为只字

---

① See Matthew H. Sommer, "Dangerous Males, Vulnerable Males, and Polluted Males: The Regulation of Masculinity in Qing Law", in S. Brownell and J. Wasserstrom, eds., *Chinese Femininities / Chinese Masculinities: A Reader*, Berkeley: University of California Press, 2002。

未提,这显然是预设了既然这些女子均不长有阴茎,那么便不会彼此玷污对方。① 相反,司法上的目的乃是保护父系家庭的秩序不受外来血统污染,无论这种威胁是以强奸的形式示人,还是体现为女子背叛其夫而与他人通奸。女子之"性"(sexuality)被认为易受性行为过程中发生的阴茎插入行为的侵犯;至于妇德,则取决于女性愿意为了捍卫她唯一的丈夫(同时也是她的主人)的性垄断权,而付出了多大程度的牺牲。

因此,无论是在法律里面,还是在大众观念当中,性行为过程中的阴茎插入行为,均被视为一种具有攻击性乃至危险性的行为。视不同的情境而定,这种行为既可以将正当的身份等级强加于其身,也能够对那些正当的身份等级进行瓦解;既可以使那种典范性的社会性别秩序得以再生产,也能够将其颠覆;既可以将人们引入社会化的成人阶段,也能在他们身上烙下足以使其杀人或自杀的污名化标签。在整个帝制中国时期,那种对"性"(sexuality)加以规制的当务之急,乃是为了抵御那些由性行为过程中的阴茎插入行为所造成的形形色色的威胁。

---

① 在文学作品当中,女子之间的同性性行为,往往被描写为一种对异性性行为的替代或模仿,且常常会使用假的阳具。这意味着那些小说的男性作者们很难想象性行为能够不涉及阴茎,即便在没有男子参与的性行为中也是如此。相关的例子,参见李梦生:《中国禁毁小说百话》,上海古籍出版社,1994年,第256—258页。古希腊和古罗马世界的情况也与此类似,男性作者们一直将女性之间的性爱行为想象为需要使用假的阳具进行交媾。参见 John R. Clarke, *Looking at Lovemaking: Constructions of Sexuality in Roman Art, 100 B. C.-A. D. 250*, Berkeley: University of California Press, 1998, pp.227—229。

第二节　从身份地位到社会性别的变化，
以及对小农家庭的新关注

在本书所探讨的那个时代范围之内，上述这种潜藏于法律背　308
后的阳具中心主义，可说是变化甚微或者全无变化。无论其他方
面发生了怎么样的变化，性行为过程中的阴茎插入行为始终代表
着一种被社会性别化了的支配性等级关系。真正有所变化的，是
司法上对如下问题的概念化理解，亦即何种社会秩序需要被加以
保护，以免受到不当的阴茎插入行为的侵害？哪些类型的外来男
子最具危险性？

尽管 18 世纪时确实发生了急遽的转型性变迁，但我要再次重
申的是，许多重要的变化在此之前便已有迹可循。对女性贞节的
颂扬，以及将社会性别角色加以固化的做法，乃是伴随着不变的身
份类别分类在此之前便已逐渐开始的那种衰落而同时出现。实际
上，就对"性"（sexuality）的规制而言，元明两代或许都可被视作分
水岭。元朝建立起了旌表节妇的基本制度，而明清两代的贞节崇
拜均是以此为原型。元代的立法者还开始将某些情形的强奸罪处
以死刑，并首度在法律中将卖妻的行为视同于"奸"罪。此外，元朝
还试图通过明令禁止"良"民丈夫纵妻为娼（或主人逼奴为娼），以
对当时正在萌芽且足以紊乱各种身份界限的商业化性交易市场加
以压制（其实，南宋时期便已颁布了一道以此为目的的谕旨）。在
此基础上，明朝进一步将贞节旌表的范围扩展至那些因反抗强奸

而殉节的受害女子,将死刑的适用范围扩展至所有发生于身份地位同等者之间的强奸罪行,对强奸行为的定罪采用更为严格的标准,并首度禁止双方自愿的男子同性性行为。清代的法律专家们对此前各个朝代的前辈们的这些成就了然于胸,也清楚意识到其中所蕴含的那种整体性变化趋势。从此种长时段历史变迁的角度来看,盛清时期的司法官员们所做的这些引人瞩目的大规模改革措施,可被看作那些先前便已有之的所有做法顺理成章自然发展的结果。

传统上那种借以对性行为进行规制的组织原则,乃是被用来维护植根于贵族们眼中那种固化了的社会结构的身份等级制度。唐代的法律专家们最感到担忧的,乃是男性奴仆对良家女子进行性侵犯造成的血统被玷污,尤其是当这种情形发生于同一个家庭内部时。在此种情境当中,由于典型的小农家庭不大可能会拥有自己的奴仆,故而"良"主要是指那些贵族女子。这与罗马帝国的情况颇为相似。"在性的方面,对古罗马人而言,重要的是那些参与性活动的人们的身份地位。而且,那些涉及性这一方面的罗马法,对当时人口中的大多数视而不见,因为其目的是维护精英们(统治阶层)的价值观。这些价值观包括生育合法的继承人,以及保护那些自其出生之日开始便有着自由民身份的人们不受身份低贱者的侵害。"[1]对于中国帝制时期的大多数王朝而言,对"性"(sexuality)进行规制的目的,从来就不是将任何一种特定的性行为完全加以禁止,而只是将其限定在适当的位置。中国古代早期的

---

[1] See John R. Clarke, *Looking at Lovemaking: Constructions of Sexuality in Roman Art, 100 B. C.- A.D. 250*, Berkeley: University of California Press, 1998, p.279.

法律当中未见到有提及男子之间的同性性行为,我猜想这反映了
贵族社会中将鸡奸同性的行为视作主人享用其奴仆的一种方式。
在这种情境当中,发生在被鸡奸男子身上的社会性别转换,只不过
进一步确认了他在更为重要的法律身份等级体系中所处的那种从
属性地位。

然而在清代,对性行为的规制被重新加以组织,以维持一种通
过使众人皆恪守各自的家庭角色来加以界定的社会性别秩序;而
法律专家们所关注的家庭,看起来是那种有固定居所的小农家庭。
那种形成于18世纪的管理制度,将那些游离于家庭秩序之外的男
性们针对安分守己的贫苦家庭当中的守贞女子及年少男子的性侵
犯,视为最糟糕的情形。重要的分界线,此时并非存在于精英阶层
和作为其奴仆的那些劳动力之间,而是存在于小农家庭与被认为
对其构成威胁的各类反社会者之间。易言之,那种从身份地位展
演到社会性别展演的转变,也是一种将关注的焦点重新放置在平
民百姓身上的过程。由是观之,中国帝制晚期的法律话语当中所
出现的那种被鸡奸的男性,乃是这一转变的关键性标志。它代表
着一种关注视角上的转移,亦即从那些对自己所拥有的特权充满
自信且在性行为中扮演阴茎插入者角色的精英男子身上,转移到
那些担忧自家"子弟"会被无赖汉进行鸡奸的小农家长身上。

晚近以来有关中国帝制晚期的社会性别的研究成果,倾向于
关注精英阶层的许多问题,例如嫁妆金额的上涨,婚姻市场和科举
考试中的竞争皆不断加剧,女性的识读能力及所受到的教育,由女
子创作的诗文作品及其出版的情况,名妓作为忠诚的象征和精英
文化的传播者,等等。很显然,精英阶层的社会性别话语在18世

310 纪时经历了许多重大的转变,而这些转变势必影响到法律的发展,因为司法官员们皆是由精英阶层中那些有官品者出任。尤其是,精英话语层面将那些先前被视为代表了一种文化理想的名妓予以边缘化,以及对妇德权威的重申,①恰好与官方禁止卖娼和将女子贞节的良民标准扩展适用于所有女性身上的做法同时发生。其中的那些关键人物,例如雍正皇帝、乾隆皇帝和清代的著名官员陈宏谋,②显然是将推行规范化的社会性别角色之举,看作是针对平民百姓(以及那些生活于新被纳入帝国疆域的边疆地区的非汉人族群③)的更大的教化方案的组成部分之一。这种对普通良民之社会性别展演的新关注,与那种使其身份齐平化的方案齐头并进。而后者将孔飞力所称的"平民在形式上的平等身份",实际扩展至帝国境内的所有子民。④

如果我们把目光聚焦于清代的司法制度上面,那么便可非常明显地看到精英阶层之外的人们此时处于被关注的中心。一方面,那些出现于清代案件记录(特别是刑案记录)之中的人们几乎全是小农、市井小民和各种各样的社会边缘人,他们顶多拥有一些价值非常小的财产。18 世纪的司法官员们在现实中所真正面对

① See Susan Mann, *Precious Records*: *Women in China's Long Eighteenth Century*, Stanford, Calif.: Stanford University Press,1997.

② 陈宏谋(1696—1771)在清代雍乾两朝历任要职(包括先后在七个省份出任巡抚)。参见 Arthur W. Hummel, ed., *Eminent Chinese of the Ch'ing Period*, 成文出版社,1970 年重印,第86—87 页。

③ See William T. Rowe, "Women and the Family in Mid‐Qing Social Thought: The Case of Chen Hongmou", *Late Imperial China*, Vo.13, No. 2(1992), pp.1—41.

④ See Philip A. Kuhn, *Soulstealers*: *The Chinese Sorcery Scare of 1768*, Cambridge, Mass.: Harvard University Press,1990.

的,正是这些人。此外,清代的立法呈现出一种白凯称之为(关于婚姻和女子财产权的)法律"小农化"(peasantization)的特征,亦即从在以往的法典中所见到的那种以贵族为首要的关注目标,明显转向为重点着眼于普通的小农。① 在对"性"(sexuality)的规制方面推动这些变革的,主要是那种须对被视作明清时期秩序之基石的平民百姓家庭加以巩固的当务之急,而不是任何关于(或代表)精英阶层的特殊考虑。这种迫切的需求,或许准确地反映了那些有固定居所的小农家庭的家长们感到焦虑和最为关心的问题。

以往的研究,倾向于将清代针对鸡奸行为的立法,归因于对晚明宫廷和精英阶层的"颓废之风"(包括富人追捧男性优伶或者将娈童收作仆从)的一种厌恶性反应。② 这种理论在某种程度上犯了时代顺序方面的错误,因为对和同鸡奸行为的禁止,在清朝入主中原之前便已有之。而且,上述那种理论所设想的对"颓废之风"的厌恶性反映,更像是一种现代主义的典型观点(五四时期新文化运动对性的看法),③而并非一种来自 17 世纪或 18 世纪的视角。例如晚明文人沈德符所憎恶的乃是过度的自我放纵,而非同性之间 311

① See Kathryn Bernhardt,"A Ming – Qing Transition in Chinese Women's History? The Perspective from Law", in G. Hershatter et al., eds., *Remapping China*:*Fissures in Historical Terrain*,Stanford,Calif.:Stanford University Press,1996.

② 特别是 Vivien W. Ng,"Ideology and Sexuality:Rape Laws in Qing China",*The Journal of Asian Studies*,Vol. 46,No. 1(1987);Vivien W. Ng,"Homosexuality and the State in Late Imperial China", in Martin Duberman et al., eds., *Hidden from History*:*Reclaiming the Gay and Lesbian Past*,New York:Meridian Press,1989。

③ See Frank Dikötter, *Sex*, *Culture*, *and Modernity in China*:*Medical Science and the Construction of Sexual Identities in the Early Republican Period*,Honolulu:University of Hawai'i Press,1995.

的情欲或性行为本身。① 与这种态度相反,巴金在 1931 年创作的小说《家》当中,将那些上了年纪的儒士们狎玩戏班旦角之举,作为这些注定要最终走向毁灭的老一代颓废虚伪的象征。这部小说中那些对自己有着严格的道德要求的年轻一代,则恰当地表现出对这种狎玩之风及其他好色之举的厌恶;这些年轻人之间的关系,被描写为充满友爱团结和在生理上保持着自我克制,以追求更高尚的精神目标和政治理想。②

无论是观察清代律典那些例文中的用语,还是检视它们在实际案件中的司法适用,均可清楚地看到清代针对男子同性性行为的那些改革与精英阶层无关。有意狎玩戏班旦角和男娼的精英阶层男子依然故我,而不管法律当中如何规定。这一事实既反映了他们所实际拥有的特权,也可能反映了那种古老的贵族式预设,亦即认为只要符合身份等级支配的恰当秩序,那么发生在被鸡奸男性身上的社会性别转换,便不构成需要被加以关心的问题。清代对易受损害的男子阳刚气概的新关注,看起来反映的是平民阶层而非精英阶层在社会性别方面所遭遇到的麻烦(易言之,反映的是那些挣扎于向下沉沦之边缘、且深受已沦落至社会最底层的光棍们之威胁的小农家庭家长们心中的各种担忧)。

禁止卖娼的法令(就像禁止卖妻的法令那样),看起来也与精

---

① 参见本书第四章中所引用的沈德符之语。

② 参见高彦颐关于五四时期新文化运动的爱国主义观念是如何对清代性别关系的历史解读造成扭曲的重要讨论,Dorothy Ko, *Teachers of the Inner Chambers*: *Women and Culture in Seventeenth – Century China*, Stanford, Calif.: Stanford University Press, 1994, pp.1—7。

英阶层的好恶或惯常做法无甚关联。此禁令在理论上当然涵盖了所有的卖娼活动,但我从未在那些因违反这一禁令而被治罪的案件的案卷记录中,看到过任何与精英阶层有丝毫联系的案犯。事实上,很可能是由于明末时期无处不在的商业化性交易市场的发展使得卖娼者及其顾客均变得"大众化"(democratization),这才推动了清代的全面禁娼。当乾隆皇帝在他即位之初敦促其臣工重新厉行禁娼政策时,他将卖娼视为危害普通小农生活的祸根。州县层级那些实际执行此项禁令的措施,包括了对皮条客们加以惩处,严厉制裁那些为其妻子招徕嫖客或将其卖掉的丈夫们,以及通过嫁卖的方式将那些有意脱离皮肉生涯的女子拯救出来。这些积极的行动所反映的,并非精英阶层在道德上的危机,而是一种对那些处于社会边缘的人们此时正在数量上不断增长的敏锐认识。对这些社会边缘人来说,那种被朝廷视为犯罪的性行为,恰恰正是他们赖以谋生的方式之一。

第三节 含义发生变化的"良"

那种从身份地位展演到社会性别展演的转变,清晰地体现于 312 "良"这一法律术语在其含义上发生的变化。尽管直至帝制结束,中国古代的法律专家们都在沿用这一古老的法律术语,但其含义经历了显著的变化。如前所见,自唐代至 18 世纪,此一术语所强调的要点,从良民在法律上的那种身份地位,转变为意指道德纯良,特别是在性方面。例如,"从良"原指奴仆获释为"良民",但到

18 世纪末,这一词语已变为专门指娼妓洗心革面,重拾守贞的妻子所应遵循的那种规范性的女性角色。与此相类似,正如梁其姿所指出的那样,"贱"这一字眼在那些关于慈善的话语中的用法,也逐渐从用它来形容法律上的身份地位低下,转变为用它来强调道德上的低劣。①

作为一种法律类别的"良",其含义此时正在发生微妙的变化。我们甚至可以看到,那种原本采取绝对化论调的贞节话语,也出现了趋于和缓的迹象,从而在谁有资格被旌表为女性贞节之典范这一议题上变得更具弹性。在乾嘉时期,可被旌表为节烈的女子之资格范围,被扩展至将一些以往被摒除在外的女性类别也涵盖在内,从而进一步消除了不同社会群体之间长期存在的差别,这可以说是对雍正朝政策的合理延续。② 例如在乾隆十一年(1746),朝廷将那种相对而言有所减等的表彰措施(拨款为她修建贞节牌坊,但不在节孝祠里为她设牌位),授予那些曾经身为旗下家奴但后来得以开户的家庭中的"节妇"。相同的政策,也被普遍适用于民间的婢女,以及奴仆和"雇工人"之妻。③ 乾隆四十七年(1782)和四十八年(1783),清高宗旌表了数位非汉人的守贞寡妇,对这些"番妇"特别予以嘉许,并赋予其最高的荣誉。④ 乾隆五十八年(1793)的一

---

① 参见梁其姿:《"贫穷"与"穷人"观念在中国俗世社会中的历史变迁》,载黄应贵主编:《人观、意义与社会》,中国台湾地区"中研院"民族学研究所,1993 年。
② 伊懋可援引了清代社会底层的女性也被纳入有资格获旌表为节烈女子者之行列的这一事实,作为证明精英道德观"大众化"的论据。参见 Mark Elvin, "Female Virtue and the State in China", *Past and Present*, Vol. 104(1984),pp. 111—152。
③ 参见《清会典事例》,中华书局,1991 年,卷 403,第 508、513—514 页。
④ 参见《清会典事例》,中华书局,1991 年,卷 403,第 513 页。

道谕旨旌表了一名反抗强奸而身亡的女子,尽管她是一名衙役的
妻子(承充衙役向来被视为低贱的营生方式之一,因其在历史上起
源于强制性的劳役);①唯一能体现对这位受旌表女子的身份有所
顾虑的地方,是将对她的表彰减等。② 嘉庆十一年(1806),一名女
子因不愿屈从其婆婆"逼令卖奸"的压力而自杀身亡,尽管她生前
嫁入的是"土娼"之家,朝廷仍对她加以旌表;唯一的差别,是将为
她修建贞节牌坊的赏银赐予其娘家而非夫家。③

　　至嘉庆朝时,存在于那些已遭人奸淫的女子和守贞女子之间
的严格界线,也变得前所未有的模糊。嘉庆八年(1803)颁发的一
道谕旨首度规定,已被"奸成"的强奸罪受害女子,只要确有"抗节
之心",且是遭到两名以上的罪犯制服,便也有被旌表为烈妇的资
格。倘若将她玷污的强奸罪犯只是单人作案,只要她在被奸淫之
前已被罪犯捆缚,那么巡抚也可呈报给礼部,由礼部根据每起案件
的具体情况斟酌决定是否给予旌表。这项新政策看起来在其颁布
后的次年便开始执行。嘉庆九年(1804),一名遭轮奸后自杀身亡
的女子,被朝廷旌表为烈妇,但赏赐给她的家庭用于为其立贞节牌

① 关于衙役的低贱身份,参见 Anders Hansson, *Chinese Outcasts: Discrimination and Emancipation in Late Imperial China*, Leiden: E. J. Brill, 1996, pp.48—50。在清代,衙役逐渐演变为一个由各种不同背景的人们所组成的行业群体,而这种现象同样显示了,社会经济方面的变迁,是如何导致法律上的身份、家庭背景和所操持的营生方式这三者之间那种曾长期以来被视为固定不变的关联变得日益模糊,参见 Bradly W. Reed, "Scoundrels and Civil Servants: Clerks, Runners, and County Administration in Late Imperial China", Ph. D. diss., University of California, Los Angeles, 1994; Bradly W. Reed, *Talons and Teeth: County Clerks and Runners in the Qing Dynasty*, Stanford, Calif.: Stanford University Press, 2000。
② 参见《清会典事例》,中华书局,1991年,卷403,第513页。
③ 参见《清会典事例》,中华书局,1991年,卷404,第517页。

坊的银两,相比于通常所给的数额减半。同年,朝廷还旌表了一位被单人作案的罪犯"强奸已成"而"羞忿莫释,即行投缳殒命"的女子。这名女子的家庭所获的赏银,同样是在标准数额的基础上减半。① 那些倡议进行上述变革的上奏者们认为,落入反贼之手的官员可能会被迫下跪,但此举并不能证明他就不忠;同理,被一群强奸犯制服和奸淫已成的妻子,也未必就不贞。②

道光二十年(1840),一个"无名丐女"被单人作案的罪犯(犯案者也是乞丐)奸杀,她获得了朝廷的旌表,但赏银同样减半,也未能在当地的节孝祠中为其设牌位。此案例显示了两股相互交织的潮流。也就是说,即使那些身份最为卑微且被奸淫已成的女子,仍有可能具备被朝廷旌表为节烈的资格。③

上述所有的案例之所以会被记录在册,是因为它们为此后处理类似的案件创设了可供参照的前例。在许多情形当中,将其荣誉减等之举意味着下述观念依然存在,亦即认为这些女子已被玷污,或是因其卑微的身份,或是由于遭人奸淫。但这类女子终究得以跻身于能被旌表为节烈者之列,说明了在决定哪些女子具有可成为女性典范之资格时,动机上的纯洁性逐渐取代了那些绝对化的身份类别,从而成为主导性的标准。④

---

① 参见《清会典事例》,中华书局,1991 年,卷 404,第 516—517 页。

② 参见《皇朝经世文编》,台北国风出版社,1963 年,卷 92,第 33 页 a—33 页 b。

③ 参见《清会典事例》,中华书局,1991 年,卷 404,第 521 页。实际上,在雍正朝的那些改革之前,某些地区的"丐户"也被官府编入贱籍。

④ See Mark Elvin, "Female Virtue and the State in China", *Past and Present*, Vol. 104 (1984), note 177; Matthew H. Sommer, "Sex, Law, and Society in Late Imperial China", Ph.D. dissertation, University of California, Los Angeles, 1994, pp.415—419.

　　另一个耐人寻味的变化是,在司法上对那些曾犯奸罪者进行
评价时,此时期引入了"洗心革面"这一观念。例如,嘉庆十九年 314
(1814)颁行的一条例文,将司法实践中那种受害女子本人若曾犯
奸则会使得将其轮奸的罪犯们可被减轻处刑的传统做法,正式以
成文立法的形式固定了下来。但是,此条例文中增加了一款但书
附于其后,亦即若该名女子犯奸后已"悔过自新",并系"审有确证
者",则应将她视为"良人妇女"(此处所说的"良"是指贞节),因
此,将她强奸之人须按死刑这一强奸罪的本刑加以惩处。[①] (值得
注意的是,雍正皇帝便是以"自新"一词,来指称给予那些曾隶乐籍
之人以重新做人的机会。)法律上另一项与此相类似的变革,是关
于对"男子拒奸杀人"的处置。例如道光四年(1824)修订的一条法
律规定,倘若先前自愿接受被鸡奸的男子后来"悔过",并拒绝行奸
者对自己再度进行鸡奸,由于不愿被鸡奸而最终将行奸者杀死,则
应对该男子予以宽大处理。[②] 在此之前,受害者针对强奸者进行自
卫的情节,对这类案件的审判而言无足轻重,杀人者(同时也是被
试图强奸的受害者)仍须被按照杀人罪的本刑加以惩处,而无法获
得宽大处理。法律上这些新的变革意味着,"悔过自新"的态度,可
以洗刷曾有自愿被奸之经历者所蒙受的那种玷污,并使她或他在
刑法意义上恢复到"良"这一身份。(这种通过自新可使德行得到
恢复的看法,与雍正朝之后将娼妓不再操持皮肉营生称作"从良",
在逻辑上同出一辙。)

　　于是,关于某人是否为"良"的判定,逐渐涉及对个人行为及其

---

① 参见(清)薛允升:《读例存疑》(重刊本),黄静嘉点校,成文出版社,1970 年,例 366-12。
② 参见本书附录 B.2 中的最后一款规定。

主观意识的评断。《刑案汇览》中所记载的道光二年(1822)的一起来自山东的案件,非常清楚地反映出这种变化。在该案中,一名年仅十岁的女孩遭人诱拐,且碰巧该女孩是一名娼妓的养女。山东巡抚对如何界定这名女孩的身份以便对将她诱拐者恰当地予以处刑心存疑虑。和对强奸罪的处刑一样,对诱拐罪行的处置,也取决于受害者在身份上是否为"良",而这名女孩很难被视为"良家"女。此外,娼妓收养女孩的目的,通常是让该名女孩将来像她那样也从事皮肉营生。山东巡抚因此向刑部请示该如此裁决此案,尤其是,法律上那种要求受害者在身份上须为"良"的规定,在此案中应如何运用?刑部答复称,相关法律的重点并非在于受害女子的家庭

315 背景,而是受害女子本人的行为和态度,例如她是否曾犯奸?若她曾经犯奸,则在那之后是否已悔过自新?本案中的那名受害女子年纪尚幼,故而承审官员显然无须考虑上述的那些问题;虽然收养她的是一名不贞女子,但这名受害的女孩"自身清白",故而应以良民视之。因此,对于那些将她诱拐的罪犯,应按该罪的本刑处置。

在雍正元年(1723)以前,母亲卖娼便决定了其全家人在身份上低贱,反之亦然。但过了一个世纪后,刑部在前述案件中主张这名女孩的家庭背景与她本人是否为"良"无关。"良"这一法律术语的含义变化竟如此之大。此案的判决仅取决于这名女孩本人的行为和态度。① 前文所引嘉庆十一年(1806)朝廷对那位嫁入"土娼"之家但以死反抗婆婆逼她"卖奸"之压力的女子的旌表,也遵循着同样的逻辑。

---

① 参见(清)祝庆祺、鲍书芸编:《刑案汇览》,卷8,第4页b—5页a。

这种针对"良"之内涵所做的正在发生变化的解释,其逻辑基础是,个人在法律上的地位,应当取决于其本人在行为中所展现出来的那种道德,而不是像长期以来的那样,个人在法律上的地位决定了其是否具有某种道德。我们可以将这种变化理解为良民在法律上所应遵循的那些标准在适用范围上被加以扩展后所形成的一个必然结果。而良民在法律上所应遵循的那些标准之所以在适用范围上被加以扩展,则是因为朝廷意识到各种社会关系的流动性此时正在日益变强。对清代的司法官员们来说,行为人的个人自主行为已取代了那些具有偶然性的家庭出身和社会地位,而成为区分绝大多数人的最有用因素,其结果之一是使人们在法律面前变得更为齐平化。不过我认为,倘若依照西方的法律发展模式来理解上述这种转变,那么将大错特错。

罗威廉(William Rowe)认为,清代的著名官员陈宏谋对社会性别的看法,不再注重以往的那些身份差别或社会阶层差别,而是具有一种"近现代"个人主义的新颖特点。但罗威廉也非常谨慎地对此论断进一步加以解释:"他(陈宏谋——引者注)采取一种近现代新兴的标准,来评价家庭或家族内的个体(无论男女)。他同时认为社会的必要组成部分在于家庭而非个人,并因此大力支持家长所拥有的支配地位。他虽然对深植于自身社会角色之中的那种个体投以同情的目光,但认为其相较于社会角色本身而言仍属次要。"①陈宏谋上述这种被加以刻画的思想特征,并非我们所理解的那种现代西方意义上的个人主义,而毋宁说是为了使百姓们在身

---

① See William T. Rowe, "Women and the Family in Mid‐Qing Social Thought: The Case of Chen Hongmou", *Late Imperial China*, Vo.13, No. 2(1992), p.34.

份上齐平化所做的诸多努力中的一部分,亦即在被那些业已不合时宜的身份等级标签所占据的地方,坚决主张那种严格按照各自的家庭角色行事的社会性别展演所具有的重要性。这种对规范化的社会性别展演的倍加强调,与刑法在适用范围上扩张及平民百姓生活所受道德监督的范围之延展齐头并进。

我认为,所有这些改革的目的,与其说是旨在解放或压制个人,毋宁说是扫除那些早已不合时宜且容易带来干扰的问题,以便全力应对各种新出现的危机。本书前面讨论过的许多立法和宣教,皆旨在提升平民百姓家中节妇的地位,赋予其权利,并对其加以保护。她们构成了一个其涵盖范围在日益扩大的群体类别。这些出身于升斗小民之家的女子的贞节问题被赋予了一种前所未有的重要性(这意味着她们在性事方面所做的自主选择意义重大),表明一种新的责任被加于此类女子身上。她们站在了对那种规范化的家庭秩序加以捍卫的最前线,而她们所维护的贞节标准将决定这一秩序的命运。若她们忍受痛苦和作出牺牲,则这种秩序便能存续下来;若她们耽于淫逸,则这种秩序便可能走向毁灭。假如我们采用那种用来看待妇女史和同性恋史的解放论模式观之,便可能会忽略了如下事实,亦即清代这些改革的主要目的并非压制女性(更不是迫害性取向方面的少数者群体),而是巩固岌岌可危的小农家庭,防止其在道德含义上向下沉沦,并对抗当时社会底层中正在实际发生的由"光棍"们所做出的各种性侵犯之举。

第四节 生存逻辑与性事失序

18 世纪的清朝是一个充满傲慢和偏执的时代,也是一个商业化扩张和人口过剩的时代,无论是来自精英阶层的女性诗人,还是身无分文的流浪汉,皆在人口数量上达到前所未有的高峰。雍正朝那些"开豁贱籍"的谕旨,清楚地反映了此一世纪的那种悖论性特征。尽管有数道谕旨皆倾向于鼓励那种受到市场机制推动而扩大的契约式生产关系,但最初且最重要的一道谕旨,却是通过禁娼而大幅扩展了刑法的适用范围和道德监督的范围。后一措施可被看作对市场机制的反动(商业化的性交易市场,此时业已取代了那种作为世袭徒刑的旧的性工作模式),而且表明清代的官员们对社会经济的快速变迁百感交集。实际上,清代的开国者(就像历代的开国者那样)曾试图再次将百姓们的身份和居所分别在社会意义和地理意义上加以固定,但其所做的规划过于简单化,至雍正朝时便已不复使用。那些在 18 世纪时促使对"性"(sexuality)的规制做 317 出前述变革的主动性力量之生成,并不仅仅是因为那些旧有的身份藩篱已不再合乎时宜,同时也是由于对那些危险的社会发展趋势与人口发展趋势日益感到焦虑。

我这份研究的大部分内容是针对清代的那些司法建构加以解释,并勾勒出清代立法背后宽阔的社会脉络。本书的第三章和第四章强调,法律上各种基于阳具中心主义的预设,与普遍化的社会规范和社会实践之间具有一致性。特别是我认为,清代司法官员们对鸡奸行为的司法建构,虽然背离了以往的实践,但无论是从法律传统还是大众观念(尤其是有固定居所的小农阶层所持有的那种观念)的角度来看,皆是颇为合理。就其实质而言,清代针对"鸡奸"的法律,乃是将当时对性行为过程中用阴茎插入对方体内这一行为的普遍看法以法律的形式固定了下来。本书第五章指出,即便当时未必每一个人都会将朝廷通过贞节崇拜所推行的那种道德议题"内化"于自己的身上,这种道德议题也为普通小农们所熟知,并在他们的日常生活和修辞策略中被加以适当的运用;在许多女子熟练地展演"节妇"此一公共角色时所用的手法上,这种运用尤为明显。第五章的结尾强调诉讼具有传播官方价值标准的功能,并展现了父权制权力的各个层面是如何相互强化的。更加概括性地来说,本书在多处论及污名化标签所具有的那种力量,以及光棍们所造成的那种威胁,来展示清代立法对有固定居所的小农社区之价值观和焦虑点的关注,在程度上至少并不亚于针对精英阶层的同类事项的关注。

但我并不是在暗示官方所制定的那些规范获得了社会大众普遍的认同。相反,关于中国农民的各种出色研究成果告诉我们,小农生活中的很多方面,深受某种与被朝廷视为急务并予以标榜的事项相差甚大的生存逻辑的支配,且两者时常格格不入。① 我相

---

① 例如 Edward Friedman, et al., *Chinese Village*, *Socialist State*, New Haven: Yale University Press, 1991; Philip C. C. Huang, *The Peasant Economy and Social Change in North China*, Stanford, Calif.: Stanford University Press, 1985; Philip C. C. Huang, *Civil Justice in China*: *Representation and Practice in the Qing*, Stanford, Calif.: Stanford University Press, 1996; Elizabeth J. Perry, *Rebels and Revolutionaries in North China*, *1845—1945*, Stanford, Calif.: Stanford University Press, 1980。

信,存在于官方强制推行的性秩序与贫民们的性实践之间的那种断裂,在整个清代不断扩大。

清代在贞节崇拜方面的创举之一,是对那些在长期的生活困顿中依然保持忠贞的妻子加以旌表,即使其丈夫实际上仍然在世。乾隆四十二年(1777),一名与其夫分开超过 50 年仍保持贞节的妻子获得朝廷的旌表;次年,一名实际上从未与其丈夫圆房(因其丈夫久病)但坚持守节 32 年的女子,也得到了朝廷的旌表。[①] 在这两个例子当中,妻子皆对她唯一的丈夫保持了绝对的性忠诚,尽管其丈夫在性生活或经济方面未能履行身为丈夫的责任。隐藏于这种守节行为背后的社会情境是,就像司法档案中的大量案件所记载的那样,那些被丈夫抛弃或因其丈夫身患残疾而无法维持家庭生计的女子,不得不通过卖娼、与人通奸或再嫁以求生存。同样的社会情境,也可用来说明朝廷对那些反抗家庭压力而不愿为娼的女子的旌表。

曼素恩早已指出,在 18 世纪时,清代的官员们日益迫切地倡导女子从事纺织劳作。这些官员们认为,这项劳作既是贴补小农家庭经济收入的一种手段,也是"对女子淫行的抑制"。[②] 敦促女子从事纺织劳作,符合在贫民当中宣扬女性贞节这项更大的计划,亦即女子认真地从事手工劳作,被认为无论对其家庭的经济收入还是对她保持身为人妻者的忠贞皆大有裨益(守节孀妇这种典型的形象,正是为了抚养其子女而不分昼夜地纺纱织布)。我猜想,

① 参见《清会典事例》,中华书局,1991 年,卷 403,第 521 页。

② See Susan Mann, *Precious Records*: *Women in China's Long Eighteenth Century*, Stanford, Calif.; Stanford University Press, 1997, p.163.

318

官员们之所以会将这两者联系起来,主要是由于(身负禁娼之责的)他们目睹了太多陷入绝望的人们为求生存转而采取出售性服务这种策略,而非源于抽象的道德观或重农主义经济学。倡导纺织劳作的官员们的那种道德高调,源自他们知道,对于当时太多的女子而言,最为实际的生存策略是从事性工作。①

在清代司法官员们的那套妖魔论当中,"节妇"的反面人物(也是"光棍"的女性版本)乃是"奸妇"。所谓奸妇,是指那些无视关于家庭及女子贞节的规训之束缚,背叛其夫,性事淫荡的妻子。② 司法上对卖娼、卖妻之类的商品化做法的处置,反映了对此类女子的担忧。元代至清代用以表示丈夫对其妻子的淫行放任不管的"纵"字,意味着某种放荡的行为被释放了出来;这一措辞,流露出对那些不"义"(违反守贞妻子的规范化角色所应遵循的那种道德义务)的女子深感担忧。"买休卖休"这种罪行也被依照此种方式加以想象,而其所设想的典型情形便是丈夫默许其妻子与人通奸并将她卖给了奸夫。法律专家们将此类罪行理解为妻子的淫

---

① 特别是清朝道光年间任官于湖北的周凯的相关论述,参见 Susan Mann, *Precious Records: Women in China's Long Eighteenth Century*, Stanford, Calif.: Stanford University Press, 1997, pp.163—164。嘉庆八年(1803)刊行的一本官箴书也提出了类似的观点,谴责那些被其丈夫嫁卖的妻子在德行上有失:"若妇人果勤于纺缉针线,夫妻和合,虽贫不作嫁卖之想。"参见 Matthew H. Sommer, "Sex, Law, and Society in Late Imperial China", Ph.D. dissertation, University of California, Los Angeles, 1994, p.390。

② 唐律中并无"奸妇"一词,但此法律术语在元代、明代特别是清代的法律话语中扮演的角色变得日益重要。在雍正朝的那些改革之后,这一术语被适用于所有发生婚外性行为的女子身上(除非那些严格符合"强奸"之定义的行为)。"奸妇"在文学作品中的典型代表,是《金瓶梅》一书当中的女主角潘金莲,她为了嫁给西门庆为妾而谋杀亲夫,后来又与陈经济通奸一起背叛了西门庆。事实上,西门庆在床笫之间喜欢称她为"淫妇",而这是"奸妇"的同义词。

乱而非妻子被虐待,故而他们通常试图对那些不称职的丈夫们加以治罪,因为这些丈夫们被认为出卖了自己身为人夫的根本利益,而放纵其妻犯下有着如此破坏性的淫行。

这种担忧或许并非毫无道理。清代的司法档案中不乏如下这样的案例。由其丈夫为她招徕嫖客卖娼或被其夫以其他方式加以性剥削的女子,最终经历了一种能够导致剧烈的颠覆效果的启蒙,亦即"自我意识的提升"。妻子对其丈夫那种应有的顺从,有助于诱导一些妇女接受前述那些安排,但性剥削本身却又造成了那种被倡导的价值观念与她所经历的生活体验之间的断裂,进而使得顺从的基础遭到削弱。在许多案例中,那些女子们最终选择了养得起她的恩客,而抛弃了养不起她的丈夫,并因此引发私奔、谋杀,以及其他各种使朝廷所倡导的那种家庭秩序遭受破裂的可谓梦魇般的行为。

雍正朝那种旨在"广风化"的政策对后世的长远影响,仍难以定论。到了道光朝,先前盛清时期那种与性有关的立法洪潮,此时业已变成涓涓细流,同时也可看到司法官员们对此类问题有着某种困惑。一方面,贞节崇拜此时已发展至空前鼎盛的程度,贞节牌坊随处可见;另一方面,如曼素恩所言,那些做到守贞的寡妇们的地位,已由"乡里坊间为其感到骄傲的符号性人物"降至"接受施舍的对象",整个贞节崇拜逐渐失去了对精英阶层的吸引力。① 与此同时,刑部也被迫放弃佯装对如下两种普遍发生的不贞行为进行压制的做法,亦即寡妇在其夫丧期内再嫁,以及丈夫因贫穷而卖妻

---

① See Susan Mann, "Widows in the Kinship, Class, and Community Structures of Qing Dynasty China", *Journal of Asian Studies*, Vol.46, No. 1(1987), pp. 51—52.

(我所见过的卖妻案,几乎皆属此种情况)。刑部授意地方官员,只要此类非法的婚姻形式确系迫于贫困而不得已为之,便可让其继续维持下去,并对那种原本应对此类当事人科加的笞杖刑罚加以减轻,因为如果判令这些涉案的贫穷女子与其夫离婚,那么她们极有可能会以其他更糟糕的方式失去贞节。刑部容忍上述社会现实的存在,等于是承认了雍正皇帝那种希望在贫民当中推行女性贞节的做法此时已然徒劳无功。①

在 19 世纪 40 年代,包世臣(他之前是一名以务实而著称的知县)便主张,若道德上的妥协乃穷人生存所必需,则不应对他们进行惩罚:"或以贫难饥馑离散逃生,任教养斯民之责者,方当引以为愧。"②这是一种带有激进意味的正统的儒家观点,认为家庭道德的崩溃,将会导致政治统治的正当性受到质疑。如果连当时的地方官员也作此种想法的话,那么我们便不难想象典范性的价值观与日渐增多的贫困人口的生活体验之间不断发生冲突进而累积形成320 的那种颠覆性效果。

我们已经在清代的案件记录中注意到,那些形形色色的非正统的家庭模式(包括那些涉及将性作为商品出卖的模式),往往是在模仿那些更为典型的婚姻与家庭。而在后者当中,性结合乃是同居共财而形成的一种更加复杂且等级化的联合当中的组成内容之一,有时这种联合会采取拟制血亲的形式。为了生存而与他人进行联合,这或许比对财产方面的需求更为重要,而游离在家庭秩

---

① See Matthew H. Sommer, "Sex, Law, and Society in Late Imperial China", Ph. D. dissertation, University of California, Los Angeles, 1994, pp.388—394.

② 参见(清)包世臣:《安吴四种》,台北文海出版社,1968 年,第 2138 页。

序和共同体秩序之外生活,看起来是一件残忍野蛮的事情。我们可以将这些非正统的家庭模式解释为各种试图对那些正统的婚姻家庭模式加以复制而做出的努力,尽管这些非正统的家庭模式所能提供的保障存在着许多瑕疵且非常脆弱。这些生存策略,以一种具有讽刺性意味的方式,巩固了那种典范性价值观所具有的霸权地位;该典范性价值观,将个体纳入家庭内部由彼此间义务所构筑起来的等级关系之中。

不过也存在另一种可能性,亦即由于那些无法认同规范化的婚姻家庭模式的人们从中获益甚少,自然也就可能较少受到那种使规范化的婚姻家庭模式得以正当化的道德伦理体系的支配。主流价值观和生活体验之间的冲突,或许有助于解释为何那些异端的宗教派别会对民众具有吸引力(这些异端的宗教派别在性和社会性别方面的各种标新立异的做法,在清代的官员及其他精英阶层成员之中引起了强烈的反感)。那些在叛乱中充当炮灰的男子,很多都是"光棍"。这里所谓"光棍",乃是一群无法被期望能够按照官方所褒扬和要求的家庭价值观扮演家长角色的多余的无赖汉。甚至在那些非正统的家庭模式与那些反抗清廷的宗教叛乱所明确宣扬的异端话语之间,也可能存在着某种联系。"奸"与叛乱之间那种经典的联系,并非仅是源于道德上所关注的那些抽象问题,也来自对性事失序将可能威胁到社会政治秩序的各种现实焦虑。

本书已经提出了许多在本书中尚无法予以解答的问题。在下一本书中，①我希望能够详细探讨丈夫为其妻拉嫖卖娼或将她们当作自己最后的财产卖出等各种生存策略。我相信，这些做法对于理解生存危机和向下的沉沦是如何动摇清代的统治秩序之基础来说非常重要。循着这种线索，我们将能揭示出当时的人们用来艰难度日的多元化策略的更多面向，阐明物质生活条件是如何促生出对正统的道德秩序和政治秩序的各种挑战，进而得以超越"中国家庭"和"中国价值观"这类老掉牙的诠释模式。

① 译者注：作者此处言及计划撰写的这本著作，已于 2015 年出版，即 Matthew H. Sommer, *Polyandry and Wife – Selling in Qing Dynasty China：Survival Strategies and Judicial Interventions*, Oakland：University of California Press, 2015。

附录 A：针对性侵犯的基本立法

A.1:唐律中针对奸罪的相关条文

1.诸奸者,徒一年半;有夫者,徒二年。部曲、杂户、官户①奸良人者,各加一等。即奸官私婢者,杖九十;奴奸婢,亦同。

2. 奸他人部曲妻,杂户、官户妇女者,杖一百。强者,各加一等。折伤者,各加斗折伤罪一等。

3. 诸奸缌麻以上亲及缌麻以上亲之妻,若妻前夫之女及同母异父姊妹者,徒三年;强者,流二千里;折伤者,绞。妾,减一等。余条奸妾,准此。

4. 诸奸从祖祖母姑、从祖伯叔母姑、从父姊妹、从母及兄弟妻、

---

① 部曲、杂户、官户是唐宋时期法律中所认定的身份低贱的劳动者中的不同类别。杂户和官户是指那些被从奴这一更为低贱的身份"放释"出来的官家奴隶。部曲是私家所拥有的男性"半奴隶",他们不能被完全买卖,故而相比于那些被视作其主人的财产的奴隶而言,在身份地位上要稍高。参见 Ch'ü T'ung‐tsu, *Law and Society in Traditional China*, Paris：Mouton and Co., 1965, pp.158—160。

兄弟子妻者,流二千里;强者,绞。

5.诸奸父祖妾、*谓曾经有父祖子者*,伯叔母、姑、姊妹、子孙之妇、兄弟之女者,绞。*即奸父祖所幸婢,减二等。*

6.诸奴奸良人者,徒二年半;强者,流;折伤者,绞。

7.其部曲及奴,奸主及主之期亲,若期亲之妻者绞,妇女减一等;强者,斩。*即奸主之缌麻以上亲及缌麻以上亲之妻者,流;强者,绞。*

8.诸和奸,*本条无妇女罪名者,与男子同。* 强者,妇女不坐。其媒合奸通,减奸者罪一等。*罪名不同者,从重减。*

9.诸监临主守,于所监守内奸者,*谓犯良人*,加奸罪一等。*即居父母及夫丧,若道士、女官奸者,各又加一等。妇女以凡奸论。*

说明:上述律文系规定在唐律的"杂律"篇当中。原文当中夹注的小字,在这里用斜体进行标注。

A.2:明清律中针对奸罪的本律

1.凡和奸,杖八十;有夫者,杖九十;刁奸者,无夫、有夫,杖一百。

2.强奸者,绞,监候;未成者,杖一百、流三千里。*凡问强奸,须有强暴之状。妇人不能挣脱之情,亦须有人知闻,及损伤肤体、毁裂衣服之属,方坐绞罪。若以强合,以和成,犹非强也。如一人强捉,一人奸之,行奸人问绞,强捉问未成,流罪。又如见妇人与人通奸,见者因而用强奸之,已系犯奸之妇,难以强论,依刁奸律。*

3.奸幼女十二岁以下者,虽和,同强论。

4.其和奸、刁奸者,男女同罪。奸生男女,责付奸夫收养。奸妇从夫嫁卖,其夫愿留者,听。若嫁卖与奸夫者,奸夫、本夫各杖八十,妇人离异归宗,财物入官。

5.强奸者,妇女不坐。

6.若媒合容止人在家通奸者,各减犯人 *和*、*刁*罪一等。如人犯奸 *已露而代私和奸事者,各减 和、刁、强二等。*

7. 其非奸所捕获及指奸者,勿论。若奸妇有孕,*奸妇虽有据,而奸夫则无凭,罪坐本妇。*

说明:上述条文系明清律中"犯奸"门中的导引性规定,参见(清)薛允升:《读例存疑》(重刊本),黄静嘉点校,成文出版社,1970 年,律 366-00。这里以斜体标出的文内夹注小字,系在顺治三年(1646)添入大清律的最初版本之中。这些评注性文字,系源于王肯堂(1549—1613)针对明律所著的《读律笺释》一书,参见(清)吴坛编纂,马建石、杨育棠校注:《大清律例通考校注》,中国政法大学出版社,1992 年,第 950、954 页;高潮、马建石主编:《中国古代法学辞典》,南开大学出版社,1989 年,第 348 页。

A.3:清代律典中针对"军民相奸"的例文

凡职官及军民奸职官妻者,奸夫、奸妇并绞监候。

若职官奸军民妻者,革职,杖一百的决;奸妇枷号一个月,杖一百。

其军民相奸者,奸夫、奸妇各枷号一个月,杖一百。

其奴婢相奸,不分一主、各主,及军民与官员、军民之妾婢相奸者,奸夫、奸妇各杖一百。

说明:上述例文系于雍正三年(1725)添入律典,参见(清)薛允升:《读例存疑》(重刊本),黄静嘉点校,成文出版社,1970 年,例 366-01。其中第三段文字内容(画横线的部分),此后常被援引用于惩治异性之间的和奸。18 世纪时此方面的例子,参见《内阁刑科题本》,75/乾隆 4.5.22;《内阁刑科题本》,70/乾隆 4.8.18;《内阁刑科题本》,187/乾隆 27.12.1。自雍正十二年(1734)之后,这一条文也被援引用于惩治男性之间自愿发生的同性性行为。

此例文内容的更早版本,最初是于康熙十九年(1680)纂呈,并于康熙二十七年(1688)会议颁行,其目的主要在于规训旗下军士,但也规定"民人犯奸,亦照此例治罪"。不过,根据我从案件记录中获得的印象,直到雍正三年时被编入律典之后,这条法律规定才开始在实践中被适用于民人。这条雍正三年时被编入律典的例文,取代了明律中那条针对"和奸"的原有律文,后者虽然仍被保留在律典当中,但在司法实践中已不再被援用。参见附录 A.2。随着此例文的被广泛采用,原先那条明律中依据犯妇的婚姻状况在处刑时有所区别的做法,在清律中不复再见。

在康熙二十七年的那个版本中,对应于雍正三年例文中第三段的文字部分如下:"军民人等与相等人通奸者,男、妇各枷号一个月,鞭一百,其妇仍给本夫。"尽管雍正三年的例文并未对此予以明确说明,但在实践当中,奸妇被官府处刑之后,本夫拥有继续以她为妻或将她嫁卖的选择权,如同之前的明律中所规定的那样。参见(清)吴坛编纂,马建石、杨育棠校注:《大清律例通考校注》,中国政法大学出版社,1992 年,第 951 页。

A.4:光棍例

凡恶棍设法索诈官民,或张贴揭帖,或捏告各衙门,或勒写借约,吓诈取财,或因斗殴,纠众系颈,谎言欠债,逼写文券,或因诈财不遂,竟行殴毙,此等情罪重大实在光棍事发者,不分曾否得财,为首者,斩立决;为从者,俱绞监候。其犯人家主父兄,各笞五十;系官,交该部议处。如家主父兄首者免罪,犯人仍照例治罪。

说明:这一附在清代律典中"刑律·贼盗·恐吓取财"律文之下的例文,被简称为"光棍例"。此例文迭经修改,最初制定于顺治十三年(1656);上引例文中所规定的案犯被官府拿获后,其为首者斩立决而为从者绞监候的刑罚,是在康熙十九年(1680)定型。参见(清)薛允升:《读例存疑》(重刊本),黄静嘉点校,成文出版社,1970年,例273-07;《清会典事例》,中华书局,1991年,卷794,第692—703页。此例文最初与恐吓取财的行为有关,但到17世纪70年代时,清代的法律专家们开始通过类比的方式援引此例文,将其涵盖范围不断加以扩大以用于惩治各种罪行,其中包括强奸的某些情形。

附录 B：清代针对鸡奸的相关立法

B.1：雍正十二年(1734)颁行的针对鸡奸的例文

恶徒伙众将良人子弟抢去强行鸡奸者，无论曾否杀人，仍照光棍例，为首者，拟斩立决，为从，若同奸者，俱拟绞监候，余犯发遣黑龙江给披甲人为奴。其虽未伙众，因奸将良人子弟杀死，及将未至十岁之幼童诱去强行鸡奸者，亦照光棍为首例斩决。如强奸十二岁以下、十岁以上幼童者，拟斩监候。和奸者，照奸幼女虽和同强论律，拟绞监候。若止一人强行鸡奸，并未伤人，拟绞监候；如伤人未死，拟斩监候。其强奸未成并未伤人者，拟杖一百、流三千里；如和同鸡奸者，照军民相奸例，枷号一个月、杖一百。倘有指称鸡奸诬害等弊，审实，依所诬之罪反坐，至死减一等。罪至斩决者，照恶徒生事行凶例，发极边足四千里充军。

说明：此例文系于雍正十二年(1734)二月经刑部议复安徽巡抚徐本的条奏而详定例款。其原议内有"年止十六七岁，尚属童顽无知，有将幼童、幼女强奸者，照已成、未成律减等发落"等语。后

508

来有多位高级别官员①对此提出异议，认为年至十六七岁的男子已属成丁，故其应为自己的行为负责。于是在乾隆五年(1740)时，原议内的十六七岁减等之语被予删除。例文中我用斜体标出的强调具体发遣地点的文字，系在咸丰元年(1851)添入。参见《清会典事例》，中华书局，1991 年，卷 825，第 989 页；(清) 薛允升：《读例存疑》(重刊本)，黄静嘉点校，成文出版社，1970 年，例 366-03；(清) 吴坛编纂，马建石、杨育棠校注：《大清律例通考校注》，中国政法大学出版社，1992 年，第 951—952 页。

B.2：清代针对"男子拒奸杀人"的例文

男子拒奸杀人，如死者年长凶犯十岁以外，而又当场供证确凿，及死者生供足据，或尸亲供认可凭，三项兼备，无论谋故、斗杀，凶犯年在十五岁以下，杀系登时者，勿论。非登时而杀，杖一百，照律收赎。

年在十六岁以上，登时杀死者，杖一百、徒三年。非登时而杀，杖一百、流三千里。

至死者虽无生供，而年长凶犯十岁以外，确系拒奸起衅，别无他故，或年长凶犯虽不及十岁而拒奸，供证确凿，及死者生供足据，或尸亲供认可凭，三项中有一于此，凶犯年在十五岁以下，登时杀死者，杖一百、徒三年。非登时而杀，杖一百、流三千里，俱依律收赎。

年在十六岁以上，无论登时与否，均照擅杀罪人律，拟绞监候。

———————————

① 译者注：指江苏巡抚邵基和江西按察使凌燽。

如死者与凶犯年岁相当,或仅大三五岁,审系因他故致毙人命,捏供拒奸狡饰者,仍分别谋故斗杀,各照本律定拟。秋审实缓,亦照常办理。若供系拒奸并无证佐及死者生供,审无起衅别情,仍按谋故斗杀各本律定拟,秋审俱入于缓决。

至先被鸡奸,后经悔过拒绝,确有证据,复被逼奸,将奸匪杀死者,无论谋故、斗、杀,不问凶犯与死者年岁若干,悉照擅杀罪人律,拟绞监候。其因他故致毙者,仍依谋故斗杀各本律问拟。

说明:此例文制定于道光三年(1823),系将乾隆朝和嘉庆朝早期所采取的那些相关措施加以合并。最后一款内容系于道光四年(1824)添入律典之中。参见(清)薛允升:《读例存疑》(重刊本),黄静嘉点校,成文出版社,1970年,例285—33;(清)吴坛编纂,马建石、杨育棠校注:《大清律例通考校注》,中国政法大学出版社,1992年,第785页;《清会典事例》,中华书局,1991年,卷801,第768—769页。

附录 C：针对强迫守志寡妇再嫁的处刑

C. 1:《大清律例》中关于强嫁的本例[①]

　　……其孀妇自愿守志,母家夫家抢夺强嫁,以致被污者,祖父母、父母及夫之祖父母、父母,杖八十。期亲尊属尊长,杖七十,徒一年半。大功以下尊属尊长,杖八十,徒二年。期亲卑幼,杖一百,徒三年。大功以下卑幼,杖九十,徒二年半。娶主不知情,不坐。知情同抢,照强娶笞五十律加三等,杖八十。未致被污者,父母翁姑亲属娶主,各减一等,妇女均听回守志。如妇女自愿完娶者,照律听其完聚。财礼入官,亲属照律分别拟杖。若孀妇不甘失节,因而自尽者,不论已未被污,祖父母、父母,夫之祖父母、父母,杖一百,徒三年。期亲尊属尊长,杖一百,流二千里。功服,杖一百,流二千五百里。缌麻,杖一百,流三千里。缌麻卑幼,发边远充军。功服,发极边充军。期亲,拟绞监候。娶主知情同抢,致令自尽者,以为从论,各减亲属罪一等。*若妇女自愿完娶,复因他故自尽者,仍按*

---

① (清)薛允升:《读例存疑》(重刊本),黄静嘉点校,成文出版社,1970 年,例 105-01。

服制,照律科以强嫁之罪,不在此例。若妇人情愿守志,别无主婚之
人,如有用强求娶,逼受聘财,因而致令自尽者,发近边充军,仍追
埋葬银两。其有因抢夺而取去财物,及杀伤人者,各照本律从其重
者论。

说明:此例文系制定于嘉庆六年(1801),乃是将一条前明旧例
和乾隆五年(1740)的一条例文合二为一,并进一步予以完善。参
见《清会典事例》,中华书局,1991年,卷756,第335—336页。

C.2:因图财而强迫守志孀妇再嫁

1.妇人夫亡愿守志,别无主婚之人,若有用强求娶,逼受聘财,
因而致死者,依律(引者注:指"威逼人致死"律)问罪,追给埋葬银
两,发边卫充军。①

说明:在清代早期,这一被保留在律典中"刑律·人命"门的明
代旧例,借助类比的方式,也被用于惩处那些因贪图聘财逼迫寡妇
再嫁而致其自尽的家庭成员。例如《内阁刑科题本》,75/乾隆4.
5.30。

2. 若疏远亲属图财强卖者,均照例拟绞奏请。倘期功卑幼谋
占资财、贪图聘礼,将伯叔母、姑等尊属用强抢卖者,拟斩监候。

说明:此条系于乾隆六年(1741)附请定例,并于乾隆八年

———
① 《大明律集解》,中华书局,1991年,19/37b。

（1743）馆修入律。①

3.凡谋占资财,贪图聘礼,期功卑幼用强抢卖伯叔母姑等尊属者,拟斩监候。期功卑幼抢卖兄妻、胞姊,及缌麻卑幼抢卖尊属尊长,并疏远无服亲族,抢卖尊长、卑幼者,均拟绞监候。

如尊属尊长图财强卖卑幼,系期功,杖一百,流三千里。系缌麻,发附近充军。

未成婚者,各减已成婚一等。若中途夺回,及娶主自行送回,未被奸污者,均以未成婚论。

如妇女不甘失节,因而自尽者,期功以下卑幼及疏远亲族,仍照本例,分别斩绞监候,缌麻尊属尊长亦拟绞监候。期功尊属尊长,发近边充军。*若已成婚,而妇女因他故自尽者,仍依图财强嫁问拟,不在此例。*

娶主知情,同抢及用财谋买者,各减正犯罪一等。不知者,不坐。

如因家贫不能养赡,或虑不能终守,劝令改嫁,并非为图财图产起见,

---

① 译者注:英文原书此处称"此例文于乾隆六年(1741)被添入《大清律例》之中"。经查《大清律例通考》一书,吴坛针对此例文所写的按语为:"此条系乾隆六年六月刑部会同九卿议复安徽巡抚陈大受具题强卖伯母之董官一案,附请定例。乾隆八年馆修入律。"又,《读例存疑》一书中此例文后附的说明性文字为:"此条系乾隆六年,安徽巡抚陈大受题强卖伯母之董宫一案,附请定例。(与抢夺路行妇女原系一条,后将下一段摘出另为此条。)嘉庆六年修改。"参见(清)吴坛:《大清律例通考》,马建石、杨育棠校注,中国政法大学出版社,1992年,第450页;(清)薛允升:《读例存疑》(重刊本),黄静嘉点校,成文出版社,1970年,例112-04。综上可知,此条系起因于乾隆六年六月刑部在会同九卿议复安徽巡抚陈大受所具题的强卖伯母之董官一案时,向皇帝附请定例,后于乾隆八年正式入律。故在译文中予以改正。

均仍照强嫁例定拟,不得滥引此例。

说明:此例文系嘉庆六年(1801)对前述乾隆八年的例文中所列的措施加以扩充,并将其替代。

附录 D：吕坤的"禁谕乐户"举措

为禁约事，今将乐户应禁事宜开列于后：

一、乐户与民分良贱，难以入约，但无为首之人，私下其谁钤制？凡州县有籍乐人，亦选有身家公正、众乐推服者二人为乐首，将概州县乐户造一簿籍，有司用印给发，听其管理，不服者呈治。如有因而诈财者，许被害告发，坐赃问罪。

一、<u>但有流来水户在于地方惑诱良家者，许乐首禀，赶逐出境。如有通同店主诈财、惧恶朦胧不报者，一体究罪。</u>[①]

一、各乐户家但有容留大户[②]及赌博光棍面生可疑之人者，许乐首挨查禀官。违者，事发一例同罪。

一、祈报祭赛、敬事鬼神、祭奠丧门、哀痛死者，俱不许招集娼

---

① 画横线部分文字的日文翻译，以及对其的讨论，参见［日］寺田隆信："雍正帝の賤民開放令について"，《東洋史研究》第 18 卷第 3 号（1959），第 126—127 页。

② 关于"大户"，参见 Leif Littrup, *Subbureaucratic Government in China in Ming Times: A Study of Shandong Province in the Sixteenth Century*, Oslo: Universitetsforlaget, 1981。

优,淫言亵语,以乱大礼。违者,招家与应招之人一体重治。

一、乐户但有与老户良民互骂同殴者,加倍问罪。情重者枷号。

一、娼妇不许与良家一样妆束(装束),及穿织金妆花补衣,戴金珠翡翠首饰。违者,尽追入官,变价充孤老布花之用。

一、娼妇所入之家,必有夫妇之祸。今后娼家妇女但有在于良民之家经宿住留及包占者,除将容留者升户二则、罚谷三十石输边外,娼妇重加拶打。乐首不举者,重责枷号问罪。其以礼聘娶从良者,听从其便,不许一概攀扰。

一、乐户买良,及勾引良家妇女暗行淫邪,除依律问罪外,仍加责枷号。

一、原籍良民夫妇不才,甘心卖奸度日者,辱祖羞亲,最为无耻。见官乐户叩头傍坐,诃骂不许还口,以示激改之意。凡犯到官,比官乐加倍重处。

一、乐工之家擅用铜锣鼓响器,送字号轴帐,及用围裙坐褥者,枷号重责。

一、乐工有地者,既纳粮差,又朝贺祭祀接官,一岁在官,不减一月,原无工食,丁银免出。盖下三则人户,力差银差,二者无并出之法也。

说明:上述规条,出自吕坤在 16 世纪 90 年代担任山西巡抚时为乡约所拟定的教谕内容。参见(明)吕坤:《吕公实政录》,台北文史哲出版社,1971 年,卷 4,第 87 页 a—89 页 a。亦可参见 Joanna F. Handlin,*Action in Late Ming Thought:The Reorientation of Lü K'un and Other Scholar - Officials*,Berkeley:University of California Press,1983;

L. Carrington Goodrich, ed., *Dictionary of Ming Biography*, New York：Columbia University Press, 1976, p. 1007; Anders Hansson, *Chinese Outcasts：Discrimination and Emancipation in Late Imperial China*, Leiden：E. J. Brill, 1996, pp.65—71; Leif Littrup, *Subbureaucratic Government in China in Ming Times：A Study of Shandong Province in the Sixteenth Century*, Oslo：Universitetsforlaget, 1981, pp.165—168。

参考文献

一、传统文献

（清）张廷玉等：《明史》，通过中国台湾地区"中研院"的《汉籍电子文献数据库——二十五史》检索，http://hanji.sinica.edu.tw/。

（北齐）魏收：《魏书》，通过中国台湾地区"中研院"的《汉籍电子文献数据库——二十五史》检索，http://hanji.sinica.edu.tw/。

（明）宋濂：《元史》，通过中国台湾地区"中研院"的《汉籍电子文献数据库——二十五史》检索，http://hanji.sinica.edu.tw/。

（梁）沈约：《宋书》，通过中国台湾地区"中研院"的《汉籍电子文献数据库——二十五史》检索，http://hanji.sinica.edu.tw/。

（元）脱脱等：《辽史》，通过中国台湾地区"中研院"的《汉籍电子文献数据库——二十五史》检索，http://hanji.sinica.edu.tw/。

（清）赵尔巽等：《清史稿》，通过中国台湾地区"中研院"的《汉籍电子文献数据库——二十五史》检索，http://hanji.sinica.edu.tw/。

（东汉）许慎：《说文解字》，中华书局，1994 年。

（明）冯梦龙：《情史》，上海古籍出版社，1990 年。

（明）顾应祥等撰：《问刑条例》，明代嘉靖年间刻本。

（明）焦竑：《国朝献征录》，台北明文书局，1991 年。

（明）陆容：《菽园杂记》，台湾商务印书馆，1965 年。

（明）吕坤：《吕公实政录》，台北文史哲出版社，1971 年。

（明）梅鼎祚纂辑：《绘图青泥莲花记》，自强书局，1910 年。

（明）沈德符：《万历野获编》，台北艺文出版社，1976 年。

（明）谢肇淛：《五杂俎》，中华书局，1959 年。

（明）徐复祚：《红梨记》，台湾开明书店，1970 年。

（明）张肯堂：《嵤辞》，台湾学生书局，1969 年。

（清）包世臣：《安吴四种》，台北文海出版社，1968 年。

（清）刚毅：《秋谳辑要》，据清光绪十五年（1889）版影印，台北文海出版社，1968 年。

（清）黄六鸿：《福惠全书》，小畑行简训点，山根幸夫解题索引，东京汲古书院，1973 年。

（清）纪昀等撰：《历代职官表》，上海古籍出版社，1989 年。

（清）李渔编：《资治新书》，清康熙六年（1667）序刊本，加利福尼亚大学洛杉矶分校东亚图书馆藏影印本。

（清）林恩绶辑：《秋审实缓比较成案》，清光绪二年（1876）刻本，现藏斯坦福大学胡佛研究所（Hoover Institute）。

（清）吕芝田：《律法须知》，桂垣书局光绪十九年（1893）刊本（据嘉庆八年[1803]版本），现藏斯坦福大学胡佛研究所（Hoover Institute）。

（清）阮福：《孝经义疏补》，台湾商务印书馆，1966 年。

（清）沈家本：《历代律令》，台湾商务印书馆，1976 年。

（清）汪辉祖：《汪龙庄遗书》，台北华文书店，1970 年。

（清）汪景祺：《读书堂西征随笔》，香港龙门书店，1967 年。

（清）吴坛编纂，马建石、杨育棠校注：《大清律例通考校注》，中国政法大学出版社，1992 年。

（清）薛允升：《读例存疑》（重刊本），黄静嘉点校，成文出版社，1970 年。（引用该书所收录的律文、例文和薛允升所撰的"谨按"时，皆采用黄静嘉所添加的现代数字编号）

（清）薛允升：《唐明律合编》（影印版），中国书店，1990 年。

（清）薛允升鉴定，（清）吴潮、何锡俨汇纂：《刑案汇览续编》，台北文海出版社，1970 年。

（清）姚润等编：《大清律例增修统纂集成》，清光绪四年（1878）重刊本，现藏加利福尼亚大学洛杉矶校区东亚图书馆。

（清）姚雨芗等编：《大清律例会通新纂》，台北文海出版社，1987 年。

（清）俞正燮：《癸巳类稿》，台北世界书局，1964 年。

（清）赵翼：《陔余丛考》，上海商务印书馆，1957 年。

（清）祝庆祺、鲍书芸编：《续增刑案汇览》，台北文海出版社，1970 年。

（宋）周密：《癸辛杂识》，收入《钦定四库全书》第 1040 册，上海古籍出版社，1987 年。

（宋）朱彧：《萍洲可谈》，收入《钦定四库全书》第 1040 册，上海古籍出版社，1987 年。

（唐）贾公彦：《周礼注疏》，台北中华书局，1966年。

《清会典》，中华书局，1991年。

《清会典事例》，中华书局，1991年。

巴县档案，四川档案馆藏。

《大明律集解》，中华书局，1991年。

《大清历朝实录（雍正朝）》

淡水厅—新竹县档案，加利福尼亚大学洛杉矶分校东亚图书馆馆藏微卷。（引用时采用戴炎辉所添加的现代数字编号。）

《皇朝经世文编》，台北国风出版社，1963年。

《金瓶梅词话》（万历年间版），香港太平书局，1988年。

《名公书判清明集》，中华书局，1987年。

《明会典》，中华书局，1988年。

内阁刑科题本，中国第一历史档案馆藏。（引用顺治朝和雍正朝的案件时，标注微卷的编号和案件发生的日期，这两朝的所有案件均选取自"刑罚"类；引用乾隆朝、嘉庆朝和道光朝的案件时，标注卷宗号和题本上所写的日期，所有案件均选取自"婚姻奸情"类。）

《清代巴县档案汇编（乾隆卷）》，档案出版社，1991年。

《庆元条法事类》（影印版），中国书店，1990年。

顺天府档案，中国第一历史档案馆藏。（引用的所有案件，均选取自顺天府档案的"婚姻、奸情和家庭纠纷"类；引用时标注卷宗号和该卷宗中时间最早的档案文书的阴历日期。）

《宋刑统》（影印版），中国书店，1990年。

《唐律疏议》（影印版），中国书店，1990年。

《小尔雅》,台北艺文印书馆,1965 年。

刑部档,中国第一历史档案馆藏。(所引案件均为来自京城、分发刑部下属各个清吏司负责处理的"现审"案件;每件案件均以负责处理的清吏司的名字[例如广东司、奉天司、江苏司、四川司、直隶司]和案卷编号标注。)

《刑台法律》(影印版),中国书店,1990 年。

《元典章》(影印版),中国书店,1990 年。

张伟仁主编:《"中研院"历史语言研究所现存清代内阁大库原藏明清档案》,中国台湾地区"中研院"历史语言研究所,1986—1995 年。(引用时采用整理者添加的档案编号。)

不著撰人:《法林照天烛》,明刻本,现藏美国国会图书馆。

[日]荻生徂徕:《明律国字解》,東京:創文社,1989 年。

黄彰健编著:《明代律例汇编》,中国台湾地区"中研院"历史语言研究所,1979 年。

(清)祝庆祺、鲍书芸编:《刑案汇览》,清道光十四年(1834)[?]刊本,现藏加利福尼亚大学洛杉矶分校东亚图书馆。

二、近人论著与工具书

(一)中文文献

《辞海》,台北中华书局,1978 年。

《中文大辞典》,台北中华学术院,1976 年。

曾铁忱:《清代之旌表制度》,载《中国社会》第 1 卷第 5 期(1935),后被收入高洪兴等主编:《妇女风俗考》,上海文艺出版社,1991 年。

陈宝良:《中国流氓史》,中国社会科学出版社,1993年。

戴伟:《中国婚姻性爱史稿》,东方出版社,1992年。

高潮、马建石主编:《中国古代法学辞典》,南开大学出版社,1989年。

高洪兴等主编:《妇女风俗考》,上海文艺出版社,1991年。

经君健:《试论清代等级制度》,载《中国社会科学》1980年第6期。

经君健:《清代社会的贱民等级》,浙江人民出版社,1993年。

李梦生:《中国禁毁小说百话》,上海古籍出版社,1994年。

梁其姿:《"贫穷"与"穷人"观念在中国俗世社会中的历史变迁》,载黄应贵主编:《人观、意义与社会》,中国台湾地区"中研院"民族学研究所,1993年。

刘殿爵(D. C. Lau)主编:《尚书大传逐字索引》,香港商务印书馆,1994年。

刘纪华:《中国贞节观念的历史演变》,载《社会学界》第8期(1934),后被收入高洪兴等主编:《妇女风俗考》,上海文艺出版社,1991年。

[日]泷川龟太郎:《史记会注考证》,据1932—1934年版重印,台北洪氏出版社,1983年。

那思陆:《清代中央司法审判制度》,台北文史哲出版社,1992年。

邱远猷:《太平天国法律制度研究》,北京师范学院出版社,1991年。

任骋:《中国民间禁忌》,作家出版社,1991年。

四川省档案馆编:《四川省档案馆馆藏档案概述》,四川省社会科学院出版社,1988 年。

谭其骧主编:《中国历史地图集》(第 7 册),地图出版社,1982 年。

王利器辑录:《元明清三代禁毁小说戏曲史料》,上海古籍出版社,1981 年。

王书奴:《中国娼妓史》,据 1935 年版重刊,上海三联书店,1988 年。

韦庆远、吴奇衍、鲁素编著:《清代奴婢制度》,中国人民大学出版社,1982 年。

[日]小竹文夫:《清代旌表考》,毕任庸译,载《人文月刊》第 7 卷第 1 号(1936)。

严明:《中国名妓艺术史》,台北文津出版社,1992 年。

张晋藩、郭成康:《清入关前国家法律制度史》,辽宁人民出版社,1988 年。

张晋藩、王志刚、林中:《中国刑法史新论》,人民法院出版社,1992 年。

(二)日文文献

Matthew H. Sommer:"晚期帝制中国法における売春:十八世紀における身分パフォーマンスからの離脱",《中国——社会と文化》第 12 号(1997),第 294—328 页。

[日]小川陽一:"姦通は存ぜ罪悪か:三言二拍のばあい",《集刊東洋学》第 29 号(1973)。

[日]仁井田陞:《中国法制史研究》,3 卷本,東京:東京大學出

版會,1962 年。

[日]仁井田陞:《支那身分法史》,東京:座右寶刊行會,1943年(1983 年重印)。东京大学出版会重刊为《中国身分法史》三册。

[日]夫馬進:"中国明清時代における寡婦の地位と強制再婚の風習",收入前川和也编:《家族、世代、家門工業化以前の世界から》,京都:ミネルバ書房,1993 年。(译者注:此文的中译本为[日]夫马进:"明清时期寡妇的地位及逼嫁习俗",周萍译,余新忠校,载张国刚、余新忠主编:《新近海外中国社会史论文选择》,天津古籍出版社,2010 年,第 46—68 页。)

[日]夫馬進:"清代の恤嫠会と清節堂",《京都大學文學部研究紀要》第 30 号(1991)。

[日]寺田隆信:"雍正帝の賤民開放令について",《東洋史研究》第 18 卷第 3 号(1959)。

[日]東川德治:《中国法制大辞典》,東京:燎原出版社,1929年(1979 年再版)。

[日]滋賀秀三:《中国家族法の原理》,東京:創文社,1967 年。(译者注:此书的中译本为[日]滋贺秀三:《中国家族法原理》,张建国、李力译,法律出版社,2003 年,商务印书馆,2013 年。)

[日]滋賀秀三:《清代中国の法と裁判》,東京:創文社,1984年。(译者注:此书的中译本为[日]滋贺秀三:《清代中国的法与审判》,熊远报译,江苏人民出版社,2023 年。)

临时台湾旧惯调查会:《清国行政法》(7 卷本),据日文本影印,台北南天书局,1989 年。

（三）英文文献

"Symposium: ' Public Sphere '/' Civil Society ' in China?", *Modern China*, *Vol.*19, No. 2(1993).

A. F. P. Hulsewé(何四维), *Remnants of Ch'in Law: An Annotated Translation of the Ch'in Legal and Administrative Rules of the 3rd Century B.C. Discovered in Yun – meng Prefecture, Hu – pei Province, in 1973*, Leiden: E. J. Brill, 1985.

Alan R. Sweeten(史维东), "Women and Law in Rural China: Vignettes from ' Sectarian Cases ' (chiao – an) in Kiangsi, 1872—1878", *Ch'ing – shih wen – t'i*, Vol. 3, No. 10(1978), pp.49—68.

Alison W. Conner(康雅信), "The Law of Evidence during the Qing Dynasty", Ph.D. diss., Cornell University, 1979.

Anders Hansson(韩安德), *Chinese Outcasts: Discrimination and Emancipation in Late Imperial China*, Leiden: E. J. Brill, 1996.

Angela Leung(梁其姿), "To Chasten Society: The Development of Widow Homes in the Qing, 1773—1911", *Late Imperial China*, Vol.14, No. 2(1993).

Ann Waltner(王安), "Widows and Remarriage in Ming and Early Qing China", in R. Guisso(桂时雨) and S. Johannesen, eds., *Women in China: Current Directions in Historical Scholarship*, Youngstown, N.Y.: Philo Press, 1981.

Arthur P. Wolf(武雅士) and Chieh – shan Huang(黄介山), *Marriage and Adoption in China, 1845—1945*, Stanford, Calif.: Stanford University Press, 1980.

Arthur P. Wolf(武雅士), "The Women of Hai－shan: A Demographic Portrait", in M. Wolf and R. Witke, eds., *Women in Chinese Society*, Stanford, Calif.: Stanford University Press, 1975.

Arthur P. Wolf(武雅士), "Women, Widowhood and Fertility in Pre－modern China", in J. Dupaquier et al., eds., *Marriage and Remarriage in Populations of the Past*, London: Academic Press, 1981.

Arthur W. Hummel(恒慕义), ed., *Eminent Chinese of the Ch'ing Period*, 台北成文出版社,1970 年(据 1943 年版重印).

Arthur Waley, trans.,*The Analects of Confucius*, New York: Vintage Books, 1938.

Beatrice S. Bartlett(白彬菊), *Monarchs and Ministers: The Grand Council in Mid－Ch'ing China, 1723—1820*, Berkeley: University of California Press, 1991.(译者注:此书的中译本为[美]白彬菊:《君主与大臣:清中期的军机处(1723—1820)》,董建中译,中国人民大学出版社,2017 年。)

Benjamin Elman(艾尔曼), "'Where Is King Ch'eng?' Civil Examinations and Confucian Ideology During the Early Ming, 1368—1415", *T'oung Pao*, Vol. 79(1993), pp. 23—68.

Bradly W. Reed(白德瑞), "Money and Justice: Clerks, Runners, and the Magistrate's Court in Late Imperial Sichuan", *Modern China*, Vol.21, No. 3(1995), pp.45—82.

Bradly W. Reed(白德瑞), "Scoundrels and Civil Servants: Clerks, Runners, and County Administration in Late Imperial China", Ph.D. diss., University of California, Los Angeles, 1994.

Bradly W. Reed(白德瑞), *Talons and Teeth: County Clerks and Runners in the Qing Dynasty*, Stanford, Calif.: Stanford University Press, 2000.(译者注:此书的中译本为[美]白德瑞:《爪牙:清代县衙的书吏与差役》,尤陈俊、赖骏楠译,广西师范大学出版社,2021年。)

Bret Hinsch(韩献博), *Passions of the Cut Sleeve: The Male Homosexual Tradition in China*, Berkeley: University of California Press, 1990.

Burton Watson(华兹生), trans., *Basic Writings of Mo Tzu, Hsün Tzu, and Han Fei Tzu*, New York: Columbia University Press, 1963.

Carlo Ginzburg, *The Night Battles: Witchcraft and Agrarian Cults in the Sixteenth and Seventeenth Centuries*, Baltimore: Johns Hopkins University Press, 1983.(译者注:此书的中译本为[意]卡洛·金斯伯格(金茨堡):《夜间的战斗:16、17世纪的巫术和农业崇拜》,朱歌姝译,上海人民出版社,2005年。)

Catharine A. MacKinnon, *Toward a Feminist Theory of the State*, Cambridge, Mass.: Harvard University Press, 1989.

Ch'ü T'ung‐tsu(瞿同祖), *Law and Society in Traditional China*, Paris: Mouton and Co., 1965.(译者注:此书的中文版为瞿同祖:《中国法律与中国社会》,中华书局,1981年。)

Charles Humana and Wang Wu, *The Chinese Way of Love*, Hong Kong: CFW Publications, 1982.

Charles O. Hucker(贺凯), *A Dictionary of Official Titles in Imperial China*, Stanford, Calif.: Stanford University Press, 1985.(译者

注:此书另有[美]贺凯:《中国古代官名辞典》(英文影印版),北京大学出版社,2008 年。)

Charles O. Hucker (贺 凯), *China ' s Imperial Past: An Introduction to Chinese History and Culture*, Stanford, Calif.: Stanford University Press, 1975.

Charlotte Furth(费侠莉), "Androgynous Males and Deficient Females: Biology and Gender Boundaries in Sixteenth – and Seventeenth – Century China", *Late Imperial China*, Vol.9, No. 2(1988), pp. 1—31.

Charlotte Furth(费侠莉), "Book Review: Bret Hinsch, *Passions of the Cut Sleeve: The Male Homosexual Tradition in China*", *Journal of Asian Studies*, Vol. 50, No. 4(1991), pp.911—912.

Charlotte Furth(费侠莉), "Rethinking Van Gulik: Sexuality and Reproduction in Traditional Chinese Medicine", in C. Gilmartin et al., eds., *Engendering China: Women, Culture, and the State*, Cambridge, Mass.: Harvard University Press, 1994.

Charlotte Furth(费侠莉), "The Patriarch's Legacy: Household Instructions and the Transmission of Orthodox Values", in K. C. Liu (刘广京), ed., *Orthodoxy in Late Imperial China*, Berkeley: University of California Press, 1990.

Chen Chang Fu – mei(陈张富美), "The Influence of Shen Chih – ch'i's Chi – Chu Commentary Upon Ch'ing Judicial Decisions", in J. Cohen(孔杰荣) et al., eds., *Essays on China's Legal Tradition*, Princeton, N.J.: Princeton University Press, 1980.(译者注:此书的中译

本为[美]孔杰荣、爱德华、陈张富美编:《中国法律传统论文集》,中国政法大学法律史学研究院译,中国政法大学出版社,2015 年。)

David C. Buxbaum(包恒), "Some Aspects of Civil Procedure and Practice at the Trial Level in Tanshui and Hsinchu from 1789 to 1895", *Journal of Asian Studies*, Vol. 30, No. 2.(1971).

David M. Halperin, "Is There a History of Sexuality?" in H. Abelove, et al., eds., *The Lesbian and Gay Studies Reader*, New York: Routledge, 1993.

David R. Wakefield(魏达维), "Household Division in Qing and Republican China: Inheritance, Family Property, and Economic Development", Ph.D. diss., University of California, Los Angeles, 1992.

David Tod Roy(芮效卫), trans., *The Plum in the Golden Vase* (*or*, *Chin P'ing Mei*), *Volume One: The Gathering*, Princeton: Princeton University Press, 1993.

Derk Bodde(卜德) and Clarence Morris, *Law in Imperial China*, *Exemplified by 190 Ch'ing Dynasty Cases*, Cambridge, Mass.: Harvard University Press, 1967.(译者注:此书的中译本为[美]D. 布迪、C. 莫里斯:《中华帝国的法律》,朱勇译,江苏人民出版社,1995 年。)

Dian Murray(穆黛安), "The Practice of Homosexuality among the Pirates of Late 18th and Early 19th Century China", *International Journal of Maritime History*, Vol. 4, No. 1(1992).

Dian Murray(穆黛安), *Pirates of the South China Coast*, *1790—1810*, Stanford, Calif.: Stanford University Press, 1987.(译者注:此书的中译本为[美]穆黛安:《华南海盗:1790—1810》,刘平译,中国

社会科学出版社,1997 年。)

Dorothy Ko(高彦颐),"The Complicity of Women in the Qing Good Woman Cult",载《近世家族与政治比较历史论文集》(上册),中国台湾地区"中研院"近代史研究所,1992 年。

Dorothy Ko(高彦颐), *Teachers of the Inner Chambers*:*Women and Culture in Seventeenth–Century China*, Stanford, Calif.:Stanford University Press, 1994.(译者注:此书的中译本为[美]高彦颐:《闺塾师:明末清初江南的才女文化》,李志生译,江苏人民出版社,2005 年。)

Dwight Perkins,*Agricultural Development in China*, *1368—1968*, Chicago:Aldine, 1969.(译者注:此书的中译本为[美]德·希·珀金斯:《中国农业的发展(1368—1968 年)》,宋海文等译,上海译文出版社,1984 年。)

Edward Friedman, et al.,*Chinese Village*, *Socialist State*, New Haven:Yale University Press, 1991.(译者注:此书的中译本为[美]弗里曼等著:《中国乡村,社会主义国家》,陶鹤山译,社会科学文献出版社,2002 年。)

Edward Stein, ed.,*Forms of Desire*:*Sexual Orientation and the Social Constructionist Controversy*, New York:Routledge, 1992.

Elizabeth J. Perry(裴宜理), *Rebels and Revolutionaries in North China*, *1845—1945*, Stanford, Calif.:Stanford University Press, 1980.(译者注:此书的中译本为[美]裴宜理:《华北的叛乱者与革命者,1845—1945》,池子华、刘平译,商务印书馆,2007 年。)

Ellen Widmer(魏爱莲) and Kang–I Sun Chang(孙康宜),

eds., *Writing Women in Late Imperial China*, Stanford, Calif.: Stanford University Press, 1997.

Fei - ling Davis, *Primitive Revolutionaries of China: A Study of Secret Societies in the Late Nineteenth Century*, Honolulu: The University Press of Hawaii, 1977.

Francesca Bray（白馥兰）, *Technology and Gender: Fabrics of Power in Late Imperial China*, Berkeley: University of California Press, 1997.(译者注:此书的中译本为[美]白馥兰:《技术与性别:晚期帝制中国的权力经纬》,江湄、邓京力译,江苏人民出版社, 2006 年。)

Frank Dikötter（冯客）, *Sex, Culture, and Modernity in China: Medical Science and the Construction of Sexual Identities in the Early Republican Period*, Honolulu: University of Hawai'i Press, 1995.

Franz Michael, *The Taiping Rebellion: History and Documents*, Seattle: University of Washington Press, 1966.

Gail Hershatter（贺萧）, "Sexing Modern China", in G. Hershatter et al., eds., *Remapping China: Fissures in Historical Terrain*, Stanford, Calif.: Stanford University Press, 1996.

Gail Hershatter（贺萧）, *Dangerous Pleasures: Prostitution and Modernity in Twentieth - Century Shanghai*, Berkeley: University of California Press, 1997.(译者注:此书的中译本为[美]贺萧:《危险的愉悦:20 世纪上海的娼妓问题与现代性》,韩敏中、盛宁译,江苏人民出版社,2003 年。)

Giovanni Vitiello（魏浊安）, "Exemplary Sodomites: Male Homosexuality in Late Ming Fiction", Ph.D. diss., University of California, Berkeley, 1994.

Giovanni Vitiello（魏浊安）, "The Dragon's Whim: Ming and Qing Homoerotic Tales from The Cut Sleeve", *T'oung Pao*, Vol. 78 (1992).

Guido Ruggiero, *The Boundaries of Eros: Sex Crime and Sexuality in Renaissance Venice*, New York: Oxford University Press, 1985.

H. S. Brunnert and V. V. Hagelstrom, *Present Day Political Organization of China*, Shanghai: no publisher (Taiwan reprint), 1912.

Harold J. Berman, *Law and Revolution: The Formation of the Western Legal Tradition*, Cambridge, Mass.: Harvard University Press, 1983.（译者注：此书的中译本为［美］哈罗德·J·伯尔曼：《法律与革命——西方法律传统的形成》,贺卫方、高鸿钧、张志铭、夏勇译,中国大百科全书出版社,1993年。）

Harold L. Kahn（康无为）, *Monarchy in the Emperor's Eyes: Image and Reality in the Ch'ien-lung Reign*, Cambridge, Mass.: Harvard University Press, 1971.

Ho Ping-ti（何炳棣）, *Studies in the Population of China*, Cambridge, Mass.: Harvard University Press, 1959.（译者注：此书的中译本［美］何炳棣：《明初以降人口及其相关问题,1368—1953》,葛剑雄译,生活·读书·新知三联书店,2000年。）

Howard Levy, *Chinese Footbinding: The History of a Curious Erotic Custom*, New York: Walton Rawls, 1966.

Huang Liu-hung（黄六鸿）, *A Complete Book Concerning Happi-*

ness and Benevolence: *A Manual for Local Magistrates in Seventeenth -
Century China*(《福惠全书》), translated and edited by Djang Chu(章
楚), Tucson: University of Arizona Press, 1984.

Jack L. Dull(杜敬轲), "Marriage and Divorce in Han China: A
Glimpse at 'Pre - Confucian' Society", in David. Buxbaum(包恒),
ed., *Chinese Family Law and Social Change in Historical and Compar-
ative Perspective*, Seattle: University of Washington Press, 1978.

James A. Brundage, *Law, Sex, and Christian Society in Medieval
Europe*, Chicago: University of Chicago Press, 1987.

James Lee(李中清) and Robert Y. Eng, "Population and Family
History in Eighteenth - Century Manchuria: Preliminary Results from
Daoyi, 1774—1798", *Ch'ing - shih wen - t'i*, Vol.5, No. 1(1984),
pp.1—55.

James Legge (理雅各), trans., *The Works of Mencius*, New
York: Dover Publications, Inc., 1970 (据 1895 年版重印).

Janice E. Stockard, *Daughters of the Canton Delta: Marriage Pat-
terns and Economic Strategies in South China, 1860—1930*, Stanford,
Calif.: Stanford University Press, 1989.

Jeffrey Weeks, *Coming Out: Homosexual Politics in Britain from
the Nineteenth Century to the Present*, London: Quartet, 1977.

Jennifer Holmgren, "The Economic Foundations of Virtue: Widow
Remarriage in Early and Modern China", *The Australian Journal of
Chinese Affairs*, Vol. 13(1985), pp.1—27.

Jennifer Temkin, "Women, Rape, and Law Reform", in S. Tomaselli and R. Porter, eds., *Rape: An Historical and Cultural Enquiry*, Oxford: Basil Blackwell, 1986.

Jerry Dennerline(邓尔麟), "Marriage, Adoption, and Charity in the Development of Lineages in Wu‑hsi from Sung to Ch'ing", in P. Ebrey(伊沛霞) and J. Watson(华琛), eds., *Kinship Organization in Late Imperial China, 1000—1940*, Berkeley: University of California Press, 1986.

Jing Junjian(经君健), "Legislation Related to the Civil Economy in the Qing Dynasty", trans. by M. Sommer(苏成捷), in K. Bernhardt(白凯) and Philip C. C. Huang(黄宗智), eds., *Civil Law in Qing and Republican China*, Stanford, Calif.: Stanford University Press, 1994.

Joanna F. Handlin(韩德林), *Action in Late Ming Thought: The Reorientation of Lü K'un and Other Scholar‑Officials*, Berkeley: University of California Press, 1983.

John Boswell, "Categories, Experience, and Sexuality", in Edward Stein, ed., *Forms of Desire: Sexual Orientation and the Social Constructionist Controversy*, New York: Routledge, 1992.

John Boswell, *Christianity, Social Tolerance, and Homosexuality: Gay People in Western Europe from the Beginning of the Christian Era to the Fourteenth Century*, Chicago: University of Chicago Press, 1980.

John Byron, *Portrait of a Chinese Paradise: Erotic and Sexual Customs of the Late Qing Period*, London: Quartet Books, 1987.

John R. Clarke, *Looking at Lovemaking: Constructions of Sexuality in Roman Art*, *100 B.C.-A.D. 250*, Berkeley: University of California Press, 1998.

Jonathan Spence(史景迁), *The Death of Woman Wang*, New York: Penguin Books, 1978.(译者注:此书的中译本为[美]史景迁:《王氏之死:大历史背后的小人物命运》,李孝恺译,广西师范大学出版社,2011 年。)

Judith Butler, *Gender Trouble*: *Feminism and the Subversion of Identity*, New York: Routledge, 1990.

Judith C. Brown, *Immodest Acts*: *The Life of a Lesbian Nun in Renaissance Italy*, Oxford: Oxford University Press, 1986.

Katherine Carlitz(柯丽德), "Desire, Danger, and the Body: Stories of Women's Virtue in Late Ming China", in C. Gilmartin et al., eds., *Engendering China*: *Women*, *Culture*, *and the State*, Cambridge, Mass.: Harvard University Press, 1994.

Kathryn Bernhardt(白凯), "A Ming - Qing Transition in Chinese Women's History? The Perspective from Law", in G. Hershatter(贺萧) et al., eds., *Remapping China*: *Fissures in Historical Terrain*, Stanford, Calif.: Stanford University Press, 1996.(译者注:此文的中译版为[美]白凯:"中国妇女史中的明清之际转型? 来自法律角度的检视",尤陈俊译,载[美]黄宗智、尤陈俊主编:《历史社会法学:中国的实践法史与法理》,法律出版社,2014 年。)

Katrina C. D. McLeod and Robin D. S. Yates(叶山), "Forms of Ch'in Law: An Annotated Translation of the Feng - chen shih", *Harvard Journal of Asiatic Studies*, Vol. 41, No. 1(1981), pp.111

‒ 163.

Kay Ann Johnson, *Women, the Family, and Peasant Revolution in China*, Chicago: University of Chicago Press, 1983.

Keith McMahon(马克梦), *Causality and Containment in Seventeenth Century Chinese Fiction*, Leiden: Brill, 1988.

Keith McMahon (马克梦), *Misers, Shrews, and Polygamists: Sexuality and Male‒Female Relations in Eighteenth‒Century Chinese Fiction*, Durham and London: Duke University Press, 1995.(译者注: 此书的中译本为[美]马克梦:《吝啬鬼、泼妇、一夫多妻者:十八世纪中国小说中的性与男女关系》,王维东、杨彩霞译,人民文学出版社,2001 年。)

L. Carrington Goodrich(富路特), ed., *Dictionary of Ming Biography*, New York: Columbia University Press, 1976.(此书的中译本为[美]富路特等编:《明代名人传》,北京时代华文书局,2015 年。)

Leif Littrup(李来福), *Subbureaucratic Government in China in Ming Times: A Study of Shandong Province in the Sixteenth Century*, Oslo: Universitetsforlaget, 1981.

Li Yu(李渔), *The Carnal Prayer Mat*(《肉蒲团》), trans. by Patrick Hanan(韩南), Honolulu: University of Hawai'i Press, 1996.

Lillian Li(李明珠), "Life and Death in a Chinese Famine: Infanticide as a Demographic Consequence of the 1935 Yellow River Flood", *Comparative Studies in Society and History*, Vol. 33, No. 3 (1991), pp.466—510.

Louise P. Edwards(李木兰), *Men and Women in Qing China*:

Gender in the Red Chamber Dream, Leiden: E. J. Brill, 1994.

Lynn A. Hunt, "The Challenge of Gender: Deconstruction of Categories and Reconstruction of Narrative in Gender History", in H. Medick and A. Trapp, eds., *Geschlechtergeschichte und Allgemeine Geschichte: Herausforderungen und Perspektiven*, Göttingen: Wallstein Verlag, 1998.

Madeleine Zelin(曾小萍), "The Rights of Tenants in Mid – Qing Sichuan: A Study of Land – Related Lawsuits in the Baxian Archives", *The Journal of Asian Studies*, Vol. 45, No. 3(1986).

Madeleine Zelin(曾小萍), *The Magistrate's Tael: Rationalizing Fiscal Reform in Eighteenth – Century Ch'ing China*, Berkeley: University of California Press, 1985.(译者注:此书的中译本为[美]曾小萍:《州县官的银两:18 世纪中国的合理化财政改革》,董建中译,中国人民大学出版社,2005 年。)

Margery Wolf(卢蕙馨), *Women and the Family in Rural Taiwan*, Stanford, Calif.: Stanford University Press, 1972.

Maria Jaschok, *Concubines and Bondservants: A Social History*, London: Zed Books Ltd., 1988.

Marinus J. Meijer, "Homosexual Offenses in Ch'ing Law", *T'oung Pao*, Vol. 71(1985).

Marinus J. Meijer, "The Price of a P'ai – Lou", *T'oung Pao*, Vol. 67(1981).

Marinus J. Meijer, *Murder and Adultery in Late Imperial China: A Study of Law and Morality*, Leiden: E. J. Brill, 1991.

Marjorie Topley, "Marriage Resistance in Rural Kwangtung", in Margery Wolf(卢蕙馨) and Roxane Witke, eds., *Women in Chinese Society*, Stanford, Calif.: Stanford University Press, 1975.

Mark A. Allee(艾马克), *Law and Local Society in Late Imperial China: Northern Taiwan in the Nineteenth Century*, Stanford, Calif.: Stanford University Press, 1994. (译者注:此书的中译本为[美]艾马克:《十九世纪的北部台湾:晚清中国的法律与地方社会》,王兴安译,台北播种者文化有限公司,2003 年。)

Mark Edward Lewis (陆威仪), *Sanctioned Violence in Early China*, Albany: State University of New York Press, 1990.

Mark Elvin(伊懋可), "Female Virtue and the State in China", *Past and Present*, Vol. 104(1984), pp. 111—152.

Martin Ingram, *Church Courts, Sex and Marriage in England, 1570—1640*, Cambridge: Cambridge University Press, 1987.

Mathews' Chinese - English Dictionary (Revised American Edition), Cambridge, Mass.: Harvard - Yenching Institute, 1975.

Matthew H. Sommer(苏成捷), "Dangerous Males, Vulnerable Males, and Polluted Males: The Regulation of Masculinity in Qing Law", in S. Brownell(包素姗) and J. Wasserstrom(华志坚), eds., *Chinese Femininities / Chinese Masculinities: A Reader*, Berkeley: University of California Press, 2002.

Matthew H. Sommer(苏成捷), "Sex, Law, and Society in Late Imperial China", Ph.D. dissertation, University of California, Los Angeles, 1994.

Matthew H. Sommer (苏成捷), "The Penetrated Male in Late Imperial China: Judicial Constructions and Social Stigma", *Modern China*, Vol. 23, No. 2(1997), pp.140—180.

Matthew H. Sommer (苏成捷), "The Uses of Chastity: Sex, Law, and the Property of Widows in Qing China", *Late Imperial China*, Vol.17, No. 2(1996), pp.77—130.

Michel Foucault, *The History of Sexuality: An Introduction*, New York: Random House, Inc., 1978.(译者注:此书的中译本为[法]福柯:《性经验史》(第 1 卷),佘碧平译,上海人民出版社,2016 年。)

Natalie Z. Davis, *Fiction in the Archives: Pardon Tales and Their Tellers in Sixteenth-Century France*, Stanford, Calif.: Stanford University Press, 1987.(译者注:此书的中译本为[美]娜塔莉·泽蒙·戴维斯:《档案中的虚构:16 世纪法国的赦罪故事及故事的讲述者》,饶佳荣、陈瑶译,北京大学出版社,2015 年。)

Neil C. Blond, et al., *Blond's Criminal Law*, New York: Sulzburger and Graham Publishing Ltd., 1991.

Norma Diamond(戴瑙玛), "The Miao and Poison: Interactions on China's Southwest Frontier", *Ethnology*, Vol. 27, No. 1(1988).

Ono Kazuko(小野和子), *Chinese Women in a Century of Revolution, 1850—1950*, trans. by J. Fogel et al., Stanford, Calif.: Stanford University Press, 1989.

Pa Chin(巴金), *Family*(家), translated by S. Shapiro, Boston: Cheng and Tsui, 1972.

Paola Paderni, "An Appeal Case of Honor in Eighteenth-

Century China", in *Ming Qing yanjiu*: *Redazione a cura di Paolo Santangelo*, *Rome and Naples*: *Dipartimento di Studi Asiatici*, *Istituto Universitario Orientale and Istituto Italiano peril Medio ed Estremo Oriente*, 1992.

Paola Paderni, "Le rachat de l'honneur perdu. Le suicide des femmes dans la Chine du XVIII siecle" (The recovery of lost honor: Female suicide in eighteenth – century China), *Etudes Chinoises*, Vol. 10, Nos. 1—2(1991).

Patricia B. Ebrey(伊沛霞), "The Early Stages of Development in Descent Group Organization", in P. Ebrey and J. Watson, eds., *Kinship Organization in Late Imperial China*, *1000—1940*, Berkeley: University of California Press, 1986.

Patricia B. Ebrey(伊沛霞), ed., *Chinese Civilization*: *A Sourcebook*, New York: Free Press, 1993.

Patricia B. Ebrey(伊沛霞), *The Inner Quarters*: *Marriage and the Lives of Chinese Women in the Sung Period*, Berkeley: University of California Press, 1993.(译者注：此书的中译本为［美］伊沛霞：《内闱：宋代妇女的婚姻和生活》，胡志宏译，江苏人民出版社，2006 年。)

Paul A. Cohen(柯文), *Discovering History in China*: *American Historical Writing on the Recent Chinese Past*, New York: Columbia University Press, 1984.(译者注：此书的中译本为［美］柯文：《在中国发现历史：中国中心观在美国的兴起》，林同奇译，中华书局，1989 年。)

Paul W. Howard,"Opium Suppression in Qing China: Responses to a Social Problem, 1729—1906", Ph.D. diss., University of Pennsylvania, 1998.

Philip A. Kuhn(孔飞力),"Chinese Views of Social Classification", in J. Watson, ed., *Class and Social Stratification in Post-Revolution China*, Cambridge: Cambridge University Press, 1984.

Philip A. Kuhn(孔飞力), *Soulstealers: The Chinese Sorcery Scare of* 1768, Cambridge, Mass.: Harvard University Press, 1990.(译者注:此书的中译本为[美]孔飞力:《叫魂:1768 年中国妖术大恐慌》,陈兼、刘昶译,生活·读书·新知三联书店,2012 年。)

Philip C. C. Huang(黄宗智),"Between Informal Mediation and Formal Adjudication: The Third Realm of Qing Civil Justice", *Modern China*, Vol. 19, No. 3(1993).(译者注:此文中译版为[美]黄宗智:"介于民间调解与官方审判之间:清代纠纷处理中的第三领域",载[美]黄宗智、尤陈俊主编:《历史社会法学:中国的实践法史与法理》,法律出版社,2014 年。)

Philip C. C. Huang(黄宗智),"Codified Law and Magisterial Adjudication in the Qing", in K. Bernhardt(白凯) and Philip C. C. Huang(黄宗智), eds., *Civil Law in Qing and Republican China*, Stanford, Calif.: Stanford University Press, 1994.

Philip C. C. Huang(黄宗智),"County Archives and the Study of Local Social History: Report on a Year's Research in China", *Modern China*, Vol. 8, No. 1(1982).

Philip C. C. Huang(黄宗智),"The Paradigmatic Crisis in Chinese Studies: Paradoxes in Social and Economic History", *Modern China*, Vol. 17, No. 3(1991). (译者注:此文的中译版为[美]黄宗智:"中国研究的规范认识危机——社会经济史中的悖论现象",收入[美]黄宗智:《长江三角洲小农家庭与乡村发展》,中华书局,1992年。)

Philip C. C. Huang(黄宗智), *Civil Justice in China: Representation and Practice in the Qing*, Stanford, Calif.: Stanford University Press, 1996. (译者注:此书的中译本为[美]黄宗智:《清代的法律、社会与文化:民法的表达与实践》,上海书店出版社,2001年。)

Philip C. C. Huang(黄宗智), *The Peasant Economy and Social Change in North China*, Stanford, Calif.: Stanford University Press, 1985. (译者注:此书的中译本为[美]黄宗智:《华北的小农经济与社会变迁》,中华书局,1986年。)

Philip C. C. Huang(黄宗智), *The Peasant Family and Economic Development in the Yangzi Delta, 1350 - 1988*, Stanford, Calif.: Stanford University Press, 1990. (译者注:此书的中译本为[美]黄宗智:《长江三角洲小农家庭与乡村发展》,中华书局,1992年。)

Pierre Bourdieu, "Marriage Strategies as Strategies of Social Reproduction", in R. Forster and O. Ranum, eds., *Family and Society: Selections from the Annales*, Baltimore and London: Johns Hopkins University Press, 1976.

Pierre Bourdieu, *The Logic of Practice*, Stanford, Calif.: Stanford University Press, 1990. (译者注:此书的中译本为[法]布迪厄:《实践感》,蒋梓骅译,译林出版社,2003年。)

R. H. Van Gulik(高罗佩), *Sexual Life in Ancient China: A Preliminary Survey of Chinese Sex and Society from Ca. 1500 B.C. till 1644 A.D.*, Leiden: E. J. Brill, 1974.(译者注:此书的中译本为[荷]高罗佩:《中国古代房内考》,李零等译,上海人民出版社,1990 年。)

R. Kent Guy(盖博坚), *The Emperor's Four Treasuries: Scholars and the State in the Late Ch'ien - lung Era*, Cambridge, Mass.: Council on East Asian Studies, Harvard University,1987.

Robert A. Padgug, "Sexual Matters: On Conceptualizing Sexuality in History", *Radical History Review*, Vol. 20 (1979), pp. 3—23.

Roscoe Pound(庞德), *An Introduction to the Philosophy of Law*, New Haven: Yale University Press, 1954 (1922).

Rubie S. Watson (华若璧), "The Named and the Nameless: Gender and Person in Chinese Society", *American Ethnologist*, Vol.13 (1986), pp.619—631.

Rubie S. Watson(华若璧), "Wives, Concubines, and Maids: Servitude and Kinship in the Hong Kong Region, 1900—1940", in R. Watson and P. Ebrey(伊沛霞), eds., *Marriage and Inequality in Chinese Society*, Berkeley: University of California Press, 1991.

Silas H. L. Wu(吴秀良), *Communication and Imperial Control in China: Evolution of the Palace Memorial System, 1693—1735*, Cambridge, Mass.: Harvard University Press, 1970.

Sir George T. Staunton, *Ta Tsing leu lee, Being the Fundamental Laws and a Selection from the Supplementary Statutes of the Penal Code of China*, 台北成文出版社,1966 年（据 1810 年版重印）.

Sir Henry S. Maine, *Ancient Law*, Tucson: University of Arizona Press, 1986（据 1864 年版重印）.（此书的中译本为［英］梅因:《古代法》,沈景一译,商务印书馆,1959 年。）

Sophie Volpp(袁书菲), "The Discourse on Male Marriage: Li Yu's 'A Male Mencius's Mother'", *Positions*, Vol. 2, No. 1(1994).

Sophie Volpp(袁书菲), "The Male Queen: Boy Actors and Literati Libertines", Ph.D. diss., Harvard University, 1995.

Stephen Owen（宇文所安）, *Readings in Chinese Literary Thought*, Cambridge, Mass.: Council on East Asian Studies, Harvard, 1992.

Stevan Harrell(郝瑞), ed., *Chinese Historical Microdemography*, Berkeley: University of California Press, 1995.

Sue Gronewald, *Beautiful Merchandise: Prostitution in China, 1860—1936*, New York: Harrington Park Press, 1985.

Susan Mann（曼素恩）, "Grooming a Daughter for Marriage: Brides and Wives in the Mid - Qing Period", in R. Watson and P. Ebrey, eds., *Marriage and Inequality in Chinese Society*, Berkeley: University of California Press, 1991.

Susan Mann(曼素恩), "Historical Change in Female Biography from Song to Qing Times: The Case of Early Qing Jiangnan (Jiangsu and Anhui Provinces)", Transactions of the International Conference of Orientalists in Japan, Vol.30(1985), pp.65—77.

Susan Mann（曼素恩）, "Suicide and Survival: Exemplary

Widows in the Late Empire", 载《柳田節子先生古稀紀念:中国伝統の社会と家族》,東京:汲古書社,1993,第 23—39 页。

Susan Mann(曼素恩), "Widows in the Kinship, Class, and Community Structures of Qing Dynasty China", *Journal of Asian Studies*, Vol.46, No. 1(1987), pp.37—56.

Susan Mann(曼素恩), *Precious Records*: *Women in China's Long Eighteenth Century*, Stanford, Calif.: Stanford University Press, 1997. (译者注:此书的中译本为[美]曼素恩:《缀珍录:十八世纪及其前后的中国妇女》,定宜庄、颜宜葳译,江苏人民出版社,2005 年。)

Susan Naquin(韩书瑞) and Evelyn S. Rawski(罗友枝), *Chinese Society in the Eighteenth Century*, New Haven: Yale University Press, 1987.(译者注:此书的中译本为[美]韩书瑞、罗友枝:《十八世纪中国社会》,陈仲丹译,江苏人民出版社,2009 年。)

Susan Naquin, *Millenarian Rebellion in China*: *The Eight Trigrams Uprising of 1813*, New Haven: Yale University Press, 1976.(译者注:此书的中译本为[美]韩书瑞:《千年末世之乱:1813 年八卦教起义》,陈仲丹译,江苏人民出版社,2012 年。)

T'ien Ju‐k'ang(田汝康), *Male Anxiety and Female Chastity*: *A Comparative Study of Chinese Ethical Values in Ming‐Ch'ing Times*, Leiden: E. J. Brill, 1988.(译者注:此书的中译本为田汝康:《男性阴影与女性贞节:明清时期伦理观的比较研究》,刘平、冯贤亮译校,复旦大学出版社,2017 年。)

Ted A. Telford, "Family and State in Qing China: Marriage in the Tongcheng Lineages, 1650‐1880", 载《近世家族与政治比较历史

论文集》(下册),中国台湾地区"中央研究院"近代史研究所,1992 年。

Vivien W. Ng(伍慧英), "Homosexuality and the State in Late Imperial China", in Martin Duberman et al., eds., *Hidden from History: Reclaiming the Gay and Lesbian Past*, New York: Meridian Press, 1989.

Vivien W. Ng(伍慧英), "Ideology and Sexuality: Rape Laws in Qing China", *The Journal of Asian Studies*, Vol. 46, No. 1(1987).

Wai-yee Li(李惠仪), "The Late Ming Courtesan: Invention of a Cultural Ideal", in E. Widmer(魏爱莲) and K. Sun Chang(孙康宜), eds., *Writing Women in Late Imperial China*, Stanford, Calif.: Stanford University Press, 1997.

Wallace Johnson(庄为斯), *The T'ang Code: Volume I—General Principles*, Princeton: Princeton University Press, 1979.

Wallace Johnson(庄为斯), *The T'ang Code: Volume II—Specific Articles*, Princeton: Princeton University Press, 1997.

William C. Jones(钟威廉), trans. with the assistance of Tianquan Cheng(程天权) and Yongling Jiang(姜永琳), *The Great Qing Code*, New York: Oxford University Press, 1994.

William T. Rowe(罗威廉), "Women and the Family in Mid-Qing Social Thought: The Case of Chen Hongmou", *Late Imperial China*, Vo.13, No. 2(1992), pp.1—41.

Yasuhiko Karasawa(唐泽靖彦), "Between Speech and Writing: Textuality of the Written Record of Oral Testimony in Qing Legal Cases", unpublished seminar paper, 1992.

Yasuhiko Karasawa(唐泽靖彦), "Composing the Narrative: A Preliminary Study of Plaints in Qing Legal Cases", presented at the conference on Code and Practice in Qing and Republican Law, University of California, Los Angeles, 1993.

Zheng Qin(郑秦), "Pursuing Perfection: Formation of the Qing Code", translated by Guangyuan Zhou(周广远), *Modern China*, Vol. 21, No. 3(1995), pp.310—344.

Zhou Guangyuan(周广远), "'Legal Justice' of the Qing: A Study of Case Reports and Reviews in the Criminal Process", presented at the Conference on Code and Practice in Qing and Republican Law, University of California, Los Angeles, 1993.

译后记

　　《中华帝国晚期的性、法律与社会》这一书名，明确列出了此书力图在对中国古代历史的研究当中予以勾连的三个领域或者说三种视角，即"性""法律""社会"。无论是"法律"视角之于历史学界，还是"社会"视角之于法律史学界，抑或所谓"法律与社会"这样看起来更具综合性的视角之于法学界，如今都早已不是什么新鲜事。然而，将"性"与"法律""社会"勾连在一起并放在中国历史脉络当中加以专门探讨，此种风格的研究专著迄今为止在中外学术界都还极其少见。且由于"性"在中国文化语境中众所周知的那种微妙意蕴，上述书名似乎还透露着某种神秘感。但是，此书绝非一本猎奇"性"的轻浮作品，而是一份厚重、严肃且令人深思的学术研究。

　　此书的内容，脱胎于作者苏成捷 1994 年提交加利福尼亚大学洛杉矶分校（UCLA）的同名博士学位论文，后来经过他历时数年精心修改打磨成一本专著，被纳入黄宗智（Philip C. C. Huang）和白凯（Kathryn Bernhardt）联袂主编的"中国的法律、社会与文化"（Law,

Society, and Culture in China)系列英文丛书之中,于 2000 年由斯坦福大学出版社出版。此书的英文原版问世后,很快便在西方学术界引起了相当大的反响,许多学者和学术期刊纷纷发表了书评。根据我所做的不完全统计,仅在此书英文原版问世后的短短两年多时间内,西方学术界刊登过针对此书英文原版的书评的刊物就有 20 多家,其中包括《美国历史评论》(*The American Historical Review*)、《亚洲研究杂志》(*The Journal of Asian Studies*)、《哈佛亚洲研究杂志》(*Harvard Journal of Asiatic Studies*)等所在领域的顶尖学术期刊。而且,刊登过针对此书英文原版的书评的学术期刊,不仅有美国的学术期刊,还有来自英国、加拿大、法国的学术期刊;不仅有历史学领域的学术期刊,还有不少跨学科色彩鲜明的学术期刊,例如《法律与社会杂志》(*Journal of Law and Society*)、《加拿大法律与社会杂志》(*Canadian Journal of Law and Society*)。① 而撰写这些书评的西方学者,既包括众多西方汉学或者中国学领域(尤其是中国史领域)的知名学者,例如彭慕兰(Kenneth Pomeranz)、叶山(Robin D. S. Yates)、冯客(Frank Dikötter)、高彦颐(Dorothy Ko)、柯丽德

---

① 在刊登过关于此书英文原版的书评的学术期刊当中,英文学术期刊有 *Bulletin of the School of Oriental and African Studies*、*Canadian Journal of Law and Society*、*China Review International*、*Eighteenth-Century Studies*、*Harvard Journal of Asiatic Studies*、*History*:*Review of New Books*、*Isis*:*Journal of the History of Science in Society*、*Journal of Asian History*、*Journal of Interdisciplinary History*、*Journal of Law and Society*、*Journal of Social History*、*Journal of the American Oriental Society*、*Journal of the History of Sexuality*、*Monumenta Serica*:*Journal of Oriental Studies*、*Nan Nü - Men*,*Women & Gender in Early & Imperial China*、*Pacific Affairs*、*Social History*、*The American Historical Review*、*The American Journal of Legal History*、*The Journal of Asian Studies*。此外,还有 *Archives de sciences sociales des religions*、*Revue Bibliographique de Sinologie* 这两本法文学术期刊也发表了专门的书评。

（Katherine Carlitz）、戴茂功（Neil J. Diamant）、苏堂栋（Donald S. Sutton）、袁书菲（Sophie Volpp）、马克梦（Keith McMahon）、麦柯丽（Melissa Macauley）、白德瑞（Bradly W. Reed）、高万桑（Vincent Goossaert）、巩涛（Jérôme Bourgon）、和力加（Benjamin E. Wallacker）、林珍珠（Jane Kate Leonard）、林琪（Catherine Lynch）、吴章（Bridie Andrews）、傅凌智（James Flath）、席璀文（Fabien Simonis）、保罗·贝利（Paul Bailey）、王岗（Richard G. Wang），也有诸如周熙乐（Hilary K. Josephs）、络德睦（Teemu Ruskola）这样任教于美国法学院的学者。

在西方学术界这些以英语或法语发表的书评当中，除了极个别者，①几乎其他所有书评的撰写者皆从不同的角度特别强调了本

---

① 例如一位美国法学家在针对此书英文原版的一篇书评中写道，"普通读者可能希望通过阅读一本关于前现代中国的书，来寻找理解当代中国法律制度的线索"，但是"苏成捷放弃了对中华帝国晚期和当代中国进行比较分析的许多机会"，并且还认为"鉴于该书希望能从文学作品中获得观点方面的印证，他（指苏成捷——引者注）除了以蜻蜓点水般的方式提及《红楼梦》的书名，却没有讨论《红楼梦》一书的内容，这一点让人感到惊讶"。参见 Hilary K. Josephs, "Book Review: *Sex, Law, and Society in Late Imperial China* by Matthew H. Sommer", *Journal of Law and Society*, Vol. 28, No. 2 (2001), pp. 329, 330。坦率地说，上述批评显得吹毛求疵和强人所难。苏成捷在2015年接受采访时曾谈及："《水浒》和《金瓶梅》都是我很喜欢的作品。尤其是《金瓶梅》，它是一个社会新贵走向腐败、颓废、消亡的故事，同时也是关于明朝整个社会分崩离析的寓言。阅读这部作品，总是不断地为其中包含的社会生活的广阔、丰富性和力量感到震惊。《红楼梦》对我就没有这种吸引力。"参见邱顾：《汉学家眼里的底层人物——美国斯坦福大学历史系教授苏成捷访谈》，http://www.infzm.com/contents/108529? source=124&source_1=108628，2023年3月10日访问。

书的学术贡献,不吝以诸如"开创性的"(pathbreaking;groundbreak-ing)①、"令人印象深刻的"(impressive)②、"质地丰富的"(richly textured)③、"极佳的"(superb)④、"不可或缺的"(indispensable)⑤、"极具吸引力的"(fascinating)⑥、"发人深省的"(thought-provoking)⑦、"很有价值的"(valuable)⑧、"里程碑"(land-

① Melissa Macauley, "Book Review: *Sex, Law, and Society in Late Imperial China* by Matthew H. Sommer", *Harvard Journal of Asiatic Studies*, Vol. 61, No.1 (2001), p. 230; Bradly W. Reed, "Book Review: *Sex, Law, and Society in Late Imperial China* by Matthew H. Sommer", *Journal of the American Oriental Society*, Vol. 122, No. 3(2002), p. 626.

② Dorothy Ko, "Book Review: *Women and Property in China*, 960—1949 by Kathryn Bernhard; *Sex, Law, and Society in Late Imperial China* by Matthew H. Sommer", *Social History*, Vol. 26, No. 3 (2001), p. 377.

③ Frank Dikötter, "Book Review: *Sex, Law, and Society in Late Imperial China* by Matthew H. Sommer", *Bulletin of the School of Oriental and African Studies*, *University of London*, Vol. 64, No. 3 (2001), p. 431.

④ Jane Kate Leonard, "Book Review: *Sex, Law, and Society in Late Imperial China* by Matthew H. Sommer", *China Review International*, Vol. 8, No. 2 (2001), p. 506.

⑤ Katherine Carlitz, "Book Review: *Sex, Law, and Society in Late Imperial China* by Matthew H. Sommer", *The Journal of Asian Studies*, Vol. 60, No. 1 (2001), p. 186.

⑥ Catherine Lynch, "Book Review: *Sex, Law, and Society in Late Imperial China*", *History*, Vol.30, No.2(2002), p. 81.

⑦ Melissa Macauley, "Book Review: *Sex, Law, and Society in Late Imperial China* by Matthew H. Sommer", *Harvard Journal of Asiatic Studies*, Vol. 61, No.1 (2001), p. 237.

⑧ Kenneth Pomeranz, "An Empire in Transition: Law, Society, Commercialization and State-Formation", *Eighteenth-Century Studies*, Vol. 35, No. 2 (2002), p. 306.

mark；mile-stone）①、"必读作品"（essential reading）②、"学术的典范"（model of scholarship）③之类的语词，来形容此书所具有的那种厚重学术分量。

西方学术界就苏成捷此书英文原版撰写过书评的许多学者，还对此书能够给多个学科和领域的研究带来的丰富启发性，加以具体描述和明确定位。例如，和力加称此书为"法律和社会相关领域的进一步研究提供了基础和入门读物"④。白德瑞认为，"不仅对法律史研究者，而且对任何对中华帝国晚期的社会史、社会性别关系及清朝国家性质感兴趣的人士来说，这本书都是必读的作品"⑤。冯客写道，"作为对成果数量正越来越多的中国性史研究的一个重要补充，此书成功揭示了中华帝国晚期在相关法律方面

---

① James A. Flath, "Book Review：*Sex, Law, and Society in Late Imperial China* by Matthew H. Sommer", *Pacific Affairs*, Vol. 75, No. 1 (2002), p. 108；Neil J. Diamant, "Book Review：*Sex, Law, and Society in Late Imperial China* by Matthew H. Sommer", *The American Historical Review*, Vol. 106, No. 2 (2001), p. 547；Sophie Volpp, "Book Review：*Sex, Law, and Society in Late Imperial China* by Matthew H. Sommer", *Journal of the History of Sexuality*, Vol. 10, Issue 3/4(2001), p. 588.

② Robin D. S. Yates, "Book Review：*Talons and Teeth：County Clerks and Runners in the Qing Dynasty* by Bradly W. Reed；*Sex, Law, and Society in Late Imperial China* by Matthew H. Sommer", *Journal of Interdisciplinary History*, Vol.33, No.3 (2002), p. 515.

③ Richard G. Wang, "Book Review：*Sex, Law, and Society in Late Imperial China* by Matthew H. Sommer", *Monumenta Serica*, Vol. 50 (2002), p. 682.

④ Benjamin E. Wallacker："Book Review：*Sex, Law, and Society in Late Imperial China* by Matthew H. Sommer", *Journal of Asian History*, Vol. 35, No. 2 (2001), p. 197.

⑤ Bradly W. Reed, "Book Review：*Sex, Law, and Society in Late Imperial China* by Matthew H. Sommer", *Journal of the American Oriental Society*, Vol. 122, No. 3(2002), p. 627.

发生的那些影响深远的深刻变化"①。傅凌智强调,此书不仅"对我们理解中华帝国晚期的法律及对'性'(sexuality)所做的规制做出了重大贡献",而且"在提供有关性实践的经验证据方面也是一座里程碑"②。在柯丽德看来,"对于研究中华帝国晚期的法律、传统的性别规范、非精英阶层的社会生活及国家的触角之历史的学者们来说,这本书将是必不可少的读物。它既是关于传统中国法律的入门性读物,也是一份关于 18 世纪时法律被作为社会工程的研究"③。林琪指出,苏成捷笔下那些谨慎的理论化工作,使得此书成为"研究各个历史时期的专家们的重要读物"④。麦柯丽称赞此书"所得出的许多有关帝制时期中国历史的重要结论,必然会吸引研究清代中国其他领域的学者们。它为未来很长一段时间内关于'性'(sexuality)和法律的研究设定了议程"⑤。戴茂功认为,"对于社会史研究者来说,此书因其丰富的法律案例和对清代普通人生活的微观视角而显得特别有趣。它也会引起那些研究中国其他历

---

① Frank Dikötter, "Book Review: *Sex*, *Law*, *and Society in Late Imperial China* by Matthew H. Sommer", *Bulletin of the School of Oriental and African Studies*, *University of London*, Vol. 64, No. 3 (2001), p. 431.

② James A. Flath, "Book Review: *Sex*, *Law*, *and Society in Late Imperial China* by Matthew H. Sommer", *Pacific Affairs*, Vol. 75, No. 1 (2002), p. 108.

③ Katherine Carlitz, "Book Review: *Sex*, *Law*, *and Society in Late Imperial China* by Matthew H. Sommer", *The Journal of Asian Studies*, Vol. 60, No. 1 (2001), p. 186.

④ Catherine Lynch, "Book Review: *Sex*, *Law*, *and Society in Late Imperial China*", *History*, Vol.30, No.2(2002), p. 81.

⑤ Melissa Macauley, "Book Review: *Sex*, *Law*, *and Society in Late Imperial China* by Matthew H. Sommer", *Harvard Journal of Asiatic Studies*, Vol. 61, No.1 (2001), p. 237.

史时期乃至其他国家关于强奸、鸡奸和卖淫的立法的人们的兴趣"①。叶山将此书形容为"新兴的法律社会史领域的重要读物"②。袁书菲强调,苏成捷"这项细节丰富、论述有力的研究,不仅对研究法律的学者们,而且对从事文化史、社会史及中国文学研究的学者们,都具有重要的意义"③。

或许有些喜欢较真(尤其是对西方汉学抱持某种天然的成见)的读者会嘀咕,就算此书英文原版当初问世后便在西方学术界备受赞誉,但此书的作者毕竟是一位生活在大洋彼岸的美国学者,而不是本身长期生活在中国文化当中的中国学者,更何况它还是出版于二十多年前的一本"老书",如今还值得我们认真去看么? 上述这种可能面临的质疑,并非纯粹出自我个人的假想。我在豆瓣上就经常看到,有些读者在评论翻译过来的西方汉学或中国学著作时,喜欢习惯性地来上一句诸如"老外写的东西,总觉得差了点意思"之类的空洞套话。

我从来都主张在看待西方汉学或中国学著作时应当保持学术鉴别力,同时向来也反对那些完全不假思索便抛出实际无甚具体所指的"点评"的轻浮作法。在 2008 年发表的一篇文章中,我曾以包括苏成捷此书在内的"UCLA 中国法律史研究群"的系列学术作

---

① Neil J. Diamant, "Book Review: *Sex, Law, and Society in Late Imperial China* by Matthew H. Sommer", *The American Historical Review*, Vol. 106, No. 2 (2001), p. 547.

② Robin D. S. Yates, "Book Review: *Talons and Teeth: County Clerks and Runners in the Qing Dynasty* By Bradly W. Reed; *Sex, Law, and Society in Late Imperial China* By Matthew H. Sommer", *Journal of Interdisciplinary History*, Vol.33, No.3 (2002), p. 515.

③ Sophie Volpp, "Book Review: *Sex, Law, and Society in Late Imperial China* by Matthew H. Sommer", *Journal of the History of Sexuality*, Vol. 10, Issue 3/4(2001), p. 591.

品为例,分享过自己此方面的看法:

> 对于中国的研究者而言,当然可以对 UCLA 中国法律史研究群的某些论断——比如某些特有的问题意识——有所保留,任何不加思索的盲目追随本就应该被予拒斥,更何况众所周知的是,从来就不存在十全十美的学术研究;人们甚至可以就其做出批评,只要这种批评确实是持之有据,而不是连对方所言都未真正弄清,仅听其名就迫不及待地"横溢"才华。但即便如此,在时刻警醒保持阅读和思考的主动性的同时,也请记住长期主持海外中国学移译事业的刘东那一番满怀深情的告诫:"任何人都不会仅仅因为生而为'中国人',就足以确保获得对于'中国'的足够了解;恰恰相反,为了防范心智的僵化和老化,他必须让胸怀向有关中国的所有学术研究(包括汉学)尽量洞开,拥抱那个具有生命活力的变动不居的'中国'。""不识庐山真面目,只缘身在此山中。"在我看来,这句众所周知的中国古诗,正好道出了当今跨文化学术交流中的另一面。而克服这一缺陷的最佳方法,或许就是培养 18 世纪苏格兰诗人罗伯特·彭斯(Robert Burns)所称的"能像别人那样把自己看清"的本领。①

不过,上述那种可能面临的质疑中提及的另一点,即苏成捷此书英文原版出版于二十多年前,还需要另外专门做些回应。在当

---

① 尤陈俊:《"新法律史"如何可能——美国的中国法律史研究新动向及其启示》,载《开放时代》2008 年第 6 期,第 86 页。

下这个各研究领域之学术发展日新月异的时代，前人所做的许多学术研究，正在不断地被后来者们所超越。事实上，苏成捷自己在简体字版中译本序中也说道："在本书英文原版付梓后迄今的这二十多年间，有许多关于中国历史上的性（sex）、社会性别（gender）和法律的学术研究新成果陆续问世。但是，我并不打算试着对本书的内容做那种无止境的更新，而是决定让其保持英文原版问世时的原貌。我希望中国的读者会发现这本书依然有其学术价值。"也因此，像这样一本二十多年前出版的英文"老书"，如今是否还值得翻译成中文在中国出版，或者是否确实如苏成捷自己所说的那样，对于中国的读者来说"依然有其学术价值"，这自然也就成了一个需要给出充足理由予以回答的问题。

在我看来，距其英文原版问世二十多年后，苏成捷此书仍然值得当下的中国读者认真对待。

首先，虽然此书在西方学术界的多个相关领域当中享有盛名，但真正见过、仔细读过乃至读完此书英文原版的中国学者，时至今日其实很少。例如，我现今就职的中国人民大学是国内人文社会科学领域的顶尖学府之一，但学校图书馆中至今都没有此书的英文原版（不过收藏有苏成捷 2015 年出版的另一本英文专著 *Polyandry and Wife-selling in Qing Dynasty China：Survival Strategies and Judicial Interventions*）。另一个同样能够说明此点的例子则是，相较于西方学术界关于本书的书评多达二十余篇，管见所及，中文学术界关于此书的专门书评，迄今只有两篇。不妨从这两篇中文书评当中采撷几句原话加以连缀，来形容中文学术界先前对此书的了解非常不够："本书是汉学界近年来难得一见的重量级著作"，①但是，"该书自 2000 年出版以来，中国学界少有回应和评价"。② 就我眼力所见，即便是一些看起来引用了此书英文原版的中文论著，其实往往也只是道听途说地笼统描述下此书大致的整体观点，或者囫囵吞枣般地号称"参考"了其中的某一章节。在这种状况下，自然也就谈不上对此书所做的那些出色研究予以充分参考和借鉴，更加不用说与西方学术界这本跨越多个领域的重磅作品展开深入、具体的学术对话。

其次，苏成捷在此书中提出来的许多具体观点，迄今仍具有很强的启发性。例如，苏成捷在全书中概括提炼出来的那个核心论点——"清代的改革（特别是 18 世纪的那些改革），显示出在用于对'性'（sexuality）加以规制的组织原则上发生了本质性转变，亦即由身份地位展演（status performance）转变为社会性别展演（gender performance）"，不仅能够帮助我们细致注意到那些当时具体体现在立法文本和司法实践之中的深刻变化，而且还可以启发我们从理论上反思，那种将西方学术界推崇的法律发展模式用来解释中国历史时所暴露出来的诸多弊病。

最后，苏成捷此书在研究和写作的方法上，具有许多堪称示范性的特征和优点。例如，他在此书中对司法档案的广泛运用，并不只是以这些素材来展现案件承审官员们的法律推理，而是还将其

---

① 蒋竹山：《评介 Sex，Law，and Society in Late Imperial China》，《近代中国妇女史研究》第 9 期（2001），第 262 页。

② 李硕：《评苏成捷〈中华帝国晚期的性、法律与社会〉》，《中国史研究动态》2012 年第 1 期，第 92 页。

视为包含了丰富的"民族志证据"（ethnographic evidence）的独特资料予以利用。他在书中就此描述说："这类资料提供了目前所知最佳的视角，使我们得以探讨清代小农和社会边缘人的实际生活，以及他们对性、社会性别、婚姻和家庭的看法。这类资料同时也提供了目前所见最为坚实的基础，使我们得以评判朝廷颁布的法律和广泛存在的社会实践及观念之间的互动关系。"除了这种显露出人类学之影响的研究方法，苏成捷在展开学术讨论时的那种具体写作方式，同样值得我们予以重点关注。正如林珍珠在关于此书英文原版的一篇书评中特别提到的，苏成捷此书尤其让人印象深刻的地方，除了所做的那些目标明确的分析论证，还有在分析时展现出来的那种对二手文献所做的"兼顾各方的讨论"（balanced discussion），使他所做的研究能够"以深思熟虑和积极回应的方式，建立在学术界已有的那些工作之基础上"。① 苏成捷此书这种在深入爬梳丰富史料的同时，还不忘与当代学者（不限于历史学者，还包括诸如福柯［Michel Foucault］、武雅士［Arthur P. Wolf］等社会学家和人类学家）深入对话的写作方式，明显有别于在中国的历史学研究中至今都还相当常见的那种写作习惯（既是优点，也是弊病），亦即国内的"实证性历史学文章多是径直爬梳史料，在经过考证辨析后得出结论，此类文章较少引证现当代人的论述"，而"这说明历史研究学者比较容易忽视同行的相关研究，不仅对同行尊重不够，而且容易形成重复性研究"。② 苏成捷此书对既往学术传统的尊重，并

---

① Jane Kate Leonard, "Book Review: *Sex*, *Law*, *and Society in Late Imperial China* by Matthew H. Sommer", *China Review International*, Vol. 8, No. 2 (2001), p. 511.

② 仲伟民:《直面人文学术危机》,浙江古籍出版社,2022 年,第6—7 页。

不只是表现为对既有的相关重要研究成果的旁征博引和充分借鉴（其参考引用的二手文献，涵盖了在美国、日本、中国大陆和台湾地区发表或出版的众多代表性史学论著），而且还包括对某些旧的学术观点明确提出有力的挑战。此书中令我印象特别深刻的一处文字，是苏成捷在英文版序中谈到中国学者经君健时所说的下列这番话："经君健为我打开了中国帝制时期法典及其注解文字的世界，教给我清代司法制度的基本原理；任何一位目光敏锐的本书读者，皆会清晰地觉察到他对我的学术影响，甚至在那些我并不赞同他的看法的地方，我也是出自一种深深的敬意。"

如今回想起来，我自己第一次听说苏成捷的这份"另类"研究，大概是在 2000 年。当时，我在自己从书店中购买的《北大法律评论》第 2 卷第 1 辑上，读到了一篇题目为《中国法律制度的经济史、社会史、文化史研究》的文章。这是黄宗智教授此前在北京大学所做的一场学术报告的记录稿。在那场学术报告中，黄宗智教授专门提到了苏成捷的这份研究：

> 我们在诉讼案件资料的基础上，还可以做许多其他不同的研究。举一个例子：我和白凯的一个博士生，苏成捷（Matthew Sommer），配合律例和诉讼案件的分析，对清代法律制度关于"犯奸"行为的构造和处理做了详细的研究，课题包括强奸妇女、卖娼和男子同性恋爱，有许多发现都是我们过去没有想到的。①

---

① ［美］黄宗智：《中国法律制度的经济史、社会史、文化史研究》，载《北大法律评论》第 2 卷第 1 辑，法律出版社，1999 年，第 374 页。

　　尽管苏成捷此书英文原版当时尚未在美国出版,但黄宗智教授在上述那场学术报告中预告了,此书将是他和白凯教授在斯坦福大学出版社联袂主编出版的"中国的法律、社会与文化"英文系列丛书中的第五本。2005 年我在台北访学时,曾在某图书馆中见到过苏成捷 1994 年提交加利福尼亚大学洛杉矶分校的博士论文的影印本。我真正见到此书的英文原版,印象中是在 2006 年下半年来到北京大学攻读博士学位之后,某天终于从北大图书馆中借到这本自己久仰其名的英文专著。但我真正通读此书的英文原版,是在 2008 年的上半年。那时我正在和黄宗智教授合编《从诉讼档案出发:中国的法律、社会与文化》一书,于是便将"UCLA 中国法律史研究群"核心成员们已经出版的代表性英文专书都找来通读了一遍,以撰写那篇后来作为"代跋"收入上述论文集当中的长文《"新法律史"如何可能——美国的中国法律史研究新动向及其启示》。[1] 而苏成捷此书的英文原版(以及同一套丛书中白德瑞的那本英文专著 *Talons and Teeth*:*County Clerks and Runners in the Qing Dynasty*),自然是我当时重点通读的著作之一。

　　可能是由于我在上述那篇长文中的评论让人感觉到我对苏成捷此书英文原版的内容颇为熟悉,2012 年 6 月时,黄宗智教授告诉我说苏成捷此书已经有一个译稿,让我看一下那个译稿有无什么

---

[1] 尤陈俊:《"新法律史"如何可能——美国的中国法律史研究新动向及其启示》,载[美]黄宗智、尤陈俊主编:《从诉讼档案出发:中国的法律、社会与文化》,法律出版社,2009 年,第 473—524 页。该文的压缩版,在这之前曾以相同的题目发表在《开放时代》2008 年第 6 期。

大的问题、是否可以直接交付出版。我粗粗看完收到的各章译稿后,当时回复说感觉"基本上没有什么问题,相对精确,只是个别表述需要调整一下",并表示愿意花时间对译稿进行核校和加工。黄宗智教授在征得苏成捷的同意后,答应由我来对译稿的内容进行核校和润色,然后再交由国内的某出版社出版。当时我完全没预料到的是,计划赶不上变化,直到差不多十一年后,此书的简体字版中译本,才终于正式出版。在这期间发生的许多事情,一言难尽。大致说来,既包括由于各种原因,我自己能够腾出来全力投入到此书译稿核校之中的时间和精力,远比自己先前所预估的要少和零碎得多(在这期间,我手上同时进行的还有对白德瑞英文著作的重新翻译,该书的中译本《爪牙:清代县衙的书吏与差役》,已于2021年由广西师范大学出版社出版),也包括其间还遭遇了更换出版社,以及广西师范大学出版社接手后,在联系外方获取著作权授权的过程中,碰到一些出乎我们意料之外的情况,几经周折后才终于解决。但无论如何,我都必须为简体字版中译本迟至现今方才出版,向黄宗智、苏成捷两位教授表达深深的歉意。

现今这个摆在各位读者面前的简体字版中译本,包含了我数年时间里面在所收到的译稿之基础上所做的如下主要工作。例如,利用各种途径,尽可能地核对全书中引用、对话的中外文献(包括苏成捷已经提供的那些引用的中文史料原文);添加了20多条"译者注",主要对书中一些普通读者不太容易理解的术语、概念或有必要加以说明的相关背景信息进行解释,前者例如"民族志证据"(ethnographic evidence)、"千年末世运动"(millenarian movements)、"约会强奸"(date rape)、"兄弟会联谊强奸"(fraternity rape）、"稳定人口"（stable population），后者例如对书中频频引用的瞿同祖的英文著作 *Law and Society in Traditional China*、"地方"这一清代乡役人员称呼的相关背景信息所做的介绍；从中国古代的律典、官箴书、案例集、白话小说、律学著作、司法档案等史料文献乃至晚清时期的《点石斋画报》当中，选取了若干张与本书研究内容有关的书页、档案原件照片和图画，作为放在书中序言部分之前的插图；在中译本的参考文献部分里面，为那些如今业已被翻译成中文发表/出版的外文论文和专著，添加各自中译本的详细信息。

除上述这些工作外，我所做的最主要工作是逐字逐句对照英文原书对所收到的各章译稿加以检校，并做了大量修改、润色乃至重新翻译的工作。尽管我此前便通读过英文原版的全书，自认为对此书内容已经有比较全面的了解，但真正接手对译稿进行逐字逐句的核校后，切身体会到苏成捷此书的翻译难度，实际上比我原先预估的要大得多。

这里所说的翻译难度，并非来自英文原书自身的用词习惯及文句表达风格（苏成捷此书的英文表述非常顺畅），而是主要来自翻译此类西方当代学者所写的研究中国古代历史的英文著作时，译者的思维需要不断在"中""西""古""今"的不同文化语境和语词使用风格之间来回穿梭，以求尽最大可能地寻找到相对而言最为合适的中文翻译。而这是一个相当费脑筋的过程，并非光靠苦思冥想便能如愿，有时还需要些机缘。例如，苏成捷此书英文原书第二章最后一节的标题为"Every Woman a Wife"，最初的译稿是将其翻译为"所有女性皆应成为妻子"，但我看着总觉得别扭，但当时又想不出其他更合适的翻译。直到有一天我无意中读到明代人士何楷在崇祯年间所写的《古周易订诂》一书时,看到对六十四卦之一的"归妹"之卦所做的解释中,有"以人道言,若使男女不交,则人道之绝久矣。凡女必归于男为妇。归妹者,为人女之终,为人妇之始,相生相续"一语,猛然有种"踏破铁鞋无觅处,得来全不费功夫"的感觉,于是选择了以"凡女必归于男为妇"来翻译"Every Woman a Wife"。

有时甚至在反复斟酌后,也未必能找到一个令我自己完全满意的译法。举例来说,苏成捷在英文原书中穿插使用了"sex"和"sexuality"这两个不同的英文单词(它们同时也是此书最核心的术语之一),最初的译稿中将两者皆翻译为"性",但若如此翻译的话,便无法呈现出西方学术界如今在性学研究领域中的一些重要特点。在20世纪六七十年代以来的西方性学界,"sexuality"不仅是一个日益流行的专门概念,而且还在某种意义上象征着性学研究的范式转变,即一些学者所说的从以性科学为主导的"sexology"范式向"sexuality"范式的转变。① "sexuality"在涵盖的内容上远比"sex"要丰富得多。相较于"sex"通常是指生物学、行为学意义上的性行为,"sexuality"则将性行为、性认同、性关系、性观念、性语言、性仪式、性欲望、性幻想等方面的内涵都囊括在内。就此而言,苏成捷此书英文书名 *Sex, Law, and Society in Late Imperial China* 当中的那个"sex",若更换成"sexuality",或许会与书中讨论的内容更加契合,因为这本书主要讨论是清代对"sexuality"的规制,而不仅仅只是其对"sex"的规制。但麻烦的是,"sexuality"这个如今在

---

① 黄盈盈:《跨国视野下的"西方性学"》,载《妇女史研究》2021年第6期,第72—86页。

西方性学研究中极为重要的核心概念,尽管 20 世纪 90 年代中期便有中国学者讨论过该如何翻译,[①]但其中文译名迄今仍莫衷一是。在中国的性学研究者当中,这个英文概念便有"性态""性征""性存在""全性""性性"等许多种不同的译法,且这些译名中据说没有一个能让大多数同行研究者都感到满意。[②] 这种情况,就好比苏成捷在此书第二章的开篇之处所声明的那样,中国古代用来描述性犯罪的那个特定概念——"奸","在英语当中没有可与之完全对译的相应词语","sexual intercourse out of place"或者"illicit sexual intercourse"这些译法"皆显得既别扭又不精确",而且"'性'这一维度,仅仅是'奸'字所具有的那些宽广含义中的一部分"。有鉴于此,我在校译时做了统一修改,即虽然把"sexuality"和"sex"都翻译成"性",但在有必要时将各自的英文原词附于其后,以此种方式来提示在不同地方突出的特定含义,并且在书中的相应之处,添加了一条很长的"译者注",对上述处理方式加以说明。

在上述工作全部完成之后,我又请了中山大学法学院的杜金副教授,以及我指导的博士研究生黄骏庚、张孝晨和硕士研究生胡弼渊,对译稿的部分章节或全部内容进行了通读。他们在细心阅读后,反馈了许多非常有用的信息,不仅帮助我订正了自己先前未曾注意到的一些文字错误,而且提供了不少有助于提高某些句子之翻译质量的建议。在此谨致谢忱。我同样需要致谢的,还有广西师范大学出版社社科分社的社长刘隆进及王佳睿编辑。在我交稿后,他们以最快的速度推进本书的出版。尤其是继 2021 年合作

---

① 陶林:《关于 SEXUALITY 翻译方法之我见》,载《性学》1996 年第 2 期,第 26—27 页。
② 黄盈盈:《性/别、身体与故事社会学》,社会科学文献出版社,2018 年,第 7 页。

出版了另一本译著《爪牙:清代县衙的书吏与差役》之后,他们再次"包容"了我一遍又一遍地将交还他们的不同阶段纸版清样改得密密麻麻的文字洁癖。

我对译稿文字内容的修订和打磨,一直持续到本书付印前夕。也因此,如今这个简体字版中译本,在翻译质量上应该比2022年上半年在我国台湾地区出版的繁体字版要更好。相比于最初的译稿版本,如果说繁体字版中译本使用的是 3.0 版的译稿,那么简体字版中译本使用的则至少算是 6.0 版的译稿。不过,古人云,"校书如扫落叶,旋扫旋生"。译书更是如此。虽然我自问已尽了最大的努力,但自知译稿中仍不免存在一些瑕疵和问题,尚祈读者海涵。一如既往,如果有可能的话,期待有心的读者能够不吝具体反馈指正,以待本书后续若有机会重版时予以订正和完善。

尤陈俊

2023 年 3 月 31 日凌晨

完稿于中国人民大学明德法学楼办公室

检验合格

检验员 09